Kompendium bankbetrieblicher Anwendungsfelder

Herausgeber:
Bankakademie e.V., Frankfurt am Main

Schlüsselqualifikationen für Banker

Dr. Heribert Wirtz

3. unveränderte Auflage 2004

Bankakademie
Verlag GmbH

Sonnemannstr. 9–11 60314 Frankfurt am Main
Telefon 0 69/95 91 63-0 Fax 0 69/95 91 63-95

Legende:

Einstieg/Lösung

Definition

Beispiel

Verweis

Aufgaben

Bibliografische Information der Deutschen Bibliothek
Die Deutsche Bibliothek verzeichnet diese Publikation in der Deutschen Nationalbibliografie; detaillierte bibliografische Daten sind im Internet über http://dnb.ddb.de abrufbar.

Bibliographic information published by Die Deutsche Bibliothek
Die Deutsche Bibliothek lists this publication in the Deutsche Nationalbibliografie; detailed bibliographic data are available in the Internet at http://dnb.ddb.de.

3. Auflage 2004

Sonnemannstr. 9–11,
60314 Frankfurt am Main

Satz und Druck: Kessler Verlagsdruckereien, Bobingen
Printed in Germany

ISBN 3-933165-67-9

Gedruckt auf
elementar-chlorfrei
gebleichtem Papier

Vorwort

Die Bankakademie, kompetenter Bildungspartner des Kreditgewerbes, bietet engagierten Nachwuchskräften von Banken an, sich für anspruchsvolle Fach- und Führungsaufgaben zu qualifizieren: Das dreistufige Qualifikationsprofil Bankfachwirt-, Bankbetriebswirt- und Management-Studium hat sich erfolgreich in der Bankenindustrie Deutschlands etabliert und bewährt.

Das siebenbändige Kompendium bankbetrieblicher Anwendungsfelder ist für Studierende des Bankbetriebswirt-Studiums konzipiert und mit dem Curriculum entsprechend abgestimmt. Zusätzlich ist das Werk auch für Studierende der Hochschulen und für Praktiker als Studienbuch gut geeignet.

Das Kompendium bankbetrieblicher Anwendungsfelder hat sich als Medium zur Weiterentwicklung der fachlichen, persönlichen und sozialen Kompetenz bewährt. Die enge Verknüpfung von Theorie und Praxis hat dieser Fachbuchreihe ein klares eigenständiges Profil gegeben.

Die positive Resonanz unserer Leser bewegt uns, die Fachbuchreihe auf dieser Linie konsequent weiterzuentwickeln. Sämtliche Fachbücher werden didaktisch und inhaltlich grundlegend überarbeitet.

Die veränderten Rahmenbedingungen zwingen Banken nachhaltig dazu, sich neu aufzustellen. Dies wird heute wie zukünftig aber nur gelingen, wenn Unternehmen über Mitarbeiterinnen und Mitarbeiter verfügen, die neben ihren fachlichen Kenntnissen das erforderliche Potenzial an methodischen, sozialen und persönlichen Kompetenzen aufweisen. Veränderte Kundenbedürfnisse und ein komplexes Marktumfeld verlangen immer mehr nach Ansprechpartnern in der Bank, die ihre Fähigkeit zur Kommunikation und Interaktion ständig weiterentwickeln.

Das vorliegende Buch stellt Überlegungen vor, die es ermöglichen sollen, entsprechende methodische und kommunikative Kompetenzen zu entfalten. Die angerissenen Theorien haben das Ziel, der Leserin und dem Leser ein Verständnis der jeweiligen Thematik zu vermitteln und gegebenenfalls zum eigenen Weiterstudium anzuregen. Praxisorientierte Einstiegsfälle und Erläuterungen erleichtern und vertiefen das Verständnis.

Unser Dank gilt den Studierenden, Dozenten und Praktikern, die zur Weiterentwicklung dieses Kompendiums bankbetrieblicher Anwendungsfelder beigetragen haben. Ganz besonders danken wir dem Autor für seinen Einsatz bei der Umsetzung der Anregungen sowie der fachlichen und didaktischen Weiterentwicklung dieses Bandes.

Prof. Dr. Udo Steffens
Vorstandsvorsitzender der Bankakademie e. V.

Inhalt

1 Einleitung

Zur Arbeit mit diesem Buch – oder: Schlüsselqualifikationen – Schlüssel wofür?

Sie haben sich entschlossen, ein Buch zur Hand zu nehmen, das Ihnen helfen soll, sich in Ihrer persönlichen, sozialen und methodischen Kompetenz weiterzuentwickeln. Wollen Sie hier etwas verändern bzw. optimieren, so „färbt" dies auf Ihre gesamten Verhaltensweisen ab. Vom Standpunkt der Persönlichkeitstheorie aus gesehen ist es zweifelhaft, ob sich eine Trennung von „Privat- und Berufsmensch", im Hinblick auf individuelle Verhaltensweisen, durchführen lässt. Nach eingehendem Studium der entsprechenden Kapitel werden Sie feststellen, dass Sie anders an kommunikative Akte herangehen. Sie werden merken, dass Sie anders „auftreten", anders kommunizieren, vielleicht Krisensituationen besser analysieren und lösen sowie Ihre Absichten wirkungsvoller zum Ausdruck bringen können.

Um gleich zu Beginn möglichen Zweifeln entgegenzutreten, will ich betonen, dass Sie keine „Persönlichkeitsmetamorphose" durchleben müssen, um produktiven Gewinn aus den folgenden Überlegungen zu ziehen. Diese sind vielmehr als Angebote an Sie gedacht, die Sie nutzen sollten, um effektiver zu handeln. Da es bei den dargestellten Inhalten immer um persönliche Faktoren und Potenziale geht, habe ich mich entschlossen, dieses Buch auch persönlich zu halten. Sie merken dies an der Art der Formulierungen: teilweise „Ich-Form", anstelle der wissenschaftlicheren „Man-Form". Erkenntnisse der Gedächtnisforschung bestätigen zudem, dass „emotional" gehaltene Texte wesentlich besser memoriert werden als neutral formulierte (Schürer-Necker, 1994).

Das Buch kann von Ihnen „von vorn nach hinten" bearbeitet werden, eignet sich aber auch zur Auswahllektüre. Das heißt, wenn Sie zunächst ein Kapitel besonders interessiert, so können Sie es auch als Erstes in Angriff nehmen. Durch eine Redundanz in den Darstellungen der Kapitel können Sie diese im Wesentlichen nachvollziehen, auch wenn Sie die vorhergehenden nicht vollständig gelesen haben. Dies scheint mir auch unter lernpsychologischen Gesichtspunkten für die „Von-vorn-nach-hinten-Leser" sinnvoll. Sie haben so die Gelegenheit, festzustellen, ob Sie schon Dargebotenes verstanden haben bzw. in den entsprechenden Sachzusammenhang einordnen können. Im Übrigen liegt es in der Natur der dargestellten Fachgebiete, dass sie zum Teil miteinander korrespondieren.

Für Ihre **erste** Annäherung könnten Sie das Motto wählen: **Weniger kann Mehr sein**. Nehmen Sie sich **zunächst** nur die Kapitel vor, von denen Sie denken, dass sie Ihnen in Ihrer **momentanen Situation** am besten helfen könnten, Sie dahin zu bringen, wo Sie wirklich hin wollen. Verfahren Sie bei der sukzessiven Bearbeitung aller Kapitel nach dieser Methode, besteht eine hohe Wahrscheinlichkeit dafür, dass **Sie auch bereit sind**, die angebotenen Überlegungen und Erkenntnisse aufzunehmen und umzusetzen.

Das gesamte Buch ist so aufgebaut, dass zunächst die Grundlagen der verschiedenen Fachgebiete dargelegt werden; im Anschluss daran werden mögliche Anwendungsfelder aufgezeigt. Die jeweiligen Zusammenfassungen und Arbeitsaufgaben sollen Ihnen eine Kontrolle darüber ermöglichen, ob Sie die vorangegangenen Gedankengänge nachvollziehen und anwenden können.

In Kapitel 2 werden die teilweise dramatischen Veränderungen der Bankenlandschaft kurz vorgestellt sowie die Qualifikationsprofile skizziert, die für eine tragfähige Arbeit in der Bankenwelt der Zukunft unabdingbar sind. Zusätzlich werden die Termini „Schlüsselqualifikationen" und „Handlungskompetenz" begrifflich umrissen.

Das Kapitel 3 stellt die Grundlagen der methodischen Kompetenz dar. Im Mittelpunkt stehen die Grundformen des Lernens und die grundsätzlichen Funktionen des menschlichen Gehirns. Um Ihnen zu zeigen, wie methodische Kompetenzen konkret umgesetzt werden können, werden verschiedene Anwendungsfelder in Kaptitel 4 aufgeführt. Als zentrale Bereiche sind hier die Präsentationstechnik, das Work- und Time-Management sowie die Möglichkeiten der Stressbewältigung in den Vordergrund gestellt.

In Kapitel 5 werden wesentliche Grundlagen persönlicher und kommunikativer Kompetenzen behandelt. Sie lernen Möglichkeiten zur Selbsteinschätzung, Zielformulierung, Motivation und Abschätzung Ihrer Leistungsfähigkeit kennen. Von zentraler Bedeutung sind außerdem die Ausführungen zur Handhabbarkeit kommunikativer Situationen, dargestellt an Modellen und Theorien von Watzlawick, Schulz von Thun und der Transaktionsanalyse.

Das 6. Kapitel beschäftigt sich mit Anwendungsbereichen persönlicher und kommunikativer Kompetenzen. Im Mittelpunkt stehen verschiedene Gesprächssituationen, notwendige Module zur Teamsteuerung sowie die Technik der Moderation von Veranstaltungen.

Für die Studierenden des Bankbetriebswirt-Studiums sind im Hinblick auf die schriftliche Abschlussprüfung insbesondere die Kapitel 5 und 6 von Relevanz.

Neben der Tatsache, dass Schlüsselqualifikationen für einen beruflichen Aufstieg unabdingbar sind, hat ihr Besitz, im Sinne von verfügbarem Potenzial, den Effekt, dass Veränderungen am Arbeitsplatz angstfreier erlebt, Zusammenhänge und neue Herausforderungen rechtzeitig erkannt und eigene Leistungsfähigkeit sowie Handlungsperspektiven besser eingeschätzt werden können.

Vor dem Hintergrund der rasanten Internationalisierung und Globalisierung des Bankengeschäfts sei noch die Tatsache erwähnt, dass ein Teil der Schlüsselqualifikationen im jeweiligen kulturellen Kontext gesehen werden sollte. Dies trifft insbesondere auf die kommunikativen Umgangsformen mit ausländischen Kollegen und Kunden zu. So kann ein französischer Banker von einer straff organisierten Besprechung mit entsprechender Agenda befremdet sein, da er es vielleicht gewohnt ist, schon im Vorfeld eines Meetings die wesentlichen Aspekte im kleinen Kreis zu klären, deshalb der offiziellen Sitzung nur noch einen mehr formalen Charakter beimisst. Auch geschäftliche Gespräche mit Kollegen aus dem asiatischen Raum folgen teilweise anderen Gesetzmäßigkeiten, als sie dem deutschen Naturell entsprechen. Ein Japaner wird vermutlich brüskiert sein, wenn nach einer kurzen Begrüßung schon direkt auf den geschäftlichen Anlass des Zusammenkommens abgehoben wird.

Bündelt man die oben genannten Fähigkeiten, so geht es vorwiegend um **methodische und sozial-kommunikative Kompetenzen**, gepaart mit Fachkompetenz.

Bei der Optimierung Ihrer Schlüsselqualifikationen wünsche ich Ihnen viel Freude und Erfolg!

Frankfurt am Main, im Oktober 2002 — Dr. Heribert Wirtz

2 Gewandelte Anforderungen an Bankenmitarbeiter

Auch wenn der Druck durch externe Faktoren nicht bestritten wird, so räumen doch Spitzenvertreter der deutschen Kreditwirtschaft ein, dass „... wir ... mitten in einer hausgemachten Krise (sind), die alle drei Säulen des deutschen Kreditgewerbes erfasst: die privaten Banken, den Sparkassensektor und auch die genossenschaftlichen Institute."

(R. Breuer, Interview in: Frankfurter Allgemeine Sonntagszeitung vom 06.01.2002)

Schlüsselbegriffe

- Umbruch der Bankenlandschaft
- Funktionale Qualifikationen
- Extrafunktionale Qualifikationen
- Schlüsselqualifikationen
- Handlungskompetenz

2.1 Herausforderungen im Finanzdienstleistungsmarkt

Nachhaltige Veränderungen am Markt, zunehmender Wettbewerbsdruck sowie schwerwiegende Umgestaltungen der Rahmenbedingungen für bankwirtschaftliches Handeln haben Banken in strategische Herausforderungen gedrängt, die sie seit einigen Jahren zu einer konsequenten Neuausrichtung ihrer gesamten Geschäftsprozesse zwingen. Ein Ende dieser Umbrüche ist zurzeit nicht in Sicht.

Ziel dieser Ausführungen kann es nicht sein, diese Herausforderungen im Detail zu charakterisieren. Hier sollen deshalb (zur gedanklichen Aktualisierung) nur stellvertretend einige Schlagworte erwähnt werden, die dem Leser sicherlich bekannt vorkommen: Internationalisierung bzw. Globalisierung des Bankengeschäfts, sinkende Markteintrittsschranken für Wettbewerber im Rahmen der EWU, Eindringen von Near- und Nonbanks in angestammte Bankenmärkte, Finanzinnovationen, Fusionsdruck, Investment-banking, Qualitätsmanagement, steigende Konditionensensibilität, Transaktionskosten, sinkende Margen, heterogene Beratungsanforderungen, Kernkompetenzen, Outsourcing, lawinenartige Zunahme des Einsatzes an Informations- und Kommunikationstechniken insbesondere im Rahmen von Home-, Tele- und Internetbanking.

2.1.1 Reaktionsfelder von Kreditinstituten

Auch wenn nicht alle Institute in gleicher Härte und zur gleichen Zeit von den Marktverwerfungen getroffen werden, so lässt sich doch beobachten, dass es zwei zentrale Fragen gibt, die bankenübergreifend für Veränderungsansätze leitend sind:

- Welche Annahmen (Hypothesen) lassen sich formulieren, die eine (zu erwartende) weitere Verschiebung des Koordinatensystems für Bankentätigkeiten in den nächsten Jahren realistisch antizipieren?
- Welches Qualifikationspotenzial soll (muss) im Zuge des Human-Resources-Managements in der Bank entwickelt bzw. vorgehalten werden, um den zukünftigen Markterfordernissen und den daraus resultierenden organisationalen Veränderungen in der Bank nachhaltig entsprechen zu können?

Wie im vorstehenden Abschnitt kann es auch hier nicht darum gehen, eine erschöpfende Darstellung organisationaler Veränderungspotenziale aufzulisten (interessierte Leserinnen und Leser finden hierzu in anderen Teilen des „Kompendiums bankbetrieblicher Anwendungsfelder" ausführliche Abhandlungen). Hier soll vielmehr der Zusammenhang mit der Frage der tragfähigen Kompetenzen für die Zukunft von Bankmitarbeitern aufgezeigt werden.

Im Fokus der Neuausrichtungen der verschiedenen Institute befinden sich im Wesentlichen die Geschäftsbereiche Corporate Finance, Private Banking und Retail Banking. Insbesondere im letzten Bereich ziehen die Entwicklungen der modernen Informationstechnologien unübersehbare Folgen nach sich. So kommt eine Prognos-Studie zu dem Ergebnis, dass bis 2010 ca. drei Viertel aller deutschen Haushalte über einen Online-Zugang verfügen werden. (Prognos, 1995) Auch die Zahl der von den Kreditinstituten geführten Online-Konten (1995: 1,4 Millionen, 1998: ca. 5 Millionen) belegt die zunehmende Bereitschaft von Bankkunden, elektronische Vertriebswege zu nutzen. Beachtung muss auch die Tatsache finden, dass in Zukunftsszenarien davon ausgegangen wird, dass für Kunden die Wahl der

Vertriebswege (Filiale vs. Electronic Banking) kein Entweder-oder, sondern ein Sowohl-als-auch darstellt (Multi-Channel-Verhalten).

Die für das Private Banking relevanten Entwicklungen weisen darauf hin, dass ein wachsender Teil der Kunden in das so genannte gehobene Betreuungssegment hineinwächst. Dabei wird der Anteil von Vermögensverwaltungskunden an der Gesamtzahl der Privatkunden deutlich wachsen – „Erbengeneration". (Schütte, 1996)

Betrachtet man den organisationalen Reflex, ist einmal mehr die Deutsche Bank stellvertretend zu nennen. Sie arbeitet konsequent daran, „... sich wie ein moderner Industriekonzern aufzustellen. Nicht mehr die einzelnen Geschäftsbereiche sind ausschlaggebend für die Organisationsform, sondern die Wertschöpfungskette. Wie in der Automobilindustrie will das größte deutsche Kreditinstitut sich nach den Funktionsbereichen Produktion, Vertrieb und Infrastruktur aufstellen." (Eigendorf, 2001)

2.1.2 Zukunftskompetenzen für Banker

Der oben angedeutete fundamentale Wandel der organisationalen Architektur von Banken kann natürlich nicht ohne Auswirkungen auf die hierzu notwendigen Qualifikationsprofile von Mitarbeitern bleiben. Betrachtet man zunächst **die funktionalen Aspekte**, lassen sich beispielhaft folgende Entwicklungslinien beschreiben (Ashauer, 1997):

- Steigender Personalbedarf an verkaufsorientierten Mitarbeitern mit tief gestaffeltem Spezialwissen im Segment der qualifizierten, zielgruppenspezifischen Beratung (Firmenkundenberater, Berater vermögender Privatkunden).
- Nachfrage nach qualifizierten Controllern zur strategischen und operativen Steuerung des Vertriebs.
- Allmähliches Verschwinden des hergebrachten Geschäftsstellenleiters mit hoher Fachkompetenz, insbesondere im Kreditbereich. Stattdessen (zumindest in Standardfilialen) Einsatz von Vertriebsspezialisten, die ihr Team im aktiven Verkaufsgeschäft coachen.
- Grundsätzlich eine deutliche Zunahme der Ausrichtung von Führungsfunktionen an einer expliziten Verkaufsorientierung.
- Im Retailgeschäft, das ohnehin durch stark rationalisierbare Arbeitsabläufe deutlich sinkenden Personalbedarf hat, sind herkömmliche Bank-

kaufleute über- bzw. fehlqualifiziert. Dies wird im Direct Banking besonders deutlich. Da der physische Kontakt zum Kunden ausschließlich über die Stimme hergestellt wird, sind hier Fähigkeiten wie klare Artikulation, prägnante Ausdrucksweise und „lächelnde Stimme" wesentliche Qualifikationsgrößen. Aber auch im konventionellen Beratungsgeschäft genügen Grundkenntnisse über die Produkte. „Entscheidungen über Produktgestaltung und -zuordnung werden den Verkäufern in diesen Geschäftsstellen weit gehend durch den Arbeitsplatz-PC vorgegeben". (Ashauer, 1997)

Wenden wir nun den Blick den **extrafunktionalen** Qualifikationsanforderungen – den Schlüsselkompetenzen – zu, so sind wir mitten im Themenfeld des vorliegenden Buches. Extrafunktionale Qualifikationen umschreiben in diesem Zusammenhang Fähigkeiten, Fertigkeiten und Kenntnisse, die vorwiegend arbeitsplatz- bzw. tätigkeitsunspezifisch zur Verfügung stehen müssen. Auf die oben skizzierten Veränderungen bezogen, lassen sich diese Anforderungen mit folgenden Begriffen beschreiben:

- Kooperationsfähigkeit
- Kommunikationsfähigkeit
- Motivationsfähigkeit
- Problemlösungsfähigkeit
- Analytisches Denken
- Konstruktives Denken
- Kreativität
- Transferfähigkeit
- Zuverlässigkeit
- Entscheidungsstärke
- Fähigkeit zu selbst gesteuertem Lernen

Generell: die Fähigkeit zu Empowerment. Im vorliegenden Zusammenhang bedeutet dies die Fähigkeit, das persönliche Potenzial sachgerecht und zielführend zur Bewältigung einer Aufgabe einzusetzen. Das heißt, die innere Bereitschaft zu haben, sich als Unternehmer im Unternehmen zu begreifen, der absatz- und rentabilitätsorientierte Verhaltensweisen zum eigenen sowie zum Erfolg der Bank einsetzt.

Das eben angesprochene persönliche Potenzial entfaltet seine Wirkung natürlich nicht nur an der Schnittstelle zwischen eigener Persönlichkeit und Bank, sondern auch und insbesondere in jedem selbst. Diese Tatsache führt zu einem weiteren, wichtigen Modul zur Zukunftsgestaltung: Das Wissen um eigene methodische, persönliche und soziale Kompetenzen lässt die Bewältigung von Veränderungen im (Arbeits-) Leben leichter werden. Verfügt man beispielsweise über kommunikative Kompetenz, ist in der Lage sich zu motivieren, weiß um seine Lernfähigkeit und kann seine Verhaltensgrößen demnach situationsadäquat modifizieren, wird „Wandel" gelassener, angstfreier und im Idealfall souverän und stressfrei bearbeitet.

2.2 Schlüsselqualifikationen und Handlungskompetenz

Wie im vorigen Abschnitt bereits angesprochen, handelt es sich bei den extrafunktionalen Qualifikationen (die zum Teil auch „persönliche Kernkompetenzen" genannt werden) um die Aneignung von Kenntnissen, Fähigkeiten und Fertigkeiten, die nicht unmittelbar auf die fachliche Seite des Arbeitsplatzes zielen.

Für derartige Qualifikationen hat sich in der Bundesrepublik der Begriff **Schlüsselqualifikationen** herausgebildet. Er wurde erstmals von Dieter Mertens 1974 in die Diskussion gebracht. Durch die gesamte Literatur über dieses Thema zieht sich der Versuch, Schlüsselqualifikationen zu definieren bzw. handhabbar zu machen (Jaehrling, 1988). Die größte Schwierigkeit liegt darin, dass derartige Qualifikationen nicht „pur", „an sich", existieren, sondern sich immer erst in Verbindung mit konkreten (beruflichen) Anforderungen realisieren. Dies macht im Übrigen auch die Überprüfbarkeit solcher Fähigkeiten schwierig. Einig ist man sich jedoch in der überragenden Bedeutung von Schlüsselqualifikationen. Sie bilden in einem sich immer rascher verändernden Arbeitsumfeld die Grundlage, die es dem Einzelnen ermöglicht, sich mit neuen Anforderungen an seinem Arbeitsplatz qualitativ auseinander zu setzen, sie von seinem persönlichen Potenzial her als erfüll- und beeinflussbar zu erleben. Erst der Besitz von Schlüsselqualifikationen versetzt Sie in die Lage, eine Positionierung der eigenen Person vorzunehmen und zukunftsorientierte Alternativen zu entwerfen (Tiedke, 1991).

Der Begriff der Handlungskompetenz wird in der Literatur nicht einheitlich verwendet. Eine weite Definition liefert zum Beispiel Edelmann (2000):

> „Die Gesamtheit der einer Person zur Verfügung stehenden Handlungskonzepte und Handlungsschemata bezeichnet man als **Handlungskompetenz**."

Die beiden Begriffe „Handlungskompetenz" und „Schlüsselqualifikationen weisen somit, in dem hier interessierenden Zusammenhang, eine deutliche Verschränktheit auf. Aufbauend auf der für die Bearbeitung einer konkreten Aufgabenstellung notwendigen Fachkompetenz bedeutet Handlungskompetenz, dass eine Person in der Lage ist, zielgerichtet ihre persönlichen Potenziale einzusetzen. Das heißt, sie besitzt die Fähigkeit, zielleitend kompetent zu handeln und dabei zu entscheiden, **wie**, mit **wem** und **wann** sie eine Zielstellung bearbeitet. Anders formuliert: Handlungskompetenz besteht aus den integralen Größen Sach-, Selbst-, Methoden- und Sozialkompetenz, die jeweils zu einer Zielerreichung verfügbar sind und dabei effektiv und effizient genutzt werden können. „Der Begriff der Kompetenz meint eine Disposition oder Fähigkeit oder ein Können, während die Ausführung der Handlung als Performanz bezeichnet wird." (Edelmann, 2000)

Hinzu müssen die Fähigkeiten treten, in Alternativen zu denken, Folgen einer Alternativauswahl zu antizipieren und klare Entscheidungen zu treffen.

2.3 Zusammenfassung und Arbeitsaufgaben

Zusammenfassung

Die Bankenwelt ist um die Millenniumswende von tiefgreifenden Verwerfungen gekennzeichnet. Das massive Eindringen des technologischen Fortschritts, die Internationalisierung des Bankengeschäfts und das Auftreten neuer Wettbewerber haben die Rahmenbedingungen der Kreditwirtschaft nachhaltig verändert. Hinzu kommen mündiger gewordene Kunden, für die „Banktreue" und „persönlicher Bezug" in den Hintergrund getreten sind; für die im Gegenzug jedoch Preise, Konditionen und technische Verfügbarkeit von Dienstleistungen wichtiger geworden sind. Die Banken versuchen, durch organisationale Neuausrichtungen ihrer Geschäftsprozesse und durch verstärkte Implementierung elektronischer Medien diesem Trend entgegenzutreten.

Parallel dazu verändern sich die Qualifikationsanforderungen an Mitarbeiter. Während im Retailgeschäft der „klassische Banker" zunehmend über- bzw. fehlqualifiziert erscheint, ist vorwiegend im Private Banking ein neuer Bankertypus gefragt, der neben ausgeprägten verkäuferischen Talenten ein hohes Maß an Selbst-, Sach-, Methoden- und Sozialkompetenz aufweist. Um zukünftig „marktfähig" zu sein, ist es notwendig, dass im Repertoire von Bankern neben der Fachkompetenz auch Schlüsselqualifikationen vorhanden sind, die es gestatten, sich neuen Anforderungen relativ tätigkeitsunabhängig zu stellen und neue Aufgaben zielführend anzugehen.

Arbeitsaufgaben

1. Welche wesentlichen Veränderungen zwingen Banken zu einer Neuausrichtung ihrer gesamten Geschäftsprozesse?
2. Welche Veränderungen finden Sie in Ihrem eigenen Haus vor?
3. Welche personalpolitischen Konsequenzen ergeben sich aus der Neuaufstellung von Banken?
4. Was versteht man unter Schlüsselqualifikationen und Handlungskompetenz?
5. Welche Schlüsselqualifikationen halten Sie für sich selbst für unabdingbar und warum?

3 Grundlagen methodischer Kompetenzen

3.1 Self-Management

„Jetzt ist es wissenschaftlich bewiesen: Die Lernfähigkeit nimmt ab dem 25. Lebensjahr rapide ab – spätestens mit 40 ist neues Lernen nicht mehr möglich! Universitätsprofessoren stellen nach Jahren der Geheimhaltung ihre erschreckenden Untersuchungsergebnisse endlich der Öffentlichkeit vor." (Reinmann-Rothmeir/Mandel, 1995)

Schlüsselbegriffe

- Lernwille
- Selbst gesteuertes Lernen
- Mentalmodelle

Während des Frühstücks lesen Sie obige Zeitungsmeldung. Ihre Reaktionsweise? Bleibt Ihnen das Brötchen im Halse stecken? Oder sagen Sie sich: „Habe ich mir eigentlich schon immer gedacht. Ein bisschen Zeit bleibt mir ja noch." Vielleicht fühlen Sie sich auch auf den Arm genommen? Sie können sich zurücklehnen! Die obige (erfundene) Meldung spiegelt zwar ein gängiges **Vorurteil** wider, „... doch mit der Realität hat sie nichts tun. Im Gegenteil: Neuere Forschungsergebnisse zeichnen ein recht **optimistisches** Bild von den Lernpotenzialen und Lernchancen im Erwachsenenalter. Sogar im hohen Alter bleibt der Mensch lernfähig ..." (Reinmann-Rothmeir/Mandel, 1995)

Unter Umständen wird Ihr **Lernwille** jedoch auch durch Formulierungen gehemmt, wie sie zum Beispiel die Annahmen widerspiegeln (Reinmann-Rothmeir/Mandel, 1995),

- „dass Berufstätigkeit und familiäre Verpflichtungen mit Lernen nicht oder nur sehr schlecht vereinbar sind,
- dass es für Erwachsene keine (oder kaum) lohnenswerte Ziele und Gründe zum Lernen gibt,
- dass Lernen unangenehm und freudlos sein muss".

Gerade die letzte Annahme ist weit verbreitet. Sie wird in der Regel durch negative **schulische Lernerfahrungen** gespeist. Das Fehlen von Hintergrundwissen, die Unmöglichkeit, Querverbindungen zu anderen „Fächern" ziehen zu können – als wäre die Welt in Fachgebiete aufgeteilt, die Anwendungsarmut des Gelernten und Ähnliches prägen eine Grundeinstellung, die eine spätere **Lernunlust** nachvollziehbar macht.

„Wenn auch nach der Schulzeit keine positiven Lernerfahrungen gemacht werden, dann setzen sich die unangenehmen Erlebnisse leicht fest und prägen noch im Erwachsenenalter die Annahme, dass Lernen stets mühsam und freudlos ist. Viele Erwachsene trauen sich auch nicht mehr so recht zu, neues Wissen und neue Fertigkeiten zu erlernen, sie schätzen ihre eigene Lernfähigkeit **viel zu niedrig** ein, sie haben Furcht vor Misserfolgen oder Angst, sich vor anderen zu blamieren. Solche negativen Selbsteinschätzungen und Misserfolgsängste können selbst dann Lernen be- oder gar verhindern, wenn jemand eigentlich Interesse an einem bestimmten Lerngegenstand hat." (Reinmann-Rothmeir/Mandel, 1995; Hervorhebungen Wirtz)

Vor dem Hintergrund einer sich immer schneller verändernden Berufswelt sind derartige Lernhemmungen besonders prekär. Stichworte wie Change-Management und Prozessorientierung, steigende Qualifikationsanforderungen am Arbeitsplatz unterstreichen dies.

Um derartigen **Negativ-Überzeugungen entgegenzuwirken**, gibt es zwei Möglichkeiten:

1. Sie müssen sich selbst neue Lernziele setzen.
2. Sie handeln aufgrund Ihrer neuen Lernziele, setzen sich also mit neuen Wissensbeständen auseinander und widerlegen so „sich selbst".

Einer der Schlüsselbegriffe für Ihre neuen Lernziele heißt **„selbst gesteuertes Lernen"**. Um selbstbestimmt lernen zu können, braucht man bestimmte „innere" Fähigkeiten, braucht man Wissen um bestimmte Vorgänge wie die des Lernens und Vergessens, der Konzentration und Motivation.

„**Selbstverantwortung, Selbstorganisation, Selbstkontrolle, Selbstmotivation, Selbstqualifizierung** sind Schlüsselworte moderner Lernmethoden. Selbstmanagement bedeutet auch, dass für jeden Lernenden jede Herausforderung nichts anderes als eine Gelegenheit ist, seine **persönlichen Fähigkeiten und seine Persönlichkeit zu entwickeln**. Wir befinden uns in einer Zeit der Abkehr von der Disziplinkultur zur Selbstkultur." (Decker, 1996; Hervorhebungen Wirtz)

Der **Zielsetzung** kommt für Ihr Lernen dabei ein ganz entscheidender Faktor zu. Wenn Sie Ihre eigenen Lernerfahrungen überdenken, so haben Sie sicher Situationen erlebt (wahrscheinlich in der Überzahl), in denen Ihnen Ziele einfach vorgesetzt wurden, aber auch Situationen, in denen Sie bestimmte Ziele aus eigenem Antrieb und Interesse verfolgt haben. Nur Ziele, die Sie sich selbst setzen oder deren Sinnhaftigkeit Ihnen deutlich ist, können Motivierungspotenzial in Ihnen entfalten. Diese innere Haltung ist quasi der „Treibstoff" für ein effektives Lernen. Aber auch bei fremdbestimmten Lernzielen kann ein „Trick" zumindest helfen, ein Stück **Lernmotivation** in Ihnen zu aktivieren. Hierzu ein Beispiel (Reinmann-Rothmeir/Mandl, 1995; Hervorhebungen Wirtz):

„Stellen Sie sich vor, Ihr Vorgesetzter am Arbeitsplatz legt Ihnen nahe, an einer Weiterbildung teilzunehmen, um sich für den Umgang mit einem neuen Betriebssystem zu qualifizieren. Allerdings, das ist der ‚Haken' an der Sache, sollen Sie für diese Weiterbildung vorrangig Ihre Freizeit opfern. Zunächst sind Sie wütend, zumal Sie auch noch andere Verpflichtungen haben. Allmählich aber freunden Sie sich mit diesem Ziel, sich neue Kenntnisse und Fertigkeiten für ein Betriebssystem zu erwerben, mehr und mehr an und glauben auch, persönlichen Vorteil aus der Weiterbildung ziehen zu können. Schließlich gelingt es Ihnen darüber hinaus, Ihre übrigen Verpflichtungen so zu organisieren, dass die Teilnahme an der Weiterbildung nicht zum Stress wird. Sie freuen sich auf den Lehrgang und beginnen ihn mit Interesse und Motivation und mit der Zuversicht, alles ganz gut unter einen Hut zu bekommen.

In diesem Gedankenspiel identifiziert sich der Lernende mit einem zunächst von außen vorgegebenen Ziel, integriert es in sein Wertesystem und hat schließlich sogar das Gefühl, ***selbstbestimmt*** *zu sein. Ob nun das Ziel von außen vorgegeben oder selbst gewählt wurde: Entscheidend ist, ob es dem oder der Lernenden gelingt, sich für dieses Ziel zu ‚interessieren'."*

Die folgenden Abschnitte sollen Ihnen helfen, die oben erwähnten Einsichten in die Größen des Lernens, Memorierens, der Konzentration usw., generell: **des Self-Managements**, zu gewinnen. Hierbei sind die einzelnen Komponenten aufgrund des besseren analytischen Zugriffs getrennt dargestellt. Es sollte Ihnen jedoch stets bewusst sein, dass erst das Zusammenwirken aller Faktoren ein optimales Ergebnis im Sinne Ihrer persönlichen Entwicklung, Ihrer persönlichen Optimierungsstrategien gewährleistet. So unterstützt zum Beispiel die Anfertigung von **Mind-Maps** die Effizienz des Lernens und Behaltens nachhaltig, wirkt ebenfalls förderlich auf eine stressfreie Lernatmosphäre, und die Anwendung einer Lesemethode kann

Zeit ersparen. Auch die so genannten **neuro-mentalen Lernmethoden** gehen davon aus, dass nur die Komplexität der unterschiedlichen (Einzel-) Elemente im Individuum eine nachhaltige Fähigkeits- und Verhaltensentwicklung möglich macht. Dazu ist es notwendig, sich Erkenntnisse aus unterschiedlichsten Wissenschaftsdisziplinen anzueignen.

„**Neuro-mentale Methoden** basieren auf den Erkenntnissen der Gehirnforschung und anderer Wissenschaften wie der Psychologie und Suggestionswissenschaft. All diesen Methoden ist gemeinsam, dass sie von den einseitig rational-kognitiven Lehr-/Lernverfahren abrücken und stärker rechtshirnige Zugänge legen, damit auch das Unterbewusstsein einbeziehen. Sie sind **ganzheitlicher** und lernwirksamer. Diese neuro-mentalen Methoden arbeiten stark mit der Verbildlichung und mit Suggestionen, um das Unterbewusstsein und die Areale der rechten Gehirnhälfte zu erschließen. **Wirkungsvolles Lernen ist immer beidseitig.**" (Decker, 1996; Hervorhebungen Wirtz)

Als Elemente einer den ganzen Menschen umfassenden Entwicklungs- und Lernstrategie führt Decker unter anderem an:

- Gehirnoptimierung und Synchronisation der beiden Gehirnhälften;
- Entspannung (mental, körperlich, psycho-emotional);
- Lernen durch Autosuggestion;
- Abbau von Lern- und Motivationsblockaden und -barrieren;
- Mindfitness herstellen, das heißt geistige Flexibilität, Konzentration, Ausdauer, Vorstellungsfähigkeit, mentales Training u. a.;
- angenehme (Lern- und Wohlfühl-)Atmosphäre.

Die Aufnahme von Informationen im engeren Sinne ist zwar ein individueller Akt, jedoch können Sie die „Rahmenbedingungen", unter denen Sie die Kapitel dieses Buches durcharbeiten, auch sozial gestalten: **Bilden Sie beispielsweise Lernpartnerschaften oder Lerngruppen**. Sie können sich so gegenseitig anregen, „Motivationslöcher" einzelner besser überwinden, trainieren „nebenbei" Ihre kommunikativen Fähigkeiten und haben einfach mehr Spaß und „Interesse" (!) am Lernen.

Neuro-mentale Lernmethoden

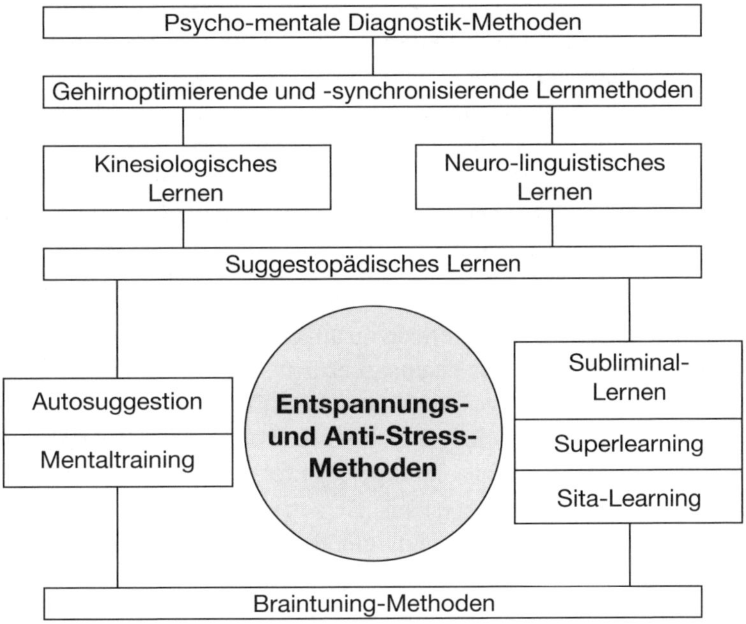

Abbildung 1 (Quelle: Decker, 1996)

Die im nächsten Abschnitt dargestellten Lerntheorien, als Grundlage der Lernpsychologie, sind „... Erklärungsversuche für Lernprozesse... Die Kenntnis einiger Gesetzmäßigkeiten soll folgende Fähigkeiten vermitteln:

- Bedingungen für bestimmte Verhaltensweisen zu erkennen,
- mithilfe der Lernprinzipien Verhalten gezielt zu fördern,
- Verhaltensstörungen einfacher Art zu vermeiden bzw. abzubauen und
- das eigene Lernen zu organisieren.“ (Kühne/Gewicke/et al., 1993)

3.2 Begriff des Lernens

Schlüsselbegriffe

- Lernen
- Lernprozess

Die rasanten Veränderungen in der Bankenwelt stellen nicht nur an die Organisation des Systems „Bank“ ständig neue Anforderungen. Die ausgefeilteste Systemtheorie, der kreativste Reorganisationsansatz nutzen wenig, wenn die Mitarbeiterinnen und Mitarbeiter, die in den neuen Strukturen arbeiten, sie mit „Leben“ füllen sollen, nicht über die erforderlichen Qualifikationen verfügen. Der Organisation individuelle Wissensstände zur Verfügung zu stellen und sinnvollen Informationsaustausch zu praktizieren, bedingen Offenheit und die Bereitschaft zum permanenten Lernen. Nicht zuletzt deswegen hat sich der Ansatz des Life-long-Learning mittlerweile als Begriff etabliert.

Den Terminus „Lernen“ einer griffigen Definition zu unterwerfen und den Lernprozess greifbar zu machen, ist Gegenstand unzähliger Veröffentlichungen zum Thema „Lernen“. Nähern kann man sich dem Begriff „Lernen“ von zwei Positionen aus. Einerseits ist die Lernpsychologie ein Teil der Allgemeinen Psychologie. Hier geht es darum, Gesetzmäßigkeiten des Lernens, meist in experimenteller Form, bei Mensch und Tier zu erforschen. Andererseits ist Lernen ein zentraler Forschungsgegenstand der Pädagogischen Psychologie. Bei dieser Perspektive steht nicht primär die Beschreibung und Erklärung von Lernprozessen im Vordergrund, sondern die Verbesserung von Entwicklungsprozessen. (Vgl. Brandtstädter/Fischer/et al., 1976)

Der Begriff „Lernen“ aus psychologischer Sicht umfasst dabei mehr als die Alltagssprache gemeinhin mit „Lernen“ umschreibt. Wenn man „Lernen“ hört, assoziiert man vermutlich vorwiegend schulische oder andere Ausbildungssituationen. „Der psychologische Lernbegriff ist wesentlich weiter gefasst. Hier spricht man auch vom Lernen von Angst und Sicherheit, vom Erwerb von Vorlieben und Abneigungen, der Ausbildung von Gewohnheiten, der Befähigung zu planvollem Handeln und problemlösendem Denken“. (Edelmann, 2000) Allen Erkenntnissen ist gemein, dass Lernen nicht einer direkten Beobachtung zugänglich ist. Man erkennt es nur an verschiedenen Reaktionen oder Leistungen einer Person, also auf indirekte Weise. (Vgl. Lefrançois, 1976)

Die Definitionen sind, je nach Erkenntnisinteresse, sehr verschieden gefasst. Eine (weite) Definition schlägt Joerger (1976) vor:

> „**Lernen** ist die Veränderung des Verhaltens aufgrund von Erfahrungen.“

Es ist wichtig, den Zusammenhang zwischen Lernen und Gedächtnis in den Blick zu rücken. Die Verbindung der beiden Vorgänge „Aufnahme von Wissen“ bzw. „Behalten und Wiedergabe“ kommt in einer Definition von Edelmann (2000) zum Ausdruck:

> „Die Begriffe **Lernen** und **Gedächtnis** beschreiben nicht zwei unterschiedliche Erscheinungen. Wenn man von Lernen spricht, meint man schwerpunktmäßig die Prozesse der Aneignung und bei Gedächtnis mehr die Vorgänge der Speicherung und des Abrufs. Menschliche Informationsverarbeitung ist eine andere Bezeichnung für Lernen und Gedächtnis.“

Zwar sind die Erkenntnisse über den Lernprozess und das Lernen im letzten Viertel des vergangenen Jahrhunderts weiter vorangetrieben worden und insbesondere die Funktionen im menschlichen Gehirn unter dem Aspekt „Speicherung“ klarer gefasst worden, es lässt sich jedoch (leider) mit Joerger (1976) konstatieren:

- Es gibt bis heute keine zufrieden stellende Definition des Phänomens „Lernen“, die am Ausgangspunkt einer umfassenden Theorie des Lernens stehen könnte.
- Die bis jetzt vorliegenden Theorien meinen und erklären jeweils verschiedene Phänomene (meist jedoch ohne dies mit der wünschenswerten Klarheit zu sagen).
- Die Möglichkeit, durch eine Theorie alles menschliche Lernen erklären zu können, scheint nach dem derzeitigen Wissensstand vorläufig unerreichbar zu sein.

3.3 Grundformen des Lernens

Schlüsselbegriffe

- Klassisches Konditionieren
- Operantes Konditionieren
- Kontingenz
- Regel-Lernen

- Assimilation
- Problemlösungsfähigkeit

Wie die oben dargestellten Definitionen nahe legen, verursachen Lernprozesse eine Veränderung bzw. den Neuerwerb einer „psychischen Disposition“ des Menschen. Die durch die Lernprozesse angestoßene Erfahrungsbildung versetzt das Individuum in die Lage, bestimmte (neue) Leistungen zu erbringen. Die für die Erfahrungsbildungen notwendigen Auseinandersetzungen mit der Umwelt (physisch wie psychisch) sind dabei entweder mehr außen- oder innengelenkt. (Vgl. Edelmann, 2000)

Eine Kategorisierung von **Grund**formen des Lernens (Wie lassen sich die unterschiedlichen, beobachtbaren Formen des menschlichen Lernens ordnen?) ist, ähnlich der jeweils hinterlegten Definition, ein subjektiver Auswahlprozess. (Vgl. zum Beispiel Bower/Hilgard, 1984; Lefrançois, 1986) Die hierzu geführten und teilweise andauernden Diskussionen in den entsprechenden Publikationen können und sollen an dieser Stelle nicht nachgezeichnet werden, da sie zum Erkenntniswert im Rahmen des vorliegenden Buches wenig beitragen können.

Ein nachvollziehbares und schlüssiges Kategoriensystem schlägt Edelmann (2000) vor, dem hier gefolgt werden soll. Er stellt folgende Ordnungskriterien vor:

- Reiz-Reaktions-Lernen (Aufbau und Verbindung zwischen Reizen und Reaktionen)
- Instrumentelles Lernen (Aufbau von Verbindungen zwischen Verhalten und nachfolgenden Reaktionen)
- Begriffsbildung und Wissenserwerb (Aufbau und Verbindung zwischen den Elementen von kognitiven Strukturen)
- Lernen von Handeln und Problemlösen (Aufbau und Verbindungen zwischen Wissen und Aktivität)

Die genannten Lernmuster sollen im Folgenden in ihren wesentlichen Gedanken kurz umrissen werden. Die Kenntnis von Lernprozessen, wie sie in der Lernpsychologie gesehen werden, soll es Ihnen ermöglichen, ganz individuelle Reflexe für Ihr eigenes Lernen zu erzeugen. Eine reine Anwendungsbeschreibung („Rezept“) lernpsychologischer Ergebnisse würde hier zu kurz greifen. Zudem können Sie, je komplexer ein Lernvorgang sich darstellt, mehrere der beschriebenen Theorieansätze als Erklärungsmuster heranziehen und so Ihren (Lern-)Entwicklungsprozess ganz persönlich optimieren. Hinweise für die praktische Umsetzung lernpsychologischer Erkenntnisse finden Sie in Kapitel 4.

3.3.1 Reiz-Reaktions-Lernen

Martina S. hat kaum noch Spaß an ihrem neuen Arbeitsplatz im 23. Stockwerk des neuen Gebäudes, das ihr Institut letzten Monat bezogen hat. Bei jedem Fahren mit dem Lift leidet sie Höllenqualen. Die sich schließende Aufzugstür, das Gefühl, eingeschlossen zu sein, die Enge des Raumes, die vielen Menschen zum Arbeitsbeginn oder bei Büroschluss dicht um sie herum, all das versetzt sie in Panik. Als vor kurzem auch noch die Lifttür klemmte, als sie aussteigen wollte, überlegte sie sich ernsthaft, einen „ebenerdigen" Arbeitsplatz zu suchen.

Martina verkörpert den klassischen Fall des Reiz-Reaktions-Lernens. Bei dieser Art des Lernens ist der Mensch weit gehend passiv. Vielfach findet ein solcher Lernvorgang statt, ohne dass wir es bemerken.

Viele Angstreaktionen, die Menschen beeinträchtigen, sind auf diese Weise gelernt. Fatal ist, dass die Reaktion auf eine bestimmte Reizsituation (hierzu zählen zum Beispiel Flugangst, Angst vor einem Zahnarztbesuch, Angst mit Vorgesetzten zu reden, Angst „rot" zu werden usw.) ziemlich resistent ist, das heißt im Laufe der Zeit kaum abnimmt. Auch das unangenehme Gefühl (manchmal bis zur Arbeitsblockade), das manche beschleicht, wenn sie beispielsweise daran denken, noch etwas für eine Prüfung lernen zu müssen, fällt hierunter.

Bei näherer Beschäftigung mit dem Thema des Reiz-Reaktions-Lernens fällt jedem Lernpsychologen der Name **Pawlow** (russischer Physiologe, 1849-1936) ein. Sein weltweit bekannt gewordener Versuch mit Hunden hatte folgenden Aufbau (verkürzt dargestellt): In das Maul eines Hundes wurde Säurelösung gegossen, die eine natürliche Abwehrreaktion des Tieres hervorrief. Durch Bewegungen des Mauls wurde die Säurelösung ausgespien, gleichzeitig floss verstärkt Speichel, um den Säuberungsprozess zu unterstützen. Im zweiten Durchgang wurde, bevor man die Säurelösung in das Maul des Hundes einbrachte, eine Klingel gedrückt. Was war der Effekt, nachdem ein paar Mal Klingel und Säurelösung gleichzeitig dargeboten wurden? Es genügte, allein die Klingel ertönen zu lassen, um die Maulbewegungen und den Speichelfluss beim Hund auszulösen. Der Hund ist **kon-**

ditioniert worden, ein **bedingter** Reflex wurde erzeugt. Während beim ersten Durchgang (Säurelösung ohne Klingelzeichen) ein **unbedingter** (unwillkürlicher, angeborener) Reflex auf den Stimulus folgte, konnte im zweiten Durchgang (Klingel und Säurelösung) ein für den Hund völlig neutraler Stimulus (der Klingelton) den beschriebenen Reflex (Reaktion) auslösen.

Aus den Erkenntnissen der Reflex-Reaktion (Pawlow) kann man analog auch das Lernen einer emotional-motivationalen Reaktion erklären. Hat ein Angestellter zum Beispiel öfter erlebt, dass bei Kritik an seiner Arbeitsweise der Vorgesetzte einen grauen Anzug trug, kann das zu einer negativen Emotion führen, die allein schon beim Anblick entsprechender Kleidung ausgelöst wird.

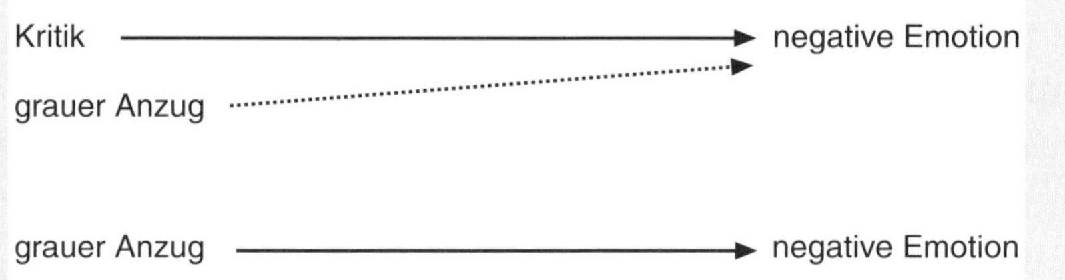

Abbildung 2

Treten also zwei Reize (Kritik und grauer Anzug) zusammen auf – die Psychologie spricht hier von Kontiguität (Berührung zweier Reize) – kann damit eine Signalfunktion aufgebaut werden, die es einem ursprünglich neutralen Reiz (grauer Anzug) erlaubt, eine ähnliche (oder dieselbe) Reaktion auszulösen, wie der ursprünglich für die Reaktion verantwortliche Reiz. Je nach Ausprägung der Konditionierung spricht man auch von Reiz-Generalisierung (alle Männer mit grauen Anzügen lösen negative Emotionen aus) oder von Reiz-Differenzierung (nur wenn der Vorgesetzte einen grauen Anzug trägt, stellt sich die entsprechende Reaktion ein).

Bezogen auf den Einstiegsfall könnte das bedeuten, dass Martina unter Umständen in ihrer Kindheit öfter Aufenthalte im Fahrstuhl als beängstigend empfunden hat (enger, geschlossener Raum, Unwissenheit über das was passiert, fremde Menschen), vielleicht wurde sie sogar durch die Fahrstuhltür von ihrer Mutter oder ihrem Vater getrennt und befand sich allein im Lift oder ähnliche Erlebnisse.

Erwähnt werden soll noch, dass eine einmalige Berührung von zwei Reizen in der Regel nicht ausreicht, um eine stabile, bedingte Reaktion bzw. eine

Signalfunktion zu erzeugen. Experimente weisen darauf hin, dass mindestens fünf, aber auch manchmal über hundert gemeinsame Darbietungen von beiden Reizen (bedingtem und unbedingtem) notwendig sind, um eine Reizsubstitution oder den Aufbau einer Signalfunktion sicherzustellen.

Auch ohne auf die Differenzierungen zwischen „Löschung", „systematischer Desensibilisierung", „Aversionstherapie", „Gegenkonditionierung zum Abbau von Angstzuständen" und ähnlichen Begriffen einzugehen, ist es nachvollziehbar, dass die Assoziation von gelerntem Reiz und entsprechender Reaktion verlernt werden kann („Löschung"). Kritisiert unser Vorgesetzter im grauen Anzug den Mitarbeiter zum Beispiel über längere Zeit nicht mehr, wird sich die Koppelung beider Reize allmählich lösen. Ertönt die Klingel beim Pawlow'schen Hund ohne Einbringen der Säurelösung, wird dies den Hund dazu bringen, nicht mehr mit der entsprechenden Reaktion auf das Klingelzeichen allein zu antworten.

Abschließend sei noch darauf hingewiesen, dass der Einfluss von Persönlichkeitsmerkmalen (Alter, Bildung, Angstdisposition usw.) auf die Schnelligkeit oder Nachhaltigkeit zur Ausbildung von bedingten Reflexen zurzeit nicht endgültig geklärt ist.

3.3.2 Instrumentelles Lernen

Etwa zeitgleich mit Pawlow arbeitete in den USA **Edward L. Thorndike** (1874-1949) an der Erforschung von Lernprozessen. Thorndike experimentierte vorwiegend mit Katzen, die er in einen Käfig sperrte, dessen Tür nur durch die Betätigung eines entsprechenden Hebels geöffnet werden konnte (in einer abgewandelten Version erhielt die Katze durch Druck auf eine bestimmte Taste Futter). Das Tier probierte zunächst wahllos einige Verhaltensweisen seines Repertoires aus. Zufällig betätigte die Katze dabei auch den entsprechenden Mechanismus für das Öffnen des Käfigs (bzw. Futter). Thorndike machte folgende Beobachtung: Die von Erfolg gekrönte Verhaltensweise wird nach einigen Versuchsdurchgängen reproduziert, sobald die Katze in den Käfig gesperrt wird. Aufgrund dieser Erkenntnisse formulierte Thorndike seine Lerngesetze. Sein erstes Lerngesetz wird **Frequenzgesetz (law of exercise)** genannt. Es besagt, dass eine erfolgreiche Reaktion aufgrund eines Reizes durch Übung verstärkt wird. Das zweite Lerngesetz, **Effektgesetz (law of effect),** drückt aus, dass eine Verhaltensweise dann mit erhöhter Wahrscheinlichkeit auftritt, wenn sie in der Vergangenheit zu einem befriedigenden Resultat geführt hat. Die Untersuchungsergebnisse von Thorndike bezeichnet man auch als „Lernen durch Versuch und Irrtum“ bzw. **Lernen am Erfolg**.

„Das Individuum erlebt den Effekt als Erfolg oder Misserfolg seines Verhaltens. Das Verhalten kann also vom Tier eingesetzt werden als „Instrument“, um den Effekt zu manipulieren. Die Theorie Thorndikes wird daher als „instrumentelles Lernen“ (auch instrumentelles Konditionieren) oder als „Lernen am Erfolg“ bezeichnet.“ (Joerger, 1976)

Ein weiterer herausragender Vertreter des instrumentellen Lernens, der Amerikaner **Burrhus F. Skinner** (1904-1990), arbeitete hauptsächlich mit Tauben, die in einen Käfig mit einer Vorrichtung zum schnellen Füttern gesperrt waren. Im Gegensatz zu Thorndike wartete Skinner nicht, bis ein Tier zufällig die gewünschte Verhaltensweise zeigte, sondern belohnte jede noch so kleine Verhaltensweise, die in die gewünschte Richtung führte. Da sich die Erfolge seiner Taubendressuren relativ schnell zeigten, experimentierte er häufig vor vollbesetzten Hörsälen.

„Eine einjährige Taube, auf 80 % ihres Gewichtes „zurückgehungert“, hatte in Vorversuchen gelernt, auf ein Klingelzeichen hin Futter von einer in den Käfig schwingenden Schale aufzunehmen. Im Käfig befindet sich lotrecht eine weiße Karte mit einem schwarzen Kreis in der Mitte. Diesen zu picken, soll die Taube lernen. Das Tier bewegt sich zunächst ziellos im Käfig. Beiläufig und zufällig blickt es dabei auch einmal in Richtung der Karte. In diesem Augenblick ertönt das Klingelzeichen, die Schale schwingt in den Käfig, die Taube holt sich das Futterkorn. In der Regel kehrt sie dann zum Ausgangspunkt zurück und die Prozedur wiederholt sich 4- bis 5-mal. Wird die Blickwendung sicher beherrscht, dann erhält sie nur noch Futter, wenn sie einen Schritt hin zur Karte macht; danach nur wenn sie auf die Karte, und schließlich nur wenn sie auf den schwarzen Kreis pickt. Der ganze Lernvorgang nimmt nicht mehr als 3 bis 5 Minuten in Anspruch.“ (Haseloff/Jorswieck, 1970; zitiert nach Joerger, 1976)

Skinner unterscheidet in seinem Systemgebäude (er sperrte sich gegen den Begriff „Theorie“) zwischen **Antwort- und Wirkverhalten**. Das Antwortverhalten folgt dabei der gleichen Konditionierung wie das oben beschriebene Reiz-Reaktions-Lernen. Skinner war der Meinung, dass beim Menschen dem Wirkverhalten eine wesentlich höhere Bedeutung zukommt, da der Mensch als aktives Wesen seine Verhaltensweisen nicht erst durch externe Reize in Gang setzt. Die Ausgestaltung des Wirkverhaltens („operant behavior“) belegte Skinner mit dem Begriff des **operanten Konditionierens**.

Die Verbindung zwischen einem bestimmten Verhalten und der daraus resultierenden Konsequenz wird mit dem Terminus **Kontingenz** belegt.

Kontingenz

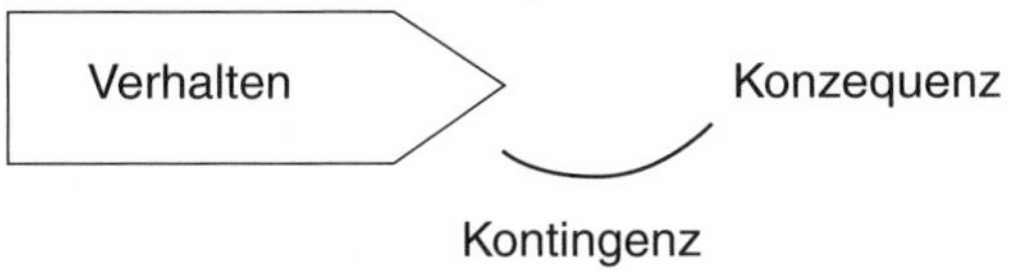

Abbildung 3 (Quelle: Edelmann, 2000)

Skinner wandte sich im Rahmen seines Systemgebäudes allerdings strikt gegen die Auffassung, dass ein Mensch bestimmte Folgen seines Wirkverhaltens antizipiert. Auch lehnte er es ab, aufgrund von Beobachtungen auf Motivationslagen eines Individuums zu schließen. Er wollte lediglich beschreiben, welche Bedingungen für die Veränderung der Auftretenswahrscheinlichkeit eines bestimmten Verhaltens verantwortlich sind. „Demgegenüber hat nach heutiger Auffassung der Begriff der Motivation eine grundlegende Bedeutung bei der Erklärung dieser Art des Lernens.“ (Edelmann, 2000)

Die Idee, den zu lernenden „Stoff“ in kleinste Schritte zu „zerteilen“, hat Skinner auch auf menschliches Lernen übertragen. Er unterteilte größere Lerneinheiten in kleine Teilschritte, deren erfolgreiche Beherrschung er sofort belohnte. Natürlich nicht mit „Futter“, sondern er ging davon aus, dass beim Menschen im Frage-Antwort-Spiel die Bestätigung „Antwort ist richtig“ (Feedback!) Belohnung genug sei. Auf diesen Überlegungen basieren die von Skinner entwickelten Lernprogramme, die weltweit bekannt wurden als „programmierte Unterrichtsmethode“. Manche heutigen Computer-Tutor-Programme arbeiten grundsätzlich auch nach diesem Muster.

Je nach Art der Konsequenz, die auf eine bestimmte Verhaltensweise folgt, spricht man von Verstärkung oder Löschung.

Verstärkungslernen und Löschung

Verstärkung **Erhöht** die Wahrscheinlichkeit, dass Verhalten in Zukunft häuftiger/intensiver auftritt	**(1)** Auf ein bestimmtes Verhalten folgt eine angenehme (positive) Konsequenz; dadurch wird das Verhalten verfestigt und wahrscheinlich in Zukunft häufiger/intensiver auftreten.	**Positive Verstärkung**
	(2) Durch ein bestimmtes Verhalten wird ein unangenehmer (negativer) Zustand beendet; das Verhalten, das den unangenehmen Zustand abstellt, wird in Zukunft häufiger/intensiver auftreten.	**Negative Verstärkung**
Bestrafung/Löschung **Verringert** die Auftretenswahrscheinlichkeit eines Verhaltens	**(3)** Auf ein bestimmtes Verhalten folgt eine unangenehme Konsequenz. Dadurch wird das Verhalten unter Umständen abgeschwächt (und eventuell gelöscht).	**Löschung**
	(4) Als Folge eines bestimmten Verhaltens wird eine angenehme Konsequenz, die sonst folgte, entzogen. Dadurch wird das Verhalten abgeschwächt und gelöscht.	**Löschung**

Abbildung 4 (Quelle: Claßen et al., 1979)

3.3.3 Wissenserwerb

Nachdem in den vorangehenden Kapiteln einige Klassiker der Lernforschung vorgestellt wurden, geht es im folgenden Abschnitt um die Frage, welche Gesichtspunkte sinnvollerweise bei dem Erwerb neuen Wissens vor dem Hintergrund der entsprechenden Forschungsergebnisse Beachtung finden sollen. Im Mittelpunkt stehen Überlegungen darüber, wie Lernvorgänge im Menschen ablaufen, wie man sich einen Lernstoff aneignen kann, ob eine Erarbeitung vom Speziellen zum Allgemeinen zweckmäßig ist oder umgekehrt, wie Lernstrukturen aussehen usw. Diese Erkenntnisse liegen damit wesentlich dichter an einer praktischen Umsetzung für Ihr Lernen als beispielsweise die von Pawlow oder Thorndike.

Wissenserwerb ist ein wesentlicher Gegenstand der Kognitionspsychologie (kognitive Vorgänge bauen Wissensstrukturen auf, zum Beispiel durch Wahrnehmen, Denken, Urteilen usw.) Da es hier nicht darum gehen kann, eine vollständige Abhandlung der Lernpsychologie darzubieten, sind die Ausführungen notwendigerweise auf ausgewählte, wesentliche Überlegungen verkürzt. Auch die in der einschlägigen Literatur vorangestellten definitorischen Formulierungen werden hier nur insoweit berücksichtigt, als sie für das Verständnis unabdingbar sind. (So wird dort beispielsweise geklärt, welche Differenzierungen zwischen Sach- und Handlungswissen bestehen oder welche Prototypen der Begriffsbildung unterschieden werden können usw.)

Die Erörterung von Möglichkeiten des Aufbaus von neuem Wissen soll an drei Hauptvertretern dargelegt werden:

- Gagné (Regel-Lernen),
- Ausubel (Verankerung neuen Wissens in Vorwissensbeständen),
- Bruner (entdeckendes Lernen).

„Statt von Wissenserwerb spricht **Gagné** auch von Erwerb von **Regeln**. Darunter versteht er nicht nur Merksätze (Durch einen Bruch wird dividiert, indem man ...), sondern Aussagen in jeder Form (Der Bleistift ist gelb.)" (Edelmann, 2000) Wissen besteht im Gagné'schen Sinne aus der Kombination von Begriffen. Bedingung für Regel-Lernen ist zunächst, dass alle verwendeten Begriffe dem Lernenden bekannt sind. Dabei geht es nicht darum, die Begriffe auszusprechen im Sinne von auswendig gelernt (auch „Lernen sprachlicher Ketten" genannt). Es soll vielmehr ein Verständnis erreicht werden, das es ermöglicht, die Begriffe mit eigenen Worten zu verwenden. Man hat im Sinne von Gagné nicht gelernt bzw. kein Wissen aufgebaut, wenn man sich für eine Prüfung einen Merksatz eingeprägt hat, ohne dessen Anwendungsmöglichkeiten verfügbar zu haben.

„Die Metaebene stellt ein Konstrukt zur Verfügung, das bei der Klärung gestörter Kommunikationsprozesse hilfreich sein kann."

*Um mit dieser Aussage arbeiten zu können (Wissen für sich aufzubauen), müssen Ihnen zunächst alle Begriffe bekannt sein. Insbesondere sollen Sie verstanden haben, was damit ausgesagt werden soll. Dies bedeutet, Sie können die Aussage mit **Ihren Worten** wiedergeben. Sie können zum Beispiel sagen, dass die Metaebene eine Art Feldherrnhügel darstellt, der es* *den Kommunikationspartnern ermöglichen soll, gleichsam „von oben" den Ablauf ihres Gesprächs zu betrachten, ohne dabei den Sachinhalt der Kommunikation in den Vordergrund zu stellen. Sie soll vielmehr analysieren helfen, ob gegebenenfalls auf der Beziehungsseite der Kommunikation etwas „schief" gelaufen ist usw.*

Haben Sie dagegen nur die sprachliche Kette gelernt, können Sie zwar auf die Frage: „Was ist eine Metaebene?" das auswendig Gelernte hersagen, eine intellektuelle Verfügung über den formulierten Zusammenhang fehlt aber.

Um Regel-Lernen zu ermöglichen, also Wissensaufbau zu gewährleisten, bemühen sich die meisten Lehrbuchautoren,

- klare Definitionen zu geben, um verwendete Begriffe deutlich gegenüber anderen abzugrenzen,
- Beispiele zu wählen, die sowohl den Begriff als auch seine Beziehungen zu Ober- und Unterkategorien sowie das hinterlegte Modell bzw. die zugrunde gelegte Theorie klar und möglichst unmissverständlich hervortreten lassen,
- redundant zu schreiben, das heißt immer wieder denselben Sachverhalt mit anderen Worten zu umschreiben.

Als Abfolge der Aneignung, des „Gebrauchenkönnens" von Wissen, sieht Gagné (1969) folgenden Aufbau:

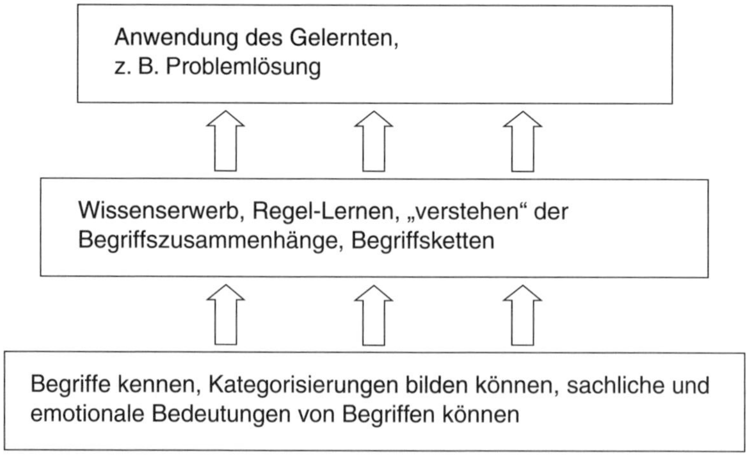

Abbildung 5

Den dargestellten Aufbau bezeichnet Gagné als „Struktur des organisierten Wissens in einem Sachbereich".

Nach **Ausubel** lassen sich zwei Ausprägungen des (sprachlichen) Lernens unterscheiden:

⇒ sinnvoll/mechanisch

⇒ rezeptiv/entdeckend

Die Zusammenhänge der vier Begriffe verdeutlicht folgende Vier-Felder-Tafel:

Die vier Grundformen des Lernens nach Ausubel

Dimension		Dimension: mechanisch	Dimension: sinnvoll
	rezeptiv	I. Dargebotene Informationen werden wortwörtlich gelernt und nicht mit Vorwissen assimiliert.	II. Dargebotene Informationen werden inhaltlich gelernt und mit Vorwissen assimiliert.
	entdeckend	III. Ein vom Lernenden entdeckter Sachverhalt wird wortwörtlich gelernt und nicht mit Vorwissen assimiliert.	IV. Ein vom Lernenden entdeckter Sachverhalt wird inhaltlich gelernt und mit Vorwissen assimiliert.

Abbildung 6 (Quelle: Edelmann, 2000)

Der zentrale Gesichtspunkt, den Ausubel für Lernprozesse sieht, ist in Ausubel et al. (1980/81) zu finden: „Der wichtigste Faktor, der das Lernen beeinflusst, ist das, was der Lernende bereits weiß."

„Sinnvoll lernen" bedeutet, einen Lernstoff inhaltlich, also nicht wortwörtlich, und zufallsfrei auf bestehende Wissensstrukturen beziehen zu können. (Vgl. Ausubel, 1974) Ausubel versteht unter dem Aufbau „zufallsfreier" Beziehungen, dass man einen Lerngegenstand erfassen kann im Sinne der

1. **Unterordnung** unter eine bereits vorhandene Kategorie. Zum Beispiel: Lerngegenstand = Kapitalwertmethode; Unterordnung = Die Ka-

pitalwertmethode stellt eine weitere finanzmathematische Methode der Investitionsrechnung dar.

2. **Überordnung**, das heißt den Lerngegenstand als Oberbegriff erkennen und seinen höheren Allgemeinheitsgrad im Hinblick auf schon Gewusstes begreifen. Zum Beispiel: Jemand kennt die Kapitalwertmethode, die Methode des internen Zinsfußes und lernt jetzt, dass diese zu den finanzmathematischen Methoden gehört.

3. **Kombination**, das heißt, es tritt weder eine Über- noch eine Unterordnung auf, sondern der Lerngegenstand wird auf bereits vorhandene Wissensbestände bezogen. Zum Beispiel: Jemand soll ein Investitionsvorhaben prüfen. Er kann jetzt sowohl auf die ihm bekannten „Praktikermethoden" als auch auf die „finanzmathematischen Methoden" zurückgreifen.

Für das Aufnehmen von Wissen, seine Organisation und Speicherung hat Ausubel den Begriff der **Assimilation** geprägt. „Die Assimilationstheorie betont die Verknüpfung des neuen Lehrstoffs mit dem Vorwissen. (...) Menschen verfügen bereits über relativ allgemeines Vorwissen in verschiedenen Bereichen und lernen immer spezielleres Einzelwissen, das mit den alten Ideen assimiliert wird. Die Folge ist eine ‚progressive Differenzierung des Wissens'." (Edelmann, 2000)

Im Zuge der Lernorganisation bedeutet dies, den Lehrstoff so aufzubereiten, dass dem eben zitierten Prinzip der progressiven Differenzierung Rechnung getragen werden kann, das heißt vom Allgemeinen zum Speziellen – Unterordnungsprinzip. (Vgl. Edelmann, 2000)

Die Ausführungen von **Bruner** (1973) beziehen sich auf das so genannte entdeckende Lernen. Sein Ziel ist es, „... dem Schüler nach besten Kräften ein fundiertes Verständnis des Gegenstandes zu vermitteln und ihn so gut wir können zu einem selbstständigen und spontanen Denker zu machen ..." (Bruner, 1973).

Bruners teilweise etwas „unsystematische Ideen" fasst Edelmann in den Punkten „Transferförderung", „Problemlösefähigkeit", „Intuitives Denken" und „Förderung der intrinsischen Motivation" zusammen. Von diesen werden hier die ersten drei kurz dargestellt. Die Thematik der Motivation wird in Kapitel 5 aufgegriffen.

Im Rahmen der **Transferförderung** besteht das Ziel darin, dem Lernenden eine möglichst breite Begriffsbasis zur Verfügung zu stellen, die ihn in die Lage versetzt, später auftauchende Sachverhalte besser verstehen und einordnen zu können. Die zunächst zu erarbeitenden Begriffe haben eine Art exemplarische Funktion im Hinblick auf die nachfolgenden Lerngegenstände. Die gewonnenen Einsichten, Regeln und Zusammenhänge können später auf neue Lernbereiche „transferiert" werden.

Die **Problemlösungsfähigkeit** stellt den wichtigsten Sachverhalt im Gedankengebäude von Bruner dar. Der Lernende soll sich in der Fähigkeit des „Entdeckens" üben. „Meiner Meinung nach kann man nur durch Üben des Problemlösens ... die heuristische Methode der Entdeckung lernen; je mehr man geübt ist, um so eher wird man das Gelernte zu einem Problemlösungs- oder Fragestil verallgemeinern können, der sich auf jede oder fast jede angetroffene Aufgabenart anwenden lässt". (Bruner, 1973; zitiert nach Edelmann, 2000) In der Unterweisung von Lernenden soll deshalb eine Technik der Problemlösung eingeübt werden (Analyse, Hypothesenbildung, Prüfung von Handlungsmustern usw.)

Intuitives Denken, ein eher „gefühltes" als analytisches Denken, ist bei der Erfassung von (neuen) Lerngebieten eine wichtige Basis. So kann man aufgrund der Beherrschung eines Wissensgebietes ein neues, unbekanntes Feld unter Umständen intuitiv strukturieren, da man „spürt", dass ähnliche Beziehungen und Zusammenhänge Gültigkeit haben wie in dem vertrauten Sachverhalt. Auch gestattet das intuitive Denken, in bekannten Wissensbeständen Neues zu generieren, scheinbar Klares infrage zu stellen, neue Herangehensweisen zu entwerfen usw. Bruner (1970) drückt dies so aus: „Intuitives Denken beruht gewöhnlich auf einer Vertrautheit mit dem fraglichen Wissensbereich und mit seiner Struktur, und dies ermöglicht es dem Denkenden herumzuspringen, Stufen auszulassen und Abkürzungen zu nehmen."

3.3.4 Zusammenfassung und Arbeitsaufgaben

Zusammenfassung

Der Begriff des Lernens wird in der Literatur nicht eindeutig definiert. Weit gehende Einigkeit besteht darüber, dass Lernen aufgrund von Erfahrungen stattfindet. Die bisher beschriebenen Grundformen des Lernens sind das Reiz-Reaktions-Lernen, das instrumentelle Lernen und der Wissenserwerb.

Beim **Reiz-Reaktions-Lernen** kann der Reiz Auslöse- oder Hinweisfunktion für eine entsprechende Reaktion haben. Man unterscheidet hierbei genetisch (un)bedingte Reiz-Reaktions-Verbindungen (bei hellem Licht verengt sich die Pupille) und gelernte (bedingte) Reiz-Reaktions-Verbindungen. Bei Letzteren erfolgt eine Reaktion auf einen an sich neutralen Reiz, der aber wiederholt mit einem unbedingten (angeborenen) Reiz kombiniert auftritt (vgl. das Hundeexperiment von Pawlow: Futtergabe + Signalton $\Rightarrow$ Speichelabsonderung; nach einigen Wiederholungen: Signalton $\Rightarrow$ Speichelabsonderung).

Beim **instrumentellen Lernen** entscheidet die so genannte Kontingenz. Hierunter ist die (erlebte) Beziehung zwischen einem Verhalten und der nachfolgenden Konsequenz zu verstehen. Je nach Art der auftretenden Konsequenz auf ein bestimmtes Verhalten unterscheidet man zwischen **positiver Verstärkung** (dem Verhalten folgt eine angenehme Konsequenz, es tritt in Zukunft mit erhöhter Wahrscheinlichkeit in ähnlichen Situationen auf) und **negativer Verstärkung** (durch ein bestimmtes Verhalten – Flucht oder Vermeidung – entgeht man einer unangenehmen Konsequenz). Beide Verstärker bauen eine bestimmte (gewünschte) Verhaltensweise auf. Durch **Bestrafung** (eine negative Konsequenz folgt bzw. eine angenehme Konsequenz wird entzogen) oder **Nichtbeachtung** (die Umwelt reagiert nicht) eines gezeigten Verhaltens findet eine Löschung des entsprechenden Verhaltens statt. Wichtig ist, dass ein Verhaltensauf- oder -abbau nur dann zu erwarten ist, wenn die erlebbaren Konsequenzen mit der Motivationslage des Individuums eine hohe Schnittmenge aufweisen.

Die Erkenntnisse des **Wissenserwerbs** sind den kognitiven Lerntheorien zuzuordnen. Die Kernthese lautet, dass Verhalten das Ergebnis von kognitiven Prozessen ist. Damit ist die gedankliche Einsicht in eine Thematik oder Problemstruktur gemeint. Wesentlich für den Aufbau von Wissen sind Begriffe (sachliche oder emotionale) sowie deren (gewusste) Zusammenhänge oder Abgrenzungen zu benachbarten Begriffen. Im Rahmen von Assimilation lassen sich zwei Formen von Wissenserwerb unterscheiden: Sinnvolles Lernen (das „Neue“ kann an vorhandenes Wissen angebunden werden) und mechanisches Lernen (das „Neue“ existiert isoliert, es ist auswendig gelernt, ohne Bezug zu Vorwissensbeständen). Wissen kann analytisch bewusst sein oder mehr intuitiv „gespürt“ werden. Insbesondere bei Transferleistungen und Problemlösungen sind intuitive Wissensbasen ein wichtiger Faktor.

Arbeitsaufgaben

1. Definieren Sie für sich, was Sie unter Lernen verstehen, und vergleichen Sie Ihre Definition mit den im Buch genannten. Wo sehen Sie Unterschiede/Gemeinsamkeiten?
2. Stellen Sie die Grundüberlegungen des Reiz-Reaktions-Lernens dar. Was ist für den Erwerb neuer Reiz-Reaktions-Verbindungen ausschlaggebend?
3. Wie lassen sich unerwünschte Reiz-Reaktions-Verbindungen zurückführen (löschen)?
4. Wodurch unterscheidet sich das instrumentelle Lernen vom Ansatz der Reiz-Reaktions-Theoretiker?
5. Instrumentelles Lernen ist stark situationsabhängig. Nennen Sie konkrete Beispiele für diese Aussage (aus Ihrer eigenen Erfahrung?!).
6. Wie könnten Sie für sich die Erkenntnisse, die mit dem Begriff der Kontingenz abgedeckt werden, nutzbar machen?
7. Im Rahmen von Wissenserwerb spielt der Begriff der Assimilation eine wesentliche Rolle. Erläutern Sie, was damit gemeint ist.
8. Weshalb misst Brunner dem intuitiven Denken im Zuge des entdeckenden Lernens einen hohen Stellenwert zu?

3.4 Handlung und Problemlösung

Schlüsselbegriffe

- Handeln
- Modell-Lernen
- Problemlösungsansätze

Wie die Überschrift nahe legt, stehen im Folgenden „Handeln“ und „Problemlösen“ im Mittelpunkt. Dabei wird das „Lernen am Modell“ skizziert, da sich die Theorie des Modell-Lernens als Vorläufer der diversen Handlungstheorien begreifen lässt. Das Modell-Lernen wird an dieser Stelle behandelt, weil es in Abgrenzung zum Abschnitt „Wissenserwerb" einen dynamisch ausgerichteten Ansatz beschreibt (man spricht in diesem Zusammenhang auch von prozeduralem Wissen). Die Aspekte des Problemlösens werden hier erläutert, weil es als „Sonderfall" planvollen Handelns gesehen wird. Bei allen Handlungstheorien steht zudem die Innensteuerung des Individuums im Vordergrund, während die verhaltenstheoretischen Ansätze mehr die Außensteuerung in den Blick rücken.

Ziel ist es, Ihnen einige theoretische Hintergründe aufzuzeigen, die Sie zu vertiefendem Eigenstudium der entsprechenden Literatur motivieren sollen und es Ihnen ermöglichen, Ihr eigenes Lernverhalten unter den dargelegten Zusammenhängen zu reflektieren bzw. zu optimieren. Hinweise für mögliche Umsetzungen der theoretischen Erkenntnisse finden Sie im Abschnitt 4.

Wie bereits in den vorherigen Abschnitten deutlich geworden ist, findet sich auch hier keine einheitliche Begriffsbesetzung für die verwendeten Termini. Die Definition von „Handlung" in der einschlägigen Literatur ist äußerst vielfältig. Nachdem er zahlreiche Theorieentwürfe zum Thema „Handlung" vorgestellt hat, nennt Edelmann (2000) Aspekte, die den Begriff der Handlung hinreichend umschreiben. An ihnen zeigt sich, welche Dimensionen Handeln haben kann, bzw. wann von Handeln gesprochen werden kann:

- Innensteuerung durch ein Subjekt
- Entscheidung zwischen Handlungsalternativen
- Subjektiver Sinn
- Intentionalität (Zielgerichtetheit)
- Bewusstheit
- Flexibles Handlungskonzept
- Verantwortlichkeit (auch rechtliche)
- Wissenserwerb

Im Rahmen des planvollen Handelns soll hier kurz auf die interne Handlungssteuerung eingegangen werden. Sie stellt den Entwurf eines Handlungsplanes bzw. von Handlungsplänen sowie die Handlungssteuerung in den Mittelpunkt der Betrachtung (so genannte handlungsregulatorische

Konzepte) und grenzt sich damit von den so genannten willenspsychologischen Modellen ab, die mehr auf Zielausrichtungen und Entscheidungen abheben.

Setzt man eine (planvolle) Handlung in Gang, lässt sich das schematisch wie folgt darstellen:

Schematische Darstellung einer Handlung

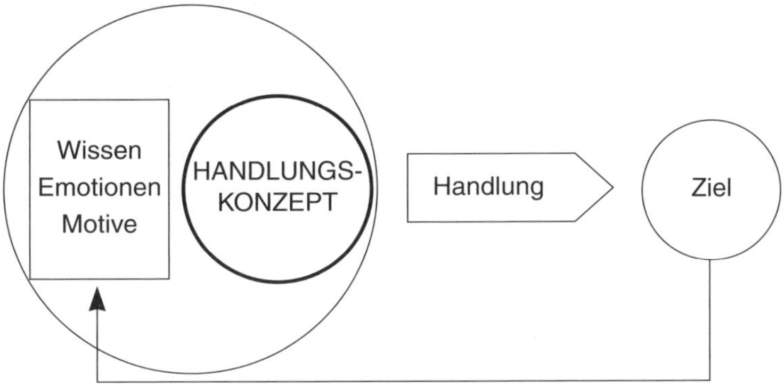

Abbildung 7 (Quelle: Edelmann, 2000)

Das von einer Person angestrebte Ziel aktiviert in ihr liegende Motive (sonst würde es sie vermutlich nicht interessieren) und greift auf ihr verfügbares Wissen zu. Zusätzlich werden Gefühle angesprochen. Daraufhin entwirft sie einen Handlungsplan (Handlungskonzept). Das Ergebnis der konkreten Handlung (Zielerreichungsgrad) wird zurückgemeldet. Zentraler Moment dieses Modells ist also die „... interne Handlungssteuerung durch das Handlungskonzept. Das Gegenmodell wäre die Außensteuerung des Verhaltens beim Reiz-Reaktions-Lernen und beim instrumentellen Lernen.“ (Edelmann, 2000)

Wie kann man nun effizientes Handeln lernen? Eine Möglichkeit eröffnen die verschiedenen Theorien über das **Modell-Lernen**. Die wohl bekannteste ist die sozial-kognitive Theorie von Bandura (1976). Einig sind sich die verschiedenen Theorien in dem Ansatz, dass die Beobachtung eines Modells den Beobachter beeinflusst. In den sonstigen Ausführungen muss man mit einer verwirrenden Begriffsvielfalt rechnen. So wird „Modell-Lernen“ z. B. auch als „Beobachtungs-Lernen“, „Stellvertreter-Lernen“, „Imitations-Lernen“ bezeichnet.

Modell-Lernen „stellt eine besonders schnelle und effiziente Art der Übernahme von Verhaltensweisen dar, besonders bei der Übernahme komplexer Verhaltensformen im Bereich des sozialen und sprachlichen Verhaltens.“ (Tausch/Tausch, 1973; zitiert nach Edelmann, 2000)

Vereinfacht heißt dies: Wenn ich beobachten kann, wie sich jemand anders (das Modell) in einer bestimmten Situation verhält, so kann ich daraus Verhaltensmuster erlernen, die mir noch nicht bekannt waren. Es kann auch sein, dass ich durch die Modell-Beobachtung feststelle, dass mir bekannte Verhaltensweisen, die vielleicht in der Vergangenheit von mir nur zögerlich eingesetzt wurden, durchaus den Einsatz lohnen (wie die Konsequenzen der Modell-Handlung zeigen). Das Modell kann mich auch lehren, dass es sinnvoll sein kann, in der Vergangenheit benutzte und wenig effektive Verhaltensweisen zukünftig kaum oder nicht mehr zum Einsatz zu bringen. Schließlich kann mich das Modell auch aktivieren, eine bestimmte, mir bekannte Verhaltensweise im Anschluss an die Modell-Beobachtung zu realisieren. (Vgl. Bandura/Walters, 1963)

Modell-Lernen ist in der Regel keine reine Übernahme beobachteten Verhaltens. Die am Modell festgestellten Muster werden vielmehr vom Beobachter als Informationen aufgenommen, die er mit seiner eigenen kognitiven Struktur verbindet. Man spricht hierbei auch von einem Integrationsprozess. „Nach der Theorie des sozialen Lernens üben die Beobachter eine höchst aktive Funktion aus, indem sie die Modellierungsreize in leicht erinnerliche Schemata umformen, klassifizieren und organisieren.“ (Bandura, 1976)

Förderlich für erfolgreiches Modell-Lernen sind unter anderen folgende Punkte: das Modell-Verhalten muss interessant sein; dem Modell muss Kompetenz zugesprochen werden; der Beobachter sucht nach neuen Verhaltensformen für entsprechende Situationen; die Beziehung Beobachter–Modell ist positiv. Mit anderen Worten: die Modellierungsreize binden Aufmerksamkeit.

Weiterhin ist es wichtig, dass ich positive Konsequenzen vom zu lernenden Verhalten erwarte (vgl. Verstärkung, Bestrafung und Löschung beim instrumentellen Lernen). Dabei bin ich allerdings, im Gegensatz zum instrumentellen Lernen, nicht ausschließlich auf äußere Verstärker angewiesen. Bandura (1976) schreibt hierzu: „Sowohl bei der Theorie der operanten Konditionierung wie bei der Theorie des sozialen Lernens nimmt man an, dass die Ausführung eines erworbenen Nachbildungsverhaltens einer strengen Kontrolle durch seine Folgen unterliege. Nach der Theorie des sozialen Lernens wird das Verhalten jedoch nicht nur durch unmittelbar erfahrene Folgen reguliert, die externen Ursprungs sind, sondern auch durch stellvertretende Verstärkung (die Verhaltensweisen des Modells werden verstärkt; Wirtz) und Selbstverstärkung."

Was taugt nun als „Modell"? Diese Frage lässt sich nicht generalisierend beantworten. Modell kann nicht nur eine Person sein, deren Verhaltensweisen mir in einer bestimmten Situation imponieren, wie zum Beispiel ein Mensch, der auch in stressbeladenen Feldern noch souverän agiert. Auch die modellierende Wirkung von Literatur ist seit langem bekannt. „Eintauchen in Literatur ist, auf eine Formel gebracht, die Begegnung mit einem anderen Ich, in dessen Lebensbeschreibungen man sich entdeckt." (Bliersbach, 2002) Neuerdings werden auch Filme unter diesen Aspekten eingesetzt. John Hesley und seine Frau (John W. Hesley u. Jan G. Hesley: Rent Two Films An Let‘s Talk In The Morning, Using Popular Movies in Psychotherapy, 1998) haben eher zufällig diese Möglichkeit in ihrer psychotherapeutischen Praxis entdeckt. „... in ihnen können Patienten und Patientinnen Orientierung und Anregung finden, das eigene Leben wiederzuerkennen und anders als bisher zu gestalten." (Bliersbach, 2002)

Wie zu Beginn angesprochen, stellt das Problemlösen einen besonderen Aspekt des planvollen Handelns dar. Worin die Abgrenzungen zwischen Problem, Aufgabe und Konflikt bestehen, soll hier nicht weiter verfolgt werden. Eine gute Umschreibung für den Begriff Problem liefert Dörner (1979):

> Ein Individuum steht einem **Problem** gegenüber, wenn es sich in einem inneren oder äußeren Zustand befindet, den es aus irgendwelchen Gründen nicht für wünschenswert hält, aber im Moment nicht über die Mittel verfügt, um den unerwünschten Zustand in den wünschenswerten Zustand zu überführen."

Das Thema „Problemlösung" wird in der Literatur umfangreich behandelt. Sowohl in seriösen (wissenschaftlichen) Abhandlungen als auch in Lebensratgebern („Es gibt eine Lösung für jedes Problem") bis hin zu esoterischen Annäherungen versuchen Autoren, Probleme in den Griff zu bekommen bzw. einer Lösung zuzuführen. Im vorliegenden Buch soll auf die Erkenntnisse der Handlungsforschung eingegangen werden. Dabei soll umrissen werden, welche grundsätzlichen Herangehensweisen an Problemlagen sinnvollerweise differenziert werden können.

Mit Edelmann (2000) lassen sich fünf Formen des Vorhabens, ein Problem zu lösen, unterscheiden:

1. Problemlösen durch Versuch und Irrtum
2. Problemlösen durch Umstrukturieren
3. Problemlösen durch Anwendung von Strategien
4. Problemlösen durch Kreativität
5. Problemlösen durch Systemdenken

1. Problemlösen durch Versuch und Irrtum

Wie der Name schon nahe legt, besteht hier keine explizite Lösungsform. Vielmehr wird ausprobiert, wie eine Problemlösung aussehen könnte. Diese Problemlöseart wird häufig bei sehr komplexen (mit sehr vielen Informationen behafteten) Problemsituationen angewandt, die eine kognitive Herangehensweise kaum möglich machen. Das zunächst scheinbar ziellose Herumprobieren kann jedoch zu einer (später) effizienten Lösungsmöglichkeit führen.

2. Problemlösen durch Umstrukturieren

Diese Art der Problemlösungstechnik greift unter anderem auf gestaltpsychologische Überlegungen zurück (zum Beispiel Wertheimer, 1964). Ein Problem wird so lange umgeformt, bis seine „Gestalt" die Lösung nahe legt. Umformung meint in diesem Zusammenhang, dass die Informationen der Situation neu angeordnet, anders geschichtet, in andere Beziehungen zueinander gebracht werden und überflüssige, für die Lösung unerhebliche Daten aussortiert werden. Auch die Veränderung des Blickwinkels, manchmal im wörtlichen Sinne, gehört hierzu. Als Beispiel sei das so genannte Vogelflugproblem genannt (entnommen aus Posner, 1976; zitiert nach Edelmann, 2000):

„Zwei Bahnhöfe sind 80 Kilometer voneinander entfernt. An einem Sonnabend um 14 Uhr fährt von jedem Bahnhof in entgegengesetzter Richtung ein Zug ab. Gerade als die Züge losfahren, flattert ein Vogel vom ersten Zug auf und fliegt in Zugrichtung, allerdings schneller, dem Zug voraus, bis er den zweiten Zug erreicht. Sofort kehrt der Vogel um, bis er wieder den ersten Zug erreicht. Daraufhin kehrt er noch einmal um und fliegt wiederum auf den zweiten Zug zu. Er tut dies so lange, bis sich die beiden Züge treffen. Die Züge fahren mit einer Geschwindigkeit von jeweils 40 Kilometern pro Stunde, der Vogel fliegt mit einer Geschwindigkeit von 160 Kilometern pro Stunde. Wie viele Kilometer hat der Vogel am Treffpunkt der beiden Züge zurückgelegt?"

Das Problem wirkt zunächst sehr komplex. Die gegebenen Informationen sind relativ unübersichtlich. Zunächst ist zu erkennen, dass die Information, die Züge fahren samstags um 14 Uhr, für die Lösung des Problems unerheblich ist. Wer jetzt versucht, die vom Vogel zurückgelegten Strecken jeweils separat zu berechnen, hat einen ziemlich hohen Rechenaufwand. Stellt man die Elemente der Problemsituation jedoch um, indem man den scheinbar vorgegebenen Zusammenhang „zurückgelegte Strecke" verlässt und ihn durch die Einheit „Zeit" ersetzt, wird die Lösung einfach. Versuchen Sie's!

Lösung: Der Vogel fliegt eine Stunde lang hin und her, und hat deshalb genau 160 Kilometer abgeflogen.

3. Problemlösen durch Anwendung von Strategien

„Strategie" bedeutet laut Fremdwörterbuch „Planung und Führung im großen Rahmen; Plan, der aufgestellt wird, um mittels aufeinander einwirkender dynamischer Systeme ein Ziel zu erreichen".

Traditionelle Ansätze strategischen Problemlösens setzen voraus, dass die umzusetzende Strategie von (Einzel-)Planungen ausgeht, die in ihrer Gesamtheit im Sinne einer (sukzessiven) Realisierung zur Problembeseitigung führen. Die strengste Form eines derartigen Vorgehens stellt der so genannte Algorithmus dar. Er beschreibt eine Abfolge von Handlungsschritten, die zur erfolgreichen Problembewältigung einzuhalten sind (zum Beispiel ein Computerprogramm). Empirische Untersuchungen (vgl. insbesondere Mintzberg, 1994) weisen aber nach, dass beispielsweise in Unternehmen nur ein Teil der realisierten Strategien explizit geplant worden sind. Mintzberg unterscheidet hier zwischen den bewusst geplanten Strategien und den während des Problemlösungsprozesses auftauchenden (emergenten) Strategien. Dieser dynamische Ansatz geht davon aus, dass ein ständiger interaktiver Prozess zwischen Problem und Strategie stattfindet, der unter Umständen eine (geplante) Abfolge von Schritten obsolet werden lässt und zu neuen, modifizierten Vorgehensweisen führt. Die geplanten und die auftauchenden Strategien bilden dann letztlich die realisierte Strategie.

4. Problemlösen durch Kreativität

Kreatives Herangehen an eine Problemsituation zeichnet sich dadurch aus, dass nicht rational gesteuerte Vorgehensweisen im Vordergrund stehen, sondern vor allem eine Art intuitive (gefühlte, erahnte) Sichtweise zur Lösung führt. Edelmann (2000) nennt zwei Merkmale, die kreative Problemlösungen kennzeichnen:

- Ideenfülle
- seltene (originelle, ungewöhnliche) Einfälle

Wesentlich ist, wie auch Weinert (1991) feststellt, dass kreative Leistungen nicht das Ergebnis plötzlicher Einfälle oder Eingebungen darstellen, sondern das Resultat harter Arbeit sind. „Zur Lösung inhaltlich anspruchsvoller Probleme ist die Verfügbarkeit einer reichen, variabel organisierten und flexibel nutzbaren Wissensbasis eine notwendige Voraussetzung. (...) Die kreative Nutzung intelligent erworbenen Wissens gelingt offenbar Menschen um so besser, je größer ihre Fähigkeit und Bereitschaft ist, konventionelle Ordnungen infrage zu stellen, tolerant gegenüber der Ungewissheit neuer Problemlösungen zu sein und Flexibilität und Tiefgründigkeit des Denkens zu verbinden." (Weinert, 1991)

Die wohl bekannteste Methode, kreatives Potenzial in einem Team freizusetzen, ist das **Brainstorming**. Das Vorgehen nach der Synectik-Methode stellt das zu bearbeitende Problem in einen anderen Kontext und versucht dort Lösungen zu erarbeiten. Weitere Techniken sind zum Beispiel die Methode 635: **Sechs** Teammitglieder schreiben jeweils **drei** Lösungsansätze zu einem Problem in vorgefertigte Tabellen. Nach **fünf** Minuten werden die Tabellen reihum weitergereicht. Ausgehend von den bereits entwickelten Ansätzen müssen die nachfolgenden Teilnehmer jetzt wiederum drei Lösungen zu Papier bringen. Nach fünf Minuten werden die Tabellen erneut weitergereicht, bis am Ende alle sechs Tabellen von jedem Teilnehmer mit drei Lösungsideen beschrieben worden sind. Schließlich die **Morphologie-Methode**: Das Problem wird in seine Einzelteile zerlegt, die in einem so genannten „morphologischen Kasten" angeordnet werden. Für jedes Einzelteil werden dann möglichst viele Lösungsmöglichkeiten entwickelt. Die Synthese der Einzellösungen soll dann zur Behebung des Ursprungsproblems führen.

5. Problemlösen durch Systemdenken

Problemlösung durch Systemdenken ist immer dann erforderlich, wenn das Problem von einer hohen Komplexitätsdichte gekennzeichnet ist. Eine Vielzahl von Einflussfaktoren macht die Problemsituation unübersichtlich. Hinzu kommt, dass nicht alle Informationen direkt zugänglich sind (fehlende Transparenz), die einzelnen Faktoren sich gegenseitig beeinflussen (Vernetztheit), die Einwirkgrößen auf das Problem eine Eigendynamik besitzen (sich weiterentwickeln) und der anzustrebende Lösungszustand (Ziel) schwer zu beschreiben ist. (Vgl. Edelmann, 2000)

Zum Lösen solcher Problemlagen bieten sich heute insbesondere computergestützte Planspiele an, die die Teilnehmer darin schulen, lineares Denken zugunsten dynamischer, systembezogener Denkmuster aufzugeben. Zu erkennen, dass die Beseitigung eines scheinbar drängenden (Teil-)Problems an anderer Stelle des Systems wesentlich massivere Probleme hervorrufen kann. (Als Beispiele wären etwa Problemstellungen im Bereich der Staatsverschuldung, der Erhaltung des Ökosystems Erde, der Veränderungen in der Organisationsstruktur einer Bank usw. zu nennen) Auch in Assessment-Center-Übungen finden sich teilweise derartige Problemmuster (Postkorb-Problem).

Zur erfolgreichen Problemlösung sind folgende Qualifikationen notwendig (vgl. Dörner, 1989):

- Fähigkeit, komplexe Situationen in ihrem Aufbau erfassen und grundsätzliche Zusammenhänge und Interdependenzen erkennen zu können,
- breite Wissens- und Verhaltensbasis, die sich nicht nur auf die so genannte akademische Intelligenz beschränkt (emotionale Intelligenz),
- Fähigkeit, Analogien zu bilden (was ist an der aktuellen Situation vergleichbar mit bereits gelösten Problemen?) und Transferleistungen erbringen zu können,
- Vertrauen auf die eigene Kompetenz und Entscheidungsstärke („Ich-Stabilität"),
- Bereitschaft, Verantwortung für eigenes Handeln zu übernehmen.

3.5 Zusammenfassung und Arbeitsaufgaben

Zusammenfassung

Handeln und Problemlösen stellen einen dynamischen Ansatz dar, der sich deutlich von mehr statisch orientierten Überlegungen im Bereich Wissenserwerb absetzt. Diverse Handlungstheorien beschreiben Handlungen als Aktionen, die einen bestimmten Zweck verfolgen (Zweckorientierung). Daneben gibt es auch Handlungsaktionen, die einen Eigenwert haben, ohne dass sie auf einen bestimmten Zweck ausgerichtet sind (Werteorientierung). Das Lernen am Modell (Modell-Lernen) kann als Vorläufer von verschiedenen Handlungstheorien gesehen werden. Es stellt eine besonders effiziente und schnelle Art der Verhaltensmodifikation des Beobachters dar. Dabei werden modellierte Verhaltensweisen nicht einfach übernommen, sondern der Beobachter (Lernende) hat einen Integrationsprozess zu leisten, um die beobachteten Verhaltensmuster internalisieren zu können, das heißt seinem eigenen Verhaltensrepertoire verfügbar zu machen.

Problemlösen stellt einen Sonderfall des planvollen Handelns dar. Ein Problem existiert nicht „an sich“, sondern ist immer ein Problem für bestimmte Personen. Es lassen sich verschiedene Problemlösungsmuster unterscheiden. Die wichtigsten Muster sind: Versuch und Irrtum, Umstrukturierung, Anwendung von Strategien, Einsatz kreativer Überlegungen, systemisches Denken. Zum effizienten Problemlösen reicht allerdings nicht die Anwendung bestimmter Techniken, sondern vom Problemlöser ist ein Qualifikationsprofil gefordert, das ihn in die Lage versetzt, komplexe Situationen zu erfassen, sein Wissenspotenzial zielgerichtet einzusetzen, Analogien zu bilden, Transferleistungen zu erbringen und über Entscheidungsstärke gepaart mit Verantwortung für eigenes Handeln zu verfügen.

Arbeitsaufgaben

1. Welche Kriterien kennzeichnen den Begriff „Handeln“?
2. Inwiefern ist die Aussage berechtigt, dass verhaltenstheoretische Auffassungen von Lernen die Außensteuerung durch Reize in den Mittelpunkt stellen, Handlungstheorien jedoch die Innensteuerung durch eine Person betonen?
3. Umschreiben Sie den Begriff Problem und erläutern Sie, weshalb Problemlösen einen Sonderfall des planvollen Handelns darstellt.
4. Skizzieren Sie die fünf wichtigsten Problemlösungsansätze.

3.6 Gedächtnis

Bewundernd beobachtet der Privatkundenberater Jens Kalbach seine Teamkollegin Sabine. Sie referiert schon seit 60 Minuten über die zukünftige Vorgehensweise im Rahmen der Filialneustrukturierung. Alle notwen-

digen Fakten scheinen ihr „zuzufliegen". Ohne schriftliches Konzept redet sie frei und in klaren Zusammenhängen. Ihm selbst hingegen passiert es immer wieder, dass er in Kundengesprächen plötzlich wichtige Argumentationen nicht mehr richtig greifbar hat und den Faden verliert. Nach der Veranstaltung kommen beide ins Gespräch. „Du solltest dich über den Computer zwischen deinen Ohren besser informieren. Wie er funktioniert, wie du ihn effizient nutzen kannst und welche Techniken dir helfen können, dein Gehirnpotenzial besser auszuschöpfen."

Schlüsselbegriffe

- Gehirnaufbau
- Gedächtnisarten
- Assoziationsketten
- Linke und rechte Gehirnhälfte

Um die Leistungsfähigkeit des Gehirns, die Lern- und Merkfähigkeit zu verbessern, ist es sinnvoll, sich zunächst einige Fakten über den „Denkapparat" vor Augen zu führen. Die Erkenntnisse über Aufbau und Funktionsweise unseres Gehirns werden ständig revidiert und erweitert. Die verwendeten Begriffe sind deshalb sehr vielfältig und überlappen sich teilweise (zum Beispiel sensorisches Gedächtnis und Ultrakurzzeitgedächtnis, Darstellung des Informationsflusses durch das Gedächtnissystem). Von sehr unterschiedlichen wissenschaftlichen Disziplinen (zum Beispiel der Neurophysiologie, der Psychiatrie und der Neurochemie) werden Hypothesen und Modelle entwickelt, die klären sollen, was, wo und wie etwas in unserem Kopf passiert. Die folgenden Ausführungen sollen kein Abriss der Gehirnforschung sein, sondern grundsätzliche Strukturen und Zusammenhänge nachvollziehbar machen. Dabei wird auf eine überschaubare Darstellung Wert gelegt, die vorhandenes Fachvokabular nach Möglichkeit außer Acht lässt.

3.6.1 Anmerkungen zur „Hardware" – Gehirnaufbau

Das **Gehirn** ist die zentrale Ausgangsstation für alle menschlichen Aktionen. Es ist „Erzeuger" geistiger Kraft, die sich in Entwürfen, Vorstellungen, Visionen, Zielen und Ähnlichem äußert. Es konstituiert das **Bewusstsein**, also das bewusste „Sein" in der Welt. Das Gehirn macht es möglich,

„Gedachtes“ in Sprache umzusetzen oder schriftlich festzuhalten, Handlungsstränge in Gang zu setzen usw.

„Bewusstseinsbildung wird gerade in einer Zeit der Informationsüberfütterung zu einer wichtigen Aufgabe. Würde unser Gehirn die vielen Informationen nicht abklären und ordnen, wären wir leicht zu überfremden und würden die Ordnung in unserem Gehirn verlieren ... **Das Gehirn ist ein Informationsverarbeitungs- und Lernzentrum**.“ (Decker, 1996; Hervorhebungen Wirtz)

Erkenntnisse relativ neuer Forschungen über die Vorgänge im menschlichen Gehirn haben dazu geführt, dass die Vorstellungen über die Abläufe beim Lernen und Erinnern deutlichen Modifikationen unterworfen wurden und werden. Sie haben weiterhin dazu beigetragen, dass die Vorgänge im Gehirn nicht mehr nur „genutzt“, sondern immer mehr gezielt gestaltet werden können. Gebiete wie Neuroanatomie (welche „Teile“ hat das Gehirn), Neurochemie (welche Prozesse laufen innerhalb der Gehirnzellen ab) und die Neurophysiologie (wie läuft der „Kontakt“ zwischen den Gehirnzellen ab) sorgen immer wieder für Aufsehen erregende Ergebnisse. So machte in jüngster Zeit der Neurophysiologe E. Kandel auf sein Forschungsgebiet aufmerksam, indem er in Aussicht stellt, die „Pille für das perfekte (oder zumindest wesentlich verbesserte) Gedächtnis sei in greifbarer Nähe“ (Miltner/Simm, 1996).

Das menschliche Gehirn wiegt zwischen 1300 und 1600 g und ist hoch komplex aufgebaut. Es kann mit seinen ca. 100 Milliarden Nervenzellen alles speichern, was sein Besitzer im Laufe seines Lebens in ihm (bewusst oder unbewusst) archiviert; wobei das bewusste Speichern manchmal besser, manchmal schlechter oder gar nicht gelingt. Die Masse des Gehirns macht knapp 3 Prozent der Körpermasse aus, verbraucht aber ungefähr 20 Prozent der Energie. Dies hat unter anderem damit zu tun, dass das Gehirn mit allen Organen, jeder Zelle des Körpers in permanentem Kontakt steht.

Ein Bild des menschlichen Gehirns hat jeder vor Augen: von oben betrachtet ein walnussförmiges, in der Mitte geteiltes Gebilde. Diese „Trennung“ ist jedoch in Wirklichkeit nicht vollständig. Die spiegelbildlich zueinander angeordneten beiden Hälften sind durch einen Strang (Balken) von Nervenfasern, das **corpus callosum**, miteinander verbunden. Das Großhirn (und teilweise auch das Kleinhirn) ist zweifach ausgelegt; es enthält zum Beispiel zwei Sehzentren, zwei Hörzentren usw. Vergleichbar sind im übrigen Körper verschiedene Organe wie die Augen, die Ohren und die Nieren doppelt vorhanden.

„Diese Symmetrie wird aber nicht konsequent durchgehalten. Unser Großhirn entwickelt mit zunehmendem Alter eine eindeutige Arbeitsteilung zwischen den beiden Hirnhälften. So liegt zum Beispiel bei 90 bis 95 Prozent aller unserer Artgenossen das ‚aktive' Sprachzentrum in der linken Hemisphäre, während das ‚passive', welches gesprochene Worte aufnimmt, rechts lokalisiert ist. Interessant ist auch, dass im rechten Hörzentrum Geräusche und Musik besser verarbeitet werden können als im linken und dafür im linken wieder sprachliche Äußerungen besser als im rechten." (Vester, 1986)

Aufgrund der Experimente von Sperry (1968) in den Sechzigerjahren setzte sich die Erkenntnis durch, dass die Denkweisen der beiden Gehirnhälften grundsätzlich verschieden sind. Vereinfacht lässt sich sagen: **linkshemisphärisch wird in Worten, rechtshemisphärisch in Bildern gedacht**. Diese „Arbeitsteilung" ist zwar nicht absolut zu setzen, weil jede Gehirnhälfte auch die „Betriebsform" der anderen übernehmen kann, trotzdem lassen sich Dominanzen nachweisen. Lange Zeit wurde (und wird immer noch) die linke Gehirnhälfte in Bildungseinrichtungen, überhaupt in unserer Gesellschaft, stark präferiert.

„Heute brauchen wir jedoch mehr denn je die **integrativen, kompensatorischen Fähigkeiten, das Kreative, Bildhafte, die großen Zusammenhänge, das ganzheitliche, Sinn stiftende Denken und Lernen**. Unsere Welt ist so komplex und vernetzt geworden, dass sie sich nicht mehr linear begreifen lässt." (Decker, 1996; Hervorhebungen Wirtz)

Welche Hauptbereiche man im Gehirn heute unterscheiden kann, zeigt (besser als die so genannte „Draufsicht") ein Längsschnitt:

Längsschnitt durch das menschliche Gehirn

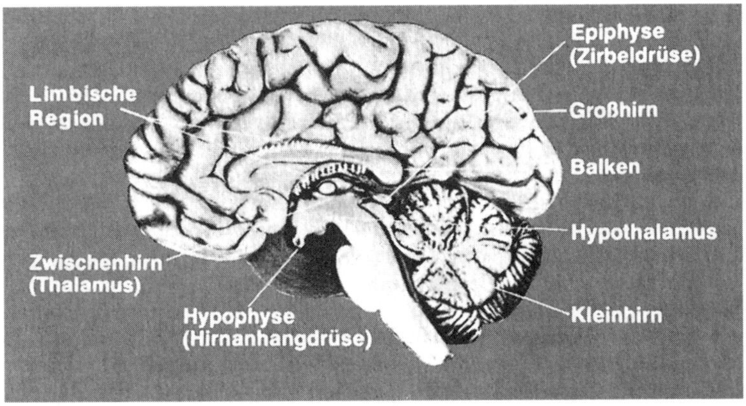

Abbildung 8 (Quelle: Vester, 1986)

„Im **Kleinhirn** mit seinem wunderschön gezeichneten so genannten Lebensbaum sind alle gewollten und automatischen Muskelbewegungen koordiniert. Nachrichten aus den Sinnesorganen und Befehle von der Großhirnrinde laufen daher über dieses Kleinhirn ... In einem bestimmten Gebiet des **Zwischenhirns**, dem so genannten **Thalamus**, werden alle ankommenden Sinneswahrnehmungen mit Gefühlen wie Freude, Angst, Lust oder Schmerz ausgestattet ... Hier werden alle einlaufenden Informationen aus den verschiedenen Bezirken des Großhirns mit früheren Erfahrungen verglichen, gewertet und dann an andere Bezirke weitergegeben.“ (Manchmal wird es auch als „Dirigent des mentalen Orchesters“ oder „Tor zum Bewusstsein“ bezeichnet.) „In dem unteren Teil des Thalamus, dem so genannten **Hypothalamus**, entstehen Gefühle wie Hunger und Durst ... (Er) sorgt dafür, dass die Hormondrüsen richtig zusammenarbeiten und passt so die Reaktionen unseres Körpers dem an, was die Außenwelt von ihm fordert. Das macht er vor allem mit der als kleines Zipfelchen anhängenden **Hypophyse** ... Von hier aus werden die Sexualorgane, die Schilddrüse, die Verdauungsorgane stimuliert, ... ein Teil der Stressreaktionen gesteuert.“ (Vester, 1986)

Was macht nun das „Denken“ an sich, das Planen, Kombinieren, Ent- und Verwerfen von Vorstellungen in der Gehirntätigkeit aus? Ohne in aller Ausführlichkeit in die Mikrowelt des Gehirns einzudringen, lässt sich festhalten, dass die entscheidende Größe die **Gehirnzellen** und die sie verbindenden **Synapsen** darstellen. In unserem Gehirn sorgen etwa 500 Billionen derartiger Synapsen oder Schaltstellen und 100 Milliarden Nervenzellen dafür, dass wir „gezielt denken und uns erinnern können und dass wir zum Beispiel nicht gleichzeitig sämtliche Erinnerungen unseres Lebens gegenwärtig haben, was einem chaotischen Rauschen, ja einem augenblicklichen Zusammenbruch der Gehirnfunktion gleichkäme“. (Vester, 1986)

Abbildung 9 zeigt einen Schnitt durch eine Partie der menschlichen Großhirnrinde zu verschiedenen Zeitpunkten. Bis zur Geburt eines Menschen ist der größte Teil seines Gehirns ausgebildet (anders als bei anderen Organen). Der Rest an Gehirnzellen und deren feste Verbindungen untereinander bilden sich in einer relativ kurzen Zeitspanne nach der Geburt. Mit anderen Worten: Jeder hat in seinem Gehirn noch genau dieselben Zellen, die er bei seiner Geburt und in den nachfolgenden Wochen ausgebildet hat. (Vester, 1986)

Schnitt durch eine Partie der menschlichen Großhirnrinde

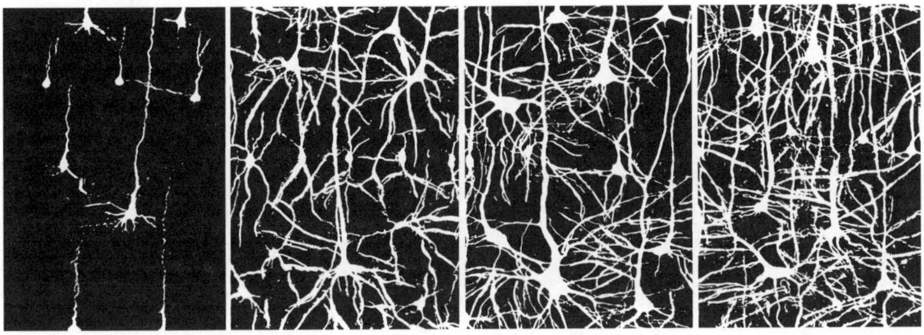

Schnitt durch eine Partie der menschlichen Großhirnrinde zum Zeitpunkt der Geburt (links), daneben im Alter von 3 Monaten, von 15 Monaten und von 3 Jahren. Man erkennt deutlich, dass sich die entscheidenden Veränderungen im Gehirn innerhalb der ersten drei Lebensmonate abspielen.

Abbildung 9 (Quelle: Vester, 1986)

Sind Sie und ich nun aufgrund unserer Erbmasse und frühesten Sozialisationserfahrungen zu einem bestimmten Grad an „Intelligenz" verurteilt? Nein! Die angesprochenen **Grundmuster** haben nur eine geringe Bedeutung für die späteren Fähigkeiten wie Komibinationsgabe, Gedächtnisleistung, Assoziationsfähigkeit, Kreativität und Ähnliches. Entscheidender ist die **Interaktion mit der Außenwelt**, den Dingen, mit denen man sich beschäftigt, den Menschen, mit denen man zu tun hat. Die im Säuglingsalter gelegten ersten Verknüpfungen haben dabei nur Richtungscharakter für die Art der späteren Kontaktstellen und weiteren Bahnen, in denen Wissen gespeichert ist und Assoziationen möglich sind. Offensichtlich ist es jedoch so, dass jemand von einem anderen dann gut lernen kann, gut mit ihm auskommt oder ihn versteht, wenn dessen Grundmuster ähnliche Strukturen aufweist wie sein eigenes. Nur wenn dies der Fall ist, können gemeinsame „Resonanzen" (Schwingungen) hinsichtlich der Grundmuster entstehen. Hier beweist sich der Satz von der „gleichen Wellenlänge".

3.6.2 Anmerkungen zur „Software" – Gedächtnisarten

In der Fachliteratur finden sich unzählige Analogien, wie unser Gedächtnis „funktioniert", wie Informationen in die oben beschriebenen „grauen Zellen" Eingang finden. So wird das Gehirn mit einer Stereoanlage verglichen (die Aufnahmesinne als Antennen, das Kurzzeitgedächtnis als Empfänger usw.; vgl. Herrmann, 1995). Andere setzen es mit einem Computer gleich. (Diese Bemühungen um bildliche Beispiele sind im Übrigen der Versuch, auch die rechte Gehirnhälfte anzusprechen!)

Grundsätzlich lassen sich **drei Gedächtnistypen** unterscheiden:

- Sensorisches Gedächtnis (SG)
- Kurzzeitgedächtnis (KZG)
- Langzeitgedächtnis (LZG)

Ablauf von Speichervorgängen im menschlichen Gehirn

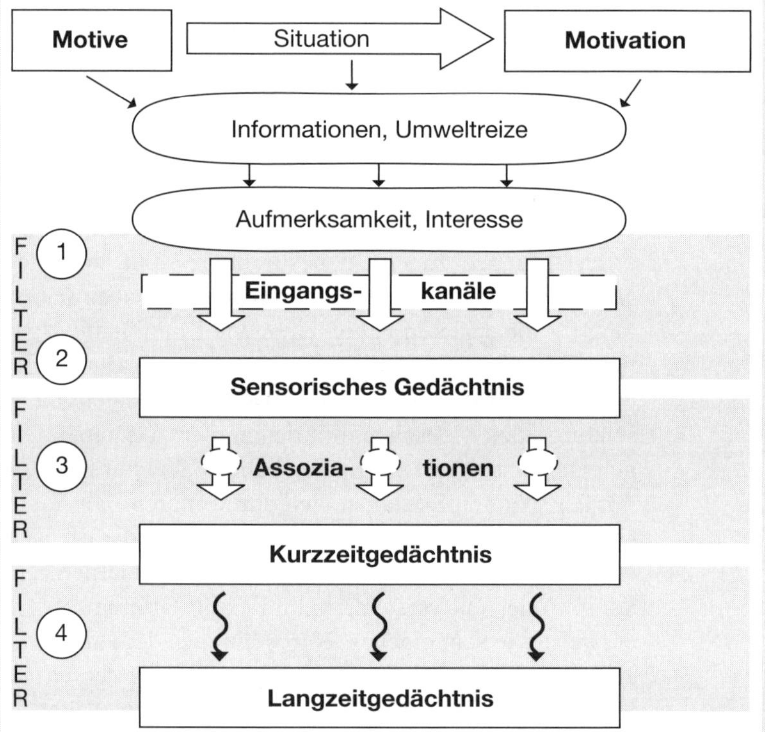

Abbildung 10

Forschungen haben ergeben, dass im sensorischen Gedächtnis die ankommenden Sinneseindrücke weniger als eine Sekunde verbleiben. Im Kurzzeitgedächtnis verweilen die wahrgenommenen Informationen ca. 15 bis 20 Sekunden. Gelegentlich wird das Kurzzeitgedächtnis auch als Arbeitsspeicher bezeichnet. Die Aufmerksamkeit, die der jeweiligen Situation gegenüber aufgebracht wird, entscheidet darüber, was hier als Input „kreist". Durch das zielgerichtete Interesse entscheidet eine Person darüber, was von den permanenten Reizen, die über die Sinnesorgane an sie herangetragen werden, bei ihr „ankommen" soll.

*Dies können Sie leicht an sich selbst testen: Können Sie mit Sicherheit sagen, wie die Ziffer „Sechs" Ihrer Uhr aussieht? Nicht nachsehen! Ist es eine arabische Ziffer, eine römische, nur ein Strich? Oder ist dort das Datumfeld? Vergewissern Sie sich jetzt. – Sie haben wahrscheinlich schon hundertmal auf Ihre Uhr gesehen, trotzdem fällt Ihnen die Antwort nicht leicht oder Sie sind unsicher. – Obwohl Sie eben auf Ihre Uhr gesehen haben, können Sie unter Umständen nicht exakt sagen, wie spät es jetzt ist. Warum? Ihre Aufmerksamkeit war auf die Ziffer „Sechs" gelenkt, nicht auf die exakte Uhrzeit. Sie sehen, **Aufmerksamkeit lenkt Wahrnehmung**.*

*Ein anderes Beispiel: Wenn Sie sich für Geländefahrzeuge interessieren, werden Sie auf einmal merken, dass Sie „überall" derartige Gefährte sehen. Warum? Ihre Aufmerksamkeit, Ihr Interesse ist gelenkt, Ihre Wahrnehmung reagiert entsprechend. In der Psychologie nennt man dieses Phänomen **Resonanzgesetz**.*

Tests weisen nach, dass das Kurzzeitgedächtnis bei einmaliger Präsentation etwa sieben Informationen (Symbole, Zahlen, Silben, unzusammenhängende Begriffe) aufnehmen kann. Damit eine Information nach den oben angesprochenen 15 bis 20 Sekunden nicht verschwindet („vergessen" wäre hier nicht zutreffend, da die Information nicht ins Langzeitgedächtnis gelangt ist), muss eine weitere Komponente hinzutreten: das zu Merkende muss bearbeitet werden. Eine Möglichkeit wäre mechanisches Wiederholen. Sinnvoller ist jedoch das „Anbinden" des Lerngegenstandes an bereits vorhandene Gedankenverbindungen (Assoziationen bilden). Diese Art der Bearbeitung, die „Organisation" des Lernmaterials, ist wesentlich effektiver als sinnloses Memorieren. In der Literatur findet sich hierfür auch der Begriff der Enkodierung. Wenn der Merkstoff also aktiv bearbeitet wird, Verbindungen mit schon bekannten Sachverhalten gesucht und hergestellt werden, gelangen die Informationen ins Langzeitgedächtnis. Bearbeitet man die ankommenden Informationen nicht, sind sie verloren. „Sie werden sozusagen als ‚uninteressant für die weitere Speicherung' ... abgewimmelt. Was nicht heißt, dass sie für bestimmte Sofortreaktionen äußerst wichtig sein mögen. Denken wir nur an unsere Reaktionen beim Radfahren: ein hupendes Auto, die rote Ampel ..." (Vester, 1986)

Im Langzeitgedächtnis, das eine sehr große Kapazität besitzt, verbleiben die in die „grauen Zellen“ eingelagerten Inhalte sehr dauerhaft. Problematisch kann allerdings das Wiederfinden gespeicherter Lerninhalte sein (Dekodierung). Im Rahmen der Vergessenstheorie lassen sich dabei zwei Vergessensformen unterscheiden: Physiologischer Spurenzerfall (Nervenbahnen lösen sich auf) und die so genannte Interferenztheorie (Überlagerung oder Hemmung des Gedächtnisinhaltes durch vorangegangene oder nachfolgende Lernakte). Grundsätzlich gilt, dass es leichter fällt etwas wieder zu erkennen (nach einer Frage werden mehrere Antwortmöglichkeiten geboten, von denen eine richtig ist) als es aktiv zu reproduzieren (es wird nur die Frage gestellt).

3.6.3 Gehirngemäßes Lernen: Links vor rechts?

Um das Gehirn mit seiner vollen Leistungsfähigkeit einzusetzen, ist es notwendig, **beide Gehirnhälften** zu benutzen. Wie bereits ausgeführt, neigt unsere Gesellschaft, unser gesamtes Bildungssystem dazu, vornehmlich die linke Gehirnhälfte anzusprechen. Deshalb wird Ihnen am Anfang der Einsatz der rechten Gehirnhälfte etwas ungewohnt vorkommen. Vielleicht halten Sie es sogar für „unwissenschaftlich“ (obwohl ja gerade die Gehirnforschung die Relevanz der rechten Hälfte des Gehirns betont), „kindisch“ oder Ähnliches. Sollten Sie es für „kindisch“ halten, sind Sie auf dem richtigen Weg.

Wie lernen Kinder, bevor sie durch Schule und andere Bildungseinrichtungen ihr natürliches Lernen abgewöhnt bekommen haben? Sie lernen in **Bildern und Analogien**. Sie wollen etwas „anfassen“, „begreifen“. Sie haben Spaß an Farben, Geräuschen und Formen, lernen also vorwiegend analog, nicht digital. Am Wort „fünf“ ist für sie nichts besonders Fünfartiges. Eine Hand mit fünf Fingern macht ihnen dagegen die Bedeutung des Wortes sofort deutlich. (Zudem macht Kindern Lernen noch Spaß, ist lustbesetzt. Sie sind im Sinne des Wortes „neu-gierig“.)

Für Ihr persönliches Lernen und das Memorieren des Gelernten im Langzeitgedächtnis ist unter obigen Aspekten wichtig, dass Sie für jede Information, die Sie speichern möchten, Ihrem Gehirn ein **zweihemisphärisches Angebot** zur Archivierung machen. Sie sollen sich neben dem digitalen Inhalt ein **Bild machen**, eine analoge Ebene finden. Eine Information bleibt nur dann im Gedächtnis, wenn eine „Anbindung“, eine „Assoziation“ erfolgen kann. Diese Verankerung geschieht am wirkungsvollsten über die rechte, die analoge Ebene Ihres Gedächtnisses. Zwar läuft dieser

Prozess auch unbewusst ab, je **bewusster** Sie ihn jedoch einsetzen, um so leichter wird das dauerhafte Behalten von Fakten möglich.

Digitale und analoge Gehirnhälfte

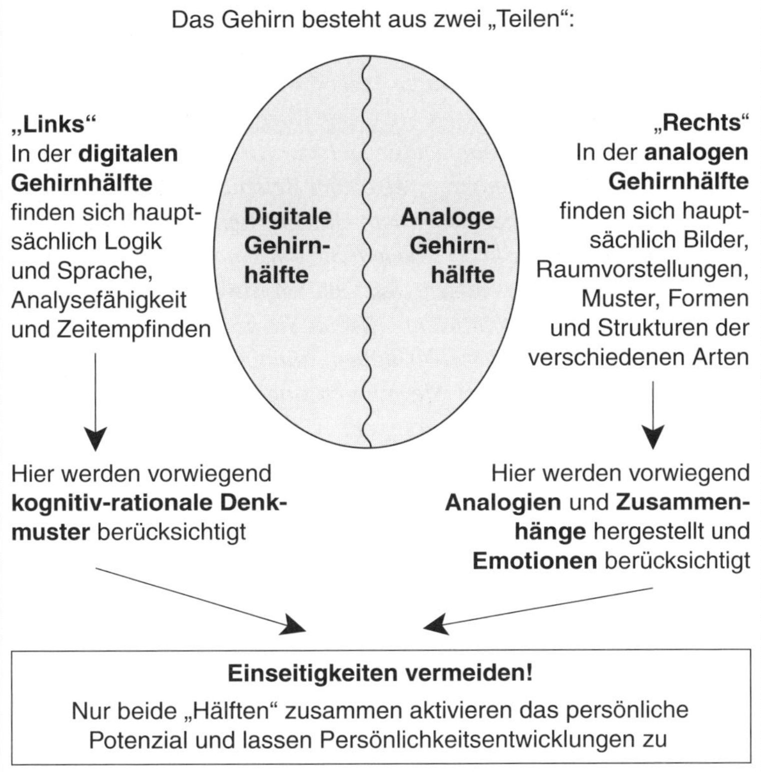

Abbildung 11

Wissenschaftlich wird dem Phänomen des „Bilderlernens“ bzw. des **Lernens durch Bilder** unter den Konzepten „Video-Modell“, „CD-Modell“ und „mentale Modelle“ nachgegangen (nähere Erläuterungen hierzu siehe Meutsch, 1990). Grundsätzlich geht es dabei um die Frage, wie Einzelinformationen codiert und gespeichert werden.

Nun hat der Erwachsene das bewusste Bilder-machen weit gehend verlernt. Vor lauter Denken, Analysieren, Rechnen und Schreiben, also digitalen Tätigkeiten, wird die rechte Hälfte des Gehirns kaum angesprochen.

„Und weil Herr Links (die linke Gehirnhälfte) so viel und laut redet ... vergessen Sie regelmäßig nachzusehen, ob Herr Rechts Ihnen irgendetwas **zei-**

gen will. Aber, wenn Sie auf sein Wissen nicht achten, dann ist es fast so, als sei dieses Wissen nicht vorhanden. Dann arbeiten Sie eigentlich nur mit dem halben Kopf. Wir machen sozusagen zu viel **mit Links**. Aber unbewusst machen wir weit mehr mit Rechts!" (Birkenbihl, 1995; Hervorhebungen Wirtz)

Wollen Sie sich zum Beispiel die Wortliste „Haus, Pferd, Auto, Stadion, Welle, Treppe, Lampe" merken (ich habe sie aus Platzgründen klein gehalten), dann müssen Sie diese Worte nicht zehnmal wiederholen, um sie sich zu merken. Machen Sie sich ein Bild von jedem Wort und verbinden Sie die Bilder miteinander. Also zum Beispiel: ***Sehen*** *Sie vor Ihrem geistigen Auge ein Pferd, das aus einem Haus kommt. Das Pferd steigt anschließend in ein Auto und fährt los. Sehen Sie ein Stadion, in dem keine Zuschauer, sondern lauter Autos sitzen. Jetzt stellen Sie sich vor, wie eine riesige Welle in ein Stadion hineinbricht. – Wenn Sie bis zum letzten Begriff derartige* ***Assoziationsketten*** *gebildet haben, können Sie ohne Probleme die Wortliste wiederholen. Und: Sie können auch beim letzten Begriff anfangen und die Kette rückwärts hersagen! Wichtig ist dabei nur, dass Sie die einzelnen Verbindungen den Bruchteil einer Sekunde wirklich gesehen haben, also mit Ihrer rechten Gehirnhälfte den digitalen Inhalt unterstützt haben.*

Eine andere Möglichkeit ist, sich einen ***bekannten Ort*** *(z. B. ein Zimmer, ein Haus usw.) vor sein geistiges Auge zu holen und an verschiedenen Stationen die entsprechenden Begriffe abzulegen. Zur Reproduktion brauchen Sie dann nur Ihren Weg (durch das Zimmer, das Haus ...) zu gehen und die einzelnen Gegenstände wieder einzusammeln.*

„Natürlich" – werden Sie vielleicht einwenden –, bei konkreten Begriffen geht das. Aber was ist mit abstrakten Worten wie Freiheit, Demokratie, Factoring, Risikopolitik usw.? Auch hier gilt, dass sich **für jeden Begriff eine Analogie** finden lässt. Es ist eine Frage der Übung. Über abstrakte Begriffe lässt sich nur dann nachdenken, wenn in der rechten Gehirnhälfte eine Vorstellung des jeweiligen Begriffes vorhanden ist, eben ein Bild existiert. Wenn Sie zum Beispiel an das Wort Freiheit etwas assoziativ anhängen möchten, dann können Sie sich eine Situation (aus Ihrem Leben) dazu vorstellen, in der Sie ein Freiheitsgefühl hatten oder starke Unfreiheit erlebt haben. Nochmals: Bilder-machen ist eine Übungssache.

Auch **Zahlen lassen sich verbildlichen**. (Man nennt dieses Verfahren in der Literatur „PEG" – PEG steht in der englischen Literatur für Haken, an dem etwas aufgehängt werden kann.) Stellen Sie sich für die folgenden Zahlen jeweils ein passendes Bild vor, zum Beispiel:

1 ⇒ Zauberstab
2 ⇒ Schwan
3 ⇒ (dreiblättriges) Kleeblatt
4 ⇒ (vierbeiniger) Stuhl
5 ⇒ (fünfzackiger) Stern
6 ⇒ (gebogener) Elefantenrüssel
7 ⇒ (im Wind flatternde) Fahne
8 ⇒ Eieruhr
9 ⇒ (wie eine Neun liegende) Pfeife
10 ⇒ Baseballschläger (mit dahinter liegendem Ball)

Wenn Sie entsprechende Übung besitzen, können Sie die Zahlenreihe beliebig fortsetzen. Haben Sie Ihre eigenen „Zahlenhaken" gefunden, können Sie sich beispielsweise zehn nummerierte Begriffe mühelos merken, indem Sie wie bei obiger Assoziationskette (Haus, Pferd, usw.) vorgehen. Nur verbinden Sie jetzt (wenn „Haus" die Zahl „1" wäre) den Zauberstab mit dem Haus usw. Probieren Sie es aus! Sie können nicht nur die Begriffe in der richtigen Reihenfolge sagen, sondern haben zu jedem Begriff die passende Rangordnung und umgekehrt. (Sie können sich so zum Beispiel einen mentalen „Einkaufszettel" für Ihre nächsten Besorgungen machen.)

Weitere Hinweise auf Möglichkeiten, Ihr **Gedächtnis** zu **stärken**, sind zum Beispiel in Herrmann (1995) enthalten.

Ein mögliches Training, um „bildreicher" zu werden (in Anlehnung an Birkenbihl, 1995):

Voraussetzung: Schneiden Sie eine beliebige Nachrichtensendung im Rundfunk mit, ohne sie dabei anzuhören.

Schritt 1: Hören Sie jeweils ca. eine Minute lang das Band ab und stoppen dann.

Schritt 2: Stellen Sie sich das Gehörte bildlich vor.

Schritt 3: Beginnen Sie jetzt mit der nächsten Sequenz usw.

Hilfestellung: Angenommen Sie hören, dass Minister Sowieso nach Stockholm geflogen ist, um dort an einer Konferenz über das bilaterale „Dingsbums" teilzunehmen. Sie könnten den Minister „sehen", wie er ins Flugzeug steigt. Je besser Sie den Mann kennen, um so näher können Sie sich an die Szene „heranzoomen". (Wenn nicht, nehmen Sie sich vor, sein Bild das nächste Mal im Fernsehen oder in der Zeitung aufmerksamer zu be-

trachten.) Als Nächstes könnten Sie sehen, wie die Maschine startet, in Stockholm landet, der Minister aussteigt usw. Auf einer Europakarte könnten Sie sich den Flug von Frankfurt nach Stockholm vorstellen. (Sollten Sie nicht wissen, wo Stockholm genau liegt, schauen Sie sich das auf der Karte sofort an.)

Anmerkung: Was Sie vor Ihrem geistigen Auge nicht sehen können, sollten Sie (wenn irgend möglich) nachschlagen. Das Training können Sie beenden, wenn Sie ohne Pausetaste, aber mit klaren Bildern im Kopf den Nachrichten folgen können.

Auflösung bzw. Verhinderung von Lernblockaden und negativen Einstellungen

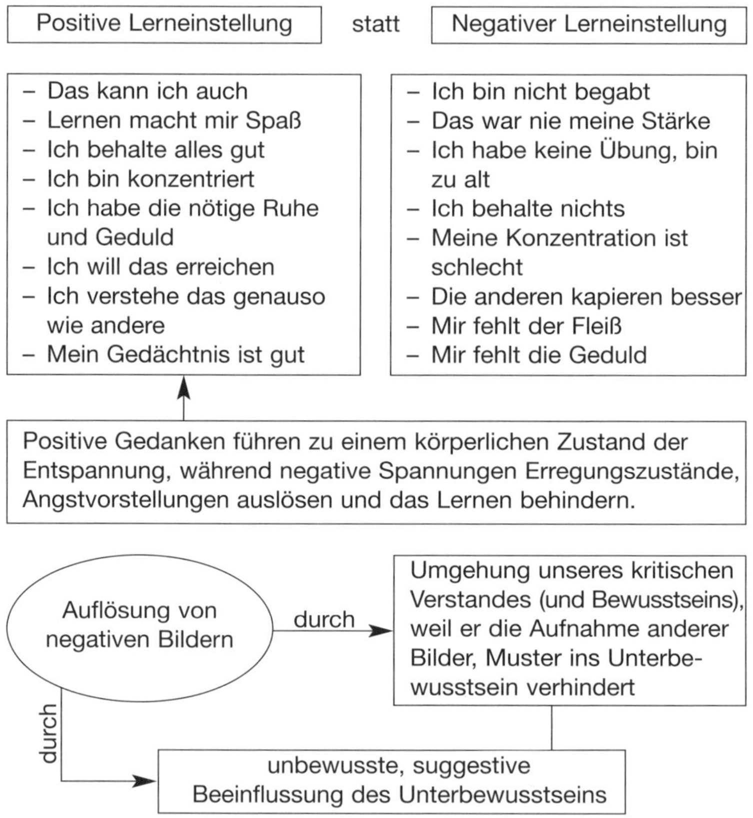

Abbildung 12 (Quelle: Decker, 1996)

Ein weiterer wichtiger Faktor für gehirngerechtes Lernen ist der Zustand, in dem Sie lernen. Hiermit ist sowohl Ihre persönliche Verfassung (Sie sollten zum Beispiel entspannt sein) als auch die Beschaffenheit des Umfeldes (Lernbedingungen im weitesten Sinn) gemeint.

3.6.4 Zusammenfassung und Arbeitsaufgaben

Zusammenfassung

Lernen und Gedächtnis stellen „zwei Seiten einer Medaille“ dar. Während mit Lernen mehr die Aneignung von Inhalten betont wird, bezeichnet der Begriff Gedächtnis die Speicherung und Reproduktion von Gelerntem. Das menschliche Gedächtnis lässt sich in drei Speicherstufen unterteilen: Sensorisches Gedächtnis, Kurzzeitgedächtnis und Langzeitgedächtnis. Die Fähigkeit, gespeichertes Wissen abzurufen, hängt eng mit der Form der Aneignung zusammen. Mechanisch (auswendig) Gelerntes wird schneller vergessen als „bearbeitetes“ Lernmaterial, das in bereits vorhandene Strukturen eingepasst, assoziativ angebunden wird. Forschungen haben gezeigt, dass die analoge, rechte Gehirnhälfte außerordentlich leistungsstark ist. Es ist deshalb sinnvoll, bei Speicherprozessen nicht nur „linkshemisphärisch“ (digitale Repräsentation) zu arbeiten, sondern die rechte Gehirnhälfte ebenfalls mit einzubeziehen (analoge Repräsentation des Lerngegenstandes).

Arbeitsaufgaben

1. Beschreiben Sie in groben Zügen den Aufbau des menschlichen Gehirns und die damit verbundene Abfolge von Speichervorgängen.
2. Erläutern Sie, welche Vorgänge sich (vereinfacht) der linken und rechten Gehirnhälfte zuweisen lassen.
3. Weshalb ist es sinnvoll, beide Gehirnhälften bei der Speicherung von Wissen zu aktivieren?
4. Arbeiten Sie Ihren nächsten Fachtext mit dem Ziel durch, sich bildliche Vorstellungen vom Inhalt zu machen, und diese assoziativ miteinander zu verbinden bzw. zu vernetzen.

4 Anwendungsfelder methodischer Kompetenzen

Schlüsselbegriffe

- Mind-Map
- Persönliches Lern- und Arbeitsverhalten
- Konzentrationsfähigkeit
- Kreativitätszone

Die folgenden Ausführungen sollen die im vorigen Kapitel vorwiegend theoretisch abgehandelten Erkenntnisse in praktisches Handeln überführen. Sicher hat die bisherige Darstellung der Sachverhalte bereits an der einen oder anderen Stelle zu Ideen geführt, wie die Zusammenhänge konkret genutzt werden können. Dieses Kapitel soll weitere praktische Anregungen dazu geben, was aus der Theorie „gemacht" werden kann. Hinzu kommen einige Überlegungen zu den Begriffen „Konzentration" und „Kreativität". Zentrale Aspekte sind außerdem die Präsentationstechnik und das Work- und Time-Management.

4.1 Mind-Maps

Der Aufbau unseres Gedächtnisses lässt sich als Netzwerk begreifen, in dem die Bedeutungen von Informationen miteinander verknüpft sind. Man kann seinem Gedächtnis „einen Schritt entgegenkommen", indem man seine Aufzeichnungen in einer netz- oder baumartigen Struktur anfertigt. Es gibt mehrere Vorschläge, wie eine derartige Strukturierung vorgenommen werden kann. Zu nennen sind hier die Netzplantechnik, der hierarchische Abrufplan (vgl. Metzig/Schuster, 1996) und das Mind-Mapping, die bekannteste Methode. Das Mind-Mapping wurde in den 70er-Jahren von dem Engländer Tony Buzan entwickelt und unterliegt seither einer ständigen Weiterentwicklung (zum Beispiel Svantesson, 2001).

Was soll nun mit einem Mind-Map oder einer „Gedächtniskarte" erreicht werden? „Beim **Mind-Mapping** handelt es sich um eine *gehirn-optimale*, methodisch-strukturierende, *bildhafte* Darstellung von Informationen. Mind-Mapping als Aufzeichnungsmethode entspricht in viel stärkerem Maße der komplexen, organischen Arbeitsweise unseres Gehirns als herkömmliche, linear strukturierte Darstellungsweisen.“ (Decker, 1996; Hervorhebungen Wirtz)

Es ist deshalb (zum Beispiel bei der Vorbereitung einer Präsentation, eines Vortrages, eines Meetings) unzweckmäßig, linear vorzugehen.

Konkret: Wenn Sie eine Zusammenfassung über die bisher von Ihnen gelesenen Kapitel zur Lerneffektivität anfertigen wollen, dann könnten Sie zunächst die Ihnen bekannten Lernformen auflisten, anschließend die verschiedenen Theorieausrichtungen niederschreiben und den Bezug zum Kapitel Gedächtnis herstellen. Vielleicht fällt Ihnen dann aber ein, dass Sie doch lieber von der gehirngemäßen Lernform ausgehen wollen, um die praktischen Umsetzungen der verschiedenen Konditionierungen einzuordnen. Also fangen Sie noch mal an.

Beim Vorbereiten einer Präsentation oder Rede ist dieses lineare Vorgehen noch hinderlicher. Plötzlich haben Sie einen guten Einfall, der aber nicht zu dem Punkt passt, zu dem Sie sich gerade Notizen machen. Wohin damit? Kurze Zeit später sehen Sie doch eine Querverbindung zum gerade aktuellen Bereich. Durchstreichen – „an den Rand“ – neu schreiben?

Beim Mind-Mapping ist die Vorgehensweise gänzlich anders.

⇒ Schreiben Sie den zentralen Begriff in die Mitte auf ein großes Blatt Papier (mindestens DIN A4).

⇒ Bilden Sie von diesem Zentralbegriff Äste zu weiteren Begriffen, die Ihnen wichtig erscheinen.

⇒ Von diesen Ästen können weitere Verzweigungen abgehen, die auf entsprechende Aspekte zum Ausgangsbegriff hinweisen.

⇒ Versuchen Sie, die Haupt- und Unterbegriffe möglichst in Hauptwörtern (Substantivierung) auszudrücken.

⇒ Schreiben Sie deutlich und übersichtlich.

⇒ Setzen Sie Pfeile und Umkreisungen ein, um Zusammengehöriges zu kennzeichnen.

⇒ Markieren Sie farblich, was Ihrer Meinung nach zusammengehört (gleiche Farbe für ein Gebiet).

⇒ Zeichnen Sie Symbole, Bilder, Grafiken, Blitze, Ausrufezeichen usw. ein.

⇒ Um Ihrem linkshemisphärischen Denken zu entsprechen, sollten Sie anschließend eine Rangordnung in Ihre Darstellung bringen, indem Sie zum Beispiel die Argumente nach Wichtigkeit ordnen, das heißt nummerieren.

Für das Gebiet Mind-Mapping könnte eine erste Mind-Map beispielsweise folgendes Aussehen haben:

Mind-Map (Beispiel)

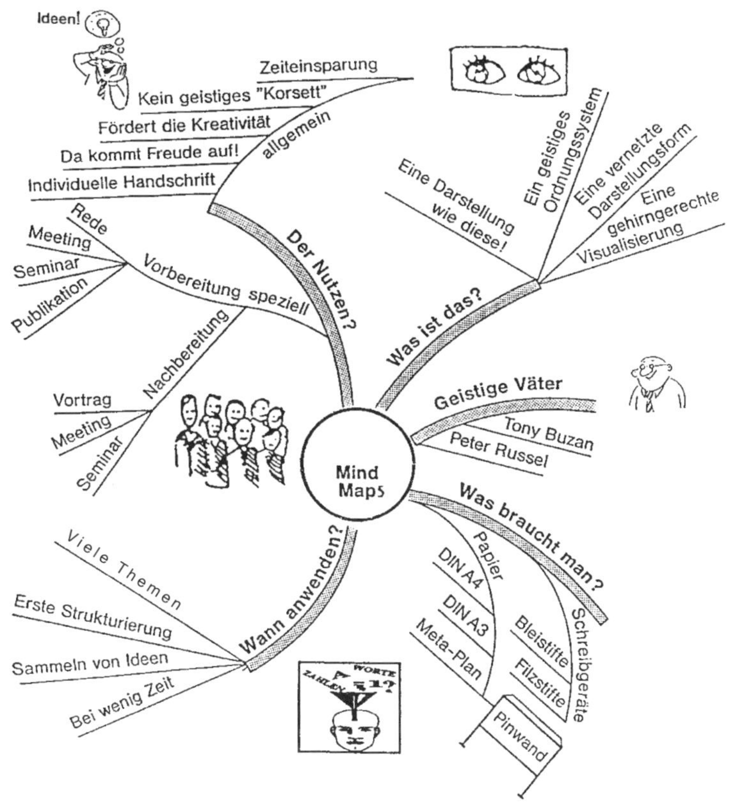

Abbildung 13 (Quelle: Decker, 1996)

Die Vorteile dieser Methode liegen auf der Hand. Sammeln Sie Ihre Gedanken und Einfälle („Brainstorming“); auf diese Art wird Ihre rechte Gehirnhälfte von Anfang an eingebunden. Dadurch kommen mit deutlich höherer

Wahrscheinlichkeit weitere Ideen und Assoziationen aus Ihrem Unbewussten hinzu. Sie **sehen** Zusammenhänge, Widersprüche usw. Ergänzungen sind wesentlich leichter einzuordnen. Eine Übertragung in lineare Methoden (Tabellen, Checklisten und Ähnliches) ist unproblematischer.

Bei Großprojekten können Sie auch DIN-A3-Papier, einen Flipchart, eine Wandtafel und Ähnliches verwenden. Insbesondere wenn Sie im Team eine Mind-Map erstellen, ist **Übersichtlichkeit** oberstes Gebot. Eine weitere Möglichkeit besteht darin, die entsprechenden Begriffe auf Karteikarten (unterschiedlicher Größe und Farbe) zu schreiben. Sie haben dadurch die Möglichkeit, die einzelnen Punkte nach Bedarf zu schieben, um so optisch neue Zusammenhänge darzustellen. Wenn kein ausreichender Platz auf einer Pinnwand vorhanden ist, können Sie auch auf einen großen Tisch oder den Fußboden ausweichen.

Dass eine Mind-Map (angefertigt nach gehirngemäßem Durcharbeiten eines Fachbuchkapitels) eine lernpsychologisch sinnvolle Vorbereitung zum Beispiel auf eine Prüfung darstellt, braucht nicht betont zu werden. (Sie könnten beispielsweise zu jedem Begriff Ihrer Mind-Map Fragen formulieren, die deutlich machen, warum dieser oder jener Ast von einem Punkt abzweigt, zu einem Oberbegriff gehört usw.) Lernen Sie im Team (was empfehlenswert ist), können Sie aufgrund von Beiträgen ihrer Mitlerner leicht Ergänzungen in Ihrer Mind-Map (an der entsprechenden Stelle!) anbringen.

Schließlich können Mind-Maps auch das Bearbeiten von Texten vereinfachen. Svantesson (2001) schlägt dazu folgende Vorgehensweise vor:

- Überfliegen Sie als Erstes den Text sehr schnell, um einen Überblick zu bekommen.
- Gehen Sie dann den Text noch einmal schnell durch und markieren Sie dabei mit einem farbigen Stift alle Wörter, die Ihnen bedeutsam erscheinen.
- Fertigen Sie jetzt ein erstes Mind-Map an, indem Sie das Thema des Textes in den Mittelpunkt schreiben oder eine kleine Skizze dazu anfertigen.
- Zeichnen Sie ein paar Hauptäste ein, die Sie jeweils mit einem Schlüsselwort beschriften.
- Überlegen Sie sich, warum Sie den Text eigentlich lesen. Was möchten Sie erfahren? Diese Frage ist wichtig, da sie bestimmt, worauf Sie sich beim nächsten Schritt konzentrieren sollen.

- Lesen Sie den Text jetzt gründlich durch und ergänzen Sie Ihr Mind-Map mit relevanten Schlüsselwörtern.
- Zeichnen Sie schließlich Ihr Mind-Map neu. Überlegen Sie dabei, welche Schlüsselwörter wichtig sind und welche Sie weglassen können.

4.2 Weitere Anwendungsmöglichkeiten

Im Rahmen der oben referierten lernpsychologischen Forschungen bzw. Erkenntnisse bieten sich unter anderen die folgenden praktischen Konsequenzen für das Lernen an:

Die Erkenntnisse des **Reiz-Reaktions-Lernens (klassischen Konditionierens)** weisen darauf hin, dass der Mensch sein Verhalten offenbar auch durch bestimmte Reizauslöser (quasi automatisch) in bestimmte Richtungen lenken kann oder (vielleicht treffender formuliert) durch sie zu bestimmten Verhaltensweisen veranlasst wird.

⇒ Wenn Sie **zu festgelegten Zeiten lernen**, werden Sie nach einigen Tagen (Wochen) merken, dass Sie durch die bestimmten Stunden, die Sie zum Lernen vorgesehen haben, sich einen Reizauslöser geschaffen haben, der Sie in Lernstimmung versetzt. Diese Zeiten können natürlich auch bestimmte Tage (zum Beispiel der Sonntagabend) sein. Wesentlich ist dabei nur, dass Sie versuchen, immer dieselbe Zeit zum Lernen zu reservieren.

⇒ Wenn Sie **an einem festen Arbeitsplatz (Lernplatz) lernen**, werden Sie eine ähnliche Wirkung verspüren. Ihr Arbeitszimmer, der Schreibtisch, wird zum Reiz (zum Stimulus) für eine innere Arbeits- und Lernhaltung. Sie verkürzen dadurch erheblich die Ihnen sicher bekannte Kramzeit, also den Zeitraum, der für mehr oder weniger sinnvolles Herumschieben von Utensilien und Unterlagen auf dem Schreibtisch verloren geht. Diese Anlaufphase wird durch das strikte Benutzen des Schreibtisches als Arbeits- bzw. Lernplatz im Laufe der Zeit überflüssig oder minimiert sich zumindest. Dieser Effekt wird gestört (Sie entkonditionieren sich), wenn am selben Ort andere, beispielsweise mehr der Freizeit dienende Aktivitäten stattfinden (Ordnen von Urlaubsbildern, Musik hören, Fernsehen usw.).

⇒ Wenn Sie **bestimmte Vorlieben** („Ticks“ oder „Marotten“) haben bzw. sich diese angewöhnen, machen Sie sich ebenfalls die Konditionierung zunutze. Hierzu zählen zum Beispiel die Angewohnheit, in bestimmter

Kleidung („Lieblingspulli oder -hose") zu lernen, die Arbeitsutensilien in einer festgelegten Art zu ordnen, einen bestimmten Kugelschreiber zu benutzen, beim Lernen immer die gleiche Körperhaltung einzunehmen, während des Lernens einen Apfel zu essen usw. Nutzen und pflegen Sie solche persönlichen Vorlieben, um sich in eine effiziente Lernstimmung zu bringen. Auch hier gilt: Die Kontinuität macht's. Setzen Sie sich regelmäßig derartigen Reizauslösern aus, wird die Wirkung nicht ausbleiben.

Resultate des **instrumentellen Konditionierens** lassen sich ebenfalls in die tägliche Lernpraxis umsetzen:

⇒ **Teilen Sie große Lerneinheiten sinnvoll auf**. Wenn Sie sich mit einem Lerngegenstand auseinander setzen wollen, so kann Sie der Umfang des gesamten Gebietes zunächst erschlagen. Portionieren Sie den Lernstoff in überschaubare, sinnvoll zusammenhängende Lernschritte. Vergessen Sie dabei nicht, sich klare zeitliche Vorgaben zu machen, wann ein entsprechender Lernschritt (spätestens) von Ihnen vollzogen sein muss.

⇒ **Belohnen Sie sich**, wenn Sie ein selbst gestecktes Lernziel (Teilschritt) erreicht haben. Wichtig für Ihre Psyche ist, dass Sie diese Belohnung nicht zu weit nach hinten schieben. Aufgabenbewältigung und die entsprechende Belohnung soll in einem noch erkennbaren (zeitlichen) Zusammenhang stehen. Haben Sie zum Beispiel ein von Ihnen geplantes Tagespensum erfolgreich absolviert, dann gönnen Sie sich möglichst noch am gleichen Tage eine (kleine) Belohnung.

Die Forschungsergebnisse aus dem Aufbau von Wissensstrukturen bedeuten in Ihrer Lernpraxis:

⇒ Bevor Sie sich mit einem Lerngegenstand intensiv beschäftigen, **verschaffen Sie sich einen Überblick** über das gesamte Stoffgebiet. Wie ist es aufgebaut? Wo befindet sich der rote Faden? Was sind Haupt- bzw. Unterpunkte der Darstellung? Welche Informationen dienen (nur) der Illustration des Gesagten, enthalten also keine neuen Informationen? Wie lassen sich die Inhalte in sinnvolle einzelne Lernschritte (vgl. oben) aufteilen, ohne dass Ihnen der Gesamtzusammenhang verloren geht?

⇒ Finden Sie heraus, was **die grundsätzlichen Aussagen** der Darstellung sind. Nur wenn Sie diese erkennen, besteht die Möglichkeit, Ihr Wissen auch auf andere Sachverhalte zu übertragen (Transfer).

⇒ **Lernen Sie nur das unbedingt Erforderliche auswendig.** Bemühen Sie sich vielmehr, „Einsicht" in die Zusammenhänge der dargelegten Wissensbestände zu bekommen. Versuchen Sie, den Aha-Effekt in sich herzustellen.

Auch das Wissen um den Verlauf von **Lernkurven** kann die eigene Lernarbeit sinnvoll unterstützen. Die Zusammenhänge, die durch die Abbildungen 14 und 15 deutlich werden, haben Sie sicher bei Ihrem bisherigen Lernen schon manchmal festgestellt, ohne vielleicht zu wissen, weshalb Sie in die eine oder andere „Lernsituation“, den „Lernzustand“, hineingekommen sind.

Lernen durch Üben (Trainieren)

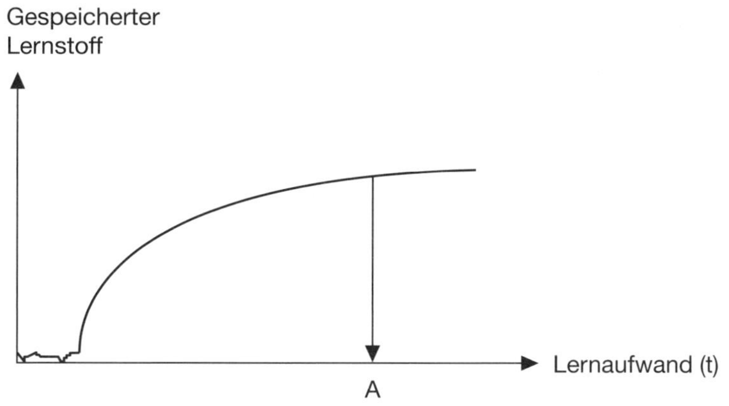

Abbildung 14 (Quelle: In Anlehnung an Joerger, 1976)

Wenn Sie **durch Übenlernen** (zum Beispiel Vokabeln), dann steigt nach einer Warming-up-Phase die Menge der behaltenen Wörter im Zeitablauf an. Unvoreingenommen könnte man meinen, dass sich der Lernerfolg proportional zum Aufwand (beispielsweise der Lernzeit oder der Anzahl der Lerndurchgänge) verhält. Tatsächlich ist dieser Zusammenhang nicht nachweisbar. Zu Beginn des Lernvorganges ist ein relativ großer Lernfortschritt zu verzeichnen. Je näher man jedoch dem Lernziel kommt (zum Beispiel der Beherrschung einer bestimmten Anzahl Vokabeln) desto kleiner wird der Lernfortschritt im Verhältnis zum Lernaufwand. Ab einem bestimmten Punkt (A) lohnt ein weiterer Aufwand praktisch nicht mehr. Dies bedeutet, dass es unzweckmäßig ist, sich einen zu großen Lernbrocken auf einmal vorzunehmen. Auch hier gilt: Lerngegenstand aufteilen! (Diesen Zusammenhang bezeichnet man auch als Ebbinghaus-Gesetz.)

Nach Abschluss des Lernaktes ist der **Lernprozess** jedoch noch nicht abgeschlossen. Das Gedächtnis beschäftigt sich noch eine gewisse Zeit – für den Lernenden unbewusst – mit dem neu erworbenen Wissen. Es ist folglich nicht gleichgültig, was **nach dem Lernen** geschieht. „Es kann generell gesagt werden, dass jeder nachfolgende Lernprozess den vorangegangenen beeinträchtigt, vor allem dann, wenn er sich im selben Lernbereich bewegt." (Joerger, 1976)

Auch starke emotionale Erlebnisse nach dem Lernen behindern deutlich den Einprägungsgrad des Gelernten. Am günstigsten ist nach dem Lernen eine reizarme Beschäftigung oder Schlafen. Ähnliches gilt für Umstände, die **vor dem Lernen** angesiedelt sind. Die Lernpsychologie spricht in diesem Zusammenhang vom so genannten **Interferenz-Phänomen**, der pro- oder retroaktiven Lernhemmung.

Trotz Vermeidung der oben angesprochenen Interferenz-Phänomene kann es vorkommen, dass nach einer gewissen Zeit plötzlich der Lernfortschritt stagniert. Besonders häufig ist dies beim Erlernen eher motorischer Fertigkeiten, wie beispielsweise Klavierspielen oder Maschinenschreiben, zu beobachten. Hier ist ein **Lernplateau** erreicht. Vereinfacht ausgedrückt lässt sich sagen, dass bei Erreichung eines Lernplateaus im Gedächtnis das bisher erworbene Wissen konsolidiert und unter neuen Gesichtspunkten geordnet wird. Lässt man in den Lernbemühungen nicht nach, wird diese Phase meist rasch überwunden und ein Fortschreiten im Lernerfolg stellt sich ein. Es kann natürlich auch sein, dass mit einem Lernplateau eine individuelle Leistungsgrenze erreicht ist oder für weitere Fortschritte die Arbeitstechnik, das Training, geändert werden muss. (Augenscheinlich gilt Letzteres im Rahmen sportlicher Fähigkeiten.)

Lernplateaus

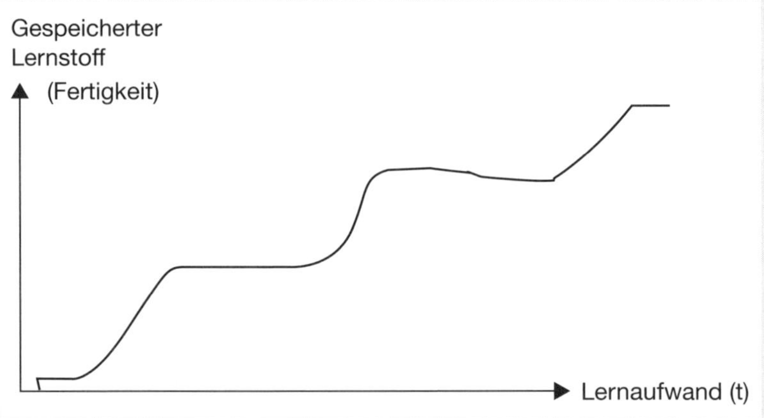

Abbildung 15 (Quelle: In Anlehnung an Joerger, 1976)

Lernen durch Einsicht

Abbildung 16

Der „Königsweg" des Lernens ist in obiger Abbildung idealtypisch dargestellt als das **Lernen durch Einsicht**. Die Strecke 0–X stellt dabei die Suchphase dar. Hier bemühen Sie sich, den Stoff zu überblicken, seine Struktur zu erfassen, den roten Faden zu entdecken usw. Diese Zeitspanne ist je nach Lerngegenstand unterschiedlich lang. Wenn es Ihnen jedoch gelingt, die Zusammenhänge zu begreifen (Sie blicken durch!), dann erschließt sich praktisch sofort der gesamte Inhalt. Sie beherrschen nahezu 100 Prozent des Lerngegenstandes. (Vielleicht haben Sie noch Ihre Bemühungen im Fach Mathematik vor Augen, wenn es um Textaufgaben ging. Erst wenn Sie erkannt hatten, was da eigentlich gefragt wurde, wie man bisherige Erkenntnisse darauf anwenden kann, war eine Lösung möglich. Der Effekt: Auch andere Textaufgaben [ähnlicher Natur] waren dann wesentlich leichter lösbar.) Was Sie sich durch „Einsicht" angeeignet haben, bleibt wesentlich länger im Gedächtnis als sinnarm trainierter Lernstoff.

4.3 Konzentration

4.3.1 Begriffliche Eingrenzung

Kaum ein Begriff betrifft so sehr die Gesamtpersönlichkeit des Menschen wie der der Konzentration. Zentraler Bezugspunkt für Konzentration sind die Gedanken, das Denken schlechthin.

„Um uns zu **konzentrieren**, müssen wir konkurrierende Gedanken unterdrücken." (Wegner, 1992)

Häufig entzieht sich die Wahrnehmung eines Menschen der bewussten Kontrolle. Er lässt sich von inneren und äußeren Reizen jeglicher Art dominieren. Dennoch ist die Fähigkeit, die Aufmerksamkeit zu lenken, sie zu konzentrieren und sie nach Belieben wieder zurückzunehmen, eine unabdingbare Voraussetzung zur Bewältigung von (beruflichen) Aufgabenstellungen.

„Die Fähigkeit, sich zu konzentrieren, ist die wahre, vorwärtstreibende Kraft unseres gesamten psychischen Mechanismus. Nichts fördert unsere Handlungsfähigkeit mehr als die Stärkung dieser Fähigkeit. Jeglicher Erfolg, auf welchem Gebiet auch immer, erklärt sich durch die intelligente (und konsequente) Anwendung dieser Fähigkeit." (Ferrucci, 1989)

Manch einer mag (neidisch) verfolgen, wie es zum Beispiel Leistungssportler (Hochspringer, Gewichtheber) fertig bringen, sich trotz einer Arena voller Zuschauer innerlich zu sammeln und völlig auf die bevorstehende Aktion zu konzentrieren. Auch Musiker, Tänzer oder Schachspieler vermitteln, selbst über den Bildschirm, einen Eindruck ihrer Aufmerksamkeitsbündelung. Es scheint auch leicht zu gehen: Wie sonst könnten Kinder, völlig losgelöst von Zeit und Umgebung, sich vollständig auf ihr Spiel konzentrieren? (Huber, 1993)

Aufmerksamkeit, sich **konzentrisch** auf etwas einstellen, macht es möglich, Wichtiges von Unwichtigem zu unterscheiden, Beziehungen und Erfahrungen herzustellen, um dann, manchmal im Bruchteil einer Sekunde, eine Entscheidung zu treffen. Das **Speichern und Abrufen von Informationen** in das/aus dem Gedächtnis stellt ebenfalls hohe Anforderungen an die Konzentration, an das Bündeln von Wahrnehmung und Aufmerksamkeit. Nur ein Mensch mit Kontrolle über sein Bewusstsein besitzt die Fähigkeit, Aufmerksamkeit willentlich auf etwas zu richten, sich nicht ablenken zu lassen und sich so lange zu konzentrieren, bis eine Aufgabe erledigt ist und nicht länger. Und wer dies vermag, genießt gewöhnlich auch seinen beruflichen wie privaten Alltag. Denn Form und Inhalt des Lebens hängen davon ab, wie Aufmerksamkeit genutzt und zentriert wird. Aufmerksamkeit stellt eine psychische Energie dar, welche bestimmt, was im Bewusstsein geschieht oder nicht geschieht. Jeder formt sein Selbst in dem Maße, in dem er diese Energie zu kontrollieren vermag. (Csikszentmihalyi, 1992)

Konzentration ist jedoch nicht gleich Konzentration. Psychologen machen Unterschiede zwischen einer eher **fixierenden**, auf einen bestimmten Vorgang zielenden (beschränkten) Konzentration, und der so genannten

flukturierenden, auf mehrere Ereignisse oder Eindrücke gerichteten Aufmerksamkeit. (Huber, 1993)

Die Fähigkeit, mehrere Eindrücke gleichzeitig konzentriert verfolgen zu können, lässt sich, ähnlich der Blickspannenerweiterung beim dynamischen Lesen, trainieren (vgl. Wujec, 1991). Die Ergebnisse der neueren Konzentrationsforschung warnen jedoch vor dem Irrglauben, Konzentration ließe sich erlernen, wie man beispielsweise Kochen oder Radfahren erlernen kann, sozusagen als zweckrationale Technik.

„In einem noch heute einflussreichen psychologischen Standardwerk der 60er-Jahre wurde Konzentration von Walter Miercke auch konsequent definiert als **‚zuchtvolle Organisation und Ausrichtung der Aufmerksamkeit des Ich‘**." (Huber, 1993)

Heute weiß man, dass dies so nicht haltbar ist. Die gesamte Koordinationsleistung, die für den Zustand der Konzentriertheit notwendig ist, lässt sich nicht mehr „... auf willentliche Aspekte verkürzen, ... sondern (erfordert) gleichzeitig emotionale, motivationale oder physisch-energetische Prozesse, (deren) Wechselwirkungen (zu berücksichtigen sind)". (Huber, 1993)

4.3.2 Was macht eine „konzentrierte" Persönlichkeit aus?

Sich konzentrieren können, aufmerksam sein – wer möchte diese Fähigkeiten nicht besitzen? Wie im obigen Kapitel angesprochen, sind diese Eigenschaften jedoch nicht einfach trainierbar. Welche Komponenten konstituieren nun einen **Persönlichkeitstypus**, der nach heutigen Erkenntnissen als konzentrationsfähig qualifiziert wird?

⇒ Wenn Sie Ihre **Konzentrationsfähigkeit** optimieren möchten, lassen Sie (im ersten Schritt) die unten aufgeführten unterschiedlichen Aspekte auf sich wirken. Sie können zum Beispiel überlegen, welche Aussagen mit Ihnen zu tun haben und warum. Nehmen Sie dann eine Auswahl derjenigen Größen vor, die Sie gerne verbessern möchten oder deren Auswirkungen Sie zurückführen wollen. Bevor Sie dann an die Lektüre entsprechender Fachbücher gehen, bedenken Sie bitte nochmals, dass die Verbesserung Ihrer Konzentration wichtige Teile Ihrer gesamten Persönlichkeit umfasst und deswegen keinen Prozess darstellt, der von heute auf morgen greifbare Ergebnisse vorweisen kann.

Eine konzentrierte Persönlichkeit hat ausreichende **Kontrolle** über die eigene psychische Energie. Sie hat die Fähigkeit, **Interesse** für eine Situation, eine Aktivität aufzubringen, weil sie um ihre eigenen Zielvorstellungen weiß. „Nicht Wille, sondern Interesse ist der Ausgangspunkt des Weges, der zur Konzentration führt." (Zielke, 1993)

Konzentrierte Persönlichkeit bedeutet, sich in eine Tätigkeit zu verlieren und **sich selbst dabei zu vergessen**. Wer allem unterschiedslos gleichzeitig und gleich viel Aufmerksamkeit schenken will, verliert die Übersicht und am Ende sich selbst. Es ist also unbedingt erforderlich, das Denken zu kontrollieren und die Aufmerksamkeit bewusst zu steuern. Deshalb lässt es sich auch erklären, warum es konzentrierten Personen möglich ist, an Situationen Freude zu haben, die andere Menschen hingegen als unerträglich empfinden oder so bezeichnen würden. Konzentrierte Charaktere finden selbst unter objektiv schlechten Bedingungen Möglichkeiten und Wege, die Verantwortung für ihr Bewusstsein zu übernehmen, und können durch die Kontrolle ihrer Erfahrungen über sich selbst hinauswachsen. (Csikszentmihalyi, 1992)

Eine konzentrierte Persönlichkeit entscheidet zu jedem Zeitpunkt, was sie tun will und wie sie es tun will. Sie handelt aus ihrer Mitte heraus und reagiert nicht nur aufgrund von Impulsen, Wünschen oder Neigungen. Sie ist in der Lage, selbst zu bestimmen, auf welchen Gefühlszustand sie die Aufmerksamkeit richten will und welcher unbeachtet bleiben soll. Diese Fähigkeit könnte auch als „Regentschaft" bezeichnet werden, die es ermöglicht, das Leben zu regulieren, ohne sich dabei zu verkrampfen. (Ferrucci, 1989)

Eine konzentrierte Persönlichkeit sieht das Leben als eine Art **„intellektuelle Selbsterziehung"**, mit der es möglich ist, das eigene Leben sinnvoll zu gestalten. Es gibt nur „... den Weg durch unsere Irrtümer. Nur aus unseren Irrtümern können wir lernen; und nur der wird lernen, der bereit ist, die Irrtümer als Schritte zur Wahrheit zu schätzen; und der nach seinen Irrtümern **sucht**, um sich von ihnen zu befreien". (Popper, 1984)

Eine konzentrierte Persönlichkeit besitzt die Fähigkeit, **positiv zu denken** und hat einen **konzentrierten Lebensstil**. Damit ist Folgendes gemeint (Schober, 1993; zitiert nach Huber, 1993):

- „**Emotionale Involviertheit**: Die Dinge, auf die man sich konzentriert, sollten auch emotional im Mittelpunkt stehen.
- **Dinge mit Biss vorantreiben**: Man sollte nichts in die Hand nehmen, bevor man nicht ganz darauf eingestellt ist; die Motivation muss von innen her, ‚intrinsisch' erfolgen.

- **Kreative Steuerung**: Den Dingen gegenüber prinzipiell offen sein können; flexible Handlungsfähigkeit, nicht nur das Ziel im Auge zu haben, sondern auch den Weg, jederzeit auf plötzliche Veränderungen eingestellt sein.
- **Strukturstärke**: Die konzentrationsfördernde und konzentrierte Orientierung des eigenen Lebens an Selbstdisziplin, Offenheit für natürliche Rhythmen, Belastbarkeit, Vergnügen an Qualität."

4.4 Kreativität

4.4.1 Begriffliche Eingrenzung

Sich permanent wandelnde Märkte; Produkte, orientiert am Kundennutzen; globale Verflechtungen; Lean-Production usw.: Der **kreative** Manager und Mitarbeiter ist gefragt. Auch entsprechende Stellenangebote verlangen immer wieder die kreative Persönlichkeit. Was ist das aber – Kreativität? Woran erkennt man sie? Kann man sie trainieren oder erwerben, sich verfügbar machen?

Kreativität ist nicht so einfach definierbar wie zum Beispiel ein betriebswirtschaftlicher Begriff (etwa Rückstellungen). Dies liegt (ähnlich wie bei dem Terminus Konzentration) daran, dass diese Fähigkeit mit der **Gesamtpersönlichkeit** eines Menschen verflochten ist und keine isolierte Fertigkeit repräsentiert, sondern auf die unterschiedlichsten Bereiche des Menschen zurückgreift, sofern Kreatives geleistet werden soll. Kristallisationspunkt ist jedoch auch hier das Gehirn, das Bewusstsein wie das Unterbewusstsein. Im Wortfeld **Kreativität** liegen noch weitere, eng damit verbundene Begriffe: schöpferisches Denken, Ideen, Innovation, Fantasie – also Größen, die in Richtung Kopf verwiesen werden.

Jetzt wissen auch die Forscher, was bisher vor allem Künstler behauptet haben: In den Tiefen der menschlichen Psyche gibt es keine Worte, sondern nur Bilder. Diese werden zwar im Alltagsleben nicht (oder nur selten) wahrgenommen, doch wenn sie zum Beispiel in das (Normal-)Bewusstsein einbrechen (als Halluzination, Vision, Traum oder Tagtraum), dann kann dies für ein Leben tief greifende Veränderungen nach sich ziehen. (Blumenthal, 1990)

Kreativität bedeutet demnach im Wesentlichen: **Fantasie, Träumen, „sich etwas vorstellen können“**. Kreativität heißt auch, losgelöst von Alltäglichkeiten (scheinbar) Irrationales zuzulassen, durch entsprechende Bewusstseinszustände (wie zum Beispiel die Meditation) auch auf unbewusste Bilder zugreifen zu können.

Dies funktioniert natürlich nicht, wenn Hektik und Stress das Denken blockieren. In der Fachliteratur zu diesem Thema wird häufig als (Mindest-)-Voraussetzung, um Kreativität zu entwickeln, der **Entspannungszustand** genannt. Immer haben Menschen auch über traumhafte, mystische, meditative Erfahrungen Zugang zu anderen Realitäten gefunden; Realitäten, die gemeinhin mit dem (Alltags-)Bewusstsein nicht wahrgenommen werden können. Die neueren Erkenntnisse der Gehirnforschung bestätigen beispielsweise immer nachhaltiger, dass das Alltagsbewusstsein nur **eine** angelernte Form der Wahrnehmung ist. Diese ist zwar durchaus nützlich, erfasst aber nur einen kleinen Teil des Spektrums der menschlichen Möglichkeiten. (Blumenthal, 1990)

Bereits ein kurzer Blick auf die menschliche Kreativität macht deutlich, dass überraschend viele künstlerische, wissenschaftliche, philosophische und religiöse Inspirationen durch andere als Alltags-Bewusstseins-Zustände vermittelt wurden. Nicht nur Musiker, wie Wagner oder Mozart, sollen einen großen Teil ihrer Musik halluziniert haben. Auch viele naturwissenschaftliche Entdeckungen wurden in solchen oder ähnlichen Bewusstseinszuständen gemacht: Crick hat das DNS-Molekül durch einen Traum gefunden, Kekulé hat die Struktur des Benzolkerns erträumt, Einstein hat die Prinzipien der Relativitätstheorie in einer Art mystischem Zustand körperlich empfunden, und erst danach suchte er nach Mitteln, dies mathematisch auszudrücken (Blumenthal, 1990).

„Das entspannte Fließenlassen der Gedanken, die lockere Kombination von Gedanken zu Ideen, Vorstellungsbildern und Konzeptionen ist allerdings nicht unbedingt eine hohe kreative Leistung. Der Kontakt mit dem Unbewussten muss auch gesteuert werden und in das bewusste Denken integriert werden. Für eine kreative Leistung ist eine Interaktion von bewussten und unbewussten Vorgängen wichtig. Neben der Stärke der Fantasie entscheidet also ihre Zusammenarbeit mit dem logisch gesicherten Wissen über die Qualität der Kreativität." (IFAM, o. J.)

Denkmodell: Kreativität

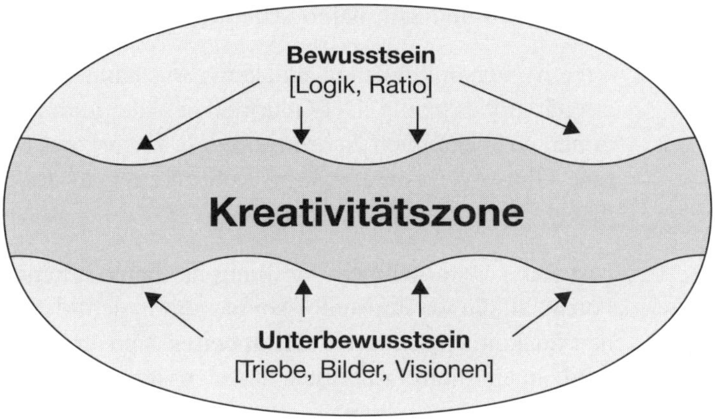

Abbildung 17

4.4.2 Die kreative Persönlichkeit

Wie bereits die Überlegungen zum Wortfeld der Kreativität verdeutlicht haben, gibt es keine bestimmte Eigenschaft, keine Fertigkeit, deren Besitz allein sicherstellt, ein kreativer Mensch zu sein. Ein Bündel von inneren wie äußeren Faktoren muss zusammenwirken (Faktorenkomplexion), um Kreativität freizusetzen oder in Gang zu bringen. So unsinnig, wie der Ausspruch: „Sei spontan!“, wäre die Aufforderung: „Sei kreativ!“. Kreativität stellt sich nicht auf Kommando ein. Man muss vielmehr einen Zustand für sich erfühlen (der über Entspannungs- und Meditationstechniken durchaus bewusst herbeigeführt werden kann), von dem man weiß (oder annimmt), dass er am ehesten Gewähr dafür bietet, seinen Gedanken und Ideen freien Lauf lassen zu können. Insofern ist die Bezeichnung Kreative (oder gar Kreativ-Direktor – dirigierte Kreativität!) einer bestimmten Berufsbranche etwas eigenartig.

„Kreativ sind Menschen nur aus eigenem Antrieb. Zuckerbrot und/oder Peitsche können helfen, dass Menschen vorsichtiger oder schneller arbeiten, niemals aber, dass sie innovativ sind. **Kreativität ist immer intrinsisch motiviert** – sie beruht auf a) Erregung, b) Freude am Tun.“ (Harris, 1995; Hervorhebungen Wirtz)

Eine **kreative Persönlichkeit** zeichnet sich dadurch aus, dass sie an ihre eigenen kreativen Fähigkeiten glaubt und diese im Alltag auch als solche wahrnimmt und sich daran erfreut.

Kreative Persönlichkeiten sind keine Ausnahmeerscheinungen. Alltagskreativität gibt es genug: Der Gourmetkoch, der immer wieder neue Kompositionen aus bekannten Nahrungsmitteln kreiert, der Manager, der eingefahrene Gleise verlässt und so neue Strukturen in der Organisation möglich macht.

Fast jedes Unternehmen von Rang hat heute erkannt, dass das wichtigste Potenzial, die wichtigste Ressource, um in den Märkten der Zukunft bestehen zu können, **kreative Mitarbeiter** sind und es deshalb unabdingbar wird, ihnen Räume zu öffnen, in denen sich dieses Potenzial entfalten kann.

Walt Disney, ein erstaunlich kreativer und erfolgreicher Mann, verfügte über eine **„Kreativitätsstrategie"**, die bei jedem beliebigen Problem einsetzbar ist.

Disney verfügte über die Fähigkeit, durch Träume (Visionen) einen Zugang zu seinen Problemen zu finden, sich dann realistisch davon zu lösen, indem er so lange die „Positionen" wechselte, bis die Vision keine mehr war, sondern konkrete Wirklichkeit. Das heißt, er beurteilte seinen Plan zunächst aus der Sicht des Kritikers, indem er sowohl die Stärken also auch die Schwächen seines Planes prüfte. Dann kehrte er zur Position des Träumers zurück, betrachtete anschließend den Plan aus der Sicht des Realisten und prüfte Organisationsmöglichkeiten und Durchführungschancen. (O'Connor/Seymour, 1995)

Kreativitätsstrategie

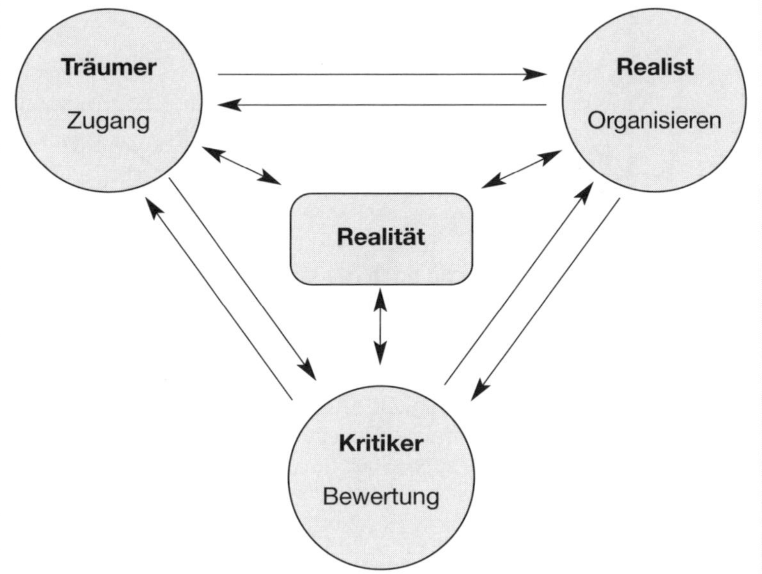

Abbildung 18 (Quelle: Modifiziert nach O'Connor/Seymour, 1995)

Allzu häufig wird die Frage, ob etwas möglich ist oder nicht, (voreilig) unter Beachtung dessen, was die Erfahrung zeigt, beantwortet. Somit fließen auch negative Erfahrungen und Ängste in die Bewertung des in der Zukunft Möglichen ein, was den Weg zu etwas Neuem und vielleicht Besserem behindert, wenn nicht gänzlich versperrt. Es ist demnach für kreative Leistungen unabdingbar, dass der Geist, das Bewusstsein in jeglicher Form, die Möglichkeit erhält, **befreiende und innovative Gedanken zu entwickeln**, die aus der Enge der (gegebenen) Zeit und des (gegebenen) Ortes herausführen, damit sich der Geist **loslösen kann von Befürchtungen und Bedenken**, die ausschließlich vergangenheitsorientiert sind. (Degen/Huber, 1992)

Spinola (1989) nennt in diesem Zusammenhang sechs **Barrieren der Kreativität**, die – mehr oder minder stark ausgeprägt – in jedem Menschen vorhanden sind.

Barrieren der Kreativität

- Die einzig richtige Antwort
- Die eingebildete Restriktion
- Die Suche nach der erwarteten Antwort
- Die Unfähigkeit, Selbstverständliches infrage zu stellen
- Die Freude am sofortigen Einwand
- Die Angst, sich lächerlich zu machen

Abbildung 19 (Quelle: Spinola, 1989)

4.5 Zusammenfassung und Arbeitsaufgaben

Zusammenfassung

Für das konkrete, persönliche (Lern-)Verhalten lassen sich bei der Umsetzung lernpsychologischer Erkenntnisse verschiedene Bereiche lokalisieren. Eine wichtige, gehirn-gerechte Zusammenführung auf dem Wege zu einer lernpsychologisch fundierten Arbeit stellt das Mind-Mapping dar. Die Darstellung von Inhalten (zum Beispiel bei Fachtexten, Referaten, Präsentationen usw.) in Form von netzförmig angeordneten Begriffen, bestehend aus Haupt- und Nebenästen, und der Einsatz von Symbolen, verschiedenen Schrifttypen und Farben, kommen dem Gehirn in seiner komplexen, organischen Arbeitsweise entgegen. Ebenso lassen sich aus den Ergebnissen zu den Themen „Reiz-Reaktions-Lernen" und „Aufbau von Wissensstrukturen" Schlussfolgerungen für die praktische Arbeit ziehen. Das Wissen um Vergessenskurven (Ebbinghaus-Gesetz) kann helfen, eigene Vorgehensweisen beim Lernen zu organisieren.

Die Fähigkeit zur Konzentration ist unabdingbare Voraussetzung, um die eigene Handlungsfähigkeit nachhaltig zu stärken. Eine konzentriert handelnde Person ist jederzeit in der Lage zu entscheiden, was und wie sie etwas tun will. Besonders wenn es um das Lösen von Problemen geht, ist neben Konzentration auch Kreativität gefordert. Auch wenn der Begriff „Kreativität" schwer fassbar ist, lässt sich als zentrales Merkmal eines kreativen Prozesses das Fluktuieren zwischen Spannung und Entspannung beobachten. Nur wer „loslassen" kann und sich auf eine (scheinbar) infantile Mentalität einstellt, gewinnt den nötigen Abstand, der neue, kreative Sichtweisen möglich macht, um diese dann der Realität auszusetzen. „Konzentriert sein" ebenso wie „kreativ sein" sind keine Zufallsprodukte, keine überraschend eingetretene Geisteszustände, sondern das Ergebnis harter Arbeit (intellektuell wie emotional).

Arbeitsaufgaben

1. Entwickeln Sie für Ihr eigenes Lernverhalten Strategien, die die Erkenntnisse der verschiedenen Grundformen des Lernens umsetzen.
2. Entwerfen Sie ein Mind-Map, das Ihnen die Zusammenhänge im Begriffsfeld „Konzentration" und „Kreativität" verdeutlicht.
3. Erläutern Sie das Phänomen der Interferenz und zeigen Sie Möglichkeiten auf, wie Sie es für sich vermeiden können.

4.6 Präsentationstechnik

Schlüsselbegriffe

- Präsentationsformen
- Präsentationsfahrplan
- Argumentationsmuster
- Bildhaftes Darstellen
- Persönliche Unsicherheiten

Das vergangene Jahrhundert wird als der Beginn des Informationszeitalters in die Geschichte eingehen. Viele Wirtschaftswissenschaftler sprechen schon vom vierten Produktionsfaktor Information. Die Fülle an verfügbaren Informationen wird durch die explosionsartige Entwicklung der Multimedia-Techniken immer größer. Dabei scheint die Zeit für die Aufnahme und Verarbeitung von Informationen immer kleiner zu werden. Der Informationskollaps droht. Es nimmt deshalb nicht wunder, dass **Kommunikationskompetenz** eine immer gesuchtere Kernqualifikation von Führungskräften darstellt.

Im Bereich der unternehmensinternen wie -externen Informationsweitergabe/-vermittlung ist die **Präsentation** hier eine mögliche und wirkungsvolle Hilfe.

Von der Effektivität, der Durchschlagskraft, einer Präsentation hängt heute mehr denn je die Entscheidung über den Verlauf von Projekten, das Weiterleben von Ideen im Unternehmen und nicht zuletzt die eigene Karriere ab.

4.6.1 Begriffliche Abgrenzung

Nimmt man die Frage dieser Kapitelüberschrift wörtlich, kann ein Blick in das Fremdwörterlexikon weiterhelfen: **Präsentation** bedeutet Präsentierung (Vorstellung, Vorzeigung, Überreichung); Vorlage. Tatsächlich liegen die Begriffe nicht so weit weg von dem, was im Kommunikationsjargon Präsentation meint. Bei jeder Präsentation wird etwas weitergegeben, vorgelegt und überreicht.

In der Fachliteratur findet sich unter anderen folgende Definition, die alle wesentlichen Aspekte enthält, die derzeit eine **wirkungsvolle** Präsentation ausmachen.

> „Die **Präsentation** ist der persönliche Vortrag einer strukturierten Folge von Gedanken, unterstützt durch visuelle Hilfsmittel, an ein überschaubares Publikum.“ (Hierhold, 1994)

Das Feld, in dem heute Präsentationen stattfinden, ist von Bedingungen geprägt, die das Verständnis von Präsentationen beeinflussen und deshalb keinesfalls vernachlässigt werden dürfen:

- Für Präsentationen steht nur eine begrenzte Zeit zur Verfügung.
- Präsentationen in Unternehmen sind in der Regel für eine Sache, eine Idee nur einmal möglich.
- Präsentationen prägen Ihr persönliches Ansehen im Unternehmen.
- Präsentationen finden vor Adressaten statt, deren Lernverhalten durch die modernen audiovisuellen Medien geprägt ist. (Diese konditionieren dazu, visualisierte Informationen immer schneller aufnehmen zu können: Werbespots, extreme Schnittfolgen in Filmen, bei Fernsehübertragungen usw. machen es deutlich.)
- Das gedruckte Wort tritt als Hauptinformationsträger immer mehr in den Hintergrund.
- Durch ständige Reizüberflutung werden die Wahrnehmungsschwellen immer höher. Nur laute und prägnante Botschaften haben eine Chance, durchzudringen. (Die so genannte Penetrationsrate erhöht sich.)

> Präsentation ist mehr als Rhetorik!

„Der klassische ‚Redner‘ hat heute nur mehr im Politikbereich und bei Festansprachen eine Chance, im Geschäftsleben und bei Fachvorträgen wollen die Zuhörer mehr als klingende Worte: Sie wollen Fakten, Zusammenhänge und Beispiele **sehen**. Nach wie vor ist das persönliche, körperliche Element wichtig: Haltung, Gestik, Blick, Stimme, Sprache ... Wer Videobeam und Multimediashow bedienen kann, ist ein Operator, aber kein Präsentator. Sicheres Auftreten als Person ist eine notwendige, aber keine hinreichende Bedingung mehr.“ (Hierhold, 1994)

Übertragen auf den Bereich des **gehirngerechten Lernens** (bei einer Präsentation sollen die Zuhörer ja etwas lernen) heißt dies: Die Informationen müssen so aufbereitet sein, dass sie beim einzelnen Zuhörer einmünden können. Sie müssen ein so genanntes **Konkreszensangebot** darstellen. Dies ist nur erreichbar, wenn die Präsentation Bilder anbietet (im übertragenen wie gegenständlichen Sinne), mit denen das Publikum etwas anfangen kann; Bilder, die Assoziationsmöglichkeiten eröffnen, Betroffenheit und Interesse wecken. Insofern gilt das berühmte Zitat von McLuhan:

> „The medium is the message!"

4.6.2 Präsentationsformen

Es gibt nicht **die** Präsentation. Entscheidend für die Vorbereitung, den Aufwand, den Sie für eine Präsentation einsetzen, ist die Adressatengruppe. Hierhold unterscheidet danach zehn Präsentationstypen:

Die 10 Typen der Präsentation

	Länge in Min. ideal	max.	Zuhörer-kreis	Visuelle Medien 1. Wahl	2. Wahl	Minuten[1] pro Bild	Perfektions-grad[2]
1. Arbeitssitzung	30	60	5 – 10	OHP	Flip	5	+
2. Projektbesprechung	20	40	5 – 15	OHP	Dia	2	++
3. Vorstandspräsentation	15	45	5 – 10	OHP	Dia Video	3	+++
4. Fachvortrag	30	45	10 – 50	Dia	OHP	1	++
5. Motivationskonferenz	20	30	15 – 50	Dia	OHP Video		+++
6. Verkaufspräsentation	20	30	5 – 15	OHP	Dia	2	++
7. Standpunkt	5	15	10 – 15	OHP	Flip Tafel	3	+ – +++
8. Informations-veranstaltung	30	45	10 – 50	Dia	Video	2	++
9. Posterpräsentation	5	15	5 – 15	Pinnwand	Flip	–	++
10. Schulung	–	–	10 – 30	OHP	Flip	5	++

[1] Eine Folie mit Überlegern zählt als 1 Bild, ebenso eine Diasequenz, mit der ein Bild aufgebaut wird.

[2] »+« = sehr einfach. »+++« = perfekt

Abbildung 20 (Quelle: Hierhold, 1994)

Über die Kategorie Perfektionsgrad kann man sicher geteilter Meinung sein, sie liefert aber einen brauchbaren Anhaltspunkt für die (Vorbereitungs-)Arbeit, die in die jeweilige Präsentation investiert werden sollte.

Auch hinsichtlich der **Atmosphäre** und der **Art der Argumente** lassen sich Präsentationen **kategorisieren**:

Kategorisierung von Präsentationen

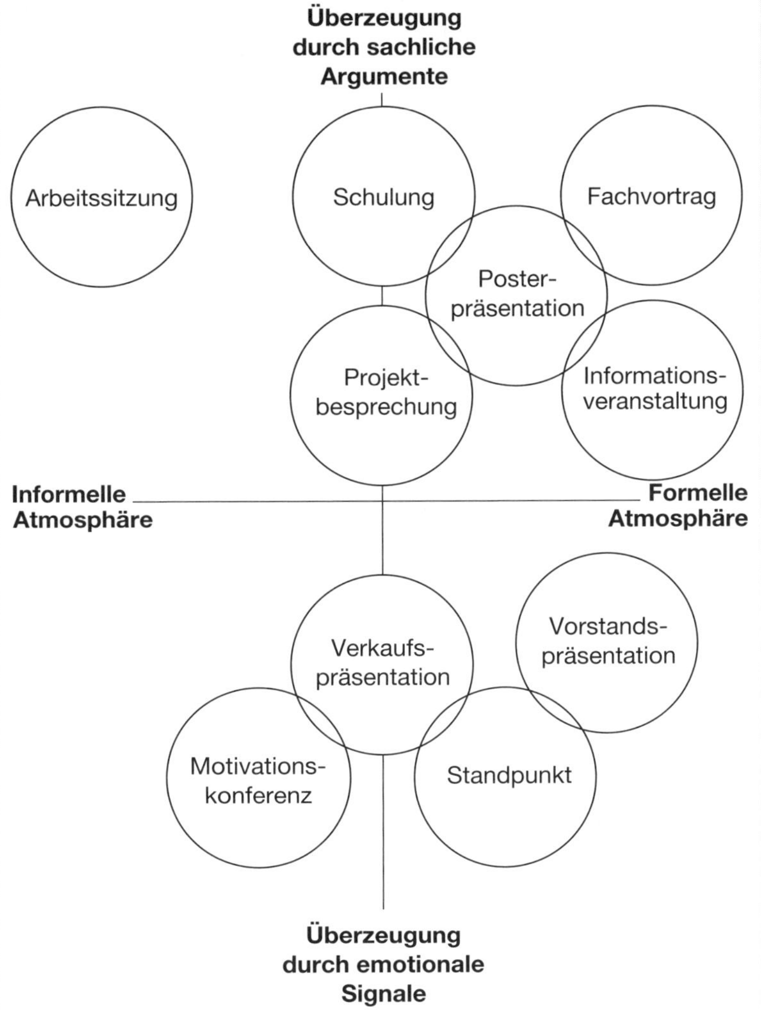

Abbildung 21 (Quelle: Hierhold, 1994)

4.6.3 Vorbereitung einer Präsentation

Eine **Präsentation ist ein kreativer Akt**, sowohl in der Vorbereitung als auch in der konkreten Umsetzung. Da Sie bei einer Präsentation mit Menschen zu tun haben, ist es nicht möglich, alle Eventualitäten einzuplanen und die Präsentation quasi wie ein Theaterstück zu üben. Das macht eine Präsentation spannend und herausfordernd. Trotzdem ist es natürlich unerlässlich, eine sorgfältige Planung durchzuführen. Je intensiver Sie sich mit Ihrer Präsentation beschäftigen, um so sicherer sind Sie in der Umsetzungsphase.

Folgende Punkte sollten Sie im Rahmen Ihrer Vorbereitungen beachten:

- **Was ist die Idee, das Thema, der Sachverhalt, den Sie präsentieren wollen?**

Dies scheint eigentlich klar zu sein. Machen Sie sich trotzdem die Mühe, sich noch einmal ganz exakt darzulegen, **was** Sie präsentieren möchten bzw. was **nicht**!

- **Versuchen Sie, Informationen über Ihre Zielgruppe, Ihr Publikum, zu bekommen.**

Was können Sie an Fachkenntnissen voraussetzen? Welche **Konzentration** können Sie von den Zuhörern verlangen (bei älteren Menschen in der Regel anders als bei jungen)? Welches Interesse bringen die Zuhörer vermutlich für Ihr Thema mit? Weshalb kommen sie zu Ihrer Präsentation (Verpflichtung oder Freiwilligkeit)? Bei hausinternen Präsentationen sind derartige Informationen vergleichsweise leicht beschaffbar, indem man gegebenenfalls bei den Teilnehmern direkt nachfragt.

- **Konzipieren Sie Ihre Präsentation: Ziele, Argumente, Visualisierungen.**

Legen Sie zunächst (schriftlich) das Ziel (die Ziele) fest, das (die) Sie mit Ihrem Vortrag erreichen wollen. Es stellt die operationalisierte Basis Ihrer weiteren Überlegungen dar. Hierzu zählt die generelle Frage, welches **Resultat** Sie mit der Präsentation erreichen wollen. Detaillierter könnte dies zum Beispiel heißen (Stroebe, 1982):

- „Sollen die Teilnehmer über ein Projekt informiert werden?
- Sollen bestehende Meinungen bestärkt oder verändert werden?
- Soll größeres Vertrauen geschaffen werden?

- Soll der Boden für weitere Maßnahmen (zum Beispiel wichtige Entscheidungen) vorbereitet werden?
- Soll eine Entscheidung getroffen werden?“

Während Sie bei der Idee noch mehr qualitativ formulieren, ist es hier notwendig, präzise (Lern-)Zielformulierung zu betreiben. Zu den Zielüberlegungen gehört auch, was Sie persönlich mit der Präsentation erreichen wollen. Denn neben den inhaltlichen Aspekten präsentieren Sie bei jedem Vortrag auch ein Stück Ihrer eigenen Persönlichkeit. So könnten Sie beabsichtigen, den Teilnehmern Ihrer Präsentation den Eindruck zu vermitteln, dass Sie dynamisch, fachlich kompetent, rhetorisch geschliffen oder teilnehmerorientiert sind. Stehen Sie am Anfang Ihrer Präsentationslaufbahn, sollten Sie sich jedoch höchstens ein solches persönliches Ziel vornehmen. Wer dynamisch, kommunikativ, teamfähig usw. auf einmal wirken möchte, erreicht vermutlich keines der persönlichen Ziele.

Sammeln Sie Material zu Ihrem Thema. Strukturieren Sie Ihre Präsentation anhand der Materialien. Nutzen Sie dazu die **Mind-Map-Technik**. Grundsätzlich werden Sie dabei feststellen, dass Sie eher zu viel als zu wenig Material haben. Es kommt also darauf an, die Auswahl **ziel- und teilnehmerorientiert** vorzunehmen.

Weiterhin ist es wichtig, dass Sie eine **Konsistenzprüfung** der ausgewählten Unterlagen vornehmen: Sind die verwendeten Daten in sich stimmig? Werden die gleichen Zahlen in allen Unterlagen verwendet? Bei der Präsentation von Aktivitäten zur Problembewältigung: Schaffen vorgeschlagene Maßnahmen unter Umständen neue, bisher nicht vorhandene Probleme? Ist dies hinnehmbar? (Stroebe, 1982)

Ordnen Sie den Aufbau Ihrer Argumentation. Hierfür gibt es verschiedene Aufbaumöglichkeiten. Unterscheiden Sie klar, was Sie beabsichtigen: einen **Fachvortrag oder eine Präsentation**, mit der Sie Ihre Zuhörerschaft von etwas überzeugen wollen. (Werfen Sie einen Blick auf Ihre Zielsetzung, und es müsste Ihnen eigentlich klar werden.) Business-Präsentationen sind zum überwiegenden Teil Überzeugungspräsentationen. Sie enthalten natürlich fachliche Inhalte und Fakten, zielen aber auch (hauptsächlich?) auf die emotionale Seite der Adressaten (um beispielsweise Geld für ein bestimmtes Projekt locker zu machen oder die Genehmigung für eine Planstelle zu erhalten).

Hierhold differenziert deshalb nach **Argumentationsketten**, die mehr zu einem Fachvortrag passen, und solchen, die bei geschäftlichen (Überzeugungs-)Präsentationen zum Einsatz kommen.

Wie Sie einen Fachvortrag aufbauen

Linearer Fünfsatz

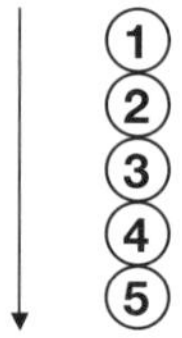

1: Der allgemeine Hintergrund
2: Die spezielle Problematik
3: Unsere Vorgangsweise . . .
4: . . . führte zu folgenden Daten:
5: Unsere Interpretation/Konsequenzen

Paralleler Fünfsatz

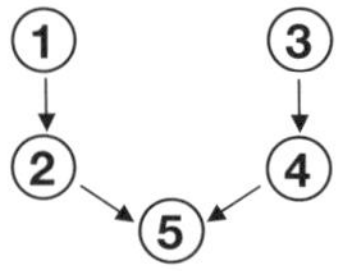

1: Schneider hat festgestellt . . .
2: . . . und so interpretiert.
3: Bauer dagegen stellt fest . . .
4: . . . und interpretiert anders.
5: Unsere neue Interpretation erklärt beide Ergebnisse

Diskrepanz-Fünfsatz

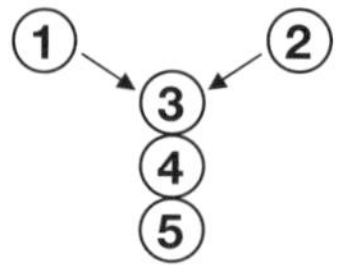

1: Schneider stellt fest
2: Bauer stellt fest
3: Das ergibt folgende Diskrepanz:
4: Was wir untersucht haben . . .
5: . . . weist in folgende Richtung.

Divergierender Fünfsatz

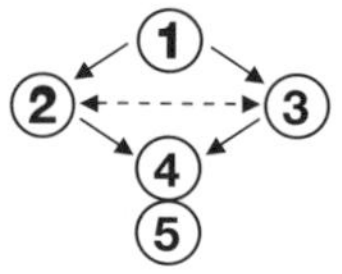

1: Problemstellung
2: Bisher unerklärbare Daten . . .
3: . . . dagegen unsere Resultate . . .
4: das ergibt eine neue Interpretation
5: Die Konsequenzen daraus . . .

Abbildung 22 (Quelle: Hierhold, 1994)

Geschäftliche Präsentationen (1)

Problemdarstellung

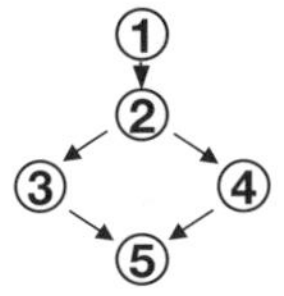

1: Das Problem/die Soll-Ist-Abweichung . . .
2: . . . bedeutet folgende negative Konsequenzen:
3: Erster Beweis (emotional, aufrüttelnd)
4: Zweiter Beweis (sachlich, informativ)
5: Zusammenfassung:
Wir müssen eine Lösung finden!

Lösungsvorschlag

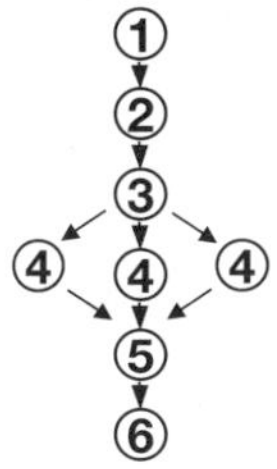

1: Das Problem (Zusammenfassung von oben!)
2: Unser Vorschlag ist daher . . .
3: . . . und bringt folgende positive Ergebnisse:
4: Unsere Argumente für die Richtigkeit unserer Überlegungen (1, 2, 3, . . .)
5: Zusammenfassung (Problem, Vorschlag, Ergebnisse)
6: Aktionsvorschlag/nächste Schritte

Kernpunkte/Business-Plan

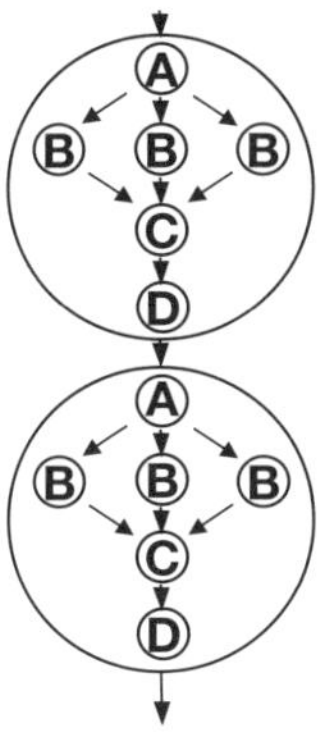

Jeder Kernpunkt ("Issue") hat dieselbe Struktur:

A: Worum geht es? (Frage, Problem, Chance)
B: Welche Informationen liegen dazu vor?
C: Was bedeutet das für uns?
D: Zusammenfassung mit Aktionsplan

Nach Diskussion und Beschlussfassung wird der nächste Kernpunkt präsentiert

Abbildung 23 (Quelle: Hierhold, 1994)

Geschäftliche Präsentationen (2)

Bericht/Report

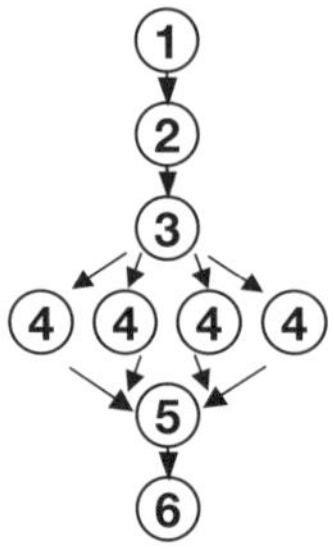

1: Thema, Hintergrund, Auftraggeber . . .
2: Konkrete Fragestellung
3: Informationsübersicht
4: Die einzelnen Informationen
5: Zusammenfassung, Rückblick
6: Ergebnis, Bedeutung, Konsequenz

Standpunkt

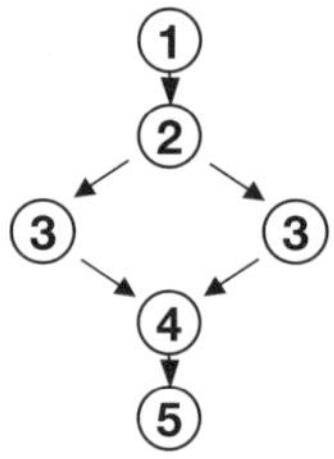

1: Thema, Bedeutung, Bezug (warum heute, hier – mit Ihnen?)
2: Unser Standpunkt ist: "____" (klar und deutlich!)
3: Warum das logisch, angemessen, vertretbar ist
4: Zusammenfassung der Standpunkte im Lichte der Argumente
5: Ergebnis- und Handlungs-(Denk-)aufforderung

Abbildung 24 (Quelle: Hierhold, 1994)

Eine andere Anordnung von Argumenten kann nach so genannten **dramaturgischen** Gesichtspunkten erfolgen:

- Sie steigen mit einem Mittelgewicht an Argumentationskraft ein, bringen anschließend eine Anzahl von Leichtgewichten und am Schluss das Schwergewicht.
- Sie besitzen nur Leichtgewichte oder Mittelgewichte. Verbinden Sie die Argumente, und lassen Sie die Menge wirken.
- Steigen Sie mit den Leichtgewichten ein, verbinden sie und bringen am Ende (wenn vorhanden) den Hammer, das überzeugendste Argument.
- Da keines Ihrer Argumente stark ist, selbst ihre Verbindung wenig bringt, sollten Sie die Für-und-Wider-Taktik einschlagen. Stellen Sie zu einigen (allen) Argumenten auch mögliche Gegenpositionen dar. Sie entschärfen so möglichen Widerspruch in einer anschließenden Diskussion.

Bei aller Argumentationstechnik sollten Sie nicht aus dem Blick verlieren, dass Sie Ihren Zuhörern Assoziationsmöglichkeiten bieten müssen, Anknüpfungspunkte, die ihnen Ihre Argumente nachvollziehbar machen. Reden Sie in Bildern und Analogien. Dies wird vom nächsten Punkt Ihrer Vorbereitungsarbeit explizit gefordert bzw. durch diesen unterstützt:

- **Visualisieren (verbildlichen) Sie Ihre Argumente und Informationen.**

„Visualisieren heißt, etwas ‚bildhaft darstellen'. Dies kann geschehen für Sachaussagen, Gefühle, Prozesse." (Seifert, 1998) Zentrale Zielstellungen für Visualisierungen sind (vgl. Seifert, 1998):

- Aufmerksamkeit der Adressaten bündeln,
- Zuhörer einbeziehen (emotional wie intellektuell),
- Redeaufwand reduzieren,
- Orientierung für die Adressaten geben (roter Faden),
- Komplexe Informationen erfassbar machen,
- Gesagtes verdeutlichen, ergänzen und erweitern,
- Behaltensleistung (rechtshemisphärisches Angebot an das Gehirn) erhöhen,
- Zuhörer zu eigenen Denkprozessen und Stellungnahmen anregen.

Am leichtesten lassen sich Zahlenkolonnen in entsprechende Grafiken (Charts) bringen. Die hinlänglich bekannten Säulen-, Linien-, Kreisdiagramme sind mittlerweile (im Zeitalter der Grafikprogramme) Allgemeingut. Etwas mehr Nachdenken erfordert die Umsetzung nicht-quantitativer, also qualitativer Daten wie Hierarchiestrukturen, Informationswege, betriebliche Abläufe oder Vorlieben von Kunden. Aber auch hier haben Sie sicher schon Etliches gesehen: Organigramme, Ablaufdiagramme u. Ä. Entscheidend für die Auswahl der optischen Mittel ist das Ziel, das Sie mit Ihrer Präsentation erreichen wollen, und die Zusammensetzung des Zuhörerkreises.

Vielleicht gibt es dennoch Fakten, die sich einer Visualisierung (zumindest in einer Präsentation) entziehen. Hierhold (1994) hat dazu einen drastischen Ratschlag:

„Wenn nicht einmal Sie selbst, als Fachmann und Sender der Nachricht, sich ein Bild machen können, wie wird es dann Ihren Zuhörern ergehen?

Bedenken Sie: Wer sich von Ihrem Vortragsinhalt kein Bild machen kann, kann daher auch nichts ‚sehen'. Und **wer nichts ‚sehen' kann, wie soll er dann etwas ‚ein-sehen'?**"

Fazit: Die Information, die bildlos in Ihnen bleibt, sollte auch in der Präsentation nach Möglichkeit nicht vorkommen.

Überlegen Sie bei allen Verbildlichungen: Welches Bild transportiert meine Idee, mein Argument am besten? Bilder, die Selbstzweck sind, scheiden aus. Ebenso sollten Sie keine Bilder verwenden, die sich vollständig „selbst erklären". Hierdurch rücken Sie als Vortragender in den Hintergrund.

> Am geeignetsten sind Visualisierungen, die Ihre Idee gut transportieren, Sie in Ihrer Vortragstätigkeit unterstützen und als Person wirksam werden lassen.

Bedenken Sie bei Ihrem Visualisierungsvorhaben, dass Sie Ihre Präsentation nicht überfrachten. Ein Vortrag, der in zehn Minuten 20 Folien, Charts oder andere optische Unterstützungen einsetzt, disqualifiziert sich selbst. (Vielleicht haben Sie solche Folien-Vorträge in entsprechender Erinnerung!) Auch hier gilt: **Weniger kann mehr sein!**

Ebenso wenig sollten Sie die einzelne Darstellung auf einer Folie überladen. (Als Richtwert gilt ungefähr **20 bis 25 Wörter pro Folie**.) Arbeiten Sie mit **Schlagworten, Überbegriffen.** Schreiben Sie keine vollständigen Sätze (Ausnahme: prägnantes Zitat) auf den Flipchart oder die Overheadfolie. Wenn Sie Punkte bilden, dann nach Möglichkeit nur **einen** Gedanken pro Unterpunkt. Wenn Sie mit der Schrift variieren, dann in sich stimmig (Überschriften zum Beispiel generell in Druckbuchstaben). Gleiches gilt für den Einsatz von Farben.

Eine Hilfestellung gibt Ihnen zum Beispiel das Microsoft-Präsentationsprogramm PowerPoint, das Sie automatisch darauf hinweist, wenn eine konzipierte Folie zu viele Informationen enthält.

Setzen Sie nur solche visuellen Hilfsmittel ein, die Sie mit **vernünftigem Aufwand** bereitstellen können. Wenn Sie zur „Produktion" einer Folie (zum Beispiel am Computer) vier Stunden einsetzen müssen, weil Sie vielleicht das Grafikprogramm nicht vollständig beherrschen, die Folie in Ihrem Vortrag aber nur für zwei Minuten lebt, sollten Sie eine andere Darstellungsform wählen.

Beachten Sie nach Möglichkeit, dass der Qualitätsstandard Ihrer visuellen Einheiten in etwa gleich ist. Wenn Sie farbige Folien einsetzen, anschließend zu einer Schwarz-Weiß-Darstellung zurückkehren, dann kann die beste Darstellung auf dieser Schwarz-Weiß-Folie nicht mit der farbigen konkurrieren.

Skizzenvorlagen

Abbildung 25 (Quelle: Hierhold, 1994)

Neben vorgefertigten optischen Darstellungen können Sie während der Präsentation auch selbst visuelle Hilfsmittel („Eye-Catcher") einsetzen. Dies ist nach einiger Übung leichter, als Sie vielleicht denken. Simple Handzeichnungen oder Symbole können Ihre Ausführungen wirksam unterstützen. Zudem haben Sie damit ein Instrumentarium, das Ihnen eine gewisse Flexibilität während der Präsentation sichert. Treten Aspekte auf, die Sie in Ihrer Planung nicht berücksichtigt haben oder nicht berücksichtigen konnten, besteht die Möglichkeit, ad hoc visuelle Unterstützung herbeizuzeichnen, die die (von Ihnen präferierten) Argumente unterstreichen hilft.

Auch auf vorgefertigten Folien kann während des Vortrages noch ein optischer Aufhänger hinzugefügt werden.

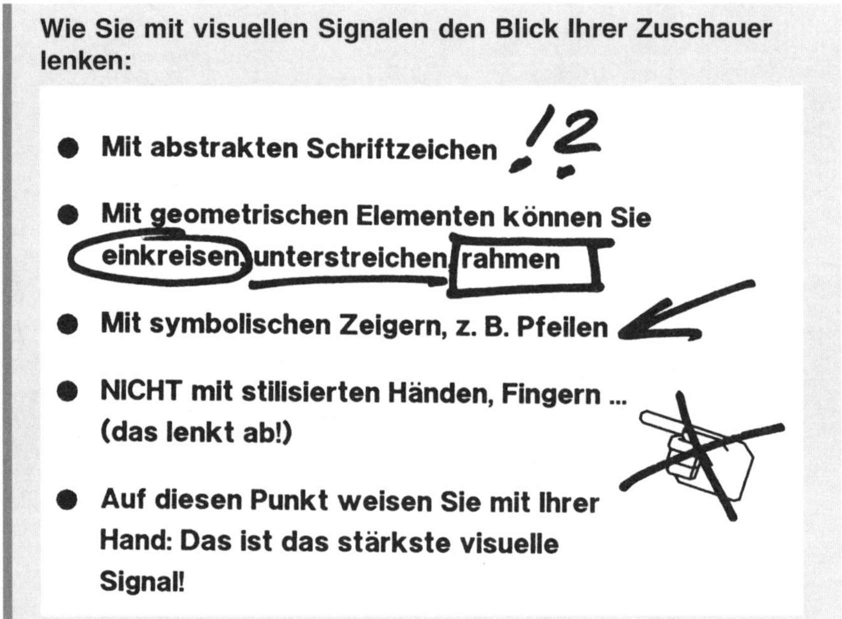

Abbildung 26 (Quelle: Hierhold, 1994)

4.6.4 Visualisierungsstrategien

Die meisten Medien, die Sie bei einer Präsentation einsetzen können, sind Ihnen sicher bekannt: Overheadprojektor, Diaprojektor, Pinnwand, Tafel (Whiteboard), Flipchart, Film, Computeranimation (Beamer), Modelle.

Schon ein flüchtiges Überlegen macht klar, dass die Wahl des Mediums oder der Medien, die Sie einsetzen möchten, von verschiedenen Gesichtspunkten abhängig ist. Im Folgenden werden einige Gedanken angerissen, die Sie natürlich bei Ihrem konkreten Präsentationsvorhaben entsprechend ergänzen müssen. Zudem sind sie mit den Überlegungen verschränkt, die im Rahmen der Konzeption der Präsentation anzustellen sind.

- **Wie viele Zuhörer sind bei meiner Präsentation?**

Wenn Sie vor hundert oder mehr Teilnehmern präsentieren, kommt ein Flipchart, ein Whiteboard oder eine Pinnwand kaum infrage. Die optischen Verhältnisse lassen es nicht zu. Umgekehrt kann vor einem kleinen Adressatenkreis der Einsatz von Diaprojektionen schwierig werden, da beispielsweise nicht genügend große Abstände zur Leinwand herzustellen sind.

- **Welche Zielsetzung wird verfolgt?**

Wollen Sie zum Beispiel perfekt wirken, technisch up to date, kann der Einsatz von Videosequenzen oder Computeranimationen sinnvoll sein. Mit einem Diaeinsatz bringen Sie Kinoatmosphäre in den Zuhörerraum. Dies kann zu einer (gewünschten) Emotionalisierung Ihrer Teilnehmer führen. Wollen Sie hingegen eine vertrauliche Situation schaffen, sind Flipchart oder Pinnwand besser geeignet. Sie wirken intimer. Zudem sind dies Medien, die wohl mittlerweile jedem Teilnehmer vertraut sind.

- **Welche Raumverhältnisse liegen vor?**

Machen Sie sich mit den Räumlichkeiten vertraut, in denen Sie präsentieren möchten. Gibt es Verdunkelungsmöglichkeiten? Ist dies nicht der Fall, macht dies den Einsatz bestimmter Medien von vornherein unmöglich. (Auch grelles Licht auf der Overheadleinwand nimmt Ihren Folien die Wirkung.) Wo sind Steckdosen? Sind gegebenenfalls Verlängerungskabel vorhanden? Wo befinden sich Lichtschalter, Sicherungskästen usw.? Stört das Geräusch der Klimaanlage, ist sie unter Umständen abschaltbar? Können Fenster geöffnet werden? Gibt es Beeinträchtigungen durch Straßenlärm? Sind genügend Sitzplätze (Schreibmöglichkeiten) für alle Teilnehmer vorhanden? Wie sind die Sichtverhältnisse auf Leinwand, Tafel?

- **Beherrschung der Technik:**

Stellen Sie sicher, dass Sie mit den Medien, die Sie einsetzen wollen, umgehen können. Wenn Sie während der Präsentation zum ersten Mal den Videorekorder bedienen, Vor- und Rückspultaste suchen, Steckverbindungen zum Monitor umständlich herstellen, den Aufklappmechanismus des Overheadprojektors nicht kennen usw., setzen Sie sich unter unnötigen Druck. Auch Ihr Publikum wird nicht gerade begeistert sein. Machen Sie sich mit Ihren Medien vertraut! Und zwar vor der Präsentation.

Dies gilt in besonderem Maße für die Benutzung eines Laptops bzw. Computers in Verbindung mit einem Beamer. Ein ständiges Springen zwischen der Benutzeroberfläche des Computers und der zu zeigenden Folie kann die Adressaten verwirren. Stellen Sie sicher, dass die erforderlichen Verbindungskabel passen und fest sitzen.

- **Sonstige Überlegungen:**

Welches Medium Sie auch einsetzen, vergewissern Sie sich, dass auch vom letzten Platz die Botschaft erkennbar ist. Folien, mit der Bemerkung aufgelegt: „Ich weiß, die Schrift ist ein wenig zu klein", wirken nicht sonderlich kompetent.

Setzen Sie eine Pinnwand ein (die eigentlich ein Moderationsinstrument ist) und wollen zum Beispiel von den Teilnehmern Karten angeheftet haben, dann muss für jeden Teilnehmer auch ein Weg zur Pinnwand ohne Umbauarbeiten möglich sein.

Boardmarker, Overheadstifte und sonstiges Schreibmaterial sind vor der Präsentation bereitzulegen. Ausgetrocknete oder schwach malende Stifte sortieren Sie bitte vorher aus.

Wenn Sie sich für eine computergestützte Präsentation entscheiden, verlieren Sie sich nicht in den technischen Möglichkeiten. Überlegen Sie vor dem Hintergrund Ihrer Präsentationsziele, was im Mittelpunkt der Visualisierung der jeweiligen Folie stehen soll. Rufen Sie sich in Erinnerung, was Sie darstellen wollen und wozu die Darstellung dienen soll. Eine fortlaufende Animation der Folienbestandteile (Schrift von links, Schrift von unten, Überblendung, Abblendung usw.) lenkt von der eigentlichen Bildaussage ab. Auch die übermäßige Verwendung unterschiedlicher Fonts und Farben ist in den meisten Fällen nicht sinnvoll.

Nach Möglichkeit sollten in einer Präsentation verschiedene Medien eingesetzt werden. Dies bringt Abwechslung für die Teilnehmer und schafft neue Aufmerksamkeit.

Wenn Sie einen **Medienwechsel** planen (in einer Sequenz zum Beispiel mit dem Overheadprojektor arbeiten, anschließend eine Videoeinspielung vornehmen), so sollten Sie folgende Gesichtspunkte beachten (in Anlehnung an Hierhold, 1994):

- Der Medienwechsel muss **reibungslos** funktionieren, in Ruhe und ohne Hektik möglich sein.
- Der Medienwechsel muss aufgrund der Präsentationsinhalte den Teilnehmern **einsichtig** sein. Ein Medienspektakel um der Medien willen macht keinen Sinn.

4.6.5 Persönliche Voraussetzungen, erfolgreiche Präsentationen und Pannenmanagement

In diesem Kapitel sollen einige Punkte dargestellt werden, deren Beachtung oder Vermeidung Ihre Präsentation erfolgreicher machen kann. Nur am Rande wird auf die (sicher wichtige) kommunikative Komponente eingegangen.

Woran liegt es, wenn Sie sich nicht sicher sind, dass Ihre Präsentation auch zu Ihrer Zufriedenheit verlaufen wird, obwohl Sie die in Kapitel 4.6.3 aufgeführten Punkte bei Ihrer Vorbereitung beachtet haben?

- **Sie haben das Gefühl, fachlich unsicher zu sein.** (Beherrsche ich die Materie?)

Diesen Zustand können Sie nur durch entsprechend intensive inhaltliche Vorbereitung abbauen bzw. mildern. Der Gedanke, Sie hätten vielleicht zu wenig Stoff für die vorgesehene Präsentationszeit, ist in 99 Prozent der Fälle unzutreffend. Die Präsentation dauert meist länger als von Ihnen geplant. Hierüber sollten Sie sich also keine Sorgen machen. Hilfreich ist auch die Vorstellung, dass **Sie** in der Regel im Präsentationsraum der am besten Vorbereitete sind. So viel wie Sie weiß kaum jemand der Anwesenden über Ihr Thema. Wenn Sie eine neue Idee vorstellen, trifft dies in verstärktem Maße zu.

- **Sie haben das Gefühl, in Ihrem Verhalten unsicher zu sein.** (Steh ich das durch?)

Diesen Zustand können Sie zwar nicht im Rahmen der Vorbereitung gänzlich eliminieren, der Ernstfall ist eben kein Training, jedoch gibt es einige Vorgehensweisen, die Sie die Präsentationssituation ruhiger und gelassener erleben lassen. Hilfreich ist die Überlegung, was die Teilnehmer am Verhalten des Präsentators stören könnte:

Was die meisten Zuschauer am Auftreten eines Vortragenden stört:

- Der fehlende Augenkontakt,
- ein unsteter, schweifender Blick,
- das nervöse Auf-und-ab-Gehen, aber auch
- das steife und starre Dastehen.
- Gestikulieren mögen wir auch nicht oder
- Geklimpere mit dem Kleingeld in der Tasche.
- Spielereien mit Zeigestab, Kugelschreiber usw. lenken uns ab,
- ebenso das „Putzen“ und Herumzupfen an Kleidung und Schmuck.
- Anklammern am Vortragspult und
- Verkriechen im Manuskript irritieren uns ebenfalls.

Abbildung 26 (Quelle: Hierhold, 1994)

Die Verhaltensunsicherheiten, die man vor einer Präsentation verspürt, werden gemeinhin unter dem Begriff **Lampenfieber** zusammengefasst. Leider ist dieser Begriff negativ besetzt. Dabei ist das Lampenfieber durchaus positiv zu werten.

(Das Lampenfieber mobilisiert in uns) „... durchaus reale, verständliche Ängste, und unser Körper erkennt den Vortrag richtig als kritische Situation. Im Laufe der Evolution hat der Mensch immer wieder kritische Situationen zu meistern gehabt ... Das Überlebenskonzept des Urmenschen war ... Flucht! Dieses erfolgreiche Überlebenskonzept ist heute noch in uns programmiert ... Zur Flucht brauchen wir **Kraft, Energie**.“ (Hierhold, 1994; Hervorhebungen Wirtz)

Es geht also darum, diese „Fluchtenergie“, die der Körper zur Verfügung stellt, für die Präsentation zu nutzen. (Weglaufen scheidet ja aus.)

Bleiben Sie mit beiden Füßen in **vollem Kontakt zum Boden**. Wenden Sie dem Zuhörerkreis Ihre **gesamte Körperfläche** zu (Face to Face). Die Energie ist nach unten geblockt und kann nun oben eingesetzt werden: durch ausholende **Gesten** mit Ihren Armen, eine **laute, klare Stimme** und durch gezielten **Ortswechsel**. All dies verbraucht Energie und hilft, Ihre anfängliche

Anspannung abzubauen und gibt Ihnen zunehmende Sicherheit. Der zielgerichtete Ortswechsel (nicht mit dem ruhelosen Umhertigern mancher Referenten zu verwechseln) macht den Teilnehmern (unbewusst) deutlich, dass Sie den Raum beherrschen. Wenn Sie eine wichtige Information formulieren, etwas zeigen, bleiben Sie stehen. Nehmen Sie einen **Standpunkt** ein. Gehen Sie zum Beispiel nicht am Flipchart vorbei und zeigen wie nebensächlich auf einen Punkt, der für die Präsentation wesentlich ist.

Eine weitere Energieabfuhrmöglichkeit bieten Ihre Augen. Sie sind mit das stärkste aufmerksamkeitsschaffende Mittel, das Sie einsetzen können. Suchen Sie also **Blickkontakt** mit Ihren Zuhörern. Präsentieren Sie nicht über die Köpfe hinweg, ins Manuskript hinein oder auf die Leinwand. Sie wollen die Teilnehmer ansprechen, überzeugen. Machen Sie das mit Ihrem Blickkontakt deutlich („die Präsentation ist *für Sie*, *für Sie* und *für Sie* gedacht"). Sie sollen nicht nur einen oder zwei Zuhörer ansehen (anstarren). Lassen Sie Ihren Blick durch das Publikum wandern. (Legen Sie gedanklich durch den Raum ein gleichschenkliges Dreieck, die Spitze Ihnen entgegengesetzt. Lassen Sie Ihren Blick entlang der Dreieckseiten laufen. Wenn Sie rechts vorn angekommen sind, kehren Sie das Dreieck um – Spitze bei Ihnen – und beginnen erneut links hinten.) Dabei sollten Sie konkret jeweils einen Teilnehmer ein paar Sätze lang (über einen Gedanken hinweg) ansehen.

Blickrichtungen in das Publikum

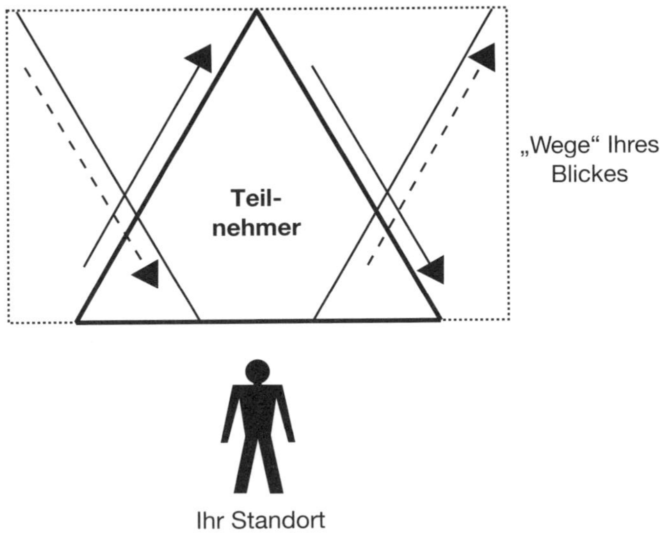

Abbildung 27

- **Setzen Sie Ihren Körper als Medium ein.**

Ihre Körpersprache dient ebenfalls zur visuellen Unterstützung Ihrer Informationen. Nutzen Sie alle Möglichkeiten, Ihre „**body-language**“ einzusetzen.

Positive Körpersignale für Kompetenz, Sicherheit, Glaubwürdigkeit

Körperhaltung:	• Senkrecht, frontal, „zugewendet“, • offen, nicht versteckt, • beidbeinig, fest – „Standpunkt“, • erhobener Kopf – aber nicht hochnäsig.
Arme und Hände:	• Ruheposition seitlich hängend oder lokker die Hände auf Nabelhöhe ineinander legen, • bildhafte Gesten – kein Gestikulieren im Sprachrhythmus, • Bewegungen oberhalb der Gürtellinie und außerhalb des Brustkorbes, • langsame, ruhige Bewegungen.
Gesicht:	• Gesicht zuwenden – kein „scheeler Blick“ aus den Augenwinkeln, • Blickkontrolle: 3-5 Sekunden pro Person, freundliche Miene.
Bewegungen:	• Zielstrebige Ortsveränderungen, • kein „Auf-und-ab“, • ruhiges Hantieren mit Hilfsmitteln, • kontrollierte Bewegungen, • gelegentlicher „Frontenwechsel“ (an die Seite der Zuschauer).
Stimme:	• Pausen – besonders während Bewegungen, • langsames Sprechtempo, • laute Stimme.

Abbildung 28 (Quelle: Hierhold, 1994)

- **Geben Sie Ihre Agenda (Präsentationsfahrplan) bekannt.**

Sie sollten Ihre Präsentationsabfolge während der ganzen Präsentation **sichtbar halten** (auf separatem Flipchart, als Hand-out usw.). Dies wirkt souverän („Der weiß, was er will“) und hat den Vorteil, dass Sie eine zusätzliche Kontrolle darüber besitzen, wo Sie sich gerade befinden. Wenn Sie eine Unsicherheitsphase haben (Blackout), nicht mehr genau wissen, was jetzt kommen soll, gehen Sie ruhig zur Agenda und weisen auf den nächsten Punkt hin.

- **Nutzen Sie Ihre visuellen Vorbereitungen für sich selbst.**

Damit ist gemeint, dass Sie sich bei aufkommender Unsicherheit gedanklich klar machen, dass Ihre vorbereiteten Folien, Charts usw. ja Ihre Präsentationsinhalte widerspiegeln. Sehen Sie sich zum Beispiel genau Ihre Folie an, und es wird Ihnen wieder einfallen, was zu dem Bild zu sagen ist. Schlimmstenfalls lesen Sie ruhig vor, was darauf steht. Spätestens dann sind Sie wieder da.

Bei einer Beamer-Präsentation können Sie die Möglichkeit der Vortragsnotizen nutzen (zum Beispiel in PowerPoint), die Ihnen auf dem Bildschirm (für die Zuschauer unsichtbar) Stichworte für die Kommentierung der jeweiligen Folie geben.

- **Nehmen Sie sich Zeit.**

Dies gilt besonders für den Beginn der Präsentation. Stürzen Sie nicht vor die Teilnehmer und fangen an zu reden. Nehmen Sie zunächst körperlich **Ihre Position ein**.

Lösen Sie sich von der Vorstellung, Sie wären permanent dazu aufgefordert zu reden. Wenn Sie zum Beispiel vom Flipchart zum Overheadprojektor gehen, müssen Sie das nicht kommentieren – schon gar nicht mit dem Hinweis „Ich will Ihnen dies mal am Overheadprojektor verdeutlichen“. Dass Sie zum Projektor gehen, sieht jeder. Gleiches gilt beim Folienwechsel. („Ich lege jetzt eine weitere Folie auf.“ Aha!) **Machen Sie Redepausen**. Das birgt nicht nur für Sie die Möglichkeit, sich wieder kurz zu sammeln, Sie geben auch Ihrem Publikum die Chance, zuvor Gehörtes zu verdauen, eventuell Notizen zu vervollständigen.

- **Nutzen Sie kritische Phasen als Chance.**

Die meisten Präsentationen haben so genannte kritische Stellen. Dazu gehört zunächst einmal der **Beginn**. Steigen Sie ruhig und ohne Hektik in Ihre Präsentation ein. Nehmen Sie sich Zeit, Ihren Arbeitsplatz einzurichten. Legen Sie (bei ausgeschaltetem Overheadprojektor) die erste Folie auf. Es ist sicher nicht leicht, dies vor einer Gruppe zu tun, hat aber den Vorteil, dass auch der Geräuschpegel im Raum langsam sinkt. Zudem können die Teilnehmer ersten visuellen Kontakt mit Ihnen aufnehmen. Schauen Sie bei

Ihren Vorbereitungsarbeiten nicht mürrisch oder verkniffen. Versuchen Sie ein freundliches Gesicht zu machen, auch wenn Sie innerlich angespannt sind. **Verschanzen Sie sich nicht hinter Schreibtisch oder Rednerpult**. Dies ist besonders in der Startphase wichtig. Die Zuhörer wollen wissen, wer da vor ihnen steht. Dazu gehört, dass Sie als ganze Person wahrnehmbar sind.

Wenn Sie **Überleitungen** in Ihrer Präsentation haben (von einem Themenschwerpunkt zum nächsten), die Ihnen schwierig vorkommen, können Sie dies gezielt vorbereiten, indem Sie schon **vorher überlegen**, welche Formulierungen Sie an diesen Stellen verwenden wollen. Auch das offene Bekenntnis, dass Sie Schwierigkeiten mit der Überleitung haben, kann bei entsprechenden Adressaten durchaus positiv ankommen.

Sie merken plötzlich, dass Sie einen Teil Ihrer Ausführungen **übersprungen** haben: Sind es keine wirklich wichtigen Informationen, übergehen Sie innerlich die Panne. **Sie** sind der Einzige, der davon weiß. Stellen Sie sich nicht selbst eine Unfähigkeitsbescheinigung aus („Ich merke gerade, dass ich vorhin einen Punkt vergessen habe"). Handelt es sich um wesentliche Inhalte, müssen Sie natürlich darauf zurückkommen, zum Beispiel mit einer Formulierung wie: „Ein Punkt liegt mir noch besonders am Herzen, deshalb ..." oder „Sie vermissen vielleicht den Punkt XY (mit Hinweis auf die Agenda), den habe ich mir bewusst aufgespart, weil ..."

Sie sind der Präsentator, Sie bestimmen weit gehend, wann Sie über etwas reden. Managen Sie versteckte (nur für Sie erkennbare) Pannen nach dem Motto: Genau so ist es gewollt.

Es gibt auch Schwierigkeiten, die jeder sieht. Sie legen Ihre schönste Folie auf, und der Strom fällt aus. Weichen Sie auf ein anderes Medium aus (Flipchart, Board), und skizzieren Sie dort die wichtigsten Elemente Ihrer Folie. Ihr **Improvisationsgeschick** wird sicher positiv anerkannt. Lesen Sie auf keinen Fall den Inhalt der Folie vor, oder (noch schlimmer) versuchen Sie nicht eine Grafik verbal zu beschreiben. „Eigentlich wollte ich Ihnen jetzt die Zahlen in einem farbigen Säulendiagramm zeigen, das ganz deutlich werden lässt ..."

Reißen Sie zum Beispiel aus Versehen den Stecker einer Zuleitung beim Umhergehen heraus, dann reparieren Sie den Schaden ohne Worte. Diese gehen sowieso durch Ihre körperliche Aktivität beim Reparieren unter. „Auch Schuldzuweisungen ... helfen Ihnen nicht: ‚Der Organisator hat mir zugesagt, dass die Fenster schalldicht sind.' Stellen Sie sich auf die Situation ein und machen Sie das Beste daraus ..., aber beklagen Sie nicht Ihr

Schicksal.“ (Hierhold, 1994) Ist eine Panne irreparabel und behindert den Fortgang der Präsentation massiv, dann bleibt unter Umständen nur ein Abbruch. Eine klare Entscheidung in diesem Fall wirkt besser, als eine Erinnerung der Teilnehmer an einen völlig fahrig gewordenen Präsentator.

4.7 Zusammenfassung und Arbeitsaufgaben

Zusammenfassung

Präsentationen sind in der heutigen Arbeitswelt ein gängiges Medium, um in einer vorgegebenen Zeit gezielt und prägnant Informationen an ein überschaubares Publikum weiterzureichen. Um diesem Anspruch gerecht zu werden, ist eine entsprechende Vorbereitung jeder Präsentation unabdingbar (Leitgedanke: „Von meiner Idee zu deiner Überzeugung“). Wichtige Aspekte hierbei sind:

- Was will ich präsentieren? Was sollen die Zuhörer aus der Präsentation mitnehmen?
- An wen richtet sich meine Präsentation? Wie setzt sich mein Publikum zusammen?
- Zusammenstellung der für die Präsentation infrage kommenden Inhalte (Selektion)
- Auswahl und didaktische (adressatenbezogene) Aufbereitung der Inhalte
- Visualisierung der Präsentationsinhalte und Auswahl der Präsentationsmedien
- Persönliche Vorbereitung – intellektuell und emotional –; Handling kritischer Phasen

Arbeitsaufgaben

1. Erläutern Sie die wesentlichen Punkte, die bei der Vorbereitung einer Präsentation zu beachten sind.
2. Stellen Sie dar, weshalb die Visualisierung der wichtigsten Präsentationsaussagen sinnvoll ist.

3. Ordnen Sie Ihnen bekannte Medien zur Visualisierung nach ihren Einsatzmöglichkeiten, und erläutern Sie, welche Fragen Sie sich dabei stellen sollten.
4. Formulieren Sie Möglichkeiten, Ihr Präsentationsverhalten sicherer zu machen, und erläutern Sie Strategien, wie sich kritische Phasen während einer Präsentation bewältigen lassen.
5. Wenn Sie demnächst Adressat einer Präsentation sind: Verfolgen Sie die Präsentation unter den im vorstehenden Abschnitt dargestellten Aspekten. Notieren Sie, was Sie wieder erkannt haben, und was Ihnen gut gefallen hat (Sie selbst übernehmen würden), und was Ihnen weniger gut gefallen hat. Geben Sie jeweils Begründungen an.

4.8 Work-Management

Hans K., Gruppenleiter des Privatkundenbetreuer-Teams einer Regionalfiliale der D-Bank, steht seit einigen Wochen permanent unter Stress. Neben der Koordinierung der Teamarbeit hat er auch noch einen Teil der Aufgaben seines Abteilungsleiters übernommen, da dieser in einem Projektteam zur Reorganisation der Filialstrukturen zeitlich sehr stark eingebunden ist. Immer öfter hat er das Gefühl, dass ihm die Arbeit über den Kopf wächst und er eigentlich fünf Dinge zugleich erledigen müsste. Beschäftigt er sich mit einem Vorgang, fühlt er gleichzeitig, dass andere, ebenso wichtige Arbeiten, unerledigt bleiben. Zudem beschleicht ihn das Gefühl, dass er bestimmte Aufgaben ganz anders angehen sollte. Auch sein Drang, alles perfekt erledigen zu wollen, macht ihm zunehmend zu schaffen.

Schlüsselbegriffe

- Denkfallen
- Eisenhower-Tableau
- 80:20-Regel
- Umgang mit Informationen
- Rationellere Arbeitsorganisation

4.8.1 Zusammenhang zwischen Arbeitstechnik und Denken

Die Strukturen, in denen das Denken im Hinblick auf die Bewältigung von (alltäglichen) Arbeitsaufgaben abläuft, sind durch langjährige Übung und Erfahrung geprägt worden. Auch beim Auftreten von Problemen, die nicht als sehr schwerwiegend eingestuft werden, greift man gern auf bekannte Denkmuster zurück, da man mit ihnen in der Vergangenheit ja ganz brauchbare Erfahrungen gemacht hat.

Wer die Effektivität seiner persönlichen Arbeit verbessern möchte, muss zuerst (zumindest einen Teil) seiner bisherigen **(Denk-)Gewohnheiten verändern**. Zielsetzung ist hierbei, Denk- und Wahrnehmungsfehlern auf die Spur zu kommen, da sie die Änderung von eingefahrenen, ineffektiven Arbeitstechniken behindern. Wer effektiver arbeiten möchte, muss also **offen sein**: offen für neue Erkenntnisse und Zusammenhänge, offen für das Infragestellen des bisher Praktizierten. Die Schlüsselbegriffe heißen in diesem Kontext **Selbstorganisation – lebenslanges Lernen – Selbststeuerung**. Arbeit wird sich, wie Zuboff (1993) formuliert, in einen lebenslangen Lernprozess umwandeln. „Arbeit ist Lernen. Lernen ist Arbeit." Damit tritt die mentale Komponente von Arbeit hervor:

„Die zukünftige Arbeit wird immer mehr bestimmt werden durch Monitoring-Qualitäten des individuellen und des kollektiven Wahrnehmens. Das sind aber typisch mentale Prinzipien. Wie die Brain-Forschung derzeit zeigt, ist diese Form des Wahrnehmens und des Entlernens (Reprogrammierung) ein Prozess der Formung von Geist (Spirit) durch den persönlichen Geist (Mind). Wenn die Märkte immer fließender und zugleich paradoxer werden, dann wird die Wirtschaft auf die Beschleunigung des Bewusstseinswandels umschalten. **Deshalb beginnt jetzt der Mentalismus**." (Gerke, 1991; Hervorhebungen Wirtz)

Diese Überlegungen gelten natürlich nicht nur für das einzelne Individuum, sondern gleichermaßen für Organisationen und Unternehmen als Ganzes.

Mental gut drauf sein ist fast schon zum geflügelten Wort geworden. Näher betrachtet trifft es aber das grundlegende Element kompetenter Aktionen. Nur wer seine Gedanken zentrieren kann, Herr bzw. Frau seiner gedanklichen Arbeit ist, hat die Möglichkeit, **rational** (gedanklich bewusst) zu agieren. Gedanken setzen Bewusstsein. Und das Bewusstsein steuert die Aktivitäten. Erworbene, alte Erfahrungen können jedoch zu so genannten **Denkfallen** und **Fehlschlüssen** führen. Einige seien hier vorgestellt:

- **Denkfalle „Gewohnheit“**
Bestimmte Konstellationen einer Situation sind mit einer früheren (scheinbar) identisch. Automatisch wird die Bewältigungsstrategie eingesetzt, die sich in der schon einmal erlebten Situation bewährt hat. So äußert zum Beispiel ein Kunde bestimmte Präferenzen hinsichtlich einer gewünschten Anlage. Sie arbeiten daraufhin eine Anlageempfehlung aus, die Sie in ähnlicher Situation schon einmal erfolgreich eingesetzt haben. Aufgrund der Ablehnung des Kunden erkennen Sie erst jetzt, dass zwar einige Reizwörter in seinem Anlagewunsch mit den Ihnen vertrauten Größen übereinstimmen, jedoch im aktuellen Fall in einem ganz anderen Zusammenhang geäußert wurden. Ihr Konzept ist daher weit gehend am Wunsch des Kunden vorbeientwickelt.

- **Denkfalle „Stereotype“**
In manchen Situationen neigt man dazu, bestimmte Zusammenhänge herzustellen, die tatsächlich nicht existieren. Sie arbeiten beispielsweise mit einem neuen Kollegen zusammen. Aufgrund dieser Tatsache glauben Sie, dass Sie Verbesserungsvorschläge für den Arbeitsablauf, die von dieser Seite kommen, nicht sonderlich ernst zu nehmen brauchen, da er ja noch nicht den nötigen Erfahrungshintergrund hat. Dass auf diese Weise kreative Ansätze verschüttet werden können, braucht nicht erklärt zu werden.

- **Denkfalle „Ursache-Wirkungs-Zusammenhang“**
Insbesondere unter Termindruck neigt man dazu, bestimmten Wirkungen einfache Ursachen zuzuschreiben. Solche monokausalen Erklärungszusammenhänge (einer auftretenden Wirkung wird nur eine Ursache als Auslöser zugeschrieben) können an der komplexen Realität völlig vorbeigehen. So kann zum Beispiel ein Kundenberater der Meinung sein, dass sein mäßiges Umsatzergebnis einzig auf die schlechten Produkte zurückzuführen ist. In Wirklichkeit ist eine große Zahl von Faktoren dafür verantwortlich: unzureichende Fachkenntnisse, kaum Verhandlungsgeschick, ungünstige Terminvereinbarungen, fehlerhaft arbeitendes Back-Office usw. „Unter Zeitdruck haben wir ein starkes Bedürfnis nach Klarheit und Widerspruchsfreiheit. Wir neigen dabei dazu, komplexes Geschehen zu vereinfachen, monokausale Ursachen anzunehmen und nahe liegende Erklärungen vorauszusetzen.“ (Kitzmann, 1994)

- **Denkfalle „selektive Wahrnehmung“**
Jeder Mensch hat die Tendenz, nur die Fakten über einen Sachverhalt zur Kenntnis zu nehmen, die ihn in seiner eigenen Sichtweise der Dinge

bestätigen. Versuchen Sie, sich möglichst umfassend über einen Tatbestand zu informieren, bevor Sie eine Bewertung abgeben. „Um unser Selbstwertgefühl zu schützen, können wir manchmal Sachverhalte nur eingefärbt wahrnehmen und darstellen.“ (Kitzmann, 1994) Wenn Sie in einem Team mit jemandem zusammenarbeiten, dessen Sorgfalt Sie nicht besonders hoch einschätzen, kann es passieren, dass Sie nur noch seine Fehler sehen. Die fehlerfreien Teile der Arbeit, vielleicht die für das Projektergebnis wichtigen, werden ausgeblendet, da sie nicht in das vorgefasste Bild passen.

- **Denkfalle „Wirklichkeitskonstruktion“**
  Bedenken Sie bitte, dass es „die“ Wirklichkeit nicht gibt. Ohne hier in philosophische Überlegungen abzugleiten oder auf Erkenntnisse der Wahrnehmungspsychologie und des Konstruktivismus einzugehen (vgl. hierzu beispielsweise Scheffer, 1990), muss betont werden, dass sich jeder Mensch seine Wirklichkeit selbst erschafft. Dies bedeutet, dass Ihre Sicht der Dinge nur eine mögliche von vielen sein kann. Versuchen Sie deshalb, auch einmal eine andere Perspektive zur Wahrnehmung eines Sachverhaltes einzunehmen, sich in Ihr Gegenüber zu versetzen. In Bezug auf Ihr Arbeitsverhalten könnten Sie sich zum Beispiel selbst beweisen, dass Sie bei einer Routinearbeit viel zu umständlich vorgehen.

In der täglichen Praxis treten die Denkfallen selbstverständlich nicht in der oben dargestellten analytischen Abgrenzung auf. Bestimmte Verhaltensweisen werden vielmehr von verschiedenen, sich teilweise überlappenden Fallen ausgelöst. Beschäftigen Sie sich zum Beispiel mit einer neuen Computer-Software und haben dabei Misserfolge, so kann die daraus resultierende Ablehnung aus unterschiedlichsten Denkfallen gespeist werden:

- Sie lehnen die Software ab, weil Sie mit einem anderen Produkt derselben Firma schon einmal schlechte Erfahrungen gemacht haben.
  (⇒ **Denkfalle „Stereotype“**)
- Sie haben keine Zeit, die Anleitung richtig zu lesen, kommen deshalb nicht klar; Ihre Schlussfolgerung: „Anleitung taugt nichts!“
  (⇒ **Denkfalle „Ursache-Wirkungs-Zusammenhang“**)
- Sie sehen bestimmte Icons in der Menüleiste und glauben, die Anleitung nicht sorgfältig lesen zu müssen, da Sie bei der Arbeit mit einer anderen Software mit ähnlichen, identischen Icons umgehen können. Sie merken aber, dass das vorliegende Programm doch anders aufgebaut ist und der Zugang sich schwieriger gestaltet als angenommen.
  (⇒ **Denkfalle „Gewohnheit“**)

Die Beispiele machen deutlich, dass die unbefriedigende Arbeit mit dem Programm durch unterschiedlichste „Denkfallen" verursacht wird. Welche dabei intensiver wirken oder mehr im Hintergrund ablaufen, ist eine Frage der Persönlichkeit bzw. der gesammelten Erfahrungen.

Wie bereits oben angesprochen, können Sie Ihren eingefahrenen Denkschablonen nur entgehen, wenn Sie bewusst versuchen, eine andere, neue Sichtweise gegenüber Ihrem bisherigen Arbeitsverhalten einzunehmen und Ihre Tätigkeitsabläufe quasi „gegen den Strich" zu bürsten. Dies insbesondere dort, wo Sie das Gefühl haben, dass sich etwas verändern müsste.

„Durchbrechen" der Denkfallen

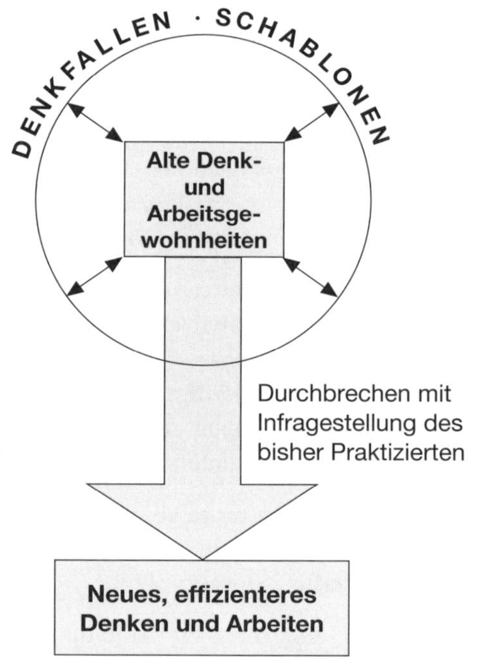

Abbildung 28

4.8.2 Arbeitsverhalten

4.8.2.1 Persönlicher Arbeitsstil

Ähnlich wie beim **Zeitmanagement**, das mit den hier dargestellten Überlegungen zum **Work-Management** eng verschränkt ist, können Sie sich zu Ihrer eigenen Arbeitstechnik nur dann einen Zugang verschaffen, wenn Sie zunächst den **Ist-Zustand** aufnehmen. Wie im vorherigen Kapitel bereits dargelegt, ist die individuelle Arbeitsmethodik durch eine Fülle persönlicher Vorlieben und Abneigungen, Verhaltensmuster und Rhythmen gekennzeichnet.

> Ziel der folgenden Denkanstöße bzw. Fragen ist es, Sie für Ihr eigenes Arbeitsverhalten zu sensibilisieren.

Erst wenn Sie erkennen, wo optimierungsbedürftige Felder Ihrer Arbeit liegen, können Sie an Veränderungsmöglichkeiten arbeiten.

Da Arbeiten eine hoch individuelle Abfolge von Denk- und Handlungsschritten darstellt, kann es keine allgemein gültigen Rezepte zur **Effizienzsteigerung** geben. Es gibt aber sehr wohl zum Beispiel psychologische, organisatorische und physiologische Erkenntnisse der Arbeitsforschung, deren Beachtung bzw. Anwendung die Arbeitsökonomie positiv beeinflussen und die Arbeitszufriedenheit steigern können. Ihre Aufgabe ist es, die konkrete Umsetzung in Ihre Arbeitsumgebung zu bewerkstelligen und die konkrete Passung auf Ihr Arbeitsfeld zu leisten. Der **Transfer** erfolgt dabei in folgenden Schritten:

(1) Ist-Zustand ermitteln und analysieren
(2) Formulierung des angestrebten Soll-Zustandes
(3) Entwickeln von Handlungsalternativen zur Effizienzsteigerung
(4) Umsetzung der Handlungsstrategien
(5) Regelmäßige Kontrolle, inwieweit Soll-Zustand erreicht/eingehalten wird (gegebenenfalls zurück zu Schritt (3) oder (4).

Im Rahmen des **ersten Schrittes** nehmen Sie bitte schriftlich zu folgenden Punkten Stellung:

- Was ist die Zielsetzung (Organisationsziel) meiner Stelle, meiner Tätigkeit? Oder: „Wofür bekomme ich mein Gehalt?“

- Welche Zeit setze ich an einem Arbeitstag tatsächlich für die eigentliche Aufgabe meiner Stelle ein? Was mache ich sonst noch mit meiner Arbeitszeit?
- Habe ich die Tendenz, unangenehme Arbeiten ständig zu verschieben?
- Eigentlich fehlt mir öfter eine klare Zielsetzung für meine Arbeit.
- Wenn ich an einer Aufgabe arbeite, denke ich im Hinterkopf an all die Dinge, die heute noch erledigt werden müssen.
- Bei meiner Tätigkeit ist eigentlich alles gleich wichtig.
- Mein Schreibtisch quillt ständig über.
- Es fällt mir schwer, Aufgaben zu delegieren.
- Notwendige Unterlagen habe ich kaum sofort zur Hand.
- Da ich anderen gerne einen Gefallen tue, übernehme ich manchmal (öfter) Arbeiten, die nicht zu meinem Tätigkeitsfeld gehören.
- Organisationshilfsmittel (Diktiergerät, Fax, Ablagesysteme, EDV und Ähnliches) benutze ich kaum.
- Ich verbringe viel Zeit mit Besprechungen, persönlichem Informationsaustausch und Telefongesprächen.
- Ich schreibe gerne Memos und Berichte, um meine Arbeit zu „dokumentieren“.

4.8.2.2 Prioritätenbildung

Die Frage nach den Wichtigkeiten, der Rangfolge von Aufgaben, ist ein zentraler Aspekt der Arbeitstechnik. Wer diese Frage für sich geklärt hat, kann den Arbeitstag ruhiger angehen, da er weiß, dass für die wichtigsten Aufgaben Zeit zur Verfügung steht. Wer sich zu viel auf einmal vornimmt, nicht zwischen Wichtigem und weniger Wichtigem unterscheiden kann, läuft Gefahr, sich in einem Arbeitswust zu verlieren, um am Ende des Arbeitstages vielleicht festzustellen, dass die wichtigen Dinge nicht ausreichend oder gar nicht erledigt wurden.

Bringen Sie Ihre Arbeiten in eine Rangfolge. Legen Sie exakt fest, welche Aufgaben **sehr wichtig** sind (so genannte A-Aufgaben), welche **wichtig** sind (so genannte B-Aufgaben) und welche **weniger wichtig** sind (so genannte C-Aufgaben). Durch diese **ABC-Analyse** stellen Sie sicher, dass Sie

- „zunächst nur an wichtigen oder notwendigen Aufgaben arbeiten,
- die Aufgaben gegebenenfalls nach ihrer Dringlichkeit bearbeiten,
- sich jeweils **nur auf eine Aufgabe** konzentrieren, (...)
- alle Aufgaben ausschalten und **delegieren**, die von anderen durchgeführt werden können,
- am Ende einer Planungsperiode (zum Beispiel eines Arbeitstages) zumindest **die wichtigsten Dinge** (Effektivität!) **erledigt haben**". (Seiwert, 1995)

Machen Sie sich bei Ihrer Prioritätensetzung deutlich, nach welchen **Kriterien** Sie Ihre Wichtigkeiten verteilen. Wenn sie nicht von der Aufgabe selbst vorgegeben ist (Sachzwang), stellt eine Prioritätenzuweisung immer einen subjektiven Entscheidungsakt dar. Eine entscheidende Hilfe für die Setzung von Rangfolgen bei Ihrer Arbeit sind Ihre **persönlichen Zielsetzungen**. Wenn Sie konsequent Ihre Ziele operationalisiert haben, dann ergibt sich aus Ihrem Zielsystem praktisch automatisch, was Sie am heutigen Tag für Ihre Ziele auf jeden Fall tun müssen.

In der Literatur über persönliche Arbeitstechniken findet sich vielfach eine Unterscheidung zwischen Dringlichkeit und Wichtigkeit von Aufgaben. Dringlich sind Aufgaben, die aufgrund ihrer zeitlichen Befristung möglichst sofort erledigt werden müssen. Dabei können dringliche Aufgaben wichtig oder weniger wichtig sein.

Bedeutung besitzen für Sie die Aufgaben, die als wichtig bezeichnet werden. Es sind diejenigen Aktivitäten, die Sie Ihren Zielen näherbringen, die **Erfolgspotenzial** in sich tragen. Es sind Ihre A-Aufgaben. Ihnen sollten Sie höchste Priorität einräumen. Sie sind in der Regel auch nicht delegierbar. Erledigen Sie diese Aufgaben sofort. Stimmen diese Tätigkeiten auch noch mit der Zielstellung Ihrer Position überein, dann können Sie sicher sein, auf dem richtigen Platz zu arbeiten.

Eine einfache, aber wirksame Entscheidungshilfe ist in diesem Zusammenhang das so genannte **Eisenhower-Tableau** (auch Eisenhower-Prinzip), benannt nach Dwight D. Eisenhower (1890 bis 1969), dem diese Entscheidungsregel zugeschrieben wird.

Eisenhower-Tableau

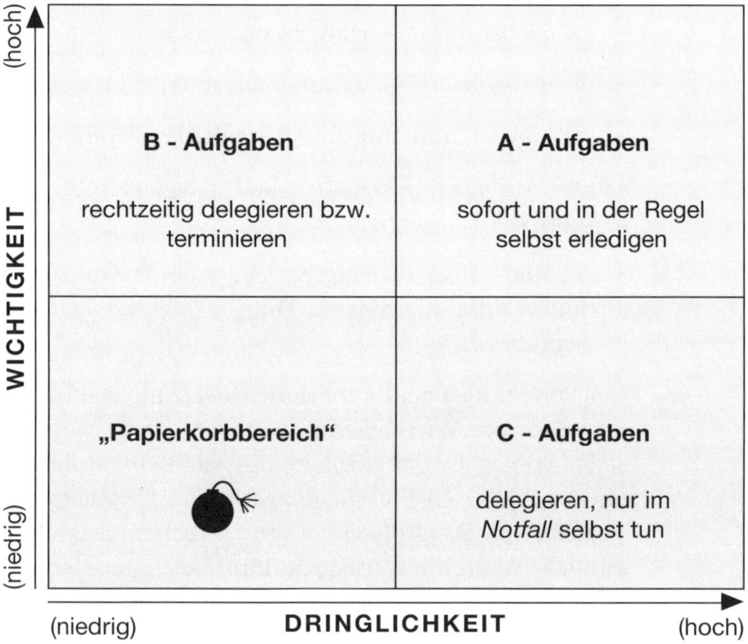

A-Aufgaben:	wie oben erläutert, sind *Ihre* Aufgaben. Sie sind die „Vorwärtsbringer“, sind Aufgaben, die Sie Ihren Zielen näher bringen. Widmen Sie sich Ihnen **persönlich und sofort**.
B-Aufgaben:	sind Aufgaben mit Wichtigkeit, die aber noch nicht sofort erledigt werden müssen. Vielleicht sind hier Teildelegationen möglich, um ihre Erledigung vorzubereiten. Auf jeden Fall sollten Sie eine **Terminierung für die Bearbeitung vornehmen**.
C-Aufgaben:	sind Aufgaben die von minderer Wichtigkeit sind, aber terminlich „drücken“. Nach Möglichkeit delegieren. Auf jeden Fall **nachrangig behandeln**.
Papierkorb-bereich:	der Name spricht für sich. Hier finden sich Aufgaben, die weder dringlich noch wichtig sind. Wie kommen sie überhaupt auf Ihren Schreibtisch? **Nehmen Sie die Bearbeitung nicht vor**, und bedenken Sie, manches erledigt sich „von selbst“.

Abbildung 29 (Quelle: Beyer, 1995)

Eine weitere nützliche Überlegung bei der Bearbeitung von Aufgabenstellungen ist das so genannte **Pareto-Prinzip** (benannt nach dem gleichnamigen italienischen Ökonomen, der in der zweiten Hälfte des 19. Jahrhunderts lebte). Aufgrund von statistischen Untersuchungen stellte er zum Beispiel fest:

- 20 % der Kunden oder Produkte bringen 80 % des Umsatzes,
- 20 % der Produktionsfehler verursachen 80 % des Ausschusses,
- 20 % der Zeitungen enthalten 80 % aller Nachrichten.

Die daraus ableitbare **80 : 20 - Regel** besagt, dass in vielen Fällen 20 % strategisch richtig eingesetzter Zeit (Energie) 80 % der Ergebnisse erbringt.

Für Ihre Arbeit bedeutet dies, dass Sie mit einem Einsatz von 20 % Ihrer Tätigkeiten bereits 80 % des Erfolges, der Zielrealisation, erreichen können.

Energie(Zeit-)einsatz versus Arbeitsergebnis

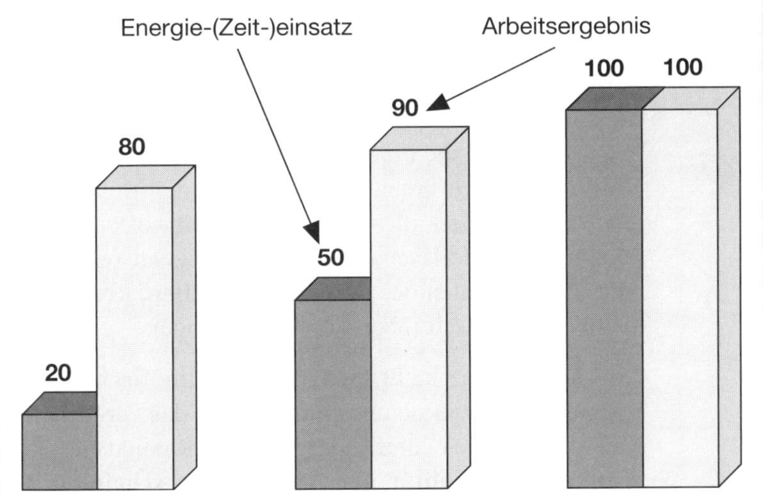

Abbildung 30

⇒ Suchen Sie die 20:80-Erfolgsbringer, und versehen Sie diese mit der höchsten Priorität!

⇒ Arbeiten Sie nur dann auf 100-%-Ergebnisse hin, wenn es von der Sache her erforderlich ist bzw. Sie sicher sind, dass der Adressat Ihrer Leistung dies auch würdigen kann.

4.8.2.3 Informationsmanagement

Es ist unstrittig, dass die Menge an Informationen, die täglich am Arbeitsplatz und anderswo auf uns einstürzt, lawinenartig anwächst. Jeder Produzent oder Aufbereiter von Information versucht, seine Mitteilung als die wesentlichste zu verkaufen. Eine Vielzahl von Grafikern, Layout-Fachleuten usw. ist ständig damit beschäftigt, auch die bedeutungsloseste Nachricht optisch wichtig erscheinen zu lassen, um damit ihren Aufmerksamkeitswert zu erhöhen. Schließlich hängt von der Akzeptanz des Informationsträgers (ob es nun ein Fernsehkanal, eine Zeitschrift oder Zeitung sein mag), das ökonomische Überleben des Produzenten ab. Der Begriff Infotainment, die Information als Unterhaltungselement, legt darüber Zeugnis ab.

Diese „Informationsverschmutzung“ (Kitzmann, 1994) führt dazu, dass es immer schwieriger wird, die für den eigenen Arbeitsbereich relevanten Informationen zu erkennen. Die scheinbare Wichtigkeit von allem, was zum Beispiel eine Fachzeitschrift an Gedrucktem liefert, birgt die Gefahr, dass man sich durch die Präsentation der Nachrichten dazu animieren lässt, wesentlich mehr zu lesen, als für die eigenen Belange notwendig ist. Neben der Tatsache, dass diese Lesearbeit Zeit kostet, kommt ein weiterer Fakt hinzu: Wenn Sie lesen, sind Sie vorwiegend **rezeptiv** (aufnehmend) tätig. Die Möglichkeiten des **aktiven, kritischen, kreativen Gestaltens** werden damit automatisch (auch zeitlich) geringer.

„In der Tendenz heißt dies, dass wir im Nachvollziehen einer Welt aus zweiter Hand, wie sie uns zum Beispiel das Fernsehen bietet, immer passiver werden. Dies kann sogar zu einer Realitätsverschiebung führen, dass nämlich **die Realität der Medien zur scheinbar wirklichen Realität wird**, und das, was uns konkret umgibt, nämlich der unmittelbare Erfahrungsraum, sekundär wird.“ (Kitzmann, 1994)

Die Informationsaufnahme des Menschen spielt sich in zwei Bereichen ab: **spontan** (ungeplant) und **nicht-spontan** (geplant).

Informationsaufnahme

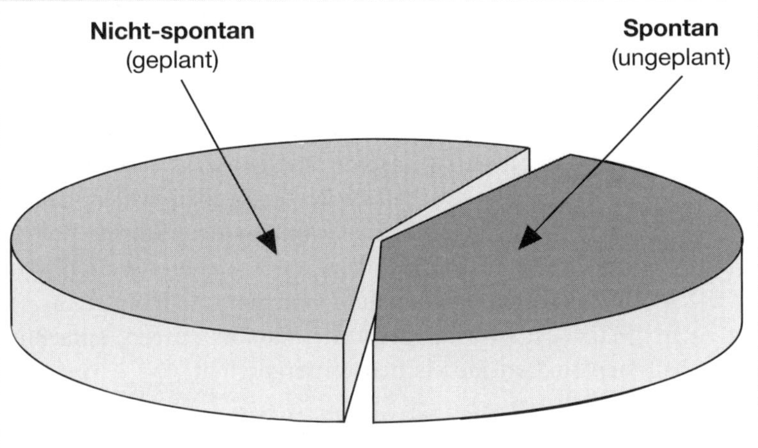

Abbildung 31

Die in der Darstellung gewählte Aufteilung zwischen spontan und geplant aufgenommenen Informationen (zum Beispiel an einem Arbeitstag) ist natürlich nicht als Rezept zu interpretieren und insofern willkürlich. Wie das richtige Verhältnis aussieht, kann jeder nur für sich entscheiden. Klar ist aber auch, dass der Informationsfülle nur dann sinnvoll Einhalt geboten werden kann, wenn man nicht völlig planlos Informationen rezipiert. Der Spannungsbogen muss für die individuelle Situation zwischen offen bleiben gegenüber Neuem, Ungeplantem und Abschottung vor Überflüssigem, Auswahl von Geplantem gezogen werden.

Was sind nun wichtige Informationen, deren Beschaffung und Aneignung geplant werden muss? Auch hier gilt: Prioritäten setzen. Genauer:

⇒ **Setzen Sie Informationsprioritäten!**

Wenn Sie Ihre Aufgabenstellungen in eine Bearbeitungsreihenfolge gebracht, Ihre Zielsetzungen (für den kommenden Arbeitstag) formuliert haben, erkennen Sie ebenfalls, welche Informationen Sie zur Bewältigung der entsprechenden Arbeitsvorgänge benötigen.

Weigern Sie sich, mehr Informationen aufzunehmen, als zunächst für Ihre konkrete Arbeit notwendig sind. Das Ausschöpfen aller internen oder auch externen (Online-Dienste) Informationsquellen stellt keinen Wert an sich dar.

> Informationen haben nur im Hinblick auf die Zielsetzung, zu deren Erreichung sie beitragen sollen, einen Wert.

Wenn Sie die Seite der Informationsaufnahme überbetonen, beschneiden Sie Ihre eigenen Gestaltungsmöglichkeiten. Ein Zuviel an Information wirkt lähmend. In unserer heutigen Zeit ist es nicht mehr möglich, **alles** über einen Sachverhalt zu wissen. Zudem haben, gerade in Fachzeitschriften, verschiedene Themen immer wieder Saison. Bei genauerem Hinsehen werden Sie feststellen, dass der Anteil an wirklich Neuem in den mit entsprechendem Layout aufgemachten Artikeln nicht sonderlich hoch ist. Manches wird nur begrifflich anders besetzt, sprachlich angloamerikanisiert und an Sie als neu weitergereicht.

Informationsbeschaffung kostet Geld. Wägen Sie auch unter diesem Gesichtspunkt ab, wo ein Abbruch der Informationsbeschaffung sinnvoll ist. (Was „bringt“ die letzte Informationseinheit, was kostet sie? Grenzkostenproblem!) Nutzen Sie die in Ihrem Hause möglicherweise vorhandenen Pressedienste, die Informationen schon komprimiert haben. Lassen Sie auch andere für sich lesen, und benutzen Sie die entsprechenden Zusammenfassungen.

Wenn Sie Aufgaben delegieren, stellen sie umgekehrt sicher, dass der entsprechende Mitarbeiter über ausreichende Informationen verfügt, um die delegierte Arbeit auch zielorientiert durchführen zu können.

Informationsauswahl ist auch eine Erfahrungsgröße. Je souveräner Sie in einem Arbeitsgebiet werden, um so leichter wird es Ihnen fallen, die Spreu vom Weizen zu trennen. Lassen Sie sich nicht von scheinbar neuesten Erkenntnissen überfahren. Prüfen Sie in Ruhe, was daran wirklich neu ist. Und: hat das Neue für Ihre Zielsetzungen wirklich Relevanz?

Versuchen Sie, immer wieder eine **kritische Distanz** zu Ihrer Arbeit und den dafür notwendigen Informationen zu gewinnen. Behalten Sie den Überblick, die Gesamtstruktur im Auge. Nur dann können Sie entscheiden, ob eine zusätzliche Datengröße wirklich Sinn macht oder nur schmückendes Beiwerk darstellt, auf das verzichtet werden kann. Manche Menschen tragen (neue) Informationen wie Fahnen vor sich her, um sich selbst interessant zu machen, ihr „Up to date“ zu beweisen (Motto: „Haben Sie auch schon gelesen, dass ...?“). Lassen Sie sich von derartigen Imponierstrategien nicht beeindrucken. Mit zielgerichteter Arbeit hat dies in der Regel wenig zu tun.

Die grundsätzliche Entscheidung lautet also:
Beschäftige ich mich mit einer Information oder nicht?!

Treffen Sie diese Entscheidung ohne Wenn und Aber. Bearbeiten Sie eine Information nur oberflächlich (wenigstens mal reinsehen), hat das in der Regel keinen Nutzen für Ihre persönliche Arbeit. Die nur an der Oberfläche gestreiften Inhalte sind Ihnen nicht verfügbar, und deshalb ist der Zeitaufwand dafür verschenkte Zeit. Im Gegenteil: Vielleicht plagt Sie aufgrund der unzulänglichen Beschäftigung mit der Nachricht ein schlechtes Gewissen und Sie kommen später doch noch ausführlich darauf zurück. Sie beginnen so wieder von vorne und investieren doppelte Zeit.

Abhilfe kann hier die Option späterer Zugriff bringen. Sind Sie nicht sicher, ob die Information zu einem späteren Zeitpunkt von Nutzen sein kann, wird sie archiviert. Dies aber (falls Sie es selbst tun), ohne sich dabei festzulesen. Das Wissen um die Zugriffsmöglichkeit macht die grundsätzliche Entscheidung erträglicher. Wenn Sie eine derartige Verfahrensweise wählen, müssen Sie jedoch Ihr Archiv in bestimmten Intervallen durchforsten und unbrauchbare oder überflüssige Unterlagen rigoros entfernen. Das Wegwerfen nicht beachteter Informationen hat den Vorteil, dass Sie zunehmend sicherer in Ihrer Entscheidung werden, welchen Inhalten Sie Beachtung schenken (müssen) und welchen nicht. Was nach sechs Monaten Archivaufbewahrung nicht gebraucht wurde, ist vermutlich auch die kommenden sechs Monate unbedeutend für Ihre Aufgabenbewältigung.

Des Weiteren ist es wesentlich, die begriffliche Differenzierung zwischen Information und Wissen zu beachten. Wie auf der individuellen Ebene weiter oben bereits angesprochen, ist die Verfügbarkeit von Informationen zunehmend leichter möglich. Auch die Lagerung wird durch die Entwicklung der entsprechenden Speichermedien immer kostengünstiger. Aber erst die Fähigkeit, Informationen zielgerichtet zu nutzen, wandelt sie sozusagen in Wissen. „Heute kann man einen Paradigmenwechsel feststellen, innerhalb dessen der Begriff der Information immer mehr zugunsten des Begriffs ‚Wissen' in den Hintergrund rückt. Die Ursache dieser Entwicklung ist, dass man erkannt hat, dass nicht die alleinige Verfügbarkeit von Informationen, sondern deren zweckgerichteter Einsatz für die Erlangung von Wettbewerbsfähigkeit und –vorteilen von entscheidender Bedeutung ist.“ (Roßbach, 2002)

Dies stellt im Übrigen eine der größten Herausforderungen des so genannten Wissensmanagements in Banken und anderen Unternehmen dar: Informationen sind weit gehend physisch lokalisierbar, Wissen existiert aber zu großen Teilen nur in den Köpfen der Organisationsmitglieder. Es gilt, dieses Wissen der gesamten Organisation zur Verfügung zu stellen, es mithin für die Bank einsetzbar, und damit nutzbar zu machen.

4.8.3 Hinweise zu rationellerem Arbeiten

Gleichgültig, um welche konkrete Arbeit es sich im Einzelfall handelt, sollten Sie sich vor Beginn Ihrer Tätigkeit folgende **Fragen** (in Anlehnung an Schmidbauer/Weinkamm, 1981) ehrlich beantworten:

(1) Muss diese Arbeit überhaupt ausgeführt werden, ist sie notwendig? (Welchem Ziel dient sie? Papierkorbbereich?)

(2) Muss die Tätigkeit von mir erledigt werden? (Ist es eine A-Aufgabe oder eine delegierbare Arbeit?)

(3) Muss diese Arbeit so oft ausgeführt werden? (Frage des Intervallzeitraumes)

(4) Kann die Arbeit überhaupt fristgerecht fertig werden?

> Arbeitstechniken wirken nur dann, wenn sie auch *umgesetzt* werden. Jetzt – nicht irgendwann!

4.8.3.1 Telefonieren

Das Telefon ist ein hochwertiges Kommunikationsmedium. Es kann Zeit sparen, aber auch Zeit unnötig verbrauchen sowie als Störgröße bei entsprechenden Arbeiten wirken. Beachten Sie bei Ihrem Umgang mit dem Telefon folgende Aspekte:

⇒ Kann eine interne Mitteilung (Memo) unter Umständen zehn oder mehr persönliche Anrufe ersetzen?

⇒ Nutzen Sie technische Hilfsmittel wie Zielwahleinrichtungen, Wahlwiederholung, Anrufbeantworter (am Schreibtisch) und Ähnliches?

⇒ Blocken Sie nach Möglichkeit Ihre Telefonate, um so den Warming-up-Zeitraum zu minimieren?

⇒ Überlegen Sie vorher, ob Ihr Gesprächspartner überhaupt erreichbar sein kann? (Zeitverschwendung durch Warten, Durchstellen, erneutes Anrufen usw.)

⇒ Bitten Sie um Rückruf, wenn Sie einen Gesprächspartner nicht erreicht haben und geben Zeiten an, in denen Sie erreichbar sind? (Vermeidung erneuter Rückrufe)

⇒ Weisen Sie im Vorfeld schon konsequent so genannte Problemfälle zurück, für deren (Gesprächs-)Bearbeitung Sie nicht zuständig sind?

⇒ Versuchen Sie, eingehende Gespräche zeitlich zu steuern, indem Sie auf Ihren Briefbögen entsprechende Hinweise über Ihre telefonische Erreichbarkeit anbringen?

⇒ Haben Sie schon an die Möglichkeit von Sperrzeiten gedacht? (Keine hausinternen Anrufe von ... bis ...)

⇒ Bereiten Sie Ihre Telefonate gründlich vor? (Wissen Sie, welche Unterlagen notwendig sind bzw. bereitliegen müssen, was unbedingt geklärt sein soll, wenn Sie den Hörer wieder auflegen?)

⇒ Verwenden Sie in Ihrer Abteilung (oder hausintern) genormte Telefonnotizen?

⇒ Halten Sie die Ergebnisse von Telefonaten sofort schriftlich fest? Sie vermeiden so, dass Sie unter Umständen noch mal anrufen müssen, weil Ihnen ein wichtiges Detail entfallen ist.

⇒ Nutzen Sie bei komplexen Sachverhalten, die mündlich nur schwer darstellbar sind, Fax, Internet, E-Mail? (Visualisierungsvorteil)

4.8.3.2 Korrespondenz bearbeiten

Schriftlich Fixiertes ist die Basis aller geschäftlichen Aktionen. Was schwarz auf weiß steht, hat Beweiskraft, transportiert zum Beispiel dem Empfänger eines Briefes ein Bild der Bank, zeigt durch den Stil der Formulierungen, wie der Adressat eingeschätzt wird usw. **Beachten Sie bei der Bearbeitung von Korrespondenz folgende Aspekte**:

⇒ Lesen Sie Ihre Korrespondenz nicht zuerst flüchtig durch und bilden dann Stapel nach unterschiedlichen Bearbeitungskriterien (sofort, delegieren, hat Zeit, usw.). Machen Sie es sich zur Gewohnheit, einen Brief vollständig zu lesen und sofort entsprechende Arbeitshinweise

(Haftnotiz) darauf anzubringen. Diese sollten klar erkennen lassen, was hinsichtlich des Inhalts, der weiteren Bearbeitung usw. zu geschehen hat. (Denn während des Lesens treffen Sie ja unbewusst oder bewusst schon bestimmte Entscheidungen in Bezug auf den konkreten Inhalt des Schriftstückes.) Fertigen Sie Ihre Anmerkungen so ausführlich an, dass nicht ein erneutes Durchlesen der gesamten Korrespondenz notwendig ist. Sie vermeiden dadurch, dass ein Schriftstück von Ihnen mehrmals in die Hand genommen werden muss.

⇒ Lassen Sie nur die Post auf Ihrem Schreibtisch, die Sie (Ihr Arbeitsgebiet) wirklich betrifft.

⇒ Nutzen Sie die Möglichkeiten von Serienbriefen, Textbausteinen.

⇒ Formulieren Sie klar und schnörkellos. Bilden Sie überschaubare Sätze. Sie fördern so bei Ihren (häufigen) Korrespondenzpartnern ebenfalls die Tendenz zu einem klaren, einfachen und damit schnell zu erfassenden Schreibstil.

⇒ Erledigen Sie die Korrespondenz möglichst umgehend. Ständig aufgeschobene Beantwortungen wachsen sich zu einem Problem aus, das unter Umständen Ihre Arbeitseinstellung negativ beeinflusst. Die Bearbeitung von Vorgängen, die weit zurückliegen, ist in der Regel aufwändiger (Akten müssen wieder herausgesucht werden) als bei Sachverhalten, die man noch im Gedächtnis greifbar hat. Nebenbei wird die Ordnung auf Ihrem Schreibtisch gefördert. Zudem trägt eine zeitnahe Beantwortung zu einem positiven Bild bei den Geschäftspartnern bei.

⇒ Nutzen Sie die Vorteile der **Konditionierung**. Versuchen Sie, jeden Tag zur gleichen Zeit Ihre Korrespondenz zu erledigen. Sie kommen dann automatisch in die entsprechende Stimmung zur Bearbeitung. Auch Mitarbeiter und Kollegen können sich dann auf solche Zeiten einstellen.

4.8.3.3 Besprechungen durchführen

Verschiedene Untersuchungen zeigen, dass Führungskräfte etwa 75 % ihrer Arbeitszeit mit Besprechungen, Meetings, Konferenzen usw., also kommunikativen Akten, verbringen. Grund genug, diesen Bereich der Arbeitstätigkeit einer genaueren Analyse zu unterwerfen. Auf der individuellen Ebene sollten Sie bedenken, dass Ihr Verhalten in Sitzungen Ihr Image mit am deutlichsten prägt. Die Qualität der Vorbereitung und Durchführung wirkt unmittelbar auf die beteiligten Teammitglieder und Vorgesetzten.

Um **Meetings** (hier stellvertretend als Sammelbegriff verwendet) effizienter zu gestalten, sind **drei wesentliche Schritte** zu beachten:

(1) Exakte Vorbereitung – Planungsphase

(2) Exakte Durchführung entsprechend der Vorbereitung – Realisationsphase

(3) Nachbereitung – Reflexionsphase

(1) Planungsstufe

Im Rahmen der Vorbereitung sollten folgende Überlegungen angestellt werden:

- Was ist das Ziel des Meetings? Die Zielstellung ist operational, also nachprüfbar zu formulieren. Eine Zielsetzung, die „Wir wollen unsere Kundenbetreuung verbessern" lautet, gehört nicht in diese Kategorie.
- Wie heißt das Thema des Meetings? Wenn eine exakte Zielformulierung erfolgt ist, lässt sich ein passendes Thema relativ leicht finden. Eine Themennennung hat den Vorteil, dass bei abschweifenden Beiträgen die Frage nach dem Themenzusammenhang leichter gestellt werden kann.
- Festlegung der Agenda (Tagesordnung). Deduktion der verschiedenen Punkte aus der übergeordneten Ziel- bzw. Themenstellung; gegebenenfalls Punkt „Verschiedenes" aufnehmen, um spontane Beiträge, die interessant, aber nicht zu dem gerade behandelten Punkt gehören, auf einen Platz in der Tagesordnung verweisen zu könnnen.
- Festlegung der Teilnehmer. Wer muss, wer sollte an dem Meeting teilnehmen? Welche Kompetenzen hinsichtlich zu treffender Entscheidungen sind vonnöten? Reicht es unter Umständen, wenn einzelne Teilnehmer nur zeitweise anwesend sind? Welche Teilnehmerzahl ist sinnvoll, der Thematik angemessen? Ist die Einladung von Nichtfachleuten sinnvoll, um neue Aspekte über ein Gebiet zu bekommen?
- Festlegung des Moderators/Leiters, Protokollanten, eventuell notwendigen Referenten.
- Termin bei Teilnehmern prüfen/abstimmen und festlegen.

- Einladung (unbedingt schriftlich) rechtzeitig versenden.
  Inhalte:
  - Thema, Ziele
  - Ort, Zeit, Raum, gegebenenfalls Wegebeschreibung
  - Teilnehmer
  - Erforderliche Unterlagen a) selbst mitversenden, b) von Teilnehmern mitzubringen
  - Zeitbedarf sowie Essen-/Pausenregelungen
  - Verteiler (gegebenenfalls an Empfang, wenn externe Teilnehmer)

- Technik abklären:
  - Raum für Teilnehmerzahl angemessen?
  - Reservierung der Räumlichkeiten (eventuell Gruppenräume) notwendig?
  - Medien bereitstellen (Flipchart, Overheadprojektor, Pinnwand) und auf Funktionsfähigkeit prüfen; Verdunkelungsmöglichkeiten notwendig?
  - Getränke, Pausensnack, Mahlzeiten
  - Gegebenenfalls Hinweisschild an der Tür

(2) Realisationsphase

Während der Durchführung ist auf folgende Punkte zu achten:

- Nach Möglichkeit Erster im Raum sein. Letzter Check der Medien, Bestuhlung, Tische usw.

- Teilnehmer begrüßen, gegebenenfalls Plätze zuweisen und pünktlich beginnen. Der pünktliche Beginn ist eine wichtige Kennung für Ihre Meeting-Einstellung. Wenn Sie beispielsweise um 9:00 Uhr eingeladen haben, aber aufgrund der Tatsache, dass um diese Zeit noch nicht alle Teilnehmer eingetroffen sind, den Beginn (immer wieder) ein Stück nach hinten verschieben, schließlich vielleicht erst gegen 9:30 Uhr anfangen, bestrafen Sie die pünktlichen Teilnehmer und verstärken die unpünktlichen in ihrem Verhalten. (Wer kommt schon gern in eine laufende Sitzung und outet sich als Zuspätkommer?) Noch schlimmer: Die pünktlichen Teilnehmer werden sich bei einer nächsten Einladung von Ihnen überlegen, ob es Sinn macht, so früh da zu sein, da Sie ja offenbar sowieso etwas später beginnen.

- Tagesordnung in vorgesehener Folge bearbeiten, dabei den vorgegebenen Zeitrahmen beachten.

- Während des Meetings:
  - Abweichungen von der Tagesordnung mahnen
  - Vielredner bremsen, gegebenenfalls Redezeit vorgeben
  - Stille Teilnehmer mit einbeziehen, zur Stellungnahme ermuntern
  - Öfter Zusammenfassungen geben, Fragen zulassen
  - Pausen einhalten
  - Visuelle Hilfsmittel einsetzen
  - Gegebenenfalls Entscheidungen herbeiführen
  - Verantwortlichkeiten klären: Wer macht was bis wann?
  - Resümee
  - Dank für die Teilnahme/Beiträge
  - Eventuell Feedback anfordern
  - Gegebenenfalls nächstes Meeting terminieren
  - Verteilung des Protokolls klären

(3) Reflexionsphase

Nach Abschluss des Meetings sollten Sie für sich klären:

- Ist (meine) gesetzte Zielstellung erreicht worden? Falls nicht, ist eine genaue Analyse der Ursachen notwendig.
- Ist das Meeting ein adäquates Mittel zur Zielerreichung gewesen – oder wären andere Formen des Zusammenarbeitens effizienter gewesen?
- Konnten die notwendigen Entscheidungen getroffen werden?
- Welche persönlichen Aspekte/Konsequenzen ergeben sich für mich? Wo sind gegebenenfalls Optimierungsmöglichkeiten meiner Moderation/Leitung/Präsentation? War die Vorbereitung optimal, die Teilnehmerauswahl richtig?

4.8.3.4 Schreibtischarchitektur

In den vorangegangenen Kapiteln wurde an verschiedenen Stellen schon darauf hingewiesen, dass der Einsatz von verfügbaren technisch-organisatorischen Hilfen die Arbeitseffizienz erheblich steigert. Im Folgenden einige (exemplarische) Hinweise, die insbesondere den Platz betreffen, an dem die meisten einen großen Teil der Arbeitszeit verbringen: den Schreibtisch.

Das Thema Schreibtischorganisation (oder schlichter: die Ordnung auf dem Schreibtisch) ist Gegenstand unzähliger Karikaturen und Witze (zum

Beispiel der „Volltischler“: Jäger- und Sammlernatur, überhäuft seinen Schreibtisch, lässt Wichtigkeit erkennen, hat alles „im Blick“; der „Leertischler“: Geheimniskrämer, außer der aktuellen Akte findet sich nichts auf seinem Tisch, alles ist in Fächern und Schubladen). Es geht hier nicht darum, Sie zu einem bestimmten Ordnungssystem zu überreden, sondern Sie sollen erkennen, dass **ein Ordnungssystem** für eine rationelle Arbeit an Ihrem Arbeitsplatz unverzichtbar ist. Dabei unterscheidet Beyer (1995) drei wesentliche Strukturierungskriterien, nach denen Ihre individuelle Schreibtischarchitektur ausgerichtet sein sollte:

(1) Sie müssen jeweils mit einem Handgriff das finden, was Sie suchen.

(2) Die wichtigsten Dinge (also die, die Sie häufig brauchen) müssen in Griffweite sein.

(3) Eine dritte Person (zum Beispiel Ihre Sekretärin oder ein Vertreter oder ein Mitarbeiter) muss mit diesem (Ihrem) Ordnungssystem ebenfalls klarkommen, wenn Sie persönlich einmal verhindert sind. Das heißt also, Ihr Ordnungssystem muss schlüssig nachvollziehbar sein.

Versuchen Sie, Ihr persönliches Organisationssystem so einfach wie irgend möglich zu gestalten. Denkbar ist folgende Grobeinteilung:

Mögliche Grobeinteilung für ein Organisationssystem

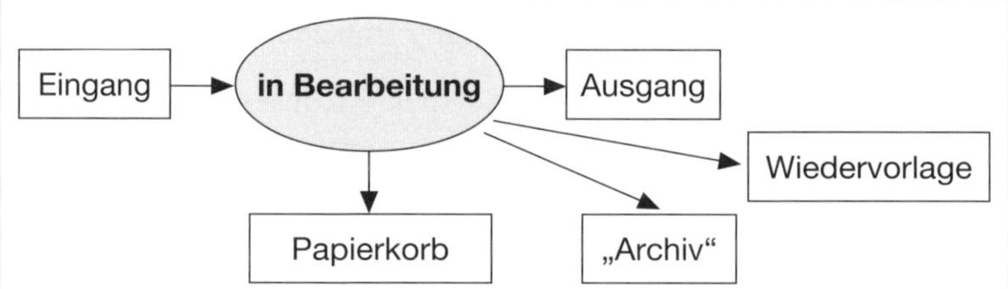

Abbildung 32

Auf Ihrem Schreibtisch sollte dabei etwa ein Drittel der Fläche für die aktuelle Bearbeitung reserviert sein. Hier dürfen nur die Unterlagen liegen, die Sie wirklich für den momentanen Vorgang brauchen.

Arbeiten Sie mit unterschiedlichen Farben und Formen für die Kennzeichnungen, die Sie anbringen. Sie kommen damit der zweihemisphärischen Ausrichtung Ihres Gehirns entgegen bzw. halten hier Potenziale verfügbar. Eine rein nummerische Gliederungsstruktur spricht beispielsweise nur die linke Gehirnhälfte an.

Wesentlich ist (wie beim Einsatz anderer Arbeitstechniken auch), dass Sie sich für eine bestimmte Organisation entscheiden und diese auch konsequent umsetzen.

Die lawinenartige Entwicklung technischer Hilfsmittel im Büro lässt es unsinnig erscheinen, an dieser Stelle die eine oder andere Rationalisierungsmöglichkeit in den Vordergrund zu stellen. Sie könnte in vier Wochen schon durch eine noch effizientere abgelöst sein. Als persönliche Verhaltensweise sollten Sie jedoch überlegen, ob es nicht zweckmäßig wäre, etwa alle fünf Monate ein neues technisches Hilfsmittel zu testen. Das heißt nicht, dass Sie permanent Ihre Arbeitsorganisation umstellen müssen, aber eine gewisse Offenheit für sinnvolle Änderungen ist notwendig. Sie vermeiden so, dass Sie sich einen Arbeitsstil angewöhnen, der nur schwer Veränderungen zugänglich ist. Bleiben Sie sich auch der Tatsache bewusst, dass eine Neuerung am Anfang mehr Zeit binden kann, als die vertraute, bisher praktizierte Methode der Bearbeitung. (Wenn Sie am PC zum erstenmal eine Grafik erstellen, ist das sicherlich zeitraubender, als wenn das per Hand geschieht. Der Vereinfachungseffekt ist aber sicher – nach einiger Übung – unbestreitbar.)

Bei aller Technik-Aufgeschlossenheit beachten Sie aber auch, „... (dass) die angewandte Methode ... der eigenen Persönlichkeitsstruktur entsprechen (muss). Jeder Mensch verfügt über bestimmte Begabungen und spezielle kognitive Fähigkeiten. Diese Fähigkeiten kann er nur dann entfalten, wenn er individualisierte Hilfsmittel einsetzt, die seinem Potenzial entsprechen.“ (Kitzmann, 1994)

4.9 Time-Management

Schlüsselbegriffe

- Phänomen „Zeit“
- Persönliche Einstellungen zur Zeit
- ALPEN-Methode

4.9.1 Begriffsabgrenzung

Ziel der folgenden Überlegungen ist es, Sie für den Terminus Zeit zu sensibilisieren. Erst wenn Sie eingrenzen können, was Zeit für Sie bedeutet, was Ihre Eigenzeit darstellt, können Sie gestalterisch im Bereich von Zeit („Ihrer Zeit“) tätig werden.

Zeit – ein völlig alltäglicher Begriff. Er wird von jedem etliche Male am Tag benutzt. (Sprachwissenschaftler haben ermittelt, dass Zeit das meistbenutzte Substantiv der deutschen Sprache ist!) Also muss eine Definition wohl einfach möglich sein. Sie können es ja einmal selbst versuchen: **Was ist Zeit ...?**

Die Schwierigkeit oder die Unmöglicheit, Zeit allgemein gültig begrifflich zu fassen, hängt damit zusammen, dass Zeit immer subjektiv erlebt wird. Hierbei ist nicht gemeint, dass Zeit nicht gemessen werden könnte, dies ist mittlerweile praktisch in beliebiger Genauigkeit machbar. Es geht vielmehr um den Terminus Zeit als persönlich erlebtes Phänomen.

Bis ins 14./15. Jahrhundert hinein war Zeit kein Thema. Zeitrhythmen waren von der Natur vorgegeben, und der Mensch lebte mit ihnen (Geissler, 1992). Erst durch zunehmende Urbanisierung, Industrialisierung, einhergehend mit dem Fortschritt der Naturwissenschaften, rückte der Zeitbegriff in das Bewusstsein der Menschen. So hat zum Beispiel Newton die Grundlage dafür geschaffen, dass eine universelle, einheitliche „Maßzeit“ etabliert werden konnte, die losgelöst von naturgegebenen Rhythmen existiert. Maßgeblich beteiligt war daran auch die protestantische Ethik, die den ziel- und planlosen Umgang mit Zeit, den Müßiggang, als verwerflich geißelte. Die planerische und damit **zeitliche Gestaltung von Gegenwart und Zukunft** wurde zum ethischen Gebot erhoben (Kitzmann, 1994).

Naturgemäß ist das Thema Zeit auch ein Arbeitsfeld für Philosophen. So stellen sie sich zum Beispiel die Frage, ob Zeit außerhalb des menschlichen Geistes überhaupt existent ist.

„Das Zeitbewusstsein entsteht aus der Assoziation verschiedener Erinnerungsbilder und Gefühlsinhalte. Unser Bewusstsein schafft im Grunde genommen erst den Zeitbegriff. Der Zeitbegriff außerhalb des Bewusstseins ist kaum vorstellbar.“ (Kitzmann, 1994)

Die rasante Entwicklung moderner Kommunikationsmedien (die Welt als „Dorf“) rückt ein weiteres Moment in das Verwenden von Zeit: das Wissen um so genannte Gleichzeitigkeit. Es stellt heute eine Erscheinung dar, die den modernen Menschen ständig mit der Tatsache konfrontiert, dass die Entscheidung für **eine** mögliche Verwendung von Zeit ein Versagen anderer Möglichkeiten bedeutet. „Sie sind sich vermehrt bewusst, dass es andere Orte auf der Welt gibt, wo sie sein könnten, zusammen mit anderen Männern oder Frauen, in anderen Zusammenkünften, bei anderen Konferenzen oder Ausstellungen ..." (Nowotny, 1989)

Dem Zeitphänomen kann man sich annähern, wenn ein Blick auf die verschiedenen sprachlichen Formulierungen geworfen wird, die sich mit dem **Verhältnis zur Zeit** beschäftigen:

„Gewinnen wir Zeit." – „Wir verlieren Zeit." – „Nutzen wir die Zeit." – „Wir haben keine Zeit." – „Wir brauchen noch Zeit." – „Wir schlagen die Zeit tot." – „Wir müssen uns Zeit nehmen." – usw.

Es scheint in diesen Aussagen so, als sei die Zeit eine Sache, über die nach Belieben verfügt werden könne. Um ein Gefühl für Zeit, für die eigene Einstellung zur Zeit zu bekommen, ist es hilfreich, sich bewusst die Redewendungen vorzusagen und darüber zu reflektieren. So könnte bei den beiden ersten Formulierungen das Gefühl entstehen, Zeit wäre eine Art Preis von Lotterieausspielungen, bei denen gewonnen oder verloren werden kann. Oder: „Wir haben keine Zeit" – wie denn das? Gibt es Menschen ohne Zeit? – usw. Der vordergründige Eindruck der Aussagen, Zeit sei beliebig dem eigenen Handling verfügbar, täuscht offenbar. Die Zeit kann man nicht „machen".

In eine andere Kategorie fallen folgende Aussprüche:

„Die Zeit heilt alle Wunden." – „Die Zeit rennt." – „Die Zeit wird knapp." – „Die Zeit wird lang." – usw.

Hier wird Zeit als autonome, nicht beeinflussbare Größe hinterlegt. Dem Wirken von Zeit ist der Redner scheinbar ausgeliefert, er hat keine Interventionschance. Auch hier lohnt es sich, einige Sätze bewusst zu durchdenken, zum Beispiel: „Die Zeit rennt" – von mir weg? Wohin? Oder beeilt sie sich mehr als gewohnt?

Zur weiteren Justierung auf Ihr „Zeitgefühl" (wörtlich zu nehmen: Wie **fühlt** sich Ihre Zeit an?) sollten Sie noch das Folgende durchdenken (Geissler, 1992; Hervorhebungen Wirtz):

„Die Demonstration dessen, dass man wichtig ist oder glaubt wichtig zu sein, geschieht heute weit gehend über die **Darstellung zeitlicher Inanspruchnahme**. **Zeitknappheit ist zum unverzichtbaren Statusmerkmal** jener geworden, die als die ‚Oberen' angesehen werden oder sich dort gerne sehen lassen würden."

„Eigentlich bin ich ganz anders, nur komm ich so selten dazu." (Ödön von Horváth)

„Wir suchen gefüllte statt erfüllte Zeit."

Über die obigen Redewendungen hinaus gibt es einige Feststellungen, die ebenfalls versuchen, dem Phänomen der Zeit und ihrer Bedeutung für den Menschen auf die Spur zu kommen (vgl. auch Seiwert, 1995):

- Zeit ist ein knappes Gut,
- Zeit kann man nicht kaufen,
- Zeit ist nicht aufspar- oder lagerbar,
- Zeit ist für alle (an einem Arbeitstag) gleich viel vorhanden,
- Zeit ist nicht vermehrbar,
- Zeit ist irreversibel (nicht umkehrbar) und damit:
- Zeit läuft für den Menschen linear ab und
- Zeit läuft ständig ab.

> Die Zeit ist der Stoff, aus dem das Leben gemacht ist.

4.9.2 Persönlicher Umgang mit Zeit

„Zeit haben heißt Zeit einteilen."
(Zielke, 1988)

Nachdem Sie ein erstes „Gefühl" für Ihre Zeit entwickelt haben, sollten Sie sich jetzt intensiver Gedanken darüber machen, was Sie mit Ihrer Zeit tun, also wie Sie damit umgehen. Das schonungslose Benennen der „Löcher", in denen täglich die Zeit „verschwindet", kann schmerzlich sein. Ebenso die Erkenntnis, dass Sie unter Umständen noch nicht darüber nachgedacht haben, was eigentlich mit und in Ihrer Zeit tagein, tagaus passiert.

Vielleicht herrscht in Ihnen ja auch nur das diffuse Gefühl vor, dass die Zeit „irgendwie" nie richtig ausreicht, weder zum Arbeiten noch Erholen. Notwendig ist die Analyse auf jeden Fall! Hilfreich kann die Vorstellung sein, dass Sie als externer Unternehmensberater Ihr eigenes (Arbeits-)Zeitverhalten im Betrieb analysieren würden.

Einen Zugang zum eigenen Zeitverständnis, Zeitverhalten bieten die folgenden Fragen bzw. Aussagen (in Anlehnung an Stroebe, 1982; Seiwert, 1995), zu denen Sie offen Stellung nehmen sollten:

- Habe ich mir schon einmal ernsthaft Gedanken über meine Zeiteinteilung gemacht?
- Habe ich manchmal das Gefühl, dass die Familie/Partnerschaft, meine privaten Angelegenheiten, eigentlich zu kurz kommen?
- Ich möchte mehr Zeit für meine Hobbys, für Sport haben.
- Fühle ich mich öfter (während meiner Arbeit) gehetzt?
- Das Telefon stört praktisch ständig, die Gespräche dauern zu lange.
- Häufige Besucher lassen kein kontinuierliches Arbeiten an einer Aufgabe zu.
- Umfangreiche, zeitintensive Arbeiten schiebe ich meist vor mir her.
- Manchmal weiß ich nicht so recht, wo ich eigentlich beginnen soll.
- Termine kann ich immer nur unter Druck einhalten, da ständig Unvorhergesehenes passiert.
- Delegieren von Aufgaben fällt mir schwer, meist erledige ich die Dinge lieber selbst, obwohl sie auch andere tun könnten.
- Mir fehlt eine klare Zielsetzung. Beruflich wie privat kommt mir manchmal der Sinn dessen abhanden, was ich gerade tue.
- Ist mein Schreibtisch permanent unaufgeräumt? (Verbringe ich viel Zeit mit dem Suchen von Unterlagen?)
- Welche Grundlage hat meine Schätzung des Zeitaufwandes für verschiedene Tätigkeiten?
- Was ich mir vornehme, kann ich tatsächlich nur schwer umsetzen.

In vielen Ratgebern zu besserem Zeitmanagement finden sich nach derartigen Fragen und Aussagen so genannte **Auswertungen**. Es scheint zumindest zweifelhaft, was – nach entsprechender Addition der jeweils zugewiesenen Punktzahlen – Ergebnisse wie z. B. „Ihr Zeitmanagement ist noch nicht ausgereift", „Sie müssen konsequenter sein, um erfolgreicher zu werden", usw. dem Leser, der Leserin nutzen.

Wenn Sie Ihr Zeitmanagement verbesseren wollen, so sind Sie, auch ohne eine Einteilung Ihrer Person in eine bestimmte Kategorie erlebt zu haben, nach Bearbeitung obiger Aussagen sicherlich in der Lage, zu sagen, wo Ihre **kritischen Felder** liegen. Vielleicht sind Sie durch das Nachdenken über die eine oder andere Aussage auch noch auf Gebiete gestoßen, die naturgemäß allgemein gehaltene Denkanstöße nicht treffen können. Gebiete also, die nur Sie und Ihre speziellen Arbeits- und Lebensumstände betreffen. Der Gesamtzusammenhang, der aus Ihren verschiedenen Lebens- und Arbeitsbereichen unter dem Aspekt Zeit entsteht, lässt sich auch als **Mind-Map** darstellen:

Mind-Map-Technik für Zeitanforderungen

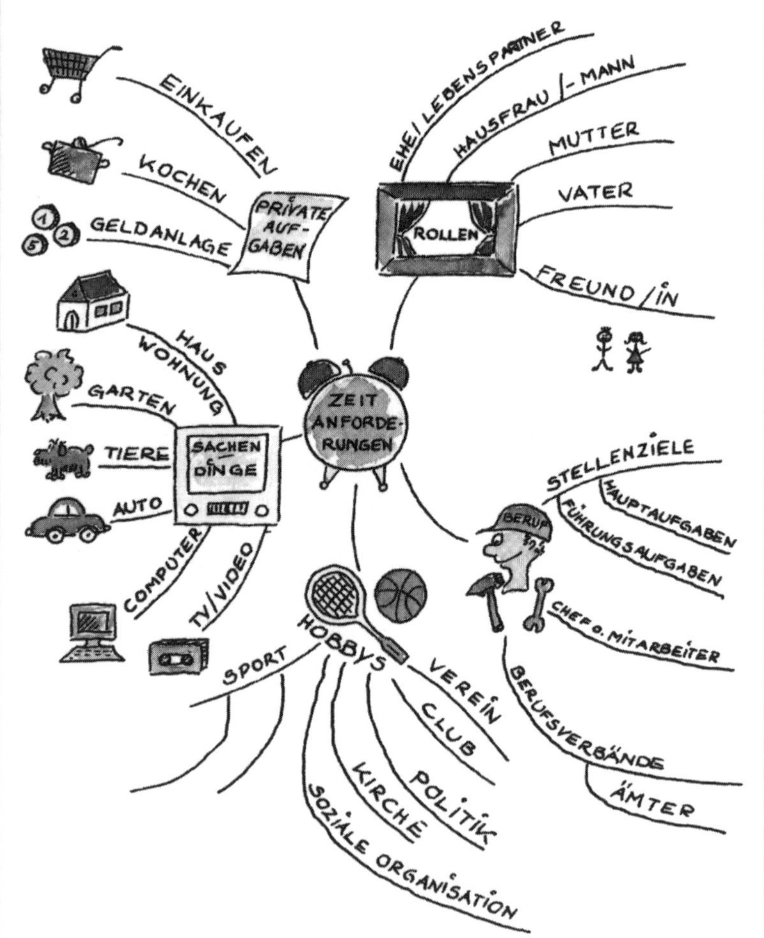

Abbildung 33 (Quelle: Seiwert, 1995)

Sie sollten jetzt versuchen, auf Grundlage obiger Mind-Map Ihr ganz persönliches Beziehungsgeflecht, Ihre eigene Mind-Map darzustellen und dabei die Bereiche kennzeichnen (farbig, mit Symbolen), die Sie für problematisch oder für verbesserungswürdig halten. Verdeutlichen Sie auch die Felder, in denen Sie gut mit Ihrer Zeit auskommen. Vielleicht setzen Sie in Ihren guten Betätigungsfeldern ja (unbewusst) Verhaltensweisen ein, die auf andere (modifiziert) übertragbar sind.

4.9.3 Typische „Zeitfresser"

Im Folgenden erhalten Sie Hinweise auf Gebiete, die aufgrund von langjährigen Erfahrungen und Berichten von Seminarteilnehmern immer wieder zu Zeitproblemen führen (können). Derartige Bereiche werden in der Literatur als Zeitfresser, Zeitdiebe oder Zeitverschwender gekennzeichnet.

Ihre Aufgabe besteht darin, Ihren Arbeitsplatz unter die Lupe zu nehmen, zu prüfen, welche der genannten Zeitfresser für Sie zutreffend sind. Um die Analyse übersichtlich zu halten, müssen die verschiedenen Felder zunächst systematisiert werden.

Zeitverschwendung lässt sich in folgende Bereiche gliedern:

(1) Persönliches Arbeitsverhalten (Stil, Stärken/Schwächen)

(2) Innerbetriebliche Kooperation (Zusammenarbeit, Störungen durch andere)

(3) Umfeld (Personalausstattung, Technik, Räumlichkeiten)

Das erste Zeitfresser-Feld „Persönliches Arbeitsverhalten" kann (exemplarisch) folgendermaßen angegangen werden:

„Zeitfresser" im persönlichen Arbeitsverhalten (Stil, Stärken/Schwächen)

„Zeitfresser	Mögliche Ursachen	Abhilfe (Lösungs-möglichkeiten)
Zu viele Aktennotizen	• Übertriebenes Absicherungsbedürfnis • Angst vor Verantwortung • Bürokratische Natur • Schlechte Erfahrungen • . . .	
Akten müssen lange gesucht werden	• Kein „durchschaubares" Ablagesystem (überholt) • Keine einheitliche Struktur • „Alles" wird abgeheftet • Zu dezentral organisiert • . . .	
Perfektionismusdrang	• Angst vor Fehlern • Mangelndes Selbstbewusstsein • Kein Sinn für Wichtiges • . . .	
Überfüllter Schreib-tisch	• Zu viele Arbeitsvorgänge auf einmal auf dem Tisch • Delegationsunfähigkeit • Schreibtisch zu klein • „Schreibtischarchitektur" stimmt nicht • . . .	
Persönliche Daten-organisation	• Kein Wissen um Selbstorganisations-möglichkeiten • Abneigung gegen Ordnung • Persönliche Arbeitsziele fehlen • . . .	
„everybody's darling" sein wollen ⇒ Zusatzarbeiten	• Unfähig, Nein zu sagen • Übersteigertes Harmoniebedürfnis • Falsch verstandene Kollegialität • . . .	
Unkonzentriertheit	• Keine Prioritätenkenntnis • Hohe Ablenkungsbereitschaft • „Froh" bei Störungen • Psychische Probleme • Körperliche Probleme • . . .	

Abbildung 34 (Quelle: In Anlehnung an Beyer, 1995)

Wenn Sie in dieser Form Ihre persönlichen beruflichen „Zeitdiebe“ für die oben genannten Bereiche (1) bis (3) entsprechend aufbereitet und analysiert haben sowie den (vermutlichen) Ursachen auf die Spur gekommen sind, gehen Sie daran, entsprechende Abhilfen zu konzipieren. Das heißt, Sie müssen sich genau überlegen, was Sie tun wollen, um dem jeweiligen Zeitfresser entgegenzutreten, ihn auszuschalten. (Eine Hilfestellung gibt Ihnen dabei auch der folgende Abschnitt „Methoden zum besseren Zeitmanagement“.)

Da Sie nicht alles auf einmal an Verhaltensweisen und organisatorischen Notwendigkeiten angehen können, ist zunächst eine **Prioritätenliste** zu erstellen. Hier listen Sie auf, welchen Zeitfresser Sie als Erstes beseitigen wollen, welchen als Zweiten usw. Dazu vergeben Sie für die entsprechenden Zeitdiebe Rangziffern. Wenn die erste abgearbeitet ist, rutschen die nächsten Ränge entsprechend eine Stufe nach oben usw. Dies kann beispielsweise folgendermaßen aussehen:

Rangplatz	**Art des Zeitfressers**	**Will ich abgestellt haben bis ...**	**Zeitfresser „getötet“**
1	Überfüllter Schreibtisch	30. 12. 200.	✓
2	...		

Gemäß den Überlegungen zur Zielformulierung ist es wichtig, dass Sie genau festlegen, **welche Maßnahmen** Sie durchführen wollen, um den Zeitverschwender zu eliminieren. Dabei muss ebenfalls festgehalten werden, **bis wann** dies geschehen soll und **woran** Sie es messen, dass der Zeitdieb nicht mehr für Sie existent ist. Es gilt demnach, die Ziele operational zu formulieren.

Beim Beispiel „überfüllter Schreibtisch“ kann das heißen, dass Sie beispielsweise festlegen, nur noch maximal zwei Arbeitsvorgänge auf Ihrem Schreibtisch zur gleichen Zeit liegen zu haben. Wenn Ihnen das über den Zeitraum von vier Wochen durchgängig gelungen ist, können Sie davon ausgehen, dass Sie Ihr Ziel erreicht haben.

4.9.4 Methoden zum besseren Zeitmanagement

Im vorangegangenen Abschnitt haben Sie die Bereiche benannt, die Ihnen Zeit stehlen. Zwar leisten die Transparenz der Zeitdiebe, ihre Kategorisierung und Rangfolgendarstellung einen Beitrag zu ihrer schrittweisen Eliminierung, ein **bewusstes Zeitmanagement** kann jedoch noch mehr bewirken:

- Zielorientierteres Angehen der Beseitigung von Zeitfressern
- Vermeidung von Zeitfressern
- Bewussteres Umgehen mit Zeit
- Mehr Zeit für das Wesentliche

Sichtet man die vorhandenen Zeitmanagement-Techniken, die unter den verschiedensten Namen gehandelt werden, die unterschiedlichen „Planer", die bei der täglichen (wöchentlichen, monatlichen ...) Zeitplanung unterstützen sollen, scheint zunächst eine verwirrende Vielfalt zu herrschen. Bei genauerem Hinsehen zeigt sich jedoch, dass sich die Grundprinzipien sehr stark ähneln, wenn sie nicht phasenweise sogar identisch sind. Es ist an dieser Stelle deshalb auch nicht der Versuch unternommen worden, noch eine Zeitplantechnik zu kreieren.

Die Basis für viele Techniken der konsequenten Zeitplanung entwickelte der Amerikaner Allan Lakein. Lothar Seiwert (vgl. zum Beispiel Seiwert, 1995) formulierte für den deutschsprachigen Raum die so genannte **A*L*P*E*N-Methode**. Dieses (bildhafte!) Wort enthält die Anfangsbuchstaben derjenigen Schritte, die für eine sinnvolle, zielgerichtete Zeitplanung notwendig sind. Sie soll als Hintergrund der Erläuterungen dienen.

Die **wesentlichen Elemente der Zeitplantechnik** lassen sich an folgenden Größen festmachen (wobei je nach Methode [vgl. z. B. die Plan-Methode der Akademie für Führungskräfte der Wirtschaft e.V., Bad Harzburg] Schritte zusammengefasst werden, wegbleiben oder weitere hinzukommen):

Ihr täglicher Arbeitsberg

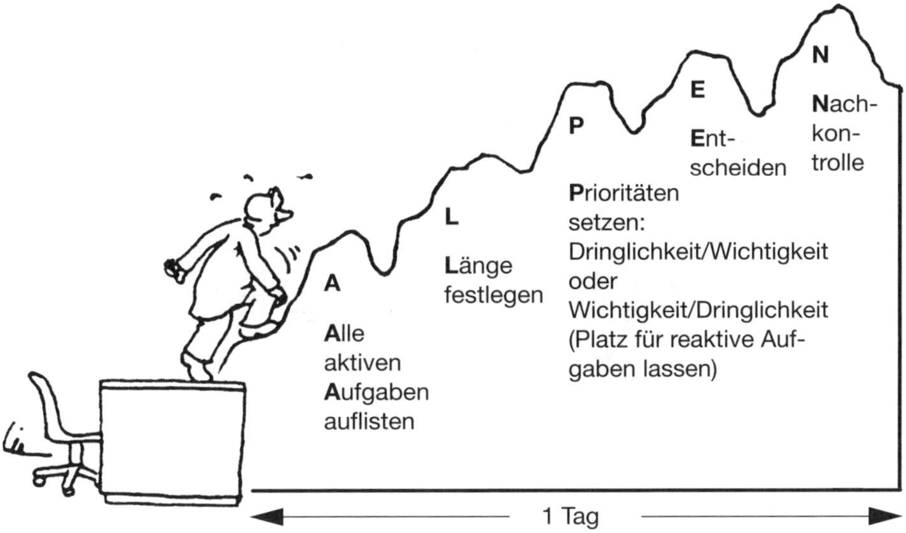

Die ALPEN-Methode

Abbildung 35 (Quelle: Beyer, 1995)

Die erste Größe versteht sich (fast) von selbst, sonst würde nicht eine solche Menge von Zeitplanern, Terminern usw. bis hin zu elektronisch gestützen Systemen angeboten. Trotzdem kann nicht deutlich genug betont werden, dass die **Schriftlichkeit** ein wichtiges Planungsprinzip darstellt. Was man nur durchdenkt, ohne es zu fixieren, verliert sich schnell. Bei mehreren geplanten Tagesaktionen geht zudem meist der Überblick verloren. Weiterhin: **Schriftlich Geplantes hat Selbstmotivationscharakter**, fördert die Bündelung der Energie auf das Fixierte und verhindert, dass Unerledigtes verschwindet. Wo Sie Ihre für morgen geplanten Aktivitäten notieren, ist grundsätzlich gleichgültig. Sinnvoll ist es natürlich, einen entsprechenden Planer zu benutzen, der die Eintragungen aufgrund seiner vorgegebenen Struktur erleichtert. Was Ihnen liegt, wie reduziert oder umfangreich die Ausgestaltung des Terminers sein soll, müssen Sie selbst bestimmen und hängt von Ihrem derzeitigen Tätigkeitsbereich ab. So sind die termingebundenen Tagesaktivitäten eines Firmenkundenberaters in der Regel größer als bei einer Back-office-Arbeit. Entsprechend braucht der ausgewählte Terminer mehr oder weniger Raum zum Eintrag der jeweiligen Aktionen pro Tag.

Der Tagesplan

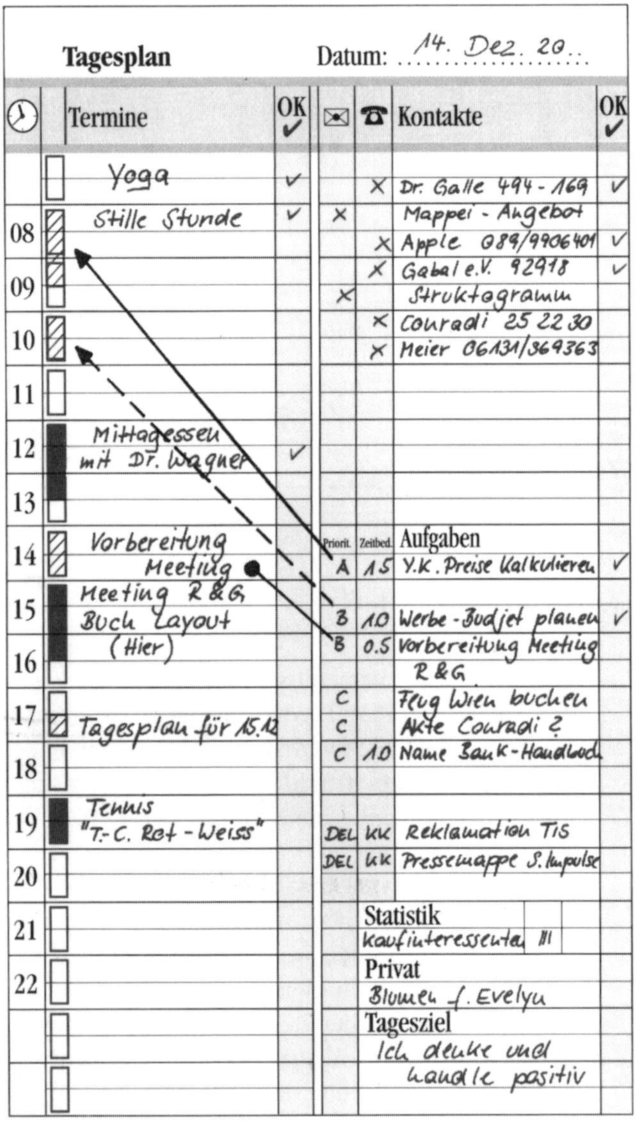

Agenda:

Termine mit sich selbst (Stille Stunde)

Termine mit anderen

Abbildung 36 (Quelle: Seiwert, 1995)

Die **Schätzung des Zeitbedarfs** für die vorgesehenen Aktivitäten hängt eng mit dem ersten Schritt zusammen. Notieren Sie hinter jeder Eintragung, wie viel Zeit Sie dafür verwenden wollen. Entwickeln Sie dabei Zeit-Geiz! Das heißt, geben Sie für eine Position nicht mehr Zeit aus, als unbedingt dafür erforderlich ist. Die von Ihnen vorgegebene Zeit für eine bestimmte Arbeit führt dazu, dass Sie deutlich konzentrierter an einer Aufgabe bleiben. Ein Effekt der Schriftlichkeit ist dabei, dass Sie ein immer besseres Gefühl dafür entwickeln, wie viel Zeit für eine Tätigkeit veranschlagt werden muss. Es fällt Ihnen dann leichter, Termine einzuhalten und zuzusagen.

Das Einplanen von **Pufferzeiten** bzw. Elastizitäten hat den Sinn, Unvorhersehbares, Störgrößen und Ähnliches abzufangen. Da ein Tagesablauf nicht vollständig vorweggenommen werden kann, ist diese Maßnahme wichtig. Eine Grundregel in allen Zeitplantechniken (mit geringen Abweichungen nach oben oder unten) lautet:

- ca. 60 % für geplante Aktivitäten,
- ca. 20 % für unerwartete Störungen,
- ca. 20 % für sonstige (spontane, persönliche) Aktivitäten.

Planen Sie Ihren Tag also nicht völlig zu, sondern geben Sie sich persönlich Zeit-**Spielraum**. Die 60:40-Regel bewahrt Sie davor, in Hetze zu verfallen. Das Wissen um eingeplante Zeitreserven lässt Sie das Überziehen von Zeiten leichter ertragen, wenn zum Beispiel ein Beratungsgespräch mit einem Kunden länger dauert als vorgesehen. Sie sind mit Ihren Gedanken nicht schon beim nächsten Termin, sondern können sich auf das aktuelle Gespräch weiter konzentrieren.

Machen Sie es sich zur Gewohnheit, am Vorabend den nächsten Tag zu planen. Je konsequenter Sie dies tun, um so weniger Zeit wird die Planungsarbeit zukünftig beanspruchen. **Hilfreich können dabei so genannte „W-Fragen“ sein** (im Folgenden aufgeführt in Anlehnung an Akademie für Führungskräfte der Wirtschaft e.V., o. J.):

- **Warum überhaupt?**
  - Sind die schon immer gemachten Arbeiten in dem entsprechenden Umfang überhaupt noch nötig?
  - Ist die (zeitintensive) Fahrt zu diesem Termin notwendig? Muss das vorgesehene Meeting wirklich sein?
  - . . .

- **Warum jetzt?**
  - Was spricht überhaupt dafür, die Aktivität jetzt zu erledigen (unter Umständen andere ihretwegen zu verschieben)?
  - Lassen sich bestimmte Arbeiten zu einem anderen Zeitpunkt nicht besser abstimmen? Ist jetzt der logisch sinnvollste Zeitpunkt?
  - ...

- **Warum so (in der Art und Weise)?**
  - Reicht vielleicht ein Fax statt eines persönlichen Termins? Muss ich wirklich an der Besprechung teilnehmen? Gibt es mittlerweile technische Hilfsmittel, die ein eingefahrenes Bearbeiten vereinfachen (Konferenzschaltungen, Online-Dienste)?
  - ...

Der Schritt „Entscheidungen treffen“ hat als wichtigsten Hintergrund die Überlegung: „Was ist (heute) wirklich wichtig?“ Diese Entscheidung setzt natürlich voraus, dass Sie sich über Ihre Tagesziele klar sind. Erst wenn Sie wissen, was Sie heute (in einer Woche usw.) erreichen wollen, können Sie bei einer entsprechenden Aktivität entscheiden, ob Sie der angestrebten Zielsetzung dient oder nicht. Sie sollten deshalb Ihre **Tagesprioritäten** so setzen, dass Sie die Aktivitäten, die Sie Ihrem Ziel näher bringen, als Erstes angehen. (Wollen Sie zum Beispiel in zwei Tagen mit einem Kunden ein Gespräch über eine Anlagemöglichkeit führen, über die Sie sich selbst noch nicht hinreichend orientiert fühlen, dann können Sie die Aneignung der entsprechenden Kenntnisse nicht „nach hinten“ schieben. Sie hat höchste Priorität.) Im Rahmen des vorliegenden Schrittes sollten Sie auch bedenken, was an Tätigkeiten delegierbar ist, wo unter Umständen Kürzungen möglich sind usw.

Eine Hilfestellung für die Zeitprioritäten ist die so genannte **ABC-Analyse**. Im Rahmen Ihrer geplanten Aktivitäten (ca. 60 % der zur Verfügung stehenden Zeit) sollten

- **A-Aktivitäten** (Tätigkeiten, die **sehr wichtig** sind) **65 %**,
- **B-Aktivitäten** (Tätigkeiten, die **wichtig** sind) **20 %** und
- **C-Aktivitäten** (Tätigkeiten, die als **Routine**, **„Kleinkram“** bezeichnet werden) **15 %**

der Zeit in Anspruch nehmen.

Die Prioritätensetzung bedeutet nicht, dass Sie nur noch A-Aufgaben bearbeiten und auf C-Aufgaben vollständig verzichten sollten. Wichtig ist vielmehr, dass Sie eine ausgewogene Aufteilung vornehmen, und die Aktivitäten in eine sinnvolle Reihenfolge bringen. Achten Sie bei der Setzung Ihrer Tagesprioritäten auch auf Ihre **persönliche Leistungskurve**. Die persönliche Leistungsfähigkeit ist im Tagesverlauf verschiedenen Schwankungen unterworfen. Beobachten Sie sich selbst, und stellen Sie fest, wo Ihre leistungsstärksten Zeiten liegen. Hier müssen die A-Aktivitäten eingeplant werden. Die „schwächsten" Zeiten werden dann für C-Aktivitäten vorgesehen.

Leistungskurve: Physiologische Leistungsbereitschaft als Prozent-Abweichung

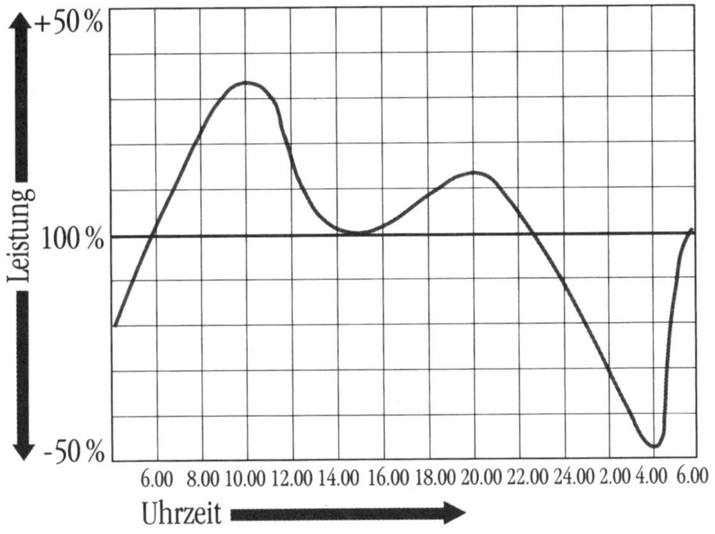

Abbildung 37 (Quelle: Seiwert, 1995)

Nachkontrolle bedeutet, dass Sie sich vergewissern sollen, was nach dem Abarbeiten der Tagesaktivitäten noch ansteht, was Sie nicht erledigen konnten. Diese Positionen werden auf den nächsten Tagesplan genommen. Verschieben Sie öfter die gleiche Position, fragen Sie sich, ob diese Tätigkeit wirklich wichtig ist. Treffen Sie eine Entscheidung! Streichen Sie die Aktivität vollständig oder gehen Sie am nächsten Tag unbedingt an die Erledigung. Notwendige, aber ständig aufgeschobene Arbeiten haben die Tendenz, sich zu einer (innerlichen) Belastung zu entwickeln. Derartige Aufgaben mutieren zu einer Größe, die ihrer ursprünglichen Dimension nicht gerecht wird. Das ständige Verschieben macht sie scheinbar immer mächtiger. Übertragen Sie zum Beispiel einen unangenehmen Termin mit einem Kunden (vielleicht die Absage eines für ihn wichtigen Engagements) mehrfach von einem auf den anderen Tag, scheint Ihnen das Gespräch immer schwieriger. Sie blockieren sich in dem dann doch stattfindenden Termin unnötig. Befreien Sie sich von solchen Störgrößen, indem Sie am nächsten Tag gezielt aktiv werden.

„Wachsende" Aufgaben: Wann ist der richtige Zeitpunkt?

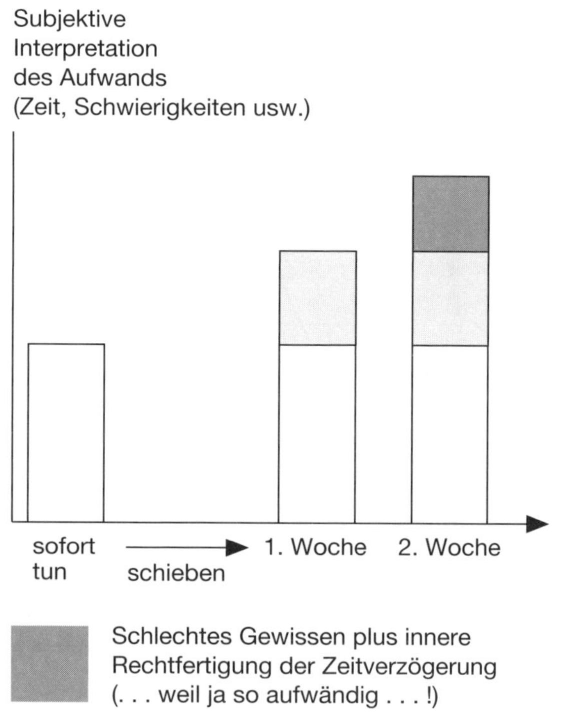

Abbildung 38 (Quelle: Beyer, 1995)

Falls Sie zu den notorischen Aufschiebern gehören, könnten auch Aspekte in den Blick geraten, die etwas mit Ihrer Selbsteinschätzung zu tun haben. Aufschieben kann nämlich auch eine Strategie sein, sein Selbstbild nicht zu beschädigen:

„Aufschieber ... stellen meist unverhältnismäßig hohe Ansprüche an sich selbst und haben dann Angst, den eigenen Erwartungen nicht gerecht zu werden. Ihr Selbstbild ist extrem davon abhängig, wie andere ihre Leistungen beurteilen ... Ihre Strategie ist einfach: Man schiebt eine Arbeit so lange vor sich her, bis der Zeitdruck so mächtig ist, dass man die Aufgabe zwangsläufig nur noch notdürftig bewältigen kann. Ist das Ergebnis dann nicht ganz so glänzend, so ist der Zeitdruck und nicht etwa mangelnde eigene Fähigkeit daran schuld. Aufschieber verzichten auf Erfolgserlebnisse, nur um den panisch gefürchteten Misserfolg zu vermeiden." (Saum-Aldehoff, 1993)

4.10 Stress

Schlüsselbegriffe

- Stressmechanismus
- Eu-/Di-Stress
- Transformative Stressbewältigung

4.10.1 Stress und seine Auswirkungen

Einige naturwissenschaftliche und technische Fachausdrücke gehen im Laufe der Zeit in die Umgangssprache ein. Dass es einem Fachbegriff jedoch gelingt, seine Fremdheit zur Alltagssprache zu überwinden, ja zu einem Synonym für die Beschreibung eines ganzen Lebenszustandes zu werden, ist schon ungewöhnlicher. Wäre von dem Arzt Hans Seyle vor rund 50 Jahren der Begriff Stress nicht geprägt worden, viele Menschen wüssten heute gar nicht, wie sie ihren Zustand der Anspannung, ihre Überlastungsempfindungen benennen sollten. (FAZ, 1982)

Stress hat viele Facetten, positive wie negative, wird individuell sehr unterschiedlich wahrgenommen und verarbeitet. Das macht eine allgemein gültige Definition so schwierig. Grundsätzlich lässt sich sagen, dass **Stress** nichts anderes ist, als die Reaktion des Körpers auf bestimmte Anforderungen (Stressoren), welche die allgemeine Alarmbereitschaft des Organismus steigert und deshalb einen Zustand des Angespanntseins auslöst.

Diese Alarmierung des Körpers ist ein biologisches Erbe aus früher Vorzeit, gespeichert in unserem „Reptiliengehirn". Um im Überlebenskampf bestehen zu können, brauchte der Mensch damals einen unbewusst ablaufenden Mechanismus, der es ermöglichte, **sofort reagieren** zu können: mit Angriffs- oder Fluchtverhalten. Ausgelöst zum Beispiel durch die Konfrontation mit einem angreifenden Tier (Stressreiz), wurden durch verschiedene Hormonausschüttungen unter anderem folgende biologischen Vorgänge ausgelöst: schnellerer Herzschlag (um sofort loslaufen oder kämpfen zu können), erhöhter Blutdruck, höherer Blutgerinnungsfaktor (um bei etwaigen Verletzungen nicht zu viel Blut zu verlieren), Reduzierung von Energien für die Immunabwehr, Verdauung (da diese Energie anderweitig gebraucht wird) usw. (Wohlfahrt, 1995) Der geschilderte Ablauf lässt sich nach Seyle (FAZ, 1982) in drei Phasen gliedern:

- **die Anforderungsphase** (aufgrund der Situation werden die entsprechenden köperlichen Vorgänge ausgelöst, die Widerstandskräfte werden über das normale Maß hinaus gesteigert),
- **die Leistungsphase** (Flucht oder Kampf) und
- **die Ermüdungsphase** (der Körper ist erschöpft und braucht Ruhe).

So betrachtet ist Stress notwendig und als „Überlebensprogramm" durchaus positiv zu sehen.

Der Überlebenskampf des 20. Jahrhunderts spielt sich jedoch nicht mehr in dieser Form ab. Die automatisch ablaufenden körpereigenen Reaktionen auf heutige Stressoren (Ärger mit Kollegen, Unsicherheit bei Kundengesprächen, Überforderung durch Arbeitsaufgaben, kritische Situationen beim Autofahren, permanente Lärmbelästigung, Versagensängste usw.) sind deshalb nicht mehr in ihrer Erscheinungsform zeitgemäß, wenngleich immer noch in ihrer Urform vorhanden. Die bereitgestellte (zusätzliche) Energie kann im Normalfall nicht mehr abgearbeitet werden (zum Beispiel durch Flucht oder Angriff), sondern richtet sich gegen den Körper selbst: Der Stress wird zum Krankheitsauslöser und wird verstärkt durch den Umstand, dass die natürliche Ruhephase auf die erfolgte Leistung nicht mehr zugelassen bzw. durch Kaffee, Nikotin und Ähnliches unterdrückt wird. Hinzu kommt, dass die stressauslösenden Situationen nicht (wie beim Urmenschen) nur sporadisch auftreten, sondern in dichter Folge erlebt werden (Dauerstress). Die eigentlich sinnvolle Stressreaktion des Körpers „kippt" ins Negative.

Nachgewiesen wurde dies von Seyle durch „... Versuche mit Tieren, die auf Pharmaka, Hitze, Kälte oder auf körperliche Belastung stets das gleiche Krankheitsbild zeigten: Überaktivität der hormonproduzierenden Nebenniere, Magengeschwüre und Veränderungen der Lymphgefäße ..." (FAZ, 1982). Auch Denkblockaden (Blackouts), Konzentrationsunfähigkeit und Artikulationsschwierigkeiten können auftreten. Die Stressforschung hat nachgewiesen, dass mindestens zwei Drittel aller Krankheiten in den westlichen Industrieländern mittlerweile stressbedingt sind (Huber, 1995).

Schematisch lässt sich der **Stressmechanismus** folgendermaßen darstellen:

Stressmechanismus

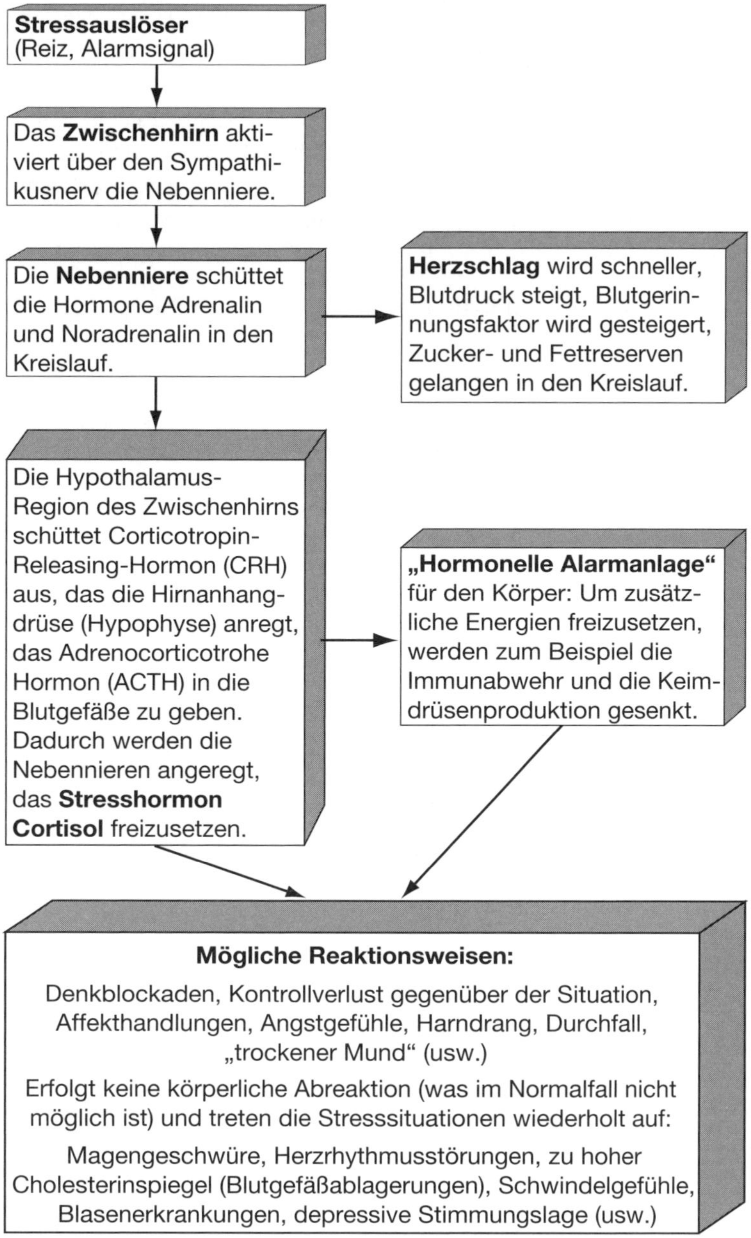

Abbildung 39 (Quelle: In Anlehnung an Vester, 1986)

Nun wäre es falsch zu glauben, man müsste versuchen, jeglichem Stress auszuweichen. Eine bestimmte „Menge“ an Stress ist lebensnotwendig, da sie den Körper aktiviert, den Organismus gegen schädliche Einflüsse abschirmt und Energie zur Verfügung stellt. In Erwartung eines wichtigen Kundengesprächs kann ein gewisses Maß an „Angespanntheit“ deshalb förderlich sein, da der gesamte Organismus in erhöhte Leistungsbereitschaft versetzt wird und zusätzliche Energie zur Verfügung steht. Grundsätzlich lösen Situationen, denen man mit einer frohen, aufgeregten Anspannung entgegensieht, **positiven**, so genannten **Eu-Stress** aus. (Denken Sie an Ihr erstes Rendezvous, Ihre erste Fahrstunde usw.)

Wird die Situation jedoch als unangenehm, belastend oder nicht überblickbar eingestuft, dann löst die körpereigene Aktivierung **negativen**, so genannten **Di-Stress** aus.

Di-Stress und Eu-Stress

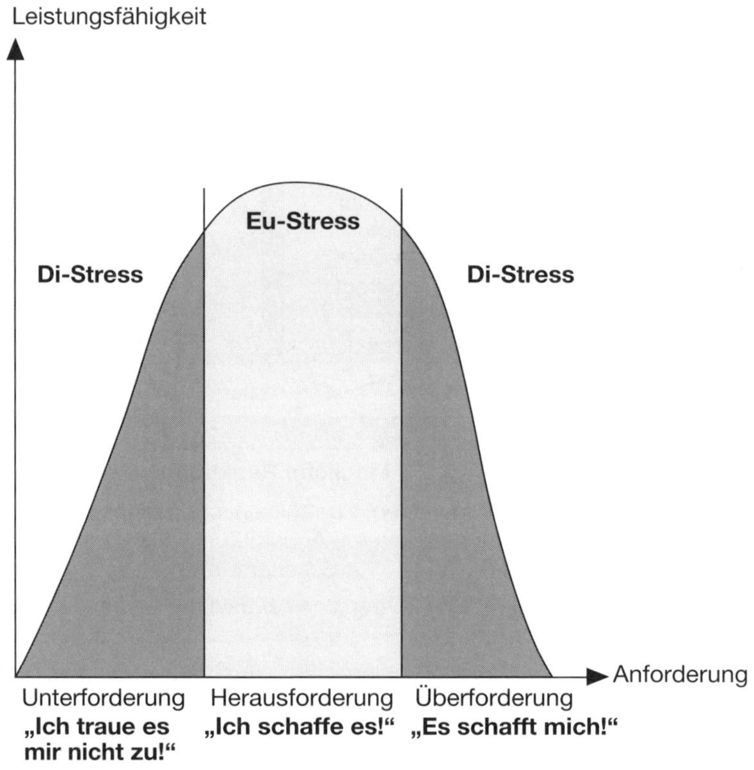

Abbildung 40 (Quelle: Brommer, 1993)

Die **Gesundheit** hängt von einem ausgewogenen Verhältnis zwischen Stress und Erholung ab. Der Kardiologe Irv Dardik ist der Ansicht, dass es im Wesentlichen darauf ankommt, den Körper weder übermäßig zu aktivieren noch übermäßig zu schonen. Es sei vor allem wichtig, ein rhythmisches Pulsieren von Energieverbrauch und Energiegewinnung zu erreichen, wobei die Wahrscheinlichkeit einer Erkrankung um so mehr steigt, je rigider, unflexibler und starrer das Energiemuster (die Persönlichkeit und die damit zusammenhängende Verhaltensflexibilität gegenüber unterschiedlichen Situationen) geprägt ist. Gesundheit resultiert seiner Meinung nach aus der Fähigkeit, die „... unterschiedlichen energetischen Eigenschwingungen körperlicher Zustände zu einem großen konzertähnlichem Ganzen zusammenschwingen zu lassen“ (Huber, 1992).

Neben den dargestellten kurzfristigen Reaktionen wirkt sich Stress jedoch auch mittel- und langfristig auf den Organismus aus. Mittelfristig versucht der gestresste Körper, sich an die Belastung anzupassen. „... wir glauben fälschlicherweise, alles sei wieder im Lot, aber die chemische Balance unserer Hormone bleibt nachhaltig gestört, auch wenn die dramatischen Stress-Signale verschwinden.“ (Ernst, 2000)

Chronische, langfristig auf uns einwirkende Stressoren (ungelöste Konflikte oder ständige Überforderung) führen dazu, dass der Körper seine chemische Balance dauerhaft und damit krank machend verändert. Dies führt unter anderem zu permanentem Bluthochdruck, ständigen Magenproblemen usw.

Lang andauernder Stress schwächt den Organismus vor allem auch deswegen, weil das Gleichgewicht zwischen beiden Gehirnhemisphären gestört ist und dadurch die Kreativität zur Lösung des Problems, welches den Stress auslöst, behindert. Kreativ heißt in diesem Fall, nach neuen Lösungsmöglichkeiten zu suchen, statt in alten stereotypen Verhaltensmustern zu verharren. Kreativität kann aber nur freigesetzt werden, wenn beide Gehirnhälften in gleicher Weise und Intensität eingesetzt werden können. So muss „... eine Idee oder ein Problem erkannt werden, um es logisch durchdenken zu können; dies aktiviert die linke Gehirnhälfte. Die Aktivität der rechten Gehirnhälfte bringt dann den spontanen Einfall, die Inspiration, hervor ...“ (Wohlfahrt, 1995).

Ein wesentliches Moment, wie eine Situation erlebt wird (stressfrei oder stressbeladen), stellt auch die **innere Haltung** des jeweiligen Menschen dar. Auslöser von Emotionen (positive wie negative) sind vor allem die eigenen Gedanken, Vorstellungen und Haltungen, die als Erfahrungen, als

Idee oder bildhafte Vorstellung aus der Vergangenheit mit dem entsprechenden Gefühl im Gehirn abgespeichert sind. Ist zum Beispiel der Kontakt mit Autoritätspersonen durch unterschiedlichste (frühkindliche) Erfahrungen negativ besetzt, so wird auch im späteren Leben das Zusammentreffen mit Autoritäten stressbeladen sein (Hierarchiestress).

Auch Wunschdenken, **überhöhte Ansprüche an sich selbst** (Hang zur Perfektion) und Ähnliches können stressauslösend sein. Je größer zum Beispiel die Anforderungen an die eigene Leistungsfähigkeit sind, um so bedrohlicher (stressbesetzter) wird die Konfrontation mit der Realität (den Problemen des Berufsalltages oder des Privatlebens) erlebt. Neben der Belastung durch die konkrete Aufgabe kommt noch die (meist) bittere, stressverstärkende Einsicht, nicht den eigenen Idealvorstellungen entsprechen zu können. Dies kann zu einer weiteren Erhöhung der Anstrengungen führen (noch intensiver, länger zu arbeiten, Ruhephasen zu minimieren), was dann – da die eigene Leistungsgrenze längst überschritten ist – zu erneuten stressauslösenden Misserfolgserlebnissen führt:

Anspannung – Leistung – Ermüdung

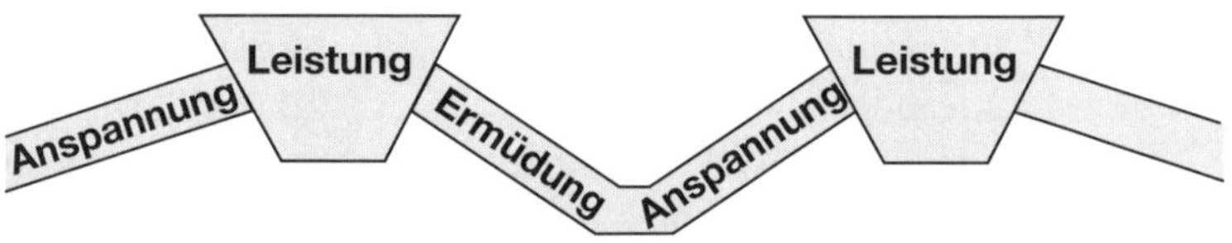

Abbildung 41 (Quelle: In Anlehnung an Crisand/Lyon, 1981)

Das Fehlen von Ruhe oder unzureichendes Einhalten von entsprechenden Erholungsphasen für die körperliche Regeneration führt dazu, dass der Organismus in eine Art Daueralarm gerät, im Zuge dieser Entwicklung somit letztlich jede Belastung als **Di-Stress** empfunden wird. Der Weg zu psychosomatischen Krankheiten ist vorgezeichnet.

„So konnte man bei 91 % aller Menschen mit einer Herzkrankheit vor deren Auftreten eine verlängerte Stressreaktion beobachten. Auch ließ sich bei den Herzkranken eine Unzufriedenheit in ihrem Beruf nachweisen. Überschießende Stressreaktionen kann man als eine der Ursachen für Herzerkrankungen ansehen.“ (Kitzmann, 1994)

4.10.2 Stressbremse: Belastungen – Entlastungen

„Arbeit hat für viele heute wieder einen so zentralen Stellenwert, dass Probleme und Schwierigkeiten am Arbeitsplatz oft mit dem Verlust der eigenen Identität verbunden sind ... Glaubte man früher an tiefer liegende Persönlichkeitsstörungen, so werden diese Symptome heute nicht selten auf Konflikte, Druck und Stress bei der Arbeit zurückgeführt." (Sandroff, 1990)

Konkurrenzkampf, Arbeitsplatzrisiko, Beschleunigung der Arbeitsprozesse, Leistungsdruck und ständiger Erfolgs- und Weiterbildungsdruck belasten den heutigen Arbeitnehmer mehr als je zuvor. Auch hat die aus Japan importierte „Lean-Philosophie" den Stress gesteigert. Die Marktentwicklung scheint dazu zu zwingen, Konzepte zurückzustellen, die eine verstärkte Teamarbeit, Berücksichtigung von Kommunikationsbedürfnissen und Verantwortungsübernahme in Aussicht gestellt haben. Vieles deutet darauf hin, dass sich im Zuge des Zwanges zur Reorganisation, des effizienteren Zugriffes auf Marktnischen, der wachsenden Ansprüche von Stakeholdern und Ähnlichem neuartige **psychische Belastungs-Syndrome** einstellen werden. Marstedt (1994) unterscheidet dabei nach:

- Flexibilitäts-Syndrom
- Just-in-time-Syndrom
- Qualitäts-Syndrom

Unter dem Primat des flexiblen Arbeitseinsatzes werden sich die Arbeitnehmer in Zukunft noch mehr überfordert und sozial isoliert fühlen. Teams werden nur noch für begrenzte Zeit klar definierte Aufgabenstellungen zu bewältigen haben und dann in neuer Zusammensetzung weiterarbeiten (**Flexibilitäts-Syndrom**). Die Folge kann eine neue Art von Kontaktarmut sein, die stressverstärkend wirkt, da der Aufbau von tragfähigen zwischenmenschlichen Kontakten im Arbeitsumfeld behindert wird. Besonders im industriellen Bereich wird die Anforderung der immer exakter einzuhaltenden Liefertermine (**Just-in-time-Syndrom**) neue Formen des Zeitdrucks und der Terminhetze entstehen lassen. Die (an sich sinnvolle) Rückverlagerung der Verantwortung für die Qualität der zu verkaufenden Produkte auf den einzelnen Mitarbeiter kann zum **Qualitäts-Syndrom** führen, wenn mit dieser Maßnahme nicht eine entsprechende Qualifizierung der entsprechenden Arbeitnehmer einhergeht.

Es überrascht deshalb nicht, wenn zahlreiche Untersuchungen der jüngsten Zeit bestätigen, dass mit dem Begriff Arbeit in erster Linie Entbehrung,

Mühe und Unterordnung – statt Erfüllung, Glück und Zufriedenheit – assoziiert werden (Marstedt, 1994). Die Belastungen des beruflichen Alltags können natürlich nicht ohne Auswirkungen auf das Privatleben bleiben. Der vielleicht unbewusste Anspruch, die so genannte Freizeit soll die Entschädigung für die beruflich erfahrenen Belastungen leisten, überfrachtet Partner, Freunde und Familie mit Erwartungen und Forderungen, die nicht eingelöst werden können. Gespräche (im beruflichen wie privaten Bereich) über die eigene stressbesetzte Situation, die persönlichen Ängste und Befürchtungen finden in der Regel nicht statt. Besonders im beruflichen Feld befürchten viele immer noch, dass das Eingeständnis von Schwierigkeiten karriereschädigend ist. Mögliche Lösungsstrategien werden so verschüttet. Auch im Privaten können ehrliche Gespräche über berufliche Probleme schwierig sein. Vielleicht ist hier die Fassade eines „Erfolgsmenschen" errichtet worden, die ohne Beschädigung der eigenen Psyche kaum abgetragen werden kann. Die Folge davon ist, dass auch hier Konfliktpotenziale entstehen, die zusätzlich belastend wirken. Die noch vorhandenen Erholungszeiten können demnach kaum noch eine Auftankfunktion erfüllen. Der Mensch geht, nun mit Privatstress beladen, erneut in seine beruflichen Situationen. Der Teufelskreis scheint geschlossen.

Zunächst erscheint es sinnvoll, die **Implikationen** aufzuzeigen, die zwischen der **stressauslösenden Situation**, **persönlichem Stresserleben** und **psychischer Disposition** bestehen. Erst wenn der individuelle Zugang zur eigenen Stressreaktion sichtbar ist, kann eine Stressvermeidung oder (durch den Einsatz von entsprechenden Techniken) eine Stressmilderung (Stressabbau) in den Blick genommen werden.

Die Fähigkeit, mit Stress umzugehen, basiert im Wesentlichen darauf, in welchem sozialen Netz sich der Einzelne befindet, wie seine persönlichen psychologischen Voraussetzungen sind und wie die eigenen Bewältigungsstrategien wahrgenommen, eingeschätzt und umgesetzt werden (können). So unterscheidet die empirische Stressforschung auch verschiedene Stresspersönlichkeiten:

Die vier Stresstypen

In der empirischen Stressforschung der letzten Jahre zeigte sich ein bemerkenswerter Zusammenhang zwischen Persönlichkeit und Stresserleben. So fand der Münchner Psychologie-Professor und Stressforscher Johannes Brengelmann in Untersuchungen über Erfolgsorientierung und Stressverhalten folgende vier grundlegenden „Stresstypen“:

Typ A **„Übererregungstyp“** – stark erfolgsorientiert und gleichzeitig sehr stressanfällig; neigt zu Herz-Kreislauf-Störungen.

Typ B **„Erfolgstyp“** – stark erfolgsorientiert, dabei aber weit gehend stressfrei und entspannungsfähig; kaum anfällig für Krankheiten.

Typ C **„Stresstyp“** – nur wenig erfolgsorientiert, dabei aber stark stressanfällig; neigt zu vegetativer Dystonie sowie Magen- und Darmerkrankungen.

Typ D **„Untererregungstyp“** – geringfügig erfolgsorientiert und niedriger Stresspegel; neigt zu Hautkrankheiten.

In einer davon unabhängigen Großstudie des Karlsruher Instituts für Arbeits- und Sozialhygiene mit etwa 6000 Führungskräften über deren Stressverhalten ergaben sich ebenfalls vier unterschiedliche Stresstypen:

Typ 1 **„Angst und Anspannung“** (20,5 Prozent)

Typ 2 **„Verdrängung und mangelnde Selbstkontrolle“** (22,2 Prozent)

Typ 3 **„Herausforderung, Ehrgeiz und Selbstkontrolle“** (27,6 Prozent)

Typ 4 **„Gesundes und kontrolliertes Leben“** (29,7 Prozent)

Für die Stressforscher und Verhaltenswissenschaftler hängt vor allem der stressanfällige Typ 1 mit Leidensdruck und Krankheitssymptomen zusammen. Herausforderungen werden nicht positiv gesehen und mangelnde Energie, Tatkraft und Gelassenheit stehen Gefühlen von Angst, Anspannung und Machtlosigkeit gegenüber. Folge: Leistungseinschränkung unter Druck und unkontrollierte Lebensweise in Stresssituationen. Typ 2 reagiert vor allem mit „Lustlosigkeit“, während „Ehrgeiz-Typ 3“ unter ungesunder Dauerspannung und ausgeprägtem „Beschäftigungsdrang“ steht, hat nur Typ 4 den gesundheitlich notwendigen Ausgleich zwischen Aktivität und Entspannung in seinem Alltagsleben integriert.

Diese beiden Stresstypologien haben bei näherem Hinsehen zwei wesentliche Gemeinsamkeiten. So sind zum einen die jeweiligen vier Typen unabhängig unterschiedlicher Bezeichnungen sehr ähnlich: „Dauerpower“-Typ A entspricht dem ehrgeizigen Typ 3, Erfolgstyp B dem ebenso stressfreien Typen 4, Stresstyp C dem gesundheitlich ebenso problematischen Angsttyp 1 und Verdrängungstyp 2 der Typ-D-Persönlichkeit.

Die empirisch gefundenen Stresstypen sind darüber hinaus identisch mit den vier von Hippokrates in der Antike beschriebenen Temperamenten: des reizbaren *Cholerikers* (Typ A/3), des gelassenen *Sanguinikers* (Typ B/4), des ängstlichen *Melancholikers* (Typ C/1) sowie des trägen *Phlegmatikers* (D/2).

Abbildung 42 (Quelle: Huber, 1995)

Die persönlich verfügbaren Kontroll- und Bewältigungsmöglichkeiten von Stress entscheiden darüber, ob die eigene stressüberfrachtete Situation als Chance begriffen wird oder in Resignation und Krankheit mündet. Grundsätzlich lassen sich zwei **Reaktionen auf Stress** unterscheiden:

(1) Die „neurotische" erfolglose Bewältigung (auch als unreif oder regressiv bezeichnet),

(2) die reife (erfolgreiche) bzw. transformative Bewältigung.

Die **transformative Bewältigung** zeichnet sich insbesondere durch die Fähigkeit aus, ein Unglück, ein stressauslösendes Ereignis oder Geschehen, belastende Situationen schlechthin, zu etwas Positivem, zu einer besonderen Art der persönlichen Herausforderung umzugestalten. Wer über transformative Bewältigungsstrategien verfügt, hat gelernt, aus Chaos Ordnung zu schaffen, indem er die Kräfte der Unordnung in etwas verwandelt, das ihm nutzt, was ihm Erfolg bringt. **Transformationsfähige Persönlichkeiten** weisen folgende Eigenschaften auf:

- Selbstvertrauen, Selbstsicherheit,
- Steuerung der Aufmerksamkeit,
- Fähigkeit, Lösungsmöglichkeiten zu entwickeln.

Eine tief sitzende Überzeugung hinsichtlich der eigenen Fähigkeit, sein Schicksal selbst in der Hand zu haben, sich als Teil des Ganzen zu begreifen und sich als solches in den Lebensprozess harmonisch einfügen zu können, sind wesentliche **Voraussetzungen** für eine reife Stressbewältigung. Wenn es gelingt, die Wahrnehmung vom Selbst abzuwenden und die Aufmerksamkeit auf das zu lenken, was eine Situation gerade erfordert, werden die destruktiven Wirkungen von Stress deutlich reduziert.

Auch wenn es in einer als (im weitesten Sinne) bedrohlich empfundenen Lage natürlich ist, sämtliche Energien zu mobilisieren, sie nach innen zu richten und sie für Verteidigung oder Flucht einzusetzen, so beeinträchtigt diese angeborene Reaktionsweise doch erheblich die Fähigkeit, die Situation konstruktiv zu bearbeiten. Zum einen trägt sie dazu bei, das Gefühl des **inneren Chaos** zu verstärken, zum anderen schränkt sie die Flexibilität von Reaktionsmöglichkeiten ein.

In Kontakt zu bleiben mit dem, was **außen** vor sich geht, eröffnet neue Verhaltensalternativen und unterstützt das (unbewusste) Bemühen „dabei zu bleiben", am Geschehen weiter teilzuhaben oder, wie Csikszentmihalyi (1992) es ausdrückt, seltener vom Fluss des Lebens abgeschnitten zu werden.

Transformative Stressbewältigung wird nur dann gelingen, wenn bei der Beseitigung von Hindernissen (auch) die **Gesamtsituation**, in der sie entstanden sind, berücksichtigt wird. Dies setzt jedoch eine Offenheit voraus, die viele Menschen aufgrund ihrer genetischen Programmierung und/oder gesellschaftlichen Konditionierung (leider) nicht mehr besitzen oder nicht mehr aktivieren können bzw. wollen. Stur und unflexibel verfolgen sie (blind!) ihre Ziele und verpassen viele Möglichkeiten des persönlichen Wachstums. Denn gerade Stresssituationen (werden sie entsprechend wahrgenommen – also als wahr akzeptiert und nicht von Vornherein abgelehnt, reflektiert und bearbeitet) bergen **Chancen der persönlichen Weiterentwicklung**.

Wie ein Künstler nur eine Idee, eine Vorstellung oder Vision von seinem Kunstwerk hat, so sollte auch jeder Mensch eine Lebensvorstellung haben, aber bereit sein, auf „... unerwartete Farben und Formen, die auf der Leinwand auftauchen (zu reagieren). Wie ein Künstler, der aufmerksam beobachtet, was auf der Leinwand geschieht, so sollte jeder in seinem Leben darauf achten, was **um ihn herum** passiert ... (und) die Ereignisse aber eher daran messen, wie sie auf seine Gefühle wirken, statt sie ausschließlich mit vorgefassten Ideen und Glaubenssätzen zu vergleichen“ (Csikszentmihalyi, 1992; Hervorhebungen Wirtz).

Es scheint selbstverständlich, dass erst auf der Basis von Ruhe und Ausgeglichenheit eine stresserzeugende Situation, vielleicht sogar eine entsprechende Lebensphase, neu gesehen und bewertet werden kann. Aber gerade die notwendige Ruhe und Gelassenheit scheinen ja von den Stressoren nicht zugelassen zu werden. Ein Teufelskreis? Nicht ganz! Die Erkenntnis der neuesten Stressforschung heißt **Balancing** (Huber, 1995). Wie bereits im 1. Kapitel (Teil B III) dargelegt, kommt es darauf an, seinen Energiehaushalt zwischen Anspannung und Entspannung auszugleichen. Die dazu notwendigen Fähigkeiten der „... Entspannung, Muße und Gelassenheit ... (sind) allerdings eine Kunst, die der westliche Mensch erst wieder lernen muss“ (Huber, 1995). So fordert der Stressforscher Dieter Vaitl nachdrücklich eine „Kultur der Entspannung“.

In Weiterentwicklung der Gedanken von Csikszentmihalyi kommt es bei der Entwicklung einer Entspannungskultur darauf an, „... Entspannung **nicht mehr als Selbstzweck** oder isolierte Anti-Stress-Maßnahme zu begreifen – sondern als einen **Teil einer revidierten Lebenspraxis**“ (Huber, 1995; Hervorhebungen Wirtz).

Stress-Test: Wie stressgefährdet sind Sie?

1. Häufiger Kopfschmerz
2. Zähneklappern, Zähneknirschen
3. Stottern und Stammeln
4. Zucken der Lippen und Hände
5. Rücken- und Genickschmerzen
6. Schwindelgefühle
7. Halluzinationen
8. Erröten, Schwitzen
9. Kalte und nasse Hände und Füße
10. Trockener Mund, Schluckbeschwerden
11. Verkühlung, Infektionen, Fieberblasen
12. Ausschläge, Juckreiz, Gänsehaut
13. Unerklärliche Allergieanfälle
14. Sodbrennen, Brechreiz, Magenschmerzen
15. Häufige Blähungen
16. Durchfall oder Verstopfung
17. Atemnot, häufiges Seufzen
18. Panikanfälle
19. Schneller Puls und heftiges Herzklopfen
20. Häufiger Harndrang
21. Vermindertes sexuelles Verlangen
22. Schuldgefühle, Angst und Nervosität
23. Häufige Wutanfälle
24. Launenhaftigkeit und Depressionen
25. Übermäßiger Appetit oder Appetitlosigkeit
26. Schlaflosigkeit, Alpträume
27. Konzentrationsschwierigkeiten
28. Merk- und Lernschwierigkeiten
29. Vergesslichkeit, Konzeptlosigkeit
30. Unentschlossenheit
31. Gefühle der Überlastung
32. Weinkrämpfe, Selbstmordgedanken
33. Gefühl der Einsamkeit und Wertlosigkeit
34. Häufige Unpünktlichkeit
35. Nervöses Verhalten
36. Frustration und Gereiztheit
37. Überreaktion, auch bei nichtigen Anlässen
38. Eine Zunahme von kleinen „Unfällen"
39. Zwanghaftes Verhalten
40. Verringerte Arbeitsleistung
41. Schlechte Leistungen werden mit Ausreden entschuldigt
42. Hastiges Sprechen, Nuscheln
43. Unbegründete Skepsis, Abwehrreaktion
44. Kommunikationsschwierigkeiten
45. Soziale Abkehr und Isolation
46. Schwächegefühle und ständige Müdigkeit
47. Selbstmedikation
48. Unbeabsichtigte Gewichtsabnahme oder -zunahme
49. Steigender Alkohol- und Nikotinkonsum
50. Impulsive Großeinkäufe

Abbildung 43 (Quelle: König, 1992)

Selbst wer diese revidierte Lebenspraxis uneingeschränkt anstreben möchte, steht jedoch vor dem Hauptproblem: **Wie entspanne ich mich?** Durch die auf Außenorientierung angelegte Erziehung fällt es schwer, innere Ressourcen zu mobilisieren, die eine Entspannung möglich machen. Stressmediziner heben immer wieder hervor, dass Entspannen nicht im klassischen Sinne gewollt oder gar konsumiert werden kann. Es muss vielmehr erfühlt und erlebt werden, wie es der Biomediziner U. Warnke formuliert. „So kann man etwa in Form diverser Ablenkungen und Zerstreuungen kurzfristig zwar den Stress unterbrechen, **mit regenerierender Entspannung darf man solches Tun aber nicht verwechseln**." (Huber, 1995; Hervorhebungen Wirtz)

Es versteht sich von selbst, dass an dieser Stelle die unzulänglichen Methoden der Betäubung durch Alkohol, Drogen und Medikamente nicht explizit erläutert werden müssen. Wie Aggression, Vermeidungsverhalten oder Flucht stellen sie völlig untaugliche Wege der Stressbewältigung dar. Auch entsprechendes (Frust-)Essverhalten (zu viel/zu wenig Nahrungsaufnahme) fällt in diese Kategorie (Wohlfahrt, 1995).

Um eine persönliche Entspannungskultur zu entwickeln, sind die auf dem Markt befindlichen unterschiedlichen Techniken sicher hilfreich. Die vorgeschlagenen Übungen der verschiedenen Verfahren, die hier nicht ausgeführt werden können (zum Beispiel autogenes Training, progressive Relaxation, Hypnose, unterschiedliche Techniken der Meditation, Yoga in seinen unterschiedlichen Formen usw.), führen zu einer „... ganzheitlichen, Körper und Seele aufbauenden Entspannungs-Reaktion“ (Lehrer/Carr/Woolfolk; zitiert nach Huber, 1995). Das alleinige „Praktizieren“ ist jedoch nicht ausreichend. Hinzutreten müssen Aspekte, die eine Persönlichkeitsentwicklung und -entfaltung unterstützen. Wer sich für eine Entspannungstechnik entschieden hat, diese kontinuierlich anwendet, hat quasi einen Einstieg in die Möglichkeit, seine Lebenspraxis im oben genannten Kontext zu formen, zum **Entwickler** zu werden.

„So konnte der Wiener Arbeitsmediziner Rudolf Karazman vom Internationalen Institut für Gesundheitsförderung in Langzeitstudien zur Stressbewältigung drei persönlichkeitsabhängige Stressstile der **Erholung, Entspannung und Entwicklung** nachweisen. Die Erholer und die Entspanner haben dabei zwar gelernt, sich bei Stress körperlich kurzfristig zu entlasten. Bei der Gruppe der **Entwickler** kommt es darüber hinaus allerdings durch eine umfassende Änderung von Einstellungen und Verhaltensweisen zu einer **neuen Lebensgestaltung** ...“ (Huber, 1995; Hervorhebungen Wirtz)

Stress-Bewältigungs-Möglichkeiten

Verbrauchen	Umdenken	Ausschalten	Steigern
die durch Stress entstandene Energie in Bewegung umsetzen	die innere Einstellung und Wertmaßstäbe überprüfen	die psychische/physische Belastung reduzieren oder ausschalten	die persönliche Belastbarkeit erhöhen
→ Energie verbrauchen	→ Einstellungsänderung	→ Lebensumstellung	→ Steigerung der Stress-Toleranzgrenze

Abbildung 44 (Quelle: Brommer, 1993)

Im Rahmen einer zeitnahen Psychohygiene geht es also darum, **alle Lebensbereiche beim Anti-Stress-Management einzuschließen** (körperliche Fitness, psychische Belastbarkeit, intellektuelle Beweglichkeit, zufrieden stellende Sozialbeziehungen, positive Arbeitshaltung).

Um Ihnen die Richtung anzugeben, die ein Stressmanagement umfassen kann, werden nachstehend ein paar Hinweise auf (ungewöhnliche) **„Stresskiller"** (nach Huber, 1995) dargestellt, deren Beachtung Ihnen den Einstieg in Ihre persönliche Stressbewältigung erleichtern soll:

- **„Beziehungs-Timing"**
  Die so genannte Übergangszeit (man kommt von der Arbeit, hat aber noch den Kopf voll) ist die Zeit, in der die meisten Streitigkeiten (zwei von dreien!) mit Partnern, Freunden, Familienangehörigen entstehen. Nehmen Sie sich Zeit, nach Ihrem Arbeitstag abzuschalten. Gehen Sie bewusst noch ein paar Minuten spazieren. Suchen Sie vielleicht zu Hause zuerst Ihr Arbeitszimmer auf, sehen die Post durch oder Ähnliches. Sie vermeiden so, dass Sie mit nur halber Aufmerksamkeit und noch stressbeladen (quasi nicht-umgestellt) Ihrem Partner/Ihren Familienangehörigen gegenübertreten.

- **Haustiere**
  Unter Umständen haben Sie schon einmal daran gedacht, sich einen Hund oder eine Katze zuzulegen? Wenn dies Ihren Wünschen und Vorstellungen entspricht, tun Sie es. Studien belegen eindeutig, dass der Kontakt mit Tieren ein hervorragender Stresskiller ist.

- **Humor**
  Lachen Sie Ihren Stress weg. Nehmen Sie nicht alle Situationen bierernst. Lachen Sie auch über Missgeschicke, anstatt sich zu ärgern. Physiologisch verbessert Lachen die Atmung, wirkt positiv auf den Kreislauf und unterdrückt die Produktion stressfördernder Hormone.

- **Kummerkiste**
  Legen Sie sich ein Heft oder einen Karton zu, in dem Sie Ihren Kummer, Ihre Sorgen sammeln. Werden Sie nachts von stressverursachendem Kummer geplagt, schreiben Sie ihn auf. Klappen Sie das Heft zu, verschließen den Karton und sagen sich: „Jetzt nicht!" „Jetzt ist Ruhezeit!" „Ich kümmere mich morgen früh darum."

- **Fantasiereisen**
  Schließen Sie die Augen und gehen Sie gedanklich auf Reisen. Stellen Sie sich einen Ort vor, wo Sie jetzt gerne sein möchten. Spüren Sie die

Umgebung, die Luft, die Temperatur usw. Ein derartiges Mental-Training hat nachgewiesene, positive Effekte auf den Herzschlag und den Blutdruck.

Eine weitere Möglichkeit für das Stressmanagement schlägt Ernst (2000) vor. Er empfiehlt fünf verschiedene Strategien, so genannte **Anti-Stress-Strategien**. Im ersten Schritt soll man sich zunächst in Form einer Selbstdiagnose darüber klar werden, welche Situationen als Stress auslösend (mit entsprechenden körperlichen Reaktionen) identifizierbar sind.

Im zweiten Schritt soll man die Stress-Situationen vom Kopf her neu bewerten, sie sozusagen gegen den Strich bürsten, und sich fragen, was unter Umständen an der konkreten Situation gut sein könnte.

Im dritten Schritt fordert er, sich gegebenenfalls bewusst abzulenken, um stressige Grübeleien zu unterbinden. Als erregungsmindernd bewertet er dabei auch das Besinnen auf bereits erfolgreich bewältigte Probleme (Reminiszenztechnik). Regelmäßige körperliche Aktivität ist ein weiterer nachgewiesener Stresskiller. In Anlehnung an den Fitnesspapst K. Cooper merkt Ernst an: „Es gibt keinen besseren ‚Tranquilizer‘ und keine bessere Bremse für jede Art von Stress, ... als leichte aerobische Aktivität: schnelles Gehen, langsames Joggen, ... etwa 30 Minuten lang ausgeübt, reicht in den meisten Fällen aus, um die homöostatische Balance des Körpers wieder herzustellen und die Stresshormone Adrenalin, Noradrenalin und Kortison abzubauen ...“

Im vierten Schritt empfiehlt er das sinnvoll eingesetzte Laisser-faire. Man soll sich darüber klar werden, dass nicht alles und jeder kontrollier- und beherrschbar ist. Denn Unfähigkeit zu Delegation und Detailversessenheit verschleißen Kraft und Energie. „Die paradoxe Anti-Stress-Strategie verlangt auch weit gehend auf Multi-Tasking – das Erledigen mehrerer Dinge gleichzeitig – zu verzichten und sich nicht weiszumachen, dass ein Mehr an Überstunden auch mehr Leistung oder ein Übermaß an Information auch mehr Wissen bedeutet.“

Im fünften und letzten Schritt empfiehlt Ernst, sich nicht ungebremst den Gefühlswallungen hinzugeben, die durch die Stress-Situation ausgelöst werden. Das unkontrollierte Hineinsteigern in Zorn, Ärger oder Aggression bewirkt nicht nur eine vermehrte Ausschüttung der Stresshormone im Körper, sondern vielfach werden derartige Gefühlsausbrüche zu einem Quell neuerlichen Stresses. Der amerikanische Kardiologe Redfort Williams hat ein Selbststeuerungsprogramm zur Entschärfung von stressbedingten Gefühlsausbrüchen konzipiert. (Vgl. Abb. 45)

Stress-Situation: Was sind die Fakten?

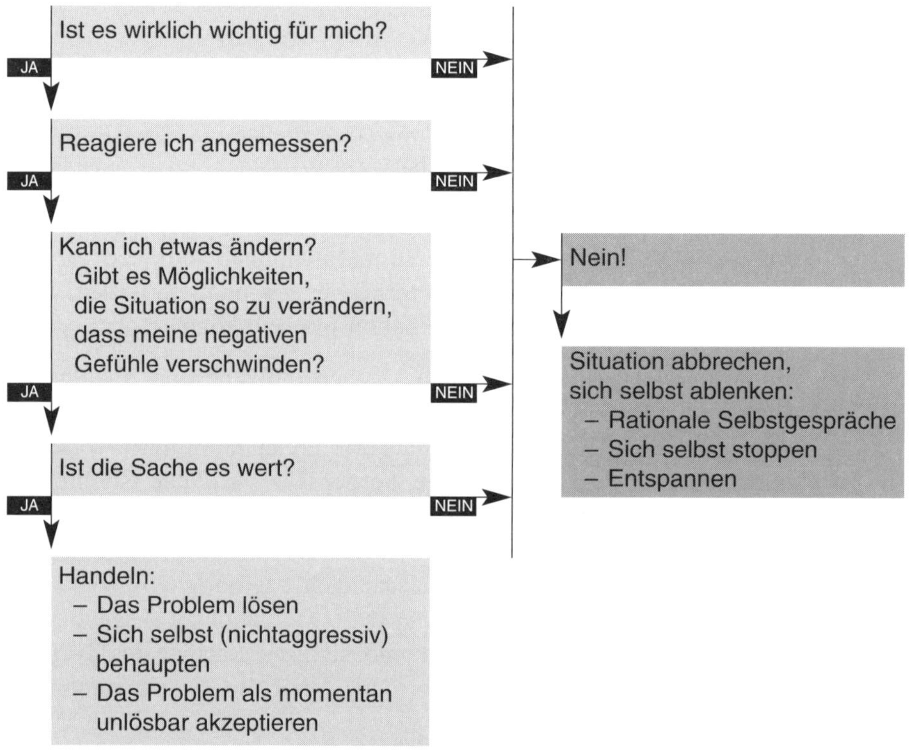

Abbildung 45 (Quelle: Psychologie Heute, Juli 2000)

4.11 Zusammenfassung und Arbeitsaufgaben

Zusammenfassung

Sowohl beim Work-Management wie auch beim Time-Management ist es wichtig, sich selbst gegenüber zunächst Rechenschaft abzulegen über die eigenen (kaum noch bewussten) Verhaltensweisen. Diese Selbstdiagnose kann Denkmuster aufdecken, die ein effizientes, zeitökonomisches Arbeiten behindern. Nachdem so genannte „Denkfallen" identifiziert worden sind, ist ein stringenter Handlungsplan aufzustellen und umzusetzen, der das Ausmerzen der entsprechenden Faktoren zum Ziel hat. Anstehende Arbeiten müssen dem Prozess der Priorisierung unterzogen werden, um Wichtiges von Unwichtigem klar zu trennen (Eisenhower-Tableau). Zur Verfügung stehende technisch-organisatorische Hilfsmittel sollen konsequent genutzt werden.

Beim Time-Management sind – analog dem Aufspüren von Denkfallen beim Work-Management – zunächst die so genannten „Zeitdiebe" oder „Zeitfresser" zu lokalisieren. Auch hier gilt es, konsequent mögliche „Zeitverschwender" abzustellen. Hilfreich sind dabei die vielfältig angebotenen Zeitmanagement-Systeme. Deren Grundmuster setzen sich im Wesentlichen aus folgenden Schritten zusammen:

1. Aufgaben schriftlich fixieren,
2. Zeitbedarf festlegen (unter Berücksichtigung ausreichender Pufferzeiten),
3. Prioritäten setzen,
4. Entscheidungen treffen,
5. Nachkontrolle durchführen (was muss gegebenenfalls auf den nächsten Tag übertragen werden?).

Trotz des Einsatzes diverser Techniken beim Work- und Time-Management, bleibt der heutige Mensch von Stress nicht verschont. Stress ist ein Phänomen, das beim Betroffenen in vielfältigen Formen auftreten kann. Grundsätzlich lässt sich eine Trennung in Eu-Stress und Di-Stress bzw. „guten" und gesundheitsschädigenden Stress vornehmen. Ziel der Stressbewältigung und des Stressmanagements ist es, von der Situation des „Ausgeliefertseins" (so genannte neurotische Bewältigung) wegzukommen hin zu einer transformativen (reifen) Bewältigung stressbesetzter Felder. Hierfür bieten sich unterschiedliche Möglichkeiten an. An erster Stelle ist hier das selbstbewusste Akzeptieren von unvermeidbarem Stress zu nennen, verbunden mit der inneren Gewissheit, Lösungsmöglichkeiten ausmachen zu können. Außerdem ist es wichtig, Stress als Herausforderung zu begreifen und sich auch neue, ungewohnte Perspektiven in einer konkreten Problemlage zu eröffnen, um mit stressbedingten Gefühlswallungen umgehen zu lernen. Auch der gezielte Einsatz unterschiedlicher Entspannungstechniken kann zur Reduzierung von Stress-Symptomen beitragen und im Idealfall sogar helfen, körperliche Beeinträchtigungen erst gar nicht entstehen zu lassen.

Arbeitsaufgaben

1. Formulieren Sie Grundvoraussetzungen, die für effizienteres Arbeiten beachtet werden sollten.
2. Skizzieren Sie ein „Eisenhower-Tableau“. Listen Sie dabei für Ihren Arbeitsbereich auf, welche Arbeiten sie zu den A-, B-, C-, oder zu den Papierkorb-Arbeiten zählen.
3. Entwerfen Sie ein persönliches Organisationssystem für Ihre tägliche Arbeit.
4. Beschreiben Sie, welche Dimensionen der Begriff „Zeit“ für Sie hat.
5. Erläutern Sie, was man unter der ALPEN-Methode versteht.
6. Beschreiben Sie, welche Folgen sich aus psychologischer Sicht ergeben können, wenn Sie bestimmte (unangenehme) Arbeiten ständig vor sich herschieben.
7. Was bedeutet für Sie Stress?
8. Welche Fähigkeiten brauchen Sie, um den Umgang mit Stress positiv beeinflussen zu können?
9. Erläutern Sie, was „transformative Stressbewältigung“ für Ihre Lebensumstände bedeuten kann.

5 Grundlagen persönlicher und kommunikativer Kompetenzen

Susann T., seit zwei Jahren Kundenberaterin in einer Filiale der A-Bank, hat seit einiger Zeit das Gefühl, dass ihre Verhaltensweisen Kunden und Kollegen gegenüber nicht so „ankommen", wie sie es eigentlich gerne möchte. Trotz ihrer fundierten Fachkenntnisse hat sie manchmal den Eindruck, dass ihre Kunden nicht so recht verstehen, was sie ihnen vermitteln möchte. Zudem denkt sie in letzter Zeit immer öfter darüber nach, was eigentlich mit ihrer Weiterentwicklung werden soll. Zwar hat sie die eine oder andere „Idee", aber konkrete Vorstellungen sind daraus noch nicht erwachsen. Welche Ziele soll sie anstreben, wo liegen die für sie interessanten Entwicklungsfelder in der Bank, was kann sie leisten? Kurz: Wo steht sie, wo will sie hin? Und welche Möglichkeiten gibt es für sie, die eigene kommunikative Kompetenz zu verbessern?

5.1 Anmerkungen zum persönlichen Standort

Im folgenden Abschnitt möchte ich Sie ermuntern, zunächst einmal über Ihren derzeitigen Standort nachzudenken; über Ihre Position, Ihre Mitmenschen, Ihr Lebensgefühl, Ihre Sicht der Dinge – generell über Ihre Lebensumstände. Das ist natürlich ein weites Feld. Aber erst wenn Sie sich über Ihren Ist-Zustand im Klaren sind, können Sie sinnvoll Veränderungen in den Blick nehmen. Aus Ihrer täglichen Berufspraxis ist es Ihnen sicher geläufig, dass eine geplante Veränderung die Analyse des derzeitigen Zustandes voraussetzt. Dies ist im persönlichen Bereich der Entwicklung von **Schlüsselqualifikationen** nicht anders.

Da Sie sich vorgenommen haben, sich zu optimieren, Ihr „Standing" zu verbessern oder zumindest zu ergänzen, sollten Sie deshalb etwas Zeit für die Aufnahme Ihres Ist-Zustandes reservieren. Dabei ist es wichtig, dass Sie diese Diagnose in **schriftlicher Form** vornehmen. Ein nur flüchtiges gedankliches „Revue-passieren-Lassen" hält keinen Vergleich mit einer schriftlich fixierten Darstellung aus. Dies wird auch in späteren Abschnitten verdeutlicht.

5.1.1 Wer bin ich? – Instrumente zur Selbsteinschätzung

Schlüsselbegriffe

- Persönliche Bestandsaufnahme
- Johari-Window
- Zielsetzungen
- Zielhierarchien
- Zieloperationalisierung

Um Ihnen die **Ist-Analyse** zu erleichtern, sollten Sie folgendes Vorgehen wählen: Nehmen Sie sich ein Blatt und schreiben Sie auf, wie es Ihnen momentan wirklich geht, was nicht zu verwechseln ist mit der eher oberflächlichen Frage „Wie geht's". Unterscheiden Sie dabei zwischen positiven und negativen Aspekten Ihres jetzigen Zustandes.

Ihre Antwort bezieht sich wahrscheinlich auf einen oder mehrere der folgenden Bereiche (in Anlehnung an Birkenbihl, 1992a):

- **körperlicher Zustand** (Physis), Gesundheit;
- **seelischer Zustand** (Psyche), Gefühlslage;
- **Sozialkontakte** (Verhältnis zu Freunden, Partnern, Familie);
- **berufliche Situation** (Zufriedenheit, Erfolge, Misserfolge, Frustrationen, Stress).

Die Bereiche, die Sie in Ihrer Selbstdiagnose unter negativen oder positiven Vorzeichen angesprochen haben, sind die derzeitigen Kern- oder Schlüsselbereiche Ihres Lebens.

Für Susann aus dem Einstiegsfall könnte die Selbstdiagnose folgendes Aussehen haben:

Positive Felder	*optimierungsfähige Felder*
⇒ *gute Ausbildung*	⇒ *Kontakte, Gespräche mit Kunden*
⇒ *fundierte Fachkenntnisse*	⇒ *Zielvorstellungen über eigene Entwicklung*
⇒ *produktive Unzufriedenheit*	⇒ *rhetorisches, kommunikatives Verhalten*
⇒ *Entwicklungsbereitschaft*	
⇒ *gute, verlässliche Freunde*	

> Ihr grundsätzliches Ziel sollte sein, Ihre Stärken auszubauen und Ihre Schwächen zu reduzieren.

Der verbindende Aspekt zwischen den vier oben genannten Feldern ist Ihr Umgang mit sich selbst und anderen. Diese so genannten **sozialen Verhaltensweisen** sind zum Großteil ein Ergebnis der Werte und Normen, die sich ein Mensch im Laufe seines Lebens aneignet bzw. aneignen muss – insbesondere in der Kindheit und Jugend. Dazu zählen in erster Linie Erfahrungen, die in der Auseinandersetzung mit Eltern, Geschwistern, Lehrern, Freunden usw. gesammelt wurden.

Sollten Sie zum Beispiel in Ihrer **Selbsteinschätzung** einige Defizite im Umgang mit anderen festgestellt haben, wäre zu prüfen, ob diese nicht deshalb existent sind, weil Sie nach wie vor (ungeprüft) Vorschriften (Gebote wie Verbote) aus Ihrer Kindheit befolgen.

Einige Ihrer Erfahrungen und Gefühle aus der Kindheit seien in dem Satz komprimiert: „Ich bin hilflos und allein". Diesen Zustand haben Sie in sich gespeichert, und er könnte folgende Verhaltensweisen im Erwachsenenalter erklären: Klammerhaltung gegenüber anderen Menschen; Versuche, andere von sich abhängig zu machen; Menschen- und Kontaktscheu; extremes Kontaktbedürfnis usw.

„Diese alten Erfahrungen können uns die Umwelt verzerrt wahrnehmen und uns unrealistisch mit ihr auseinander setzen lassen. Aber diese negativen Auswirkungen lassen sich nicht dadurch verhindern, dass wir diese Gefühle negieren, unterdrücken oder verdrängen. Eine Veränderung wird vielmehr erst dann möglich, wenn wir diese Gefühle im ‚Hier und Jetzt' bewusster wahrnehmen lernen, sie zunächst als **unsere** Gefühle annehmen und akzeptieren, um dann mit unserer Vernunft zu entscheiden, wie wir auf diese Gefühle reagieren wollen." (Schwäbisch/Siems, 1985)

Wenn Sie eine **lernoffene Haltung** einnehmen bzw. entwickeln wollen, sollten Sie herausfinden, welche Ihrer derzeitigen Aktions- und Reaktionsweisen auf Verhaltensmustern gründen, die ein Resultat aus alten Erfahrungen sind; Erfahrungen, die zwar eine bestimmte Zeit in Ihrem Leben als Handlungsleitlinien zutreffend gewesen sein mögen, im Heute allerdings keinen bzw. nur einen sehr beschränkten Sinn mehr haben oder sich behindernd auf Ihre Auseinandersetzung mit der Umwelt auswirken können.

Sie wollen aus Ihrem ***offenen Bereich*** *einen Kontakt mit Ihrer Umwelt aufnehmen, indem Sie zum Beispiel vorhaben, mit Ihrem Kollegen über ein betriebliches Problem zu sprechen. Sie wissen jedoch nicht genau, wie er darauf reagiert. Tragen Sie beispielsweise weiterhin die alte, angelernte Erfahrung mit sich: „Andere mögen mich nicht besonders, ich werde abgelehnt“, so kann die Kontaktaufnahme erschwert oder so behindert werden, dass sie nicht zustande kommt.*

Sie nehmen aus Ihrem ***Erfahrungsbereich*** *spontan Kontakt mit einer Kollegin auf, weil Sie unter Umständen das Grundmuster besitzen: „Ich bin beliebt, ich werde gemocht“. Jetzt greift Ihr offener, rationaler Bereich ein, der Ihnen sagt, dass Sie mit dieser Kollegin schon öfter Probleme erörtern wollten, aber sie sich ablehnend verhalten hat. Auch hier könnte jetzt der Kontakt problematisch werden.*

Beide Beispiele zeigen, wie der erworbene Erfahrungsbereich aktuelle Situationen beeinflussen kann. Grundsätzlich sollten im Sozialkontakt „... alte Erfahrungen immer nur dazu benutzt werden, Hypothesen zu bilden (in unserem Fall: „Vielleicht lehnt er mich ab“). Wie in der experimentellen Wissenschaft müssen diese Hypothesen aber ständig neu auf ihre Richtigkeit hin geprüft werden. Auf diese Weise wird Wirklichkeit immer wieder neu erlebt, wir machen neue Erfahrungen, nehmen unbekannte Möglichkeiten und Fähigkeiten unserer eigenen Person wahr, finden kreative Lösungen in schwierigen Situationen und können uns selbst verwirklichen.“ (Schwäbisch/Siems, 1985)

Neue Sichtweisen und Verhaltensgrößen lassen sich anhand von **drei Fähigkeiten** erwerben (nach Schwäbisch/Siems, 1985):

1. Die Fähigkeit, das eigene Verhalten zu diagnostizieren. (Wie verhalte ich mich eigentlich? Verhalte ich mich so, wie ich es mir vorstelle oder wünsche?)

2. Die Fähigkeit, selbstständig eigene Verhaltensziele zu entwickeln. (Wie will ich mich verhalten? Welches Verhalten ist meinen Bedürfnissen und den Bedürfnissen meiner Partner angemessen?)

3. Die Fähigkeit, die entwickelten Verhaltensziele in die konkrete Verhaltenspraxis umzusetzen. (Wie kann ich das, was ich mir vorgenommen habe, in konkrete Verhaltensänderungen überführen?)

Der Schlüsselbegriff, obige Fähigkeiten für sich verfügbar zu machen, heißt **Feedback** oder **Rückmeldung**. Damit ist gemeint, dass Sie Ihr eigenes Agieren nur dann zutreffend einschätzen lernen, wenn Sie von anderen erfahren, wie es auf diese gewirkt hat. Diese Rückmeldung kann auf vielfältige Weise erfolgen. So können Sie etwa anhand der Art, wie Ihre Kolleginnen oder Kollegen mit Ihren Arbeitsergebnissen umgehen, darauf schließen, ob sie damit etwas anfangen können. Ein Kunde folgt Ihrem Vorschlag, weil er sich offenbar gut von Ihnen beraten fühlt. Dies sind allerdings nur **indirekte Rückmeldungen**. Das heißt, dass Sie darauf angewiesen sind, interpretativ vorzugehen. Ursache (Ihr Verhalten) und Wirkung (Aufnahme Ihres Verhaltens vom Partner) sind für Sie nicht direkt verfolgbar. So wäre es denkbar, dass der Kunde nur deshalb zum vorgesehenen Engagement „Ja“ sagt, weil er keine Lust mehr hat, sich weiter mit Ihnen auseinander zu setzen oder über keine Alternativen verfügt.

Insbesondere im kommunikativen Bereich ist indirektes Feedback kaum brauchbar. Wenn Sie anhand des Gesichtsausdruckes Ihres Gesprächspartners feststellen wollen, wie Ihre Worte gewirkt haben, so können Sie völlig daneben liegen. Er schaut Sie vielleicht deshalb ärgerlich an, weil er vor dem Gespräch eine Auseinandersetzung mit jemand anderem hatte. Der böse Gesichtsausdruck hat also mit Ihrem Handeln überhaupt nichts zu tun. Nach Möglichkeit sollten Sie deswegen immer ein **direktes Feedback** anstreben, den Partner also fragen, wie Ihr Verhalten bei ihm angekommen ist. Dies ist natürlich eine idealtypische Forderung. Nicht in jeder Situation können oder wollen Sie Ihr Gegenüber fragen, wie Ihr momentanes Verhalten bei ihm ankommt. Je öfter Sie es jedoch versuchen, um so klarer werden Sie erkennen, ob Ihr Gegenüber tatsächlich das aufgenommen hat, was Sie beabsichtigten.

Susann nimmt sich deshalb vor, in Gesprächen mit Kunden und Kollegen öfter um ein Feedback zu bitten. Dies kann in einer Kundenberatung z. B. durch den Satz „Treffen meine Ausführungen den Kern ihrer Überlegungen?“ geschehen.

Das Verarbeiten von Feedback wird in der Literatur meist als so genannter **„Fünferschritt“** bezeichnet (in Anlehnung an Schwäbisch/Siems, 1985):

(1) Sie haben eine bestimmte **Verhaltensabsicht**. (Sie wollen zum Beispiel einem Kunden ein bestimmtes Engagement nahe bringen.)

(2) Sie senden bestimmte **Verhaltensgrößen** aus – verbaler und nonverbaler Art. (Sie sprechen mit dem Kunden, legen Statistiken über Performance-Größen vor usw.)

(3) Sie **erhalten Feedback** über die Auswirkungen Ihres Verhaltens. (Sie fragen z. B. den Kunden, ob Sie sich verständlich ausdrücken, er Ihnen „folgen“ kann oder Ähnliches.)

(4) Sie **nehmen das Feedback auf** und verarbeiten es, indem Sie Ihr Verhalten ändern oder aber beibehalten und verstärken. (Sie sprechen zum Beispiel in einfacheren Begriffen – kein „Fachchinesisch“, unterstützen Ihre Argumentation durch visuelle Darstellungen oder reden langsamer.)

(5) Sie versuchen, die Verhaltensgrößen, die **positive Feedback-Meldungen** nach sich ziehen, bei sich zu **stärken** und diejenigen, die **negative Rückmeldungen** auslösen, **abzubauen**.

Die folgende Abbildung verdeutlicht noch einmal die unterschiedlichen Stufen des Fünferschritts.

Verarbeiten von Feedback als „Fünferschritt“

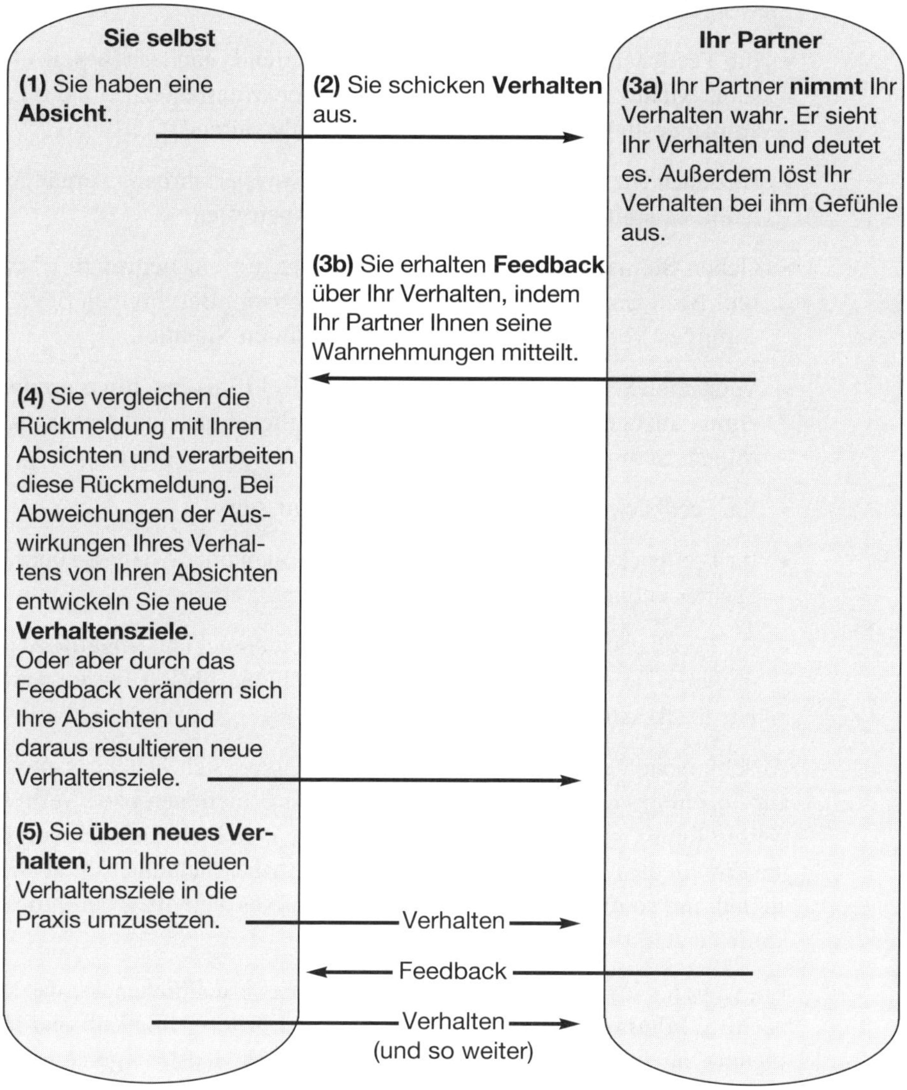

Abbildung 46 (Quelle: Nach Schwäbisch/Siems, 1985)

In den Fällen, in denen Sie aufgefordert werden, ein Feedback zu geben, erleichtern Sie Ihrem Partner das Verarbeiten Ihrer Rückmeldung, wenn Sie folgende Regeln beachten:

- Ihr Feedback sollte möglichst nicht wertend, sondern **beschreibend** sein. Nicht: „Sie sind ein unzuverlässiger Mitarbeiter." Sondern: „Ich empfinde Ihre Terminüberschreitungen als störend."
- Beziehen Sie Ihr Feedback auf beobachtbare, erfahrbare Vorgänge; das heißt, es sollte eine **konkrete Situation** betreffen.
- Geben Sie nach Möglichkeit Ihr Feedback für ein **begrenztes Verhalten**. Beziehen Sie nicht die gesamte Person ein. Beschreiben Sie ein bestimmtes Verhalten in einer ganz bestimmten Situation.
- Versuchen Sie, Ihr Feedback möglichst **direkt im Anschluss an das Ereignis** abzugeben. Das heißt, es soll möglichst nahe am Geschehen erfolgen. Sammeln Sie keine Situationen und packen dann aus.
- Ihr Feedback sollte **knapp und prägnant** sein.
- Ihr Feedback sollte **keine Schlussfolgerungen** oder Analysen über Ihren Partner enthalten.
- Ihr Feedback sollten Sie nach Möglichkeit sprachlich **angemessen** formulieren. (Eine gute Hilfe ist die Vorstellung, ob Sie Ihr formuliertes Feedback selbst so akzeptieren könnten.)

Abschließend sei noch darauf hingewiesen, dass sich Feedback nicht nur zur Formulierung von Ihnen negativ erlebter Situationen bzw. Verhaltensweisen Ihres Gegenübers eignet. Im Gegenteil: Je öfter Sie auch von Ihnen positiv erlebtes Verhalten Ihrem Partner als Rückmeldung zur Verfügung stellen, um so größer ist die Chance, dass dieses Verhalten bei ihm in Zukunft verstärkt auftritt.

Ein weiteres Instrument, Ihren Ist-Zustand zu verdeutlichen, ist das so genannte **„Johari-Window"** (benannt nach den Autoren **Joe** Luft und **Harry** Ingam), auch „Kommunikations- und Verhaltensfenster" genannt. Es ist eine modellhafte Darstellung der Bereiche, die menschliches Verhalten determinieren. Den Hintergrund bildete die Überlegung, welche Anteile des Agierens Ihnen selbst („SELBST"), den Partnern („ANDERE") und welche Ihnen und den anderen zugänglich sind.

Kommunikations- und Verhaltensfenster (Johari-Window)

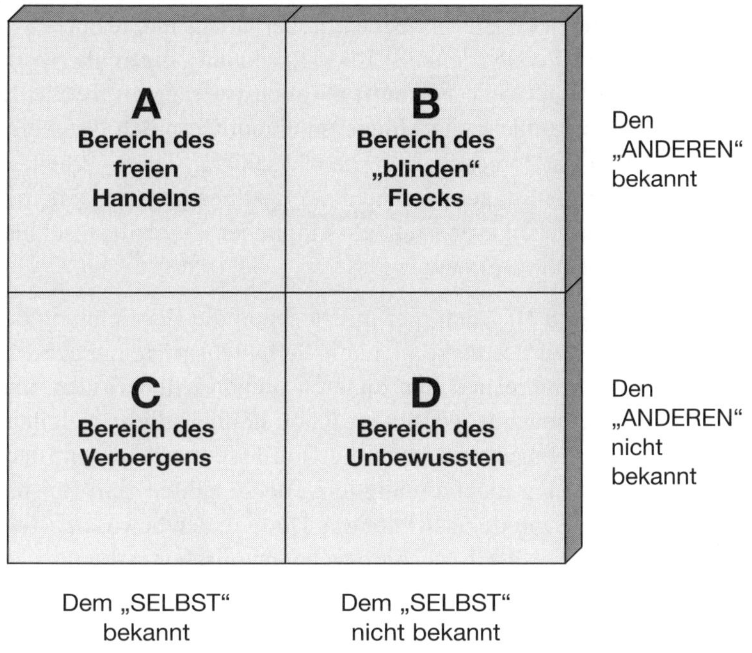

Abbildung 47 (Quelle: Luft, 1971)

Bereich A: Wie die Bezeichnung des Feldes schon ausweist, ist dies der Bereich des **„freien Handelns"**, der dem Individuum zur Verfügung steht. Aktionen, die aus diesem Teil kommen, sind sowohl dem eigenen „ICH" oder „SELBST" bekannt, als auch den Partnern, den „ANDEREN". Das Verhalten kann in seinen Wirkungen vom Individuum eingeschätzt werden und wird von den Partnern auch wahrgenommen. In der Literatur wird dieses Feld auch mit dem Begriff „Arena" belegt.

Bereich B: Die Bezeichnung **„blinder Fleck"** meint, dass hier vom Individuum im Umgang mit anderen Verhaltensanteile produziert werden, die von den Partnern zwar wahrgenommen werden, dem Sender, also dem „ICH", aber nicht als Wirkungsgröße bekannt sind. Hierzu zählen zum Beispiel Angewohnheiten im sprachlichen Bereich (häufige Verwendung von „äh", Gebrauch von Floskeln wie „nicht wahr", „alles klar", häufiger Einsatz von Lieblingsworten). Aber auch Unverständlichkeiten in der Ausdrucksweise, Gebrauch von Fachbegriffen (Fachchinesisch), die vom Gegenüber nicht kenntlich gemacht werden (Feedback!), körpersprachliche

Ausdrucksweisen (Marotten) wie beispielsweise ständiges An-die-Krawatte-Fassen oder überzogene Gebärden, fallen in diesen Bereich.

Bereich C: Hierin liegen alle Verhaltensanteile eines Menschen, von denen er zwar weiß (dem „SELBST" bekannt), die er aber vor anderen (den „ANDEREN" nicht bekannt) möglichst verbergen möchte. Hierzu zählen zum Beispiel fachliche Mängel in einem Gespräch (sie werden vielleicht durch bewusst forsches Auftreten kaschiert), Unsicherheit, die durch eine bestimmte Situation entsteht, Antipathien gegenüber dem Partner (sie werden nicht gezeigt, da sonst ein möglicher Geschäftsabschluss vielleicht infrage gestellt wäre) usw.

Bereich D: Auch hier macht schon die Bezeichnung deutlich, dass in diesem Teil der Persönlichkeit Verhaltensgrößen abgebildet werden, die dem Individuum und den anderen nicht verfügbar sind, aber unbewusst, also nicht-bewusst existieren. Zwar können diese Anteile in einer konkreten Verhaltensaktion deutliche Einflüsse ausüben, sind jedoch einer direkten Steuerung nicht zugänglich. Hierzu zählen zum Beispiel neurotische Verhaltensanteile oder Phobien. Diese in den bewussten Teil der Persönlichkeit zu heben, ist Aufgabe psychoanalytischer Arbeit.

Die Darstellung in Abbildung 47 hat **Modellcharakter**. Ihr persönliches Verhaltensfenster kann völlig anders aussehen. Sicher ist jedoch, dass in jedem Menschen diese vier Bereiche seines Verhaltens existent sind.

Kommen Sie im Rahmen Ihrer **Selbstdiagnose** unter Umständen zu dem Ergebnis, dass der Bereich A, also die Arena, die Ihrem freien Agieren zugänglich ist, größer werden müsste, so betrifft dies die Felder B, C und D. Nach dem, was Sie über Feedback wissen, können Sie Ihren blinden Fleck dadurch verkleinern, also Ihre Arena vergrößern, wenn Sie öfter nachfragen, wie Ihr Verhalten bei Ihren Partnern angekommen ist bzw. auf diese wirkt (Rückmeldung erbitten!). Die zweite Möglichkeit, Feld C zu verkleinern, damit A größer wird, bedeutet: Sie müssen sich überlegen, welche verbergenswerten Anteile Sie tatsächlich in sich tragen. Ist es wirklich so persönlichkeitsschädigend, in einer Situation einmal Unsicherheit zuzugeben, fachliche Unzulänglichkeiten einzugestehen? Das Stichwort lautet hier: **Offenheit**. Je offener Sie mit Ihrer gesamten Persönlichkeit in einer Situation agieren, um so größer wird Ihr Bereich des freien Handelns werden. Sie müssen dadurch immer weniger Energie für Ihre Verbergensleistung (zum Beispiel in einem Gespräch) bereitstellen, was dazu führt, dass Sie für das Eigentliche mehr Kraft zur Verfügung haben und unbelasteter kommunizieren können.

Sind Offenheits- und Feedback-Prozesse in einem ausgewogenen Maß vorhanden, wird Bereich A zum dominanten Element.

Erweiterung des „freien Handelns"

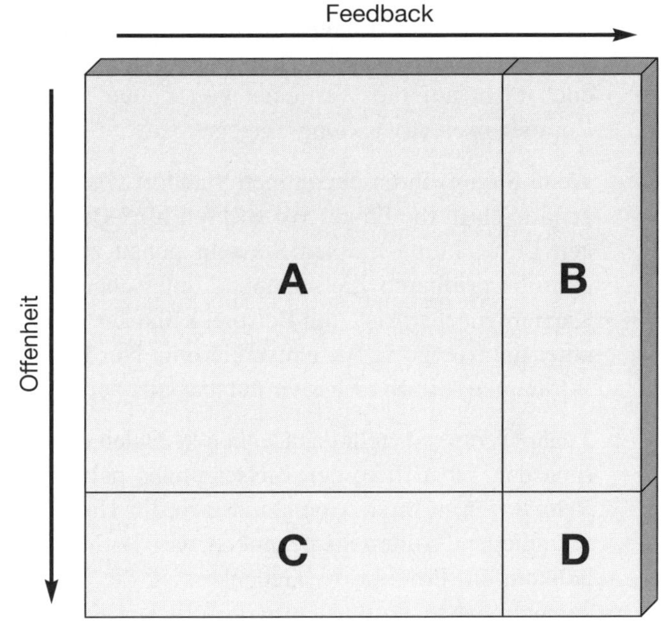

Abbildung 48

Es stellt sich die Frage, weshalb jetzt auch der Bereich D kleiner geworden ist: Wenn Sie offen agieren (also ohne ständig Angst zu haben, jemand könnte zum Beispiel Ihre Aufgeregtheit bemerken) und wenn Sie aufgrund des Feedbacks um die Wirkungen Ihres Verhaltens wissen, so wird der Bereich, der Ihnen nicht zugänglich ist und unter Umständen für neurotische Symptome verantwortlich zeichnet, automatisch kleiner. Sie sind nämlich weniger belastet, fühlen sich in Ihren Aktionsfeldern sicherer, da Sie von den „ANDEREN" in Ihrer Gesamtperson, von der Sie ja einen Großteil präsentieren, akzeptiert werden.

Ein offenes und um Feedback bemühtes Verhalten kann bei anderen jedoch zu Anfang eine gewisse **Verteidigungshaltung** auslösen. Diese sind in der Regel nicht daran gewöhnt, dass jemand ehrliche und auf Vertrauen gründende Sozialbeziehungen anstrebt.

5.1.2 Wo will ich hin? – Zur Relevanz von Zielen

Nachdem Sie einige Überlegungen über sich, zu dem, was Sie ausmacht, angestellt haben, geht es im folgenden Kapitel darum, deutlich zu machen, welche überragende Bedeutung dem **Denken in Zielen, Zielsetzungen und Zielformulierungen** zukommt. Im vorangegangenen Kapitel sind implizit auch mögliche Ziele Ihrer Entwicklung eingeflossen. Dabei wurde jedoch nicht auf die Wertigkeit von Zielen im Rahmen der persönlichen Kompetenzenentwicklung eingegangen.

Wenn Sie um Ihren derzeitigen Standort wissen, ist der sich logisch anfügende Schritt die Frage: **Wo will ich hin?** Bei Betrachtung Ihrer zukünftigen Entwicklung müssen Sie sehr genau zwischen Absichtserklärungen und überprüfbaren Zielsetzungen unterscheiden. Das Vorhaben „Ich will Karriere machen“ ist zum Beispiel keine Zielformulierung. Derartiges fällt unter die Kategorie Absichtserklärung. Nur **konkret gesetzte Ziele** haben Wirkungen, die Sie für sich nutzbar machen können.

Zunächst einmal stellt das Denken in Zielen eine persönliche Herausforderung dar. Ein Effekt, den Zielsetzungen haben, ist etwa, dass Sie lernen, **Prioritäten** in Ihrer Arbeit zu setzen. Ihr Handeln wird zukunftsgerichtet. Grundlegend sollten Sie bedenken, dass Ihr heutiges Standing, Ihre Persönlichkeit, ein Produkt der Gedanken ist, die Sie sich in den letzten Jahren gemacht haben. Und genauso wird Ihr persönlicher Standort, den Sie vielleicht in fünf Jahren einnehmen werden, aufgrund der Gedanken zustande gekommen sein, die Sie sich ab heute machen. Wenn Sie also Ihre Entwicklung nicht Zufällen überlassen wollen, müssen Sie Ihre **Ziele genau festlegen**.

Um ein Ziel erreichen zu können, muss es bestimmte **Kriterien** erfüllen:

- Ein Ziel muss den **Endzustand**, den Sie anstreben, in konkreter Form beschreiben.
- Ein Ziel muss den **Zeitpunkt**, bis zu dem es realisiert werden soll, in konkreter Form enthalten.
- Ein Ziel muss **operational**, das heißt nachprüfbar formuliert sein und zwar in dem Sinne, dass im Ziel Daten genannt sind, die anzeigen, wann das Ziel als erfüllt gilt.
- Ein Ziel muss erkennen lassen, wer für seine Erreichung **verantwortlich** ist.

- Ein Ziel kann **Prämissen** enthalten, die bei seiner Realisierung berücksichtigt werden müssen (Realistisches Ziel!).
- Ein Ziel kann **Elemente** enthalten, die bei seiner Realisierung **vermieden** werden sollen.
- Ein Ziel muss **schriftlich formuliert** sein.

Obige Bedingungen werden in der Literatur meist unter dem Begriff der **Operationalität von Zielen** zusammengefasst. Eine Zielformulierung muss demnach zweifelsfrei erkennen lassen, wann sie als erfüllt gilt. Dies ist nur möglich, wenn quantifizierbare Größen sowie ein Zeitpunkt, zu dem diese realisiert sein sollen, genannt werden. Wenn Sie sich nochmals die Absichtserklärung „Ich will Karriere machen" ins Bewusstsein rufen, dann erkennen Sie sofort, dass hier kein Ziel vorliegen kann. Es ist nicht quantifiziert, welche Größen das Ziel Karriere bestimmen; es ist nicht angegeben, welcher Endzustand eingetreten sein soll, wenn man von Karriere spricht; es ist kein Endzeitpunkt genannt, zu dem das Ziel erreicht werden soll usw. Das einzige, was die Formulierung enthält, ist der Hinweis auf die Verantwortlichkeit: „Ich".

*Wie sieht nun eine **operationalisierte Formulierung** aus? Beispielsweise könnte Susann aus dem Einstiegsfall festlegen: „Ich will bis zum Jahre 2008 Abteilungsleiterin ‚Privatkundengeschäft' bei der Bank X sein und mindestens 60.000 Euro p.a. verdienen."*

Eine mögliche weitere Bedingung könnte sein, dass Sie auf dem Weg zu diesem Ziel auf jeden Fall mindestens zwei Sonntage im Monat zur freien Verfügung haben wollen oder weiterhin mindestens an zwei Abenden in der Woche zwei Stunden Sport treiben möchten.

Um sich die **Kraft eines Zieles im Hier und Jetzt** nutzbar zu machen, hat natürlich ein Ziel, das erst unter mittel- oder langfristiger Sicht erreicht werden kann, wenig Ausstrahlung.

Auch beim Festlegen von Prioritäten im Rahmen Ihrer Aktivitäten auf dieses Ziel hin ist ein weit in der Zukunft liegendes Ziel nur bedingt brauchbar. Ein längerfristiges Ziel muss deshalb **deduziert** werden, das heißt, es muss auf näher liegende Zeithorizonte heruntergebrochen werden.

Zielhierarchien – Konkretisierung längerfristiger auf näher liegende Zielhorizonte

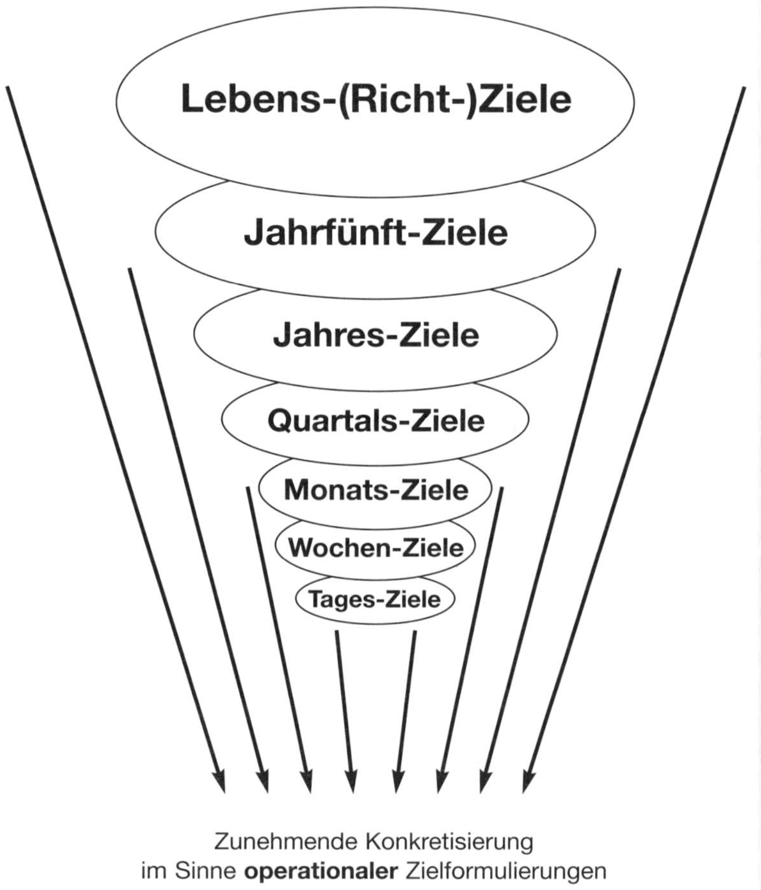

Abbildung 49

Diese Hierarchisierung von Zielen macht deutlich, dass **mit zunehmender Nähe zum „Heute" die Ziele immer konkreter, operationaler werden müssen**. Kann ein so genanntes Lebensziel noch relativ wenig operational sein (meist sind derartige Ziele im qualitativen Rahmen angesiedelt – „Ich möchte ein glückliches und erfülltes Leben führen"), so ist jedoch die oben dargestellte Konkretisierung im Sinne einer exakten Zielformulierung bei näher rückenden Zielen, etwa unterhalb der Grenze von Jahrfünftzielen, unabdingbar.

Normalerweise werden Sie, von einem generellen Lebensziel vielleicht abgesehen, verschiedene Ziele verfolgen. Dabei ist es sinnvoll, Ihre Ziele in Bereiche zu unterteilen. Als zwei Hauptgebiete wären denkbar: Privatleben – Berufsleben. Hierunter könnten folgende Punkte subsumiert werden:

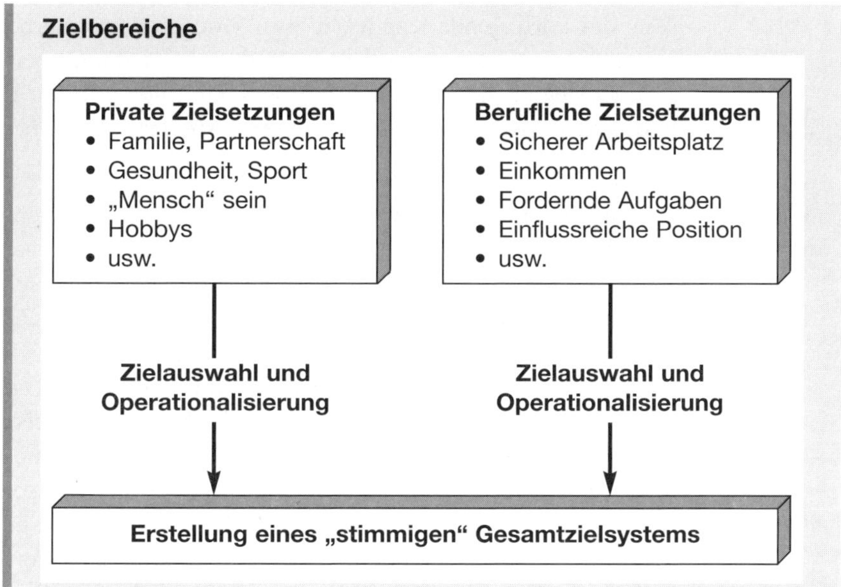

Abbildung 50

Haben Sie Ihre Ziele für beide Bereiche ausgewählt und **operationalisiert**, sollten Sie nun versuchen, die Ziele aus beiden Feldern aufeinander abzustimmen. Die Koordination der verschiedenen (Teil-) Ziele ist wesentlich, damit sich die einzelnen Ziele nicht gegenseitig behindern. So können Sie in der Regel nicht eine einflussreiche Position anstreben, wenn beispielsweise im privaten Bereich eines Ihrer Ziele lautet: „Ich will jedes Wochenende vollständig meinem Hobby widmen“. Sie sollten demnach ein **stimmiges Gesamtzielsystem** anstreben. Nur so lässt sich vermeiden, dass Sie für ein Ziel Energie einsetzen, damit aber gleichzeitig ein anderes, Ihnen wichtiges Ziel, immer unerreichbarer machen. Es gibt aber auch Ziele, die sich gegenseitig unterstützen oder fördern. So ist zum Beispiel das Ziel „Selbstverwirklichung im Beruf“ durchaus mit dem Ziel „gesund leben“ vereinbar.

Wenn mittelfristig im Rahmen Ihrer Berufstätigkeit das eben angesprochene Ziel „Abteilungsleiter“ für Sie zutreffend wäre, so müsste jetzt eine weitere Ausdifferenzierung in Richtung „Heute“ vorgenommen werden. (Dies ist im Übrigen auch die Grundüberlegung von so genannten Time-

Systems, dem Zeitmanagement.) Erst wenn es Ihnen gelungen ist, Ihr Ziel auf Monats- und Wochenziele herunterzubrechen, können Sie exakt entscheiden, ob Ihre heutige Handlungsweise Ihrer **Zielerreichung** nutzt. Sie sind dann in der Lage, klare Prioritäten zu setzen. Auf der untersten Stufe könnte eine Aktivität auf dem Weg zu Ihrem Jahrfünftziel zum Beispiel sein, das vorliegende Kapitel in zwei Wochen durchzuarbeiten. Dies (formal gesehen) deswegen, weil diese Kenntnisse zum überwiegenden Teil zum Bestehen Ihrer Bankbetriebswirt-Abschlussprüfung notwendig sind, und dieser Abschluss eine von Ihnen festgelegte Zwischenzielgröße darstellt, um Ihr eigentliches Ziel zu erreichen.

Haben Sie nun entsprechende Unterziele gesetzt und erkennen im Zeitablauf, dass Sie Ihre (Unter-)Ziele tatsächlich erreichen, so haben Sie sich die Kraft von Zielen für Ihre Psyche zunutze gemacht. Unterschätzen Sie nicht die **motivationale Energie**, die die von Ihnen erreichten Ziele ausstrahlen. (Sie kennen sicher Ihren inneren Zustand, wenn es Ihnen wieder einmal gelungen ist, den inneren Schweinehund zu überwinden.) Ganz nebenbei erarbeiten Sie sich so ein gutes Gefühl für Ihre **eigene Leistungsfähigkeit**, für das, was Sie sich zumuten können oder nicht. Denn auch aus nicht oder unvollständig erreichten Zielen lernen Sie. Allerdings sollten Sie genau analysieren, warum die angestrebte **Zielrealisation** nicht gelungen ist. Haben Sie sich zum Beispiel intellektuell oder zeitlich überfordert? Waren Sie nicht in der Lage, Ihren **Zeitplan** einzuhalten? Haben sich unerwartete Probleme aufgetan? Die Ergebnisse dieser Analyse geben Ihnen gute Anhaltspunkte dafür, wie Sie demnächst Ihre Ziele dimensionieren sollten. Idealtypisch formuliert, können Sie anhand konkreter (Tages-) Ziele jederzeit entscheiden, ob das, was Sie gerade tun, für Ihre Zielerreichung sinnvoll ist oder nicht.

Wenn das Gesamtzielsystem steht, also die Realisation in Angriff genommen wird, so ist es sinnvoll, zunächst einmal darüber nachzudenken, **wer oder was bei der Umsetzung der Ziele hilfreich** sein kann, welche sachlichen wie personellen Arrangements getroffen werden können, um die Zielansteuerung zu vereinfachen. Folgende Fragen und Überlegungen können dabei hilfreich sein:

- Kenne ich Menschen, die ein ähnliches oder gleiches Ziel haben, mit denen ich möglicherweise kooperieren kann?
- Gibt es Menschen, die eines oder mehrere meiner Ziele schon erreicht haben – wie sind sie zum Ziel gekommen? (Hierbei kann auch das Lesen von Biografien nützlich sein!)
- Welche Menschen können mir bei meiner Zielansteuerung nützlich sein, mir Wege abnehmen, Sachmittel (Bücher, technische Hilfsmittel, ...) zur Verfügung stellen oder mich motivieren?

Erst wenn Sie diese Fragen geklärt haben, kommt Ihr Einsatz. Jetzt müssen Sie exakt festlegen (im Sinne obiger Zielhierarchisierung), welche Schritte Sie gehen müssen.

Stellen Sie sich bei Ihrem Weg auf das Ziel immer wieder **bildlich** vor, wie es sein wird, wenn Sie Ihr Ziel erreicht haben. Verankern Sie Ihre Ziele im Unterbewusstsein, indem Sie sich so oft wie möglich innerlich verdeutlichen, wie Sie sich fühlen, wie Sie leben, wie Ihre Lebensumstände sein werden, wenn Ihr Ziel realisiert ist. Bewegen Sie sich in Ihrem angestrebten Ziel. „Außerdem: **Sie treffen auch wichtige Entscheidungen Ihres Lebens** viel leichter, wenn Sie, sozusagen als Fixstern am Firmament, ein großes Ziel haben." (Birkenbihl, 1995; Hervorhebung Wirtz) Jean Paul Sartre hat dies einmal in dem Satz komprimiert **„Entwirf dich auf ein Ziel hin"**. Sie justieren so Ihre psychische Energie und nehmen eine Selbstmotivierung vor.

Abschließend soll Ihnen ein Beispiel aus der Bankpraxis zusammenfassend darlegen, welche Stufen und Ausdifferenzierungen ein **Richtziel** (Makroziel) durchlaufen muss, damit seine Umsetzung effektiv und unter motivationalen Gesichtspunkten sinnvoll ist.

Ableitung Mikroziele für Geschäftsstelle (Fiktives Beispiel)

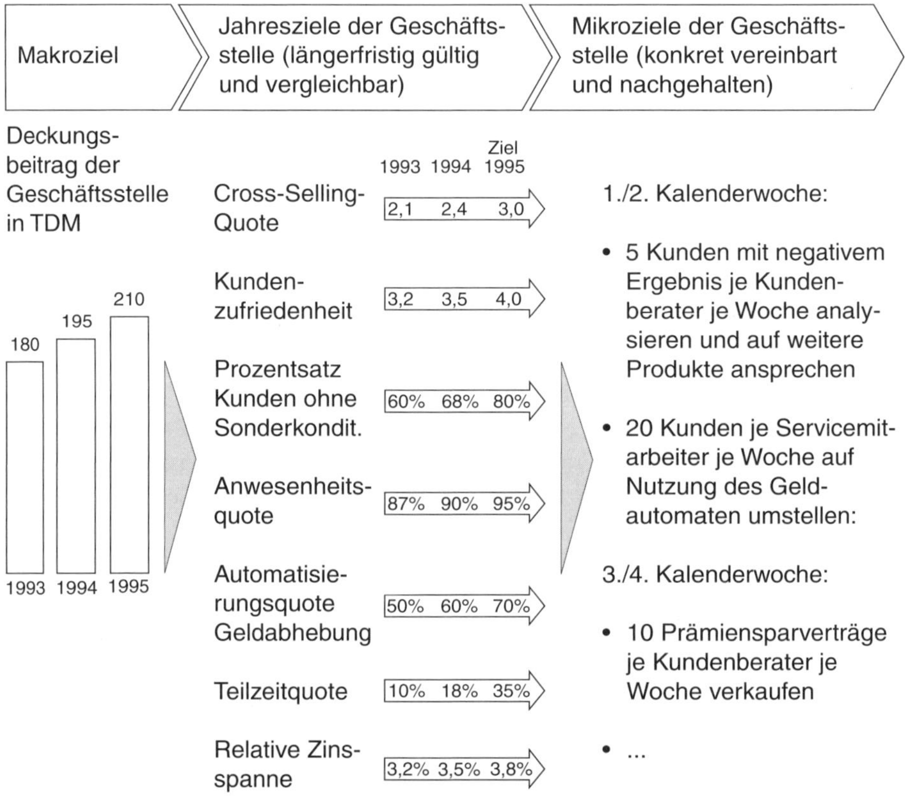

Abbildung 51 (Quelle: Cramer, 1995)

5.1.3 Was treibt mich an? – Anmerkungen zur Motivation

Schlüsselbegriffe

- Motiv
- Motivation
- Lebensmotive
- Leistungsmotivation

Im folgenden Kapitel geht es weniger darum, Ihnen einen vollständigen Überblick über die psychologische Motivationslehre darzustellen. Die wissenschaftlichen Theorien werden nur insoweit dargelegt, wie es zur Präzisierung des Sachverhaltes im Zusammenhang mit der vorliegenden Fragestellung notwendig erscheint. Die Hauptintention liegt dabei auf der Tatsache, dass Erkenntnisse über eigene Motivationslagen sowie deren Zustandekommen helfen, Potenziale zur Aneignung von Kompetenzen auf den entsprechenden Gebieten zu mobilisieren. Zunächst soll Ihnen deutlich werden, wie komplex das Wort Motivation im Rahmen seines Bedeutungsfeldes ist.

Nähert man sich dem Begriff anhand der einschlägigen Literatur, so findet sich eine Fülle von Definitionsentwürfen. So erläutert zum Beispiel das Lexikon der Psychologie (1977):

> „**Motivation** bezeichnet einen der hypothetischen Vorgänge, die in die Determinierung des Verhaltens neben der Wirkung eines Reizes oder einer wahrgenommenen Situation, neben den Vorgängen des Lernens und gewissen Dispositionen, wie etwa den Fähigkeiten, eingreifen. Während jedoch die Fähigkeiten vor allem den Ertrag oder das Adaptionsniveau eines Verhaltens beeinflussen, bestimmt die Motivation dessen Aktivierungsgrad, dessen Intensität und Beständigkeit sowie dessen allgemeine Richtung."

Wesentlich bleibt hier zunächst festzuhalten, dass Motivation offensichtlich etwas mit dem Aktivierungsgrad Ihres Verhaltens zu tun hat. Andere Definitionsentwürfe (Wörterbuch der Pädagogik, 1977) stellen den Ansatzpunkt Zielerreichung in den Mittelpunkt der Motivation.

In allen Definitionen wird deutlich, dass der Kern dessen, was Motivation eigentlich ist, nicht klar ersichtlich wird. Umschrieben wird jedoch, dass der Begriff der Motivation offenbar die Frage nach dem Warum menschlichen Verhaltens beantworten will. Weshalb tut ein Mensch gerade dies oder lässt etwas anderes? Das impliziert, dass eine Person sich frei entscheiden kann – zumindest in bestimmten Grenzen. Wäre ein Mensch völlig von seinem sozialen Umfeld abhängig, sein Verhalten also determiniert, dann wäre eine freie Entscheidung unmöglich. Es muss also etwas dem Menschen Innewohnendes existieren, das sein Verhalten in bestimmten Situationen beeinflusst. Joerger (1976) hat diese intrapersonale Instanz mit dem Begriff „Tendenz" belegt. Dies bringt zunächst auch keine klassische Erklärung. So räumt Joerger auch unumwunden ein: „Was Motivation ist, wissen wir nicht.“ Das Hilfskonstrukt Tendenz macht es jedoch leichter, bestimmte überdauernde Verhaltenstendenzen eines Menschen zu analysieren.

Beobachtet man **Verhaltensweisen** (natürlich auch Ihre eigenen), so lassen sich verschiedene **Kategorien** bilden, die weit gehend den heute gebräuchlichen Begriff der Motivation abbilden:

- Verhalten kann von einem Individuum „willkürlich“ in Gang gesetzt werden, ohne dass hierzu exogene Reize notwendig sind.
- Das Verhalten eines Individuums hat ein angebbares Ziel.
- Von diesem Ziel wird das Verhalten des Individuums in seiner Ausrichtung gesteuert und findet bei Zielerreichung ein Ende.

„Motivation ist demnach die Bezeichnung für eine Gruppe von **im Einzelnen unbekannten Faktoren**, die Verhalten in Gang setzen, in seiner Richtung steuern und zu einem befriedigenden Abschluss führen.“ (Joerger, 1976; Hervorhebungen Wirtz)

Die letzte Definition macht deutlich, dass Motivation sich nicht „an sich“ feststellen lässt, sondern sich erst auf dem Umweg des **beobachtbaren Verhaltens** erschließt. Psychologisch betrachtet heißt dies, dass Motivation eine so genannte intervenierende Variable darstellt. Es wird demnach versucht, aus beobachtbarem Verhalten auf die zugrunde liegende Motivation zu schließen. So wird auch erklärbar, warum Menschen in derselben Situation unterschiedliches Verhalten zeigen. Sie haben offenbar verschiedenartige Motive. Arbeitet zum Beispiel der eine hart und ausdauernd, während ein anderer nur das Notwendigste tut, so könnte man denken, dass der eine ehrgeizig, der andere eher bequem ist. Das mag zwar auf den ersten Blick einleuchten, kann aber völlig falsch sein. Das beobachtete Verhalten sagt nämlich über die jeweils vorliegende Motivation nichts aus! Die Adjektive „ehrgeizig“ bzw. bequem „beschreiben“ das **Verhalten**, bezeichnen nicht die dahinter stehenden Motive. Heckhausen (1975) bringt dies auf den kurzen Satz: „**Ein Motiv kann nicht beobachtet werden**.“

Eine weitere Überlegung betrifft den Sachverhalt der schärferen semantischen Fassung. Motivation umfasst nach dem bisher Ausgeführten einen Zustand, der die **aktivierte, zielorientierte Verhaltensbereitschaft** eines Individuums beschreibt. Dies bestätigt auch die etymologische Betrachtung: in movitum ire (lat.) = in das einsteigen, was bewegt.

Deutlich davon zu trennen ist der Begriff **Motiv**. Er ist die Bezeichnung für ein ganz bestimmtes Merkmal einer Person, wie Heckhausen schreibt: ein „wiederkehrendes Anliegen". Sind diese sich wiederholenden Anliegen über einen längeren Zeitraum in einer Person vorhanden, sind sie ein Teil ihrer Persönlichkeit, ihres Charakters.

Richtet sich der Blick auf einen aktiven Vorgang zur **Veränderung von Verhalten**, so spricht man von **Motivierung**. Die deutsche Grammatik ist hier hilfreich: Bei Verbalsubstantiven mit der Endung „ung" wird der Ablauf eines Geschehens benannt, die Endung „[t]ion" hingegen meint eher eine Zustandsbeschreibung; zum Beispiel Relativierung – Relation, Positionierung – Position. (Manchmal wird für den Terminus „Motivierung" in der Literatur auch der Begriff „Motivieren" benutzt.) Pointiert lässt sich sagen, dass sich Motivation zu Motivierung verhält wie die Frage des „Warum" zu der nach dem „Wie" (Sprenger, 1996).

Motive, also überdauernde Anliegen eines Menschen, sind ein Stück von ihm. Sie sind zum einen teilweise genetisch festgelegt, zum anderen, aufgrund der jeweils spezifischen Biografie, gewachsen und entwickelt worden, insoweit ein Sozialisationsprodukt. Dieser Sachverhalt macht die Schwierigkeit deutlich, jemanden zu motivieren, in ihm also neue Motive zu setzen. Zumindest dann, wenn dies in einer vergleichsweise kurzen Zeit geschehen soll. Es ist jedoch durchaus möglich, dass eine konkrete Situation Motivierungspotenzial enthält und so zu einer bestimmten **Motivation** (zum Beispiel gegenüber der zu erbringenden Leistung) führt.

Motive → Motivation

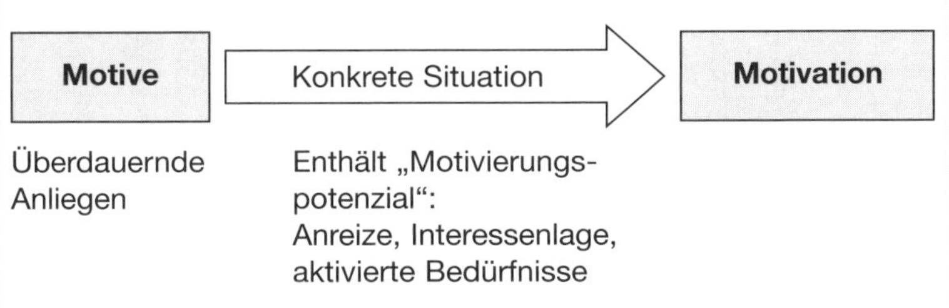

Abbildung 52

In der einschlägigen Literatur findet sich eine Vielzahl von Kriterienkatalogen, wie sich die uns innewohnenden Motive katalogisieren lassen. Die wesentlichsten Einteilungsmöglichkeiten sollen kurz angerissen werden:

Einteilungsmöglichkeiten von Motiven

Kriterium	***Ausprägung***
Entstehung	• Primäre Motive • Sekundäre Motive
Orientierung	• Intrinsische Motive • Extrinsische Motive
Inhalte	• Physiologische Motive • Emotionale Motive • Soziale Motive • Kognitive Motive

Abbildung 53

Entstehung – wie der Begriff schon nahe legt – wird hier nach der Art unterschieden, wie die Motive entstanden, geworden sind. Der Terminus primär meint die **angeborenen Motive** (auch unter dem Terminus „biologisch" zu finden), die Kennzeichnung sekundär die **biografisch erworbenen Motive**. Zu den primären Motiven gehören dabei vornehmlich die physiologischen wie Hunger, Durst, Behausung usw. [Für den hier dargestellten Zusammenhang ist dabei der wissenschaftliche Disput, ob die bei allen Menschen anzutreffenden Grundmuster (Instinkte) angeboren oder (sehr früh) erworben wurden, mehr akademischer Natur.]

Die Anzahl menschlicher Motive ist zweifellos überwiegend sekundärer Art. Vereinfacht heißt dies, dass sich diese Motive von ihren ursprünglichen Zusammenhängen gelöst haben. Schon Pawlow hat in seinen berühmt gewordenen Hundeexperimenten nachgewiesen, dass durch Konditionierung Emotions- oder Erwartungsübertragungen möglich sind (die „klassische Konditionierung"). Diese Erkenntnis über bedingte Reaktionen versucht zum Beispiel auch die Werbepsychologie einzusetzen, indem sie sich bemüht, ein primäres Motiv (zum Beispiel Nahrung) auf ein bestimmtes Produkt zu übertragen („Kauf den Riegel X" – „Still deinen kleinen Hunger"). Bei der Bedürfnisweckung werden natürlich auch noch andere Motive gezielt angesprochen („nette Menschen um sich haben" – „wählerischer Typ sein" usw.), die unterstützend unsere Produktentscheidung beeinflussen sollen.

Die **Orientierungsrichtung individueller Motive** fragt danach, ob die jeweiligen Motive von innen oder außen kommen. **Intrinsisch** motivierte Menschen beschäftigen sich beispielsweise mit einer Arbeit um ihrer selbst willen. Der Sinn oder Reiz der Aufgabenstellung ist ihnen Antrieb, stellt ihre Motivation her. **Extrinsisch** motivierte Menschen beschäftigen sich mit einer Arbeit, weil deren Bewältigung für die Erreichung eines anderen Zieles, der Befriedigung eines anderen Motives, ihnen notwendig erscheint. Der Firmenkundenberater, der ein Kreditengagement intensiv mit seinem Kunden bearbeitet, ist intrinsisch motiviert, wenn ihm diese Tätigkeit innere Befriedigung verschafft, zum Beispiel das Gefühl, einem Unternehmen entscheidend weitergeholfen zu haben. Tut er dies, weil er damit bei seinem Vorgesetzten gut dasteht und unter Umständen seine Beförderung hierdurch günstig beeinflusst wird, handelt er extrinsisch motiviert. Sein eigentliches Motiv ist die angestrebte Beförderung. Um einem Irrtum vorzubeugen: Extrinsische und intrinsische Motive haben nichts mit guten oder schlechten Motiven zu tun. Auch müssen sich extrinsisch motivierte Menschen in ihren Anstrengungen nicht von intrinsisch motivierten unterscheiden.

Wesentlich ist diese Unterscheidung jedoch für die Art, wie verschieden motivierte Mitarbeiter geführt werden können. So sind zum Beispiel intrinsisch motivierte Mitarbeiter von Fremdbekräftigung weit gehend unabhängig. Ein Fortschritt oder Rückschritt in der Arbeit selbst ist ihnen in der Regel Belohnung oder Strafe genug. Anders ausgedrückt: Lob oder Tadel (wie immer konkret ausgeformt) zeigt nur bei extrinsisch motivierten Mitarbeitern deutliche Wirkung.

Die **inhaltliche** Differenzierung benennt die Gebiete, auf denen die Motive eingesetzt werden. **Physiologische Motive** sind auf den Körper gerichtete Motive (Hunger, Durst, Wunsch nach Wärme usw.). **Emotionale** oder **affektive Motive** sind alle diejenigen, die als Auslöser für „bestimmte Handlungsfolgen infrage kommen: Liebe und Hass, Neid, Dankbarkeit usw., aber vor allem Angst und Furcht als Tendenz zur Vermeidung negativer Zustände. Das Erlernen dieser Bedürfnisse (Motiv und Bedürfnis werden hier synonym gebraucht; H.W.) erfolgt ... auf dem Weg über die Reiz-Substituierung (Pawlow) ... Das zugrunde liegende Prinzip ist das Streben nach Lust bzw. die Vermeidung von Unlust.“ (Joerger, 1976)

Soziale Motive lassen sich nach Heckhausen in drei Gruppen unterteilen (zitiert nach Joerger, 1976):

(1) **„Macht-Motiv**
Dies ist das Bedürfnis, unter den Mitmenschen etwas zu gelten, einen bestimmten (und zwar möglichst hohen) Rang einzunehmen ... Bedürfnis nach Dominanz.

(2) **Anschluss-Motiv**
Hierunter wird das Bedürfnis verstanden, mit anderen Menschen zusammen zu sein, also nach Gesellschaft; das Bedürfnis ... sich anzupassen, nachzugeben, auf Führungsanspruch (Dominanz) zu verzichten ...

(3) **Leistungs-Motiv**
Dies ist das Bedürfnis, einer Idealnorm zu entsprechen, die man sich selbst setzt. Verständlicherweise spielt die Leistungsmotivation eine zentrale Rolle ..."

Die so genannten **kognitiven Motive** sind Antriebe, die sich auf unseren Neugier-Bereich, den Explorationstrieb im Menschen, beziehen. Immer dann, wenn Sie wissen wollen: „Wie geht das", „Warum ist das so", sind kognitive Motive im Spiel.

Ein völlig neues Motiv- und Persönlichkeitskonzept hat Reiss (Reiss, 2000) entwickelt. Auf der Grundlage einer sehr aufwändigen internationalen empirischen Studie über die Motive menschlichen Verhaltens kommt er mit seinen Mitarbeitern und Mitarbeiterinnen zu der Erkenntnis, dass allen menschlichen Verhaltensweisen 16 Motive (Lebensmotive) zugrunde liegen: Macht, Unabhängigkeit, Neugier, Anerkennung, Ordnung, Sparen, Ehre, Idealismus, Beziehungen, Familie, Status, Rache, Romantik, Ernährung, körperliche Aktivität und Ruhe. Reiss ist der Auffassung, dass lediglich die Motive „Anerkennung" und „Idealismus" keine genetischen Anteile besitzen. „Die Bedeutung der Gene muss man allerdings stark relativieren: das, was wir wollen, ist uns zwar in die Wiege gelegt. Wie wir diese Interessen und Werte dagegen befriedigen, ist eine komplexe Geschichte aus vielfältigen kulturellen, gesellschaftlichen Einflüssen und individuellen Erfahrungen." (Huber, 2001) Die menschliche Individualität wird nach Reiss dadurch bestimmt, dass die jeweilige Kombination dieser Lebensmotive von Mensch zu Mensch unterschiedlich ist, und dass jede Person diesen Motiven eine andere Gewichtung beimisst. Aus diesen Erkenntnissen lässt sich ein so genanntes „Motivationsprofil" für jeden Menschen ableiten.

Der wesentliche Unterschied zu bisherigen Motiv- und Persönlichkeitskonzepten liegt darin, dass Reiss das menschliche Handeln nicht auf wenige „absolute" Motive oder Triebe zurückführt, wie zum Beispiel auf das Streben nach Selbstverwirklichung in der Maslow-Pyramide, oder auf den darwinistischen Lebenswillen. Insbesondere an der Maslow'schen Motivhierarchie kritisiert Reiss, dass es nicht zutreffend sei, dass einige Motive höher stünden bzw. wichtiger seien als andere. „Es gibt keine universelle, für alle Menschen verbindliche Motivhierarchie – vielmehr bevorzugt jeder Mensch die Werte und Motive seines Lebens in ganz einzigartiger Weise. Deshalb verstehen wir Menschen und ihr Verhalten sehr viel individueller, als Maslow und viele andere Psychologen dachten." (Huber, 2001)

Auch ist für Reiss das Streben nach Glück keine Motivation, sondern eher ein Nebenprodukt, das anfällt, wenn wir anstreben, was wir wirklich wollen. „Nur diejenigen erfahren ein ‚überdauerndes, tiefes und erfüllendes Glück', die ihre wahren Motive und Lebensgründe kennen und sich von ihnen durchs Leben tragen lassen. Daher steht das wirkliche Glück auch jedem Menschen offen: Völlig unabhängig von Reichtum, Status oder Attraktivität hat jeder die gleichen Chancen, sein Leben an den Werten zu orientieren, die es bedeutungsvoll machen." (Huber, 2001)

Zwei Beispiele, die menschliches Verhalten aufgrund ihrer individuellen Motivprofile erklären, sollen diese neue Sichtweise verdeutlichen:

- Workaholics: Vielfach findet sich die Meinung, Workaholics wollten mit ihrer übermäßigen Arbeitswut vor Lebensproblemen (Familie, Freunde) flüchten oder eine innere Leere füllen. Reiss ist der Meinung, dass sie mit ihrem Arbeitspensum glücklich sind, weil sie ausgeprägte Motive nach Macht, Leistung oder Status verfolgen und so ihrem Motivprofil entsprechen.
- Neugier und Lernpotenzial: Die meisten Bildungskonzepte gehen davon aus, dass Kinder in gleichem Maße neugierig sind und von Natur aus über ein ähnliches Lernpotenzial verfügen. Reiss fand dagegen heraus, dass sich Kinder deutlich darin unterscheiden, wie viel Spaß sie an Neuem empfinden „Es ist völlig in Ordnung, nicht neugierig zu sein. Ein Kind kann sehr intelligent sein, ohne sich für die Schule zu interessieren."

Abschließend werden einige Überlegungen dargestellt, die sich mit **Leistungsmotivation, Kausalattributierung** sowie mit dem **Motiv-Ziel-Gefüge** mit Blick auf die Möglichkeiten zur **Selbstmotivation** beschäftigen. Auch hier zunächst eine Definition:

„**Leistungsmotivation** ist das Bestreben, die persönliche Tüchtigkeit in all jenen Tätigkeiten zu steigern und möglichst hochzuhalten, in denen man einen Gütemaßstab für verbindlich hält und deren Ausführung deshalb gelingen oder mißlingen kann.“ (Heckhausen, 1972)

Edelmann (2000) führt in Anlehnung an Aktinson (1975) aus, dass sich die aktuelle Leistungsmotivation als Formel darstellen lässt:

Leistungsmotivation = {Hoffnung auf Erfolg – Furcht vor Misserfolg} + Belohnung oder Zwang.

In dieser Gleichung stellen „Hoffnung auf Erfolg“ bzw. „Furcht vor Misserfolg“ den intrinsischen Teil der Motivation dar, während „Belohnung“ oder „Zwang“ den extrinsischen Teil der Motivation darstellen.

Das **Leistungsmotiv** lässt sich in zwei Ebenen schichten:

(1) Welche Stärke (welchen Ausprägungsgrad) hat das Leistungsmotiv? Dominiert es andere Motive (wie zum Beispiel die Anschlussmotive, die Machtmotive), oder tritt es hinter diesen zurück?

(2) Was steht hinter dem Streben nach Leistung? Sucht jemand Erfolg (erfolgsorientierte Menschen), oder ist er mehr darauf bedacht, Misserfolg zu vermeiden (misserfolgsorientierte Menschen)? (Heckhausen spricht hierbei von Hoffnung auf Erfolg bzw. Furcht vor Misserfolg.)

Die zweite Ebene hat entscheidenden Einfluss auf das **Anspruchsniveau**, das sich ein Mensch setzt. Heckhausen (1972) benutzt den Begriff des **Gütemaßstabes** (oder des Gütestandards), wobei dieser „... ein sich im Laufe der Entwicklung herausbildender individueller Standard (ist), an dem eine erbrachte Leistung gemessen wird“. Untersuchungen haben gezeigt, dass Erfolgsorientierte sich meist Aufgabenstellungen suchen, die hinsichtlich des Schwierigkeits- oder Komplexitätsgrades ihrer eigenen Leistungsfähigkeit gut entsprechen. Die Chance, die Aufgaben zu bewältigen bzw. zu versagen, ist etwa 50 : 50 verteilt. Misserfolgsorientierte haben dagegen ein unterentwickeltes Gefühl für die eigene Leistungsfähigkeit bzw. ein unzutreffendes Anspruchsniveau. Da ihr Hauptstreben auf der Vermeidung von Misserfolg liegt, orientiert sich ihre (meist einseitige) Auswahl an Aufgabenstellungen entweder am Realisierungsgrad oder (auch meist einseitig) an der Befriedigung, die durch eine eventuelle Bewältigung des Problems erfahrbar wird. Dies hat zur Folge, dass sie sich mit Anforderungen konfrontieren, die entweder zu leicht oder zu schwer im Hinblick auf ihre tatsächliche Leistungsfähigkeit sind.

Für Führungskräfte sind diese Erkenntnisse von wesentlicher Relevanz: Werden die **Arbeitsanforderungen** an die Mitarbeiter aus dem mittleren Schwierigkeitsbereich gewählt, sind sie nur für die erfolgsorientierten Teammitglieder optimal. Wählt die Führungskraft für die Misserfolgsorientierten tendenziell leichte Problemstellungen, bringt sie sie möglicherweise um das Erfolgserlebnis, sind sie zu schwer, ist das Frustrationserlebnis programmiert. Ein schwieriges **Führungsproblem**, das nur lösbar scheint, wenn mit Empathie und entsprechenden Gesprächen eine Atmosphäre geschaffen wird, die vornehmlich den Misserfolgsorientierten ein Gefühl von Vertrauen transportiert und die Zuversicht in ihre eigene Leistungsfähigkeit stärkt.

Geht es darum, wie ein Mensch seine eigenen Leistungsergebnisse in sich selbst einordnet, wie er sie begründet, handelt es sich um die Frage der **Kausalattributierung**. Joerger (1976) meint hierzu, dass Menschen im Allgemeinen gewöhnt sein dürften, „... bewusst oder unbewusst eine Ursache für die errungenen Erfolge oder die erlittenen Misserfolge anzunehmen“.

Diese **Ursachenzuschreibungen** lassen sich (vereinfacht) auf **vier Größen** projizieren (nach Heiders; in Meyer, 1973):

(1) Das Ausmaß der eigenen Tüchtigkeit oder Untüchtigkeit („Intelligenz“).

(2) Die Intensität der eigenen Anstrengungen (Grad des Engagements).

(3) Den Anspruchsgrad der zu bewältigenden Aufgabe (hoher/niedriger Schwierigkeitsgrad).

(4) Die nicht zu beeinflussenden Faktoren (Zufälligkeiten).

Dabei muss betont werden, dass hiermit die **subjektiv empfundenen,** nicht die tatsächlichen, vorliegenden **Ursachen** für Erfolg/Misserfolg benannt sind.

Die aufgeführten vier Begründungsfaktoren lassen sich weiter in die folgenden **Ausprägungen** differenzieren (nach Weiner, 1972):

- **Stabile**, gleich bleibende (Tüchtigkeit und Schwierigkeit);
- **variable**, die also von Stunde zu Stunde wechseln können (Anstrengung und Zufall);
- **internale**, der Person innewohnende (Tüchtigkeit und Anstrengung);
- **externale**, von der Umwelt und dem Schicksal abhängige (Schwierigkeit und Zufall).

Aufgrund von empirischen Untersuchungen von Heckhausen lässt sich sagen, dass die **Erfolgsorientierten** die internalen Größen, die Mißerfolgsorientierten die externalen Größen bei der Begründung eines positiven Leistungsergebnisses (= Kausalattributierung) präferieren. Umgekehrt wird bei negativ erlebter Leistung von den Erfolgsorientierten der Schwerpunkt der Attributierung auf variable Dimensionen gelegt, während die Misserfolgsorientierten mehr die stabilen Faktoren heranziehen.

Als **Prozessablauf** lässt sich das oben Gesagte folgendermaßen darstellen:

Prozessablauf Motiv – Kausalattributierung

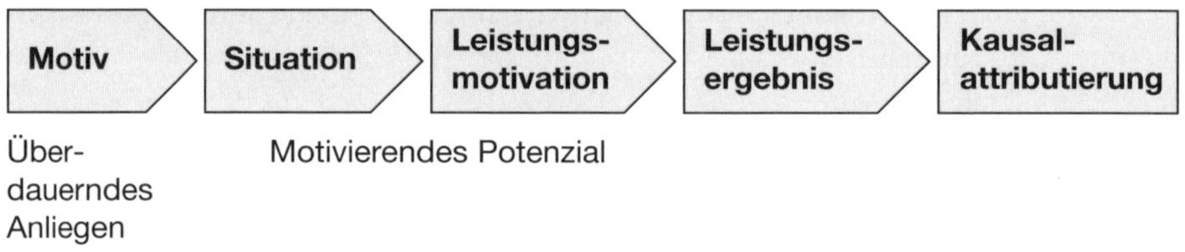

Abbildung 54

Setzt man die **Kausalattributierung** bei Erfolgsorientierten in einen inneren Dialog um, könnte sich zum Beispiel Folgendes ergeben:

Leistungsergebnis und Kausalattributierung

Leistungsergebnis (z. B. Ergebnis einer Prüfung)	***Kausalattributierung***
„Erfolg"	„Ich bin intelligent." – „Habe auch hart gearbeitet." – „Wer sich so anstrengt wie ich, hat das auch verdient." – usw.
„Misserfolg"	„Vielleicht hätte ich doch konzentrierter arbeiten sollen." – „Die Aufgabenstellung hatte ich nicht präpariert. Pech!" – usw.

Abbildung 55 (Quelle: In Anlehnung an Joerger, 1976)

Es wird deutlich, dass bei Erfolgsorientierten die Kausalattributierung bei Erfolg wie Misserfolg positiv auf die innere Einstellung – die Motivation – wirkt. Der Erfolg wird als **Verstärker** (Motivator) für weiteres erfolgreiches Arbeiten genutzt, der Misserfolg mündet nicht in einer Infragestellung der Gesamtperson, der gesamten Leistungsfähigkeit, sondern wird nur auf den situativen Kontext bezogen.

Das **Motiv-Ziel-Gefüge** stellt den Zusammenhang zwischen einem unbefriedigten Bedürfnis (Motiv) und dem daraus resultierenden Verhalten zur Zielerreichung dar.

Motiv-Ziel-Gefüge

Abbildung 56

Hat jemand zum Beispiel das Bedürfnis (Motiv) „Hunger", so lautet sein Ziel nicht etwa „essen", sondern „Sättigung". Das **Verhalten**, das zu diesem Ziel führt, ist „essen". Je nachdem, ob das Verhalten einer Person verändert werden soll oder die Zielerreichung im Mittelpunkt steht (gleichgültig, welches Verhalten dazu führt), kommt man zu unterschiedlichen Fassungen, was „motivieren" heißt (Birkenbihl, 1992a):

- „Jemanden motivieren heißt, ihn dazu zu bewegen, ein von mir gewünschtes Verhalten an den Tag zu legen.
- Jemanden motivieren heißt, ihn dazu zu bewegen, ein altes Verhaltensmuster zugunsten eines neuen aufzugeben.
- Ich motiviere jemanden, indem ich eines seiner unbefriedigten Bedürfnisse anspreche und ihm zeige, durch welche Verhaltensweisen er dieses befriedigen kann.
- Je besser der andere sich eine Zielsituation vorstellen kann, desto motivierter ist er."

Insbesondere die ersten zwei Aussagen machen deutlich, dass hier „motivieren" einen manipulativen Charakter trägt. Erst die vierte Formulierung lässt dem Menschen die Freiheit, sein Verhalten so auszurichten, wie er es zur Zielerreichung für adäquat hält. Sie bietet auch den günstigsten Anhaltspunkt für die **Selbstmotivation**. Das heißt, wenn Sie sich für eine Aufgabenstellung selbst motivieren wollen, ist es entscheidend, wie plastisch Sie sich das Ziel vorstellen, das Sie mit Ihrer Arbeit erreichen wollen.

„Eine der wichtigsten Methoden besteht darin, dass wir uns die positiven Konsequenzen (einer durchzuführenden Arbeit) deutlich vor Augen halten. Wir stellen uns vor, wie unser erfolgreiches Arbeitsergebnis aussehen könnte, wie wir uns fühlen, wenn wir unsere Arbeit abgeschlossen haben, und was wohl andere dazu sagen, wenn unsere Arbeit erfolgreich beendet würde. Diese Vorstellung sollte möglichst **bildhaft** und mit einer gewissen **gefühlsmäßigen Beteiligung** erfolgen." (Kitzmann, 1994; Hervorhebungen Wirtz)

Auch die Verdeutlichung früherer Erfolge wirkt sich positiv auf die Motivation gegenüber einer neuen Aufgabe aus. Hier wird wiederum deutlich, wie wichtig eine positive Kausalattributierung ist. Sie stärkt Ihr Vertrauen in die eigenen Leistungsmöglichkeiten. Versuchen Sie also, sich immer wieder schon erbrachte Leistungen ins Gedächtnis zu rufen. **„Nichts wirkt so motivierend wie frühere Erfolge."** (Kitzmann, 1994)

Eine weitere Hilfe zur Bewusstwerdung und Konkretisierung Ihrer angestrebten Arbeitsergebnisse ist das Prinzip der **Schriftlichkeit**. Ein in Schriftform fixiertes Ziel hat eine völlig andere Qualität als ein paar flüchtige Gedanken darüber, was Sie mit Ihrer Arbeit erreichen wollen. Unterschätzen Sie nicht die Motivationskraft derartig verbindlich gemachter Zielstellungen. Ein Zitat von einem der wohl erfolgreichsten Automobilmanager, Iacocca, möge dies verdeutlichen:

„Sooft einer meiner Leute eine Idee hat, bitte ich ihn, sie schriftlich niederzulegen ... Wie ich von McNamara lernte, ist **die Disziplin, etwas schriftlich festzuhalten, der erste Schritt dazu, es in die Tat umzusetzen**. In Gesprächen kann man sich Unverbindlichkeit und Unsinn aller Art leisten – oft ohne es zu merken. Aber wenn man seine Gedanken zu Papier bringt, ist man **gezwungen, sich genau auszudrücken**. Auf diese Weise ist es schwieriger, sich selbst oder jemand anderem etwas vorzumachen." (Iacocca, 1986; Hervorhebungen Wirtz)

Auch das Angehen länger aufgeschobener Arbeiten hat hohes **Selbstmotivationspotenzial**. Das Gefühl, den „inneren Schweinehund" überwunden zu haben, trägt wesentlich zur Stärkung des Zutrauens zur eigenen Leistungsfähigkeit bei, verschafft die Befriedigung, sich selbst überwunden zu haben. Grundsätzlich gilt: Verschaffen Sie sich so viele positive Erlebnisse wie möglich, und rufen Sie sich diese bei dem aufkommenden Gefühl, vor einem „Motivationsloch" zu stehen, immer wieder vor Ihr geistiges Auge.

Falls Sie sich nach dem bisher Gesagten tendenziell zu den Misserfolgsorientierten zählen, sollten Sie umgehend beginnen, Ihre Kausalattributierungen zu ändern. Machen Sie sich bewusst, welche Erfolge Sie schon in Ihrem Leben erreicht haben. Dies muss nicht immer nur auf dem beruflichen Feld geschehen sein. Auch private Ziele, die Sie bisher vielleicht mehr unbewusst angestrebt haben, bergen Motivationspotenzial, das Sie sich zunutze machen können. Bedenken Sie dabei, dass Ihre Psyche, zu deren integralem Bestandteil Ihre Motive und situativen Motivationslagen gehören, immer als „Ganzes" reagiert bzw. von Ihnen disponiert wird. Wenn sich in einer konkreten Situation der von Ihnen gewünschte Erfolg nicht sofort einstellt oder Ihnen gänzlich versagt bleibt, so analysieren Sie zunächst Ihren **Anteil am Misserfolg**. Selbst wenn er relativ hoch sein sollte, so muss das nicht heißen, dass Sie bei zukünftigen (ähnlichen) Anforderungen nicht zu einem für Sie positiven Ergebnis gelangen. Auch aus erfahrenen Niederlagen lassen sich nützliche Schlussfolgerungen ziehen. Sie dürfen nur nicht vorschnell Ihr gesamtes Kompetenzpotenzial in Zweifel ziehen. Auch so genannte „große Geister" heutiger und vergangener Zeiten haben Misserfolge erleben müssen. Sie sind aber deshalb „groß" geworden, weil sie sich davon nicht entmutigen ließen, sondern den Glauben an die Sache und das Vertrauen zu ihrer eigenen Leistungsfähigkeit behielten, ihre Niederlagen produktiv wenden konnten.

Zum Abschluss ein paar Möglichkeiten, die Ihre Bemühungen zur Selbstmotivation unterstützen sollen, die Ihnen Hinweise geben, wie Sie sich mit einem positiven Umfeld stimulieren können und somit leichter die jeweils erforderliche Motivationslage erreichen. Sie können und sollen natürlich die Liste durch eigene Ideen erweitern bzw. ergänzen:

⇒ „Versuchen Sie, möglichst viele Kontakte zu interessanten und geistig-kreativen Menschen zu bekommen.

⇒ Scheuen Sie sich nicht, Ihre Kontakte bewusst zu planen.

⇒ Überwinden Sie Hemmungen bei der Kontaktaufnahme, und gehen Sie davon aus, dass auch Sie anderen Wichtiges zu bieten haben.

⇒ Das persönliche Gespräch kann kein noch so gelehrtes Buch ersetzen, weil wir gerade im Gespräch feinere Nuancen eines Sachverhaltes erkennen können. Neben dem gesprochenen Wort vermittelt uns auch die Körpersprache ganz erhebliche Hinweise, die die beste schriftliche Formulierung nicht ersetzen kann. **Der persönliche Eindruck wirkt auf uns stimulierender und motivierender**.

⇒ **Motiviertheit hat sehr viel mit Gefühlen zu tun**. Aus vielen Untersuchungen wissen wir, dass gerade die Körpersprache Gefühle anspricht. So kann das Kennenlernen eines interessanten Menschen sehr viel in uns bewirken. Gerade die Dynamik, die sich aus dem Dialog entwickelt, kann uns sehr beflügeln." (Kitzmann, 1994)

5.1.4 Dimensionen der persönlichen Leistungsfähigkeit

Schlüsselbegriffe

- Selbstwertgefühl
- Leistungsfähigkeit
- Leistungsbereitschaft

Der Begriff „Leistung" gehört zu den Begriffen unserer westlichen Kultur, die vielschichtig verwendet werden. So spricht man von **Leistungs**gesellschaft, **Leistungs**sport, **Leistungs**lohn, **Leistungs**trägern, **Leistungs**beurteilung usw. Leistung nimmt in unserem Leben offenbar einen zentralen Stellenwert ein. „Zufriedenheit und Selbstwertgefühl hängen weniger von der Gesundheit, den Lebensumständen oder dem Geld ab, als wir meinen.

Was uns im Lot hält oder aus der Bahn wirft, Erfolg oder Misserfolg signalisiert, ist die Diskrepanz zwischen eigenem Anspruch und der Leistung – unser Ehr-Geiz.“ (Brim, 1989)

Leistung erbringen, sich selbst fordern, scheint (den Ergebnissen zahlloser Untersuchungen über Arbeitszufriedenheit zufolge) ein Schlüsselaspekt für **persönliche Zufriedenheit** zu sein. Schon Eltern erleben bei ihren kaum 20 Monate alten Kindern, dass diese massiv einfordern, etwas selbst zu tun („Ich machen“), ihre eigene Leistung erleben wollen. Ohne weitere soziologische oder entwicklungspsychologische Studien heranzuziehen, scheint klar, dass unser **Selbstwertgefühl** entscheidend von dem abhängt, was wir uns, auf welchem Gebiet auch immer, abverlangen. Viele Menschen finden ihre Herausforderungen im Feld ihrer beruflichen Tätigkeiten. Sind dort keine oder (der persönlichen Einschätzung nach) nur unzureichend fordernde Aufgabenstellungen zu finden, werden sie in anderen Bereichen gesucht. Dabei werden die Anforderungen, die jeder an sich selbst stellt, im Regelfall so austariert, dass „...wir weder an die Leistungsgrenze getrieben werden, noch Leerlauf haben“ (Brim, 1989). (Eine Ausnahme stellen hier allerdings die so genannten misserfolgsorientierten Menschen dar, denen nur ein unterentwickeltes Gefühl für die eigene Leistungsfähigkeit zur Verfügung steht.)

Welche Größen determinieren den Begriff „Leistungsfähigkeit“? Ein definitorischer Ansatz für den Terminus „Leistung“ lautet beispielsweise (Michel/Novak, 1982):

> „**Leistung** (ist die) umfassende Bezeichnung für beobachtbare Fähigkeiten in verschiedenen Situationen, die je nach Erwartungshaltung bewertet werden. Die Leistung ist das Resultat einer geistigen oder körperlichen Tätigkeit und abhängig von der individuellen Ausprägung einzelner Fähigkeiten. Gesellschaftliche Normen regeln, was als Leistung gilt. Die betriebliche Leistung, das heißt Leistung in Organisationen oder in einer Gruppe, wird zusätzlich zu den persönlichen Fähigkeiten auch durch das Verhalten des Führers, den Informationsaustausch, das Betriebsklima usw. stark beeinflusst.“

Diese Definition macht deutlich, dass Leistung zwar eine persönlich gesetzte Herausforderung darstellt, ihre Wertigkeit, ihr Potenzial an Zufriedenheitsstiftung für das Individuum jedoch erst durch gesellschaftliche und individuelle Interaktion greif- und damit erlebbar wird. Auch das Anforderungsniveau, das die individuelle Erwartungshaltung prägt, wird von diesen Größen moderiert. Diese Zusammenhänge haben deutlichen Einfluss auf die Ausformung des Selbstwertgefühls.

Anders ausgedrückt: Man spricht von einer Leistung, wenn ein selbst- oder fremdgesetzter Standard erfüllt oder verfehlt werden kann. Wichtig ist dabei die Existenz einer Maßgröße für das Gelingen oder Misslingen einer Leistungshandlung. Dies macht deutlich, dass Leistung immer mit einer Bewertung einhergeht. „Dies ist auch der Grund für das Auftreten von Gefühlen. Ein wesentlicher Impuls zum Leistungshandeln ist die Vorwegnahme der Gefühle von Stolz bei Erfolg und Beschämung bei Misserfolg." (Edelmann, 2000)

Wird das Ergebnis meiner persönlichen Leistung zum Beispiel im beruflichen Bereich von mir als ausreichend eingestuft, von Vorgesetzten, Kollegen (der Umwelt) aber häufig als unzureichend bewertet, so kann sich dies zu einer ernsthaften **Leistungsstörung** verdichten. Die erlebte Diskrepanz zwischen persönlichem Leistungsvermögen und umweltdefinierter **Leistungserwartung** bzw. -bewertung leitet, im negativsten Fall, einen Teufelskreis ein, der zu Ersatzhandlungen (Kompensationsaktionen) führen kann.

„Teufelskreis" Leistung und Selbstwertgefühl

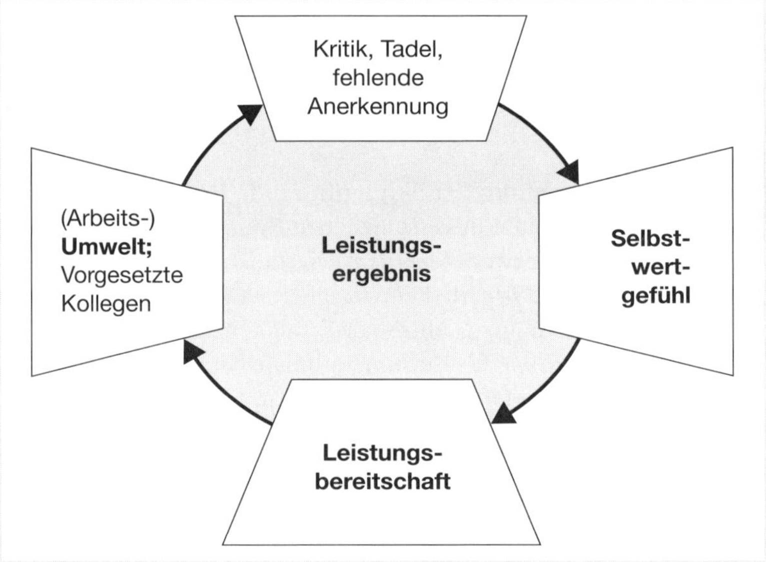

Abbildung 57 (Quelle: In Anlehnung an Betz, 1987)

Die dargestellten Pfeile zeigen die (intrapsychische) Wirkrichtung der von der Umwelt als nicht ausreichend eingestuften Leistungsergebnisse. Das

Arbeitsresultat wird von der Umwelt negativ aufgenommen, wirkt beeinträchtigend auf das Selbstwertgefühl, mindert die Leistungsbereitschaft, was wiederum die Qualität der nächsten Arbeitsleistung reduziert. Der Kreislauf beginnt von vorne. Wird diese Wirkungskette wiederholt durchlaufen, so kann das Individuum mit einer Verweigerungshaltung reagieren („Ich will diese Arbeit gar nicht zufrieden stellend erledigen"), um so intrapsychisch das Versagenserlebnis zu kompensieren.

Schon diese Überlegungen machen deutlich, wie wichtig für Führungskräfte fundierte Kenntnisse über den Bereich der so genannten Kritikgespräche sind. Ein weiteres sensibles Feld von Führungsaufgaben rückt damit ebenfalls in den Blick: die **Problematik der betrieblichen Leistungsbeurteilung**. Findet sich zum Beispiel im sportlichen Bereich noch ein relativ unangefochtener (meist physikalischen Größen gehorchender) Maßstab, wird die Bewertung der in einem Unternehmen erbrachten Leistungen um ein Vielfaches komplexer.

„Zum einen werden personalpolitische Funktionen, wie die Aufdeckung von Qualifikationslücken, eine leistungsgerechte Vergütung sowie Evaluierung personeller Entscheidungen angestrebt. Zum anderen soll eine Leistungsbeurteilung führungspolitische Funktionen unterstützen, also insbesondere **individuelle Förderung**, die **Leistungsstimulation** sowie die innerbetriebliche Kommunikation... Erstaunlicherweise sind jedoch im Bankgewerbe nach wie vor solche Leistungsbeurteilungsverfahren üblich, die keineswegs die in sie gesetzten Erwartungen erfüllen können." (Becker/ Fallgatter/Seitz, 1995; Hervorhebungen Wirtz)

Ohne hier näher auf die Thematik von Personalpotenzialerfassungsinstrumenten einzugehen, scheint klar, dass die Transparenz solcher Systeme für die Mitarbeiter eng mit deren sozialer Akzeptanz korreliert. Auch sinnvolle Personalentwicklungsstrategien müssen derartige Überlegungen berücksichtigen und Entwicklungsangebote an Mitarbeiter auf diese exakt abstimmen (Individuierungsgrundsatz von Personalentscheidungsmaßnahmen).

Eine weitere Kompensationsmöglichkeit (eventuell in Kombination mit der eben angesprochenen Verweigerungshaltung) ist die so genannte **Ersatzhandlung**. Der um seine gesuchte Leistungsanerkennung gebrachte Mensch versucht dann, auf anderen Gebieten die fehlende Bestätigung zu erfahren, wird beispielsweise zur Betriebsnudel, wird überkritisch oder macht sich über Vorgesetzte lustig. Auch diese Ersatzleistungen werden in der Regel zu negativen Sanktionen der Umwelt führen, wenngleich eine kurzfristige Anerkennung (das Ziel der Ersatzhandlung) seitens einiger

Kollegen durchaus stattfinden kann. Dies setzt den Kreislauf erneut in Gang und mündet schließlich in Vorwürfen an sich selbst, in Angstgefühlen den Anforderungen gegenüber und kann zu Arbeitsstörungen (Konzentrationsmangel, Fahrigkeit usw.) führen.

Natürlich wirkt dieser Kreislauf auch in umgekehrter Richtung. Entsprechend sinnvoll eingesetzte **Mitarbeiter-**(Lob-)**gespräche**, durchschaubare, individuelle **Leistungsbeurteilungen** mit hoher sozialer Akzeptanz bergen ein beachtliches Potenzial an Möglichkeiten, die individuelle Leistungsbereitschaft und Leistungsfähigkeit von Mitarbeitern zu steigern, indem sie deren Selbstbewusstsein aufbauen bzw. stärken. Das Wissen um die eigene Leistungswertigkeit hat den entscheidenden Vorteil, dass Versagenserlebnisse nicht in einer grundlegenden Infragestellung der gesamten persönlichen Leistungsfähigkeit münden, gar zu Verweigerungs- oder Kompensationshandlungen führen. Im positiven Fall, also bei Erfolgserlebnissen, kann eine Bestätigung der Selbsteinschätzung nur motivierend wirken.

Um Ihnen die Einschätzung und Handhabbarkeit Ihrer eigenen Leistung transparenter zu machen, soll zum Abschluss auf die Dimensionen hingewiesen werden, in denen sich der Begriff Leistung noch bewegt.

Hierbei wird auch formal deutlich, dass Leistungsfähigkeit einen Unterbegriff zum übergeordneten Terminus Leistung darstellt. Ein Schema soll die Zusammenhänge veranschaulichen:

Leistung

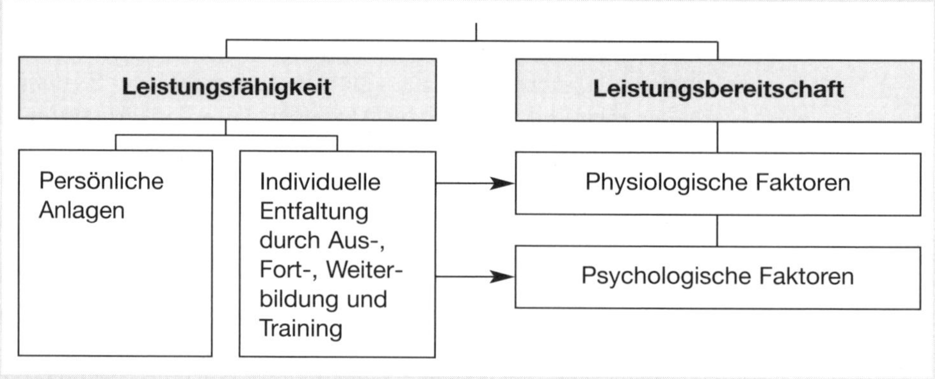

Abbildung 58

Die verschiedenen Einflussfaktoren sind getrennt dargestellt, um einen besseren analytischen Zugriff zu erhalten. Es sollte jedoch stets beachtet werden, dass alle Größen in gegenseitiger Abhängigkeit stehen. Diese **Interdependenz** wird zum Beispiel daran deutlich, dass die individuelle Leistungsbereitschaft bei sinnvollen/motivierenden Aufgabenstellungen wesentlich höher sein kann als bei Arbeiten, die als relativ sinnarm/demotivierend erlebt werden.

Der „Reiz“ einer Aufgabenstellung wird wiederum durch den Stand der intellektuellen Möglichkeiten beeinflusst. Mit anderen Worten: Ist man aufgrund des geistigen Potenzials fähig, die Bewältigung der Aufgabe innerhalb seiner Möglichkeiten einzuordnen, und „stimmen“ die Umfeldbedingungen (Zeitvorgaben, Arbeitsplatz, „Klima“, Führungsstruktur), dann wird die Bearbeitung reizen.

Sehe ich jedoch keine Chance (beispielsweise aufgrund mangelnder Fachkenntnis, Unkenntnis über arbeitstechnische Größen, unzureichendem Zeitmanagement), die Problemstellung zu bewältigen, wird die Bearbeitung in der Regel psychisch abgelehnt. Diese **Ablehnung** kann natürlich auch auf entsprechenden „Führungsfehlern“ beruhen, wenn die Führungskraft nicht ausreichend in der Lage ist, Einsicht in die Zielstellung zu vermitteln.

Durch diese Überlegungen rückt ein weiteres Moment im Rahmen persönlicher Leistungsfähigkeit in den Vordergrund: Ziele bzw. Zielvereinbarungen müssen offensichtlich so gesetzt sein, dass sie dem Potenzial, also der Leistungsfähigkeit des Betroffenen, entsprechen. **Überforderung** wirkt demnach genauso demotivierend wie **Unterforderung**.

Spannungsfeld von Leistungsbereitschaft und Zielvereinbarung

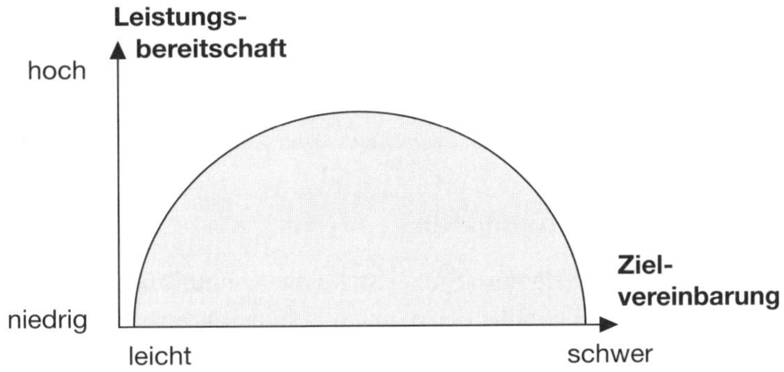

Abbildung 59

5.1.5 Zusammenfassung und Arbeitsaufgaben

Zusammenfassung

Um sich selbst zu „optimieren", sich weiterzuentwickeln, ist es sinnvoll, zunächst eine „Bestandsaufnahme" der eigenen Situation durchzuführen. Ein Ziel hierbei ist unter anderen die Identifikation der eigenen Stärken und Schwächen. Bei dieser Selbstdiagnose kann zum Beispiel das so genannte Johari-Window nützliche Erkenntnisse liefern. Im Rahmen der Weiterentwicklung kommt den persönlichen Zielen eine überragende Bedeutung zu. Um die eigenen Energien sinnvoll zu bündeln, müssen klare Vorstellungen über die anzustrebenden Ziele vorhanden sein. Sie sollten in operationaler Form schriftlich fixiert werden.

Um die eigenen Antriebe zu verstehen und gegebenenfalls zu modifizieren, ist ein Blick auf den Bereich der Motivation hilfreich. Hierbei zeigt sich, dass Motive so genannte „überdauernde Anliegen" des Menschen darstellen, die durch eine bestimmte, die überdauernden Anliegen aktivierende Situation in den Zustand „Motivation" überführt werden können. Besondere Bedeutung kommt in diesem Zusammenhang der Leistungsmotivation zu. Ziel des Leistungsmotivs ist der Erfolg der Leistungsanstrengung bei Erfüllung des intern oder extern gesetzten Gütemaßstabs.

Die persönliche Leistung wird durch Leistungsfähigkeit (Anlagen und individuelle Entfaltung) sowie Leistungsbereitschaft (physiologischer und psychischer Zustand) determiniert. Hierbei ist Leistung immer bewertete Leistung. Diese Bewertung kann sowohl durch ein intrapsychisches Anspruchsniveau (was will ich erreichen?) als auch durch externe Anforderungskriterien (zum Beispiel das Bestehen einer Prüfung) erfolgen.

Arbeitsaufgaben

1. Erläutern Sie, weshalb die Kenntnis über die Kern- bzw. Schlüsselbereiche des eigenen Lebens für eine „Ist-Diagnose" sinnvoll ist.
2. Wenn Sie Ihre Wirkung auf andere einschätzen wollen, ist das Feedback ein wesentliches Instrument. Welche Gesichtspunkte

sollten beim „Geben“ und „Nehmen“ von Feedback Beachtung finden?

3. Erläutern Sie die Bedeutung des Johari-Windows im Rahmen der eigenen Standortbestimmung.
4. Welche Bedeutung besitzen Ziele für Sie, und welche Anforderungen sind an ein operational formuliertes Ziel zu stellen?
5. Weshalb ist die begriffliche Fassung von „Motivation“ vergleichsweise schwierig?
6. Überlegen Sie, welche Lebensmotive für Sie im Vordergrund stehen.
7. Formulieren Sie, was für Sie „Leistung“ bedeutet, und wie Sie zur Leistung (von sich selbst oder anderen) motiviert werden können.
8. Nach welchen Überlegungen sollte eine Führungskraft Leistungsanforderungen an einen Mitarbeiter dimensionieren?

5.2 Kommunikation und Interaktion

Schlüsselbegriffe

- Phänomen „Kommunikation“
- Interaktion

„Kommunikation“ ist ähnlich wie „Leistung“ ein im Sprachgebrauch komplex besetzter Begriff. Seine Bedeutungsinhalte reichen von naturwissenschaftlichen Bereichen (Kommunikationselektronik) über kaufmännische Berufsbezeichnungen (Kauffrau für Bürokommunikation) bis in die Werbebranche (Kommunikationsstrategien).

Die Phänomene, die der Begriff der Kommunikation über die unterschiedlichsten Disziplinen hinweg umfassen will, haben immer etwas mit **Wechselwirkungen** zu tun.

Hiermit sind Wechselwirkungen zum Beispiel zwischen elektronischen Netzen, zwischen soziologisch oder rechtlich abgegrenzten Institutionen wie Kunden und Unternehmen und – natürlich – zwischen Menschen gemeint. Letztere stehen im Mittelpunkt der folgenden Darlegungen.

Wer **menschliche Kommunikation** einer genaueren Betrachtung unterziehen will, sieht sich einem Konglomerat von Wissenschaftsdisziplinen gegenüber, die sich alle um eine Erklärung dessen bemühen, was menschliches Kommunizieren und Interagieren (miteinander in Beziehung treten) ausmacht. (Stellvertretend seien hier Mertens, 1977; Watzlawick/et al., 1974; Arbeitsgruppe Bielefelder Soziologen, 1981, genannt.)

Im Folgenden werden einige ausgewählte, wissenschaftlich begründbare Ansätze vorgestellt, die das Phänomen der menschlichen Kommunikation etwas präziser abbilden. Es geht darum, Ihnen ein Gefühl und Hintergrundwissen dafür zu vermitteln, von welchen Standpunkten aus man sich kommunikativen Akten nähern kann, um Erkenntnisse über sie zu gewinnen bzw. die sie konstituierenden grundsätzlichen Strukturen zu begreifen. Dabei wird auch auf die Schwierigkeiten hingewiesen, die einer Erfassung von Kommunikation entgegenstehen können.

Ziel ist, Sie in die Lage zu versetzen, sich in konkreten **Interaktionssituationen** (kommunikationspsychologisch: „Szenen") einen eigenständigen Zugang zur Gestaltung Ihrer kommunikativen Felder zu verschaffen.

Wissen Sie hingegen nicht, woher bestimmte Rezepte ihre theoretische Basis beziehen, können Sie keine abweichenden Entwürfe für neue Kommunikationsstrukturen wagen. Die Erarbeitung der angebotenen Theoriehintergründe bieten Ihnen Einsichten in die Kommunikationsstrukturen, die für Sie speziell zutreffend sind.

> Zielsetzung ist, Sie für kommunikative Situationen und deren möglichen Problemgehalt zu sensibilisieren.

Erst danach ist es sinnvoll, konkretere Überlegungen und Modelle anzubieten, die in bestimmten Szenen hilfreich sein können, hilfreich in dem Sinne, dass Sie konfliktreiche Situationen besser handhaben, Gewolltes effizienter transportieren und Ungewolltes vermeiden können. Dies immer unter dem Blickwinkel, dass jede Interaktionssituation den Charakter der historischen Einmaligkeit trägt und Sie demnach immer entscheiden müssen, welcher Handlungshintergrund im aktuellen Fall bei Ihren Aktionen wichtig sein soll.

In der Fachliteratur werden die Begriffe Kommunikation und Interaktion teilweise auch synonym verwendet. Watzlawick/et al. (1974) definieren:

> Eine einzelne Kommunikation heißt Mitteilung (message) oder, sofern keine Verwechslung möglich ist, *eine* **Kommunikation**. Ein wechselseitiger Ablauf von Mitteilungen zwischen zwei oder mehreren Personen wird als **Interaktion** bezeichnet.

Für Interaktion wird auch gleichbedeutend der Begriff **Kommunikationsprozess** benutzt.

Als Einstieg in die (wissenschaftlichen) Begriffsbildungen und Modelle zum Phänomen der Kommunikation einige Aussagen (Schmidt, 1990):

- Kommunikation ist etwas Fantastisches, und Kommunikation ist zugleich ein unglaublich komplizierter Prozess, unübersichtlich und kaum erklärbar.
- Kommunikation ist für den einzelnen Menschen und das Zusammenleben aller unverzichtbar: Kommunikation stiftet Gemeinschaft, hilft Entscheidungen zu fällen, Konflikte zu lösen, Probleme darzustellen, baut Überzeugungen auf, sorgt für emotionale Spannung und Entspannung und vieles mehr.
- Kommunikation kann Streit entfachen, Entscheidungen verhindern, Konflikte inszenieren, Probleme verschleiern und Gewissheiten abbauen.

Behauptet der Linguist Ungeheuer (1969), dass **Kommunikation stets unzuverlässig funktioniere** und diese Unzuverlässigkeit nicht behebbar sei, geht der Soziologe Luhmann (1981) noch einen Schritt weiter, indem er die Problematisierung der menschlichen Kommunikation auf die Spitze treibt und formuliert, dass „Kommunikation ... unwahrscheinlich (ist). Sie ist unwahrscheinlich, obwohl wir sie jeden Tag erleben, praktizieren und ohne sie nicht leben würden.“ Er benennt unter anderen folgende Begründungen für seinen Standpunkt (nach Schmidt, 1990):

- Es ist unwahrscheinlich, dass einer überhaupt versteht, was der andere meint, wo doch beide ein voneinander getrenntes Bewusstsein und Gedächtnis haben.
- Es ist unwahrscheinlich, dass eine Kommunikation mehr Empfänger erreicht, als in einer Kommunikationssituation anwesend sind.

- Unwahrscheinlich ist auch der Erfolg einer Kommunikation. Selbst wenn die Information verstanden wird, ist damit noch nicht gesichert, dass die Kommunikation auch als eine bestimmende Größe in das eigene Verhalten übernommen wird und das Erleben, Denken und Handeln von Adressaten bestimmt.

Eine entmutigende Position für das Thema? Nicht unbedingt. Aussagen wie die obigen können bewirken, dass man bisherige (vielleicht unreflektierte) Einstellungen gegenüber einer scheinbar alltäglichen Erscheinung wie Kommunikation zumindest einmal überdenkt.

5.3 Kommunikationstheorien

Schlüsselbegriffe

- Wirklichkeitskonstruktionen
- Selektive Wahrnehmung
- Metaebene
- Sender-Empfänger-Modell

Kommunikative Abläufe treten immer dann verstärkt in das Blickfeld, wenn sie, wie eingangs erwähnt, nicht mehr „wunderbar, fantastisch", „sinnstiftend und befriedigend" ablaufen, sondern Verwirrung stiften, Problemlösungen verhindern, Spannungen aufbauen. Sucht man nach Erklärungen für diese „Kehrseite der Medaille", so „... betritt man ein wissenschaftliches Terrain, auf dem man fast allen großen Problemen der Logik, der Erkenntnistheorie und der sozialwissenschaftlichen Methodologie (die Lehre von den Methoden, H.W.) unverhofft wiederbegegnet". (Merten, 1990)

Die Schwierigkeiten, die bei der **Analyse von Kommunikationsprozessen** und der Konstruktion von Kommunikationstheorien entstehen, sind demnach vielfältig. Die Abbildung 60 soll einen ersten Einblick in die Komplexität der Thematik ermöglichen:

Komplexität von Kommunikationstheorien

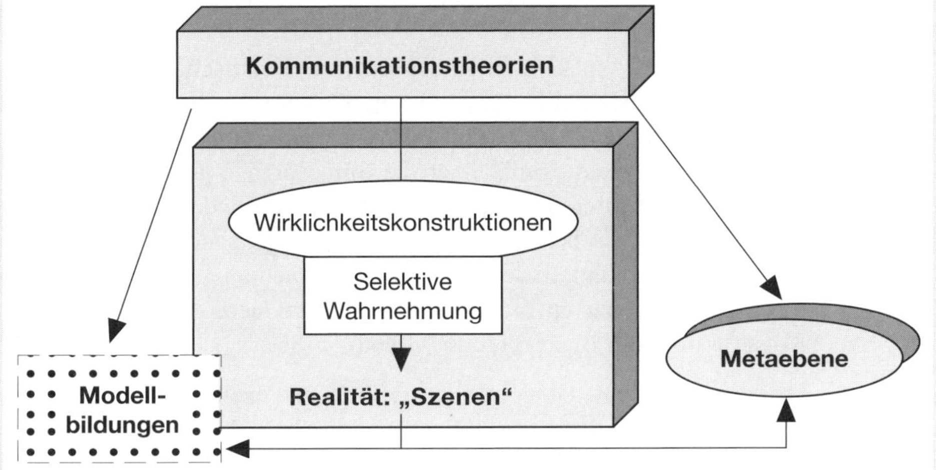

Abbildung 60

Der Versuch, Kommunikation nachvollziehbar zu machen und Kommunikationsstörungen identifizieren zu können, erfordert Arbeit an ganz unterschiedlichen Größen, die jedoch gegenseitig aufeinander verwiesen sind. Menschen sind zwar von Kommunikation umgeben, quasi von ihr durchflutet, aber gerade das macht es so schwer, aus kommunikativen Prozessen herauszutreten, sie von außen verstehen zu können.

(1) Wirklichkeitskonstruktionen

Schon der Begriff lässt Sie vermutlich nachdenklich werden: Wirklichkeit soll konstruiert, also erschaffen werden? Existiert die Realität nicht per se? Um dies zu verstehen, ein kleiner Exkurs:

Fragestellungen wie die folgenden: „Wie nimmt der Mensch die Wirklichkeit wahr?" – „Gibt es eine **objektive Wirklichkeit**?" – „Wie sicher ist unsere sinnliche Erkenntnis?" werden von Wissenschaftlern aus den unterschiedlichsten Fachgebieten gestellt: Konstruktivismus (oder radikaler Konstruktivismus), Erkenntnistheorie, Philosophie, Neurophysiologie usw. Allen gemeinsam ist die Skepsis gegenüber der Vorstellung, es gäbe „die" Wirklichkeit.

Schon in vorchristlicher Zeit (etwa im 3. bis 5. Jahrhundert v. Chr.) haben sich Philosophen mit diesem Problemkreis beschäftigt. So formulierte **Demokrit** (5. Jahrhundert v. Chr.), „...dass, wie in Wirklichkeit ein jedes ist, zu erkennen nicht zugänglich ist. Wir aber erfassen in Wahrheit nichts Untrügliches, sondern nur was wechselt entsprechend der Verfassung unseres Körpers". (Diels, 1957; zitiert nach Schmidt, 1990)

Einen weiteren Aspekt bringen die **konstruktivistischen Neurophysiologen und Kognitionstheoretiker** in die Debatte: Sie betrachten die Wahrnehmung vom Standpunkt des Gehirns aus. Das Argument lautet hier, dass Wahrnehmung nicht primär über die Sinnesorgane geschieht, sondern in spezifischen Hirnregionen, die mit den entsprechenden Sinnen in Verbindung stehen. „So sehen wir nicht mit dem Auge, sondern mit oder besser in den visuellen Zentren des Gehirns ... Wahrnehmung ist demnach Bedeutungszuweisung zu an sich bedeutungsfreien neuronalen Prozessen, ist Konstruktion und Interpretation." (Roth, 1986)

Da das menschliche Gehirn keine „Öffnungen" nach außen besitzt, können nicht sämtliche Informationen der „Realität" mit gleicher Wichtigkeit vom Gehirn versehen werden. Eine derart ungerichtete Rezeption von Reizen könnte im Übrigen auch kein Mensch ertragen. **Das Gehirn ist** (in der Sprache der Neurophysiologen) ein **selbstreferentielles System**, das heißt, es ist ausschließlich auf sich selbst bezogen und kann nur mit seinen eigenen inneren Zuständen umgehen. „Alle Bewertungs- und Deutungskriterien für seine Aktivitäten muss das Gehirn aus sich selbst entwickeln, wobei frühere Erfahrungen im Denken und Handeln und daran geknüpfte Bewertungen und Emotionen eine große Rolle spielen. Darum ist, wie der Bremer Neurophysiologe Gerhard Roth pointiert feststellt, das Gedächtnis unser wichtigstes Sinnesorgan." (Schmidt, 1990)

Für kommunikative Abläufe bedeutet dies, dass zum Beispiel durch die Formulierung eines Satzes (einer Nachricht) an einen Kommunikationspartner nicht etwa Informationen oder gedankliche Schlussfolgerungen transportiert werden! Der Partner nimmt lediglich über seine Sinnesorgane (zum Beispiel die Ohren) bestimmte Laute wahr, die durch die entsprechenden Rezeptoren (in Form elektrischer Schwingungen/Impulse) dem Gehirn übermittelt werden. Das Gehirn übersetzt nun diese Impulse in seine eigene Sprache, nimmt eigene (aufgrund von gespeicherten Erfahrungen) Wertungen und Bewertungen vor, vollzieht Einordnungen und bedenkt (!) Konsequenzen usw. Welches Ergebnis dieser (im Kommunikationspartner ablaufende) Prozess hat, ist allein ihm überlassen. So wird beispielsweise verständlich, weshalb bestimmte, identische Formulierungen bei einem Menschen die Reaktion X auslösen, bei anderen unter Umständen gar keine oder die Antwort Y. Hieran wird (wenn zunächst auch vorläufig) schon deutlich, warum es kein irgendwie geartetes standardisiertes

Mitarbeitergespräch geben kann und beispielsweise Verkaufsgespräche nicht als Rezepte vermittelt werden können.

Gleiches gilt auch für **Texte**, die ja schriftliche Kommunikation darstellen. An ihnen ist die eben beschriebene Überlegung vielleicht leichter nachzuvollziehen: Auch Texte weisen keine Bedeutung „an sich" auf. **Den Sinngehalt konstruiert erst der Leser durch seine kognitiven (geistigen) Leistungen in seinem ganz speziellen lebensgeschichtlichen Zusammenhang**. So wird nachvollziehbar, weshalb ein Fachmann mit einem bestimmten Text ganz anders umgehen kann als ein Laie. Beide nehmen dieselbe Information (Input) auf, trotzdem ist die gehirnmäßige Übersetzung bei beiden sehr verschieden. Dieser Umstand macht deutlich, weshalb interne Rundschreiben, so bemüht der Verfasser auch gewesen sein mag, nicht in allen Abteilungen die gleiche vom Absender gewollte Wirkung erzielen können.

Auch bei **einer Person** lässt sich dies beobachten. Vielleicht haben Sie es auch schon an sich selbst festgestellt: In einem gewissen Lebensalter kann man mit einem Buch relativ wenig anfangen, Jahre später liest man es mit großem Gewinn. Offenbar hat **derselbe Input zu verschiedenen Zeiten völlig andere Prozesse im Gehirn ausgelöst**.

Die dargestellten Beispiele lassen sich natürlich auch auf alle anderen Kommunikationsmittel (Medien) wie Musik, Malerei usw. übertragen.

Um möglichen Missverständnissen vorzubeugen: Es geht um Erörterungen, die zu erklären versuchen, warum interaktive Prozesse einmal völlig glatt laufen, in anderen Fällen zu massiven Störungen tendieren. Es soll Ihnen ein Blickwinkel eröffnet werden, der die Selbstverständlichkeit von Kommunikation problematisiert.

Es ist nun nicht so, dass die individuelle Sinngebung, die Bedeutungszuschreibung, aufgrund der Informationen, die sich zwei Kommunikationspartner wechselseitig anbieten, der völligen subjektiven Beliebigkeit ausgeliefert wäre. Dann würde (von Ausnahmen vielleicht abgesehen) keine Interaktion stattfinden können. Ein Grund, warum Kommunikation auch funktionieren kann, liegt wesentlich in der wichtigen **Rolle der Sprache als Sozialisationsinstrument** und verbindendes Medium zwischen Menschen.

Nach den bisherigen Ausführungen lässt sich festhalten:

1. Die individuelle Arbeit des Gehirns ist verantwortlich dafür, dass aus der Fülle der einströmenden Reize eine Auswahl vorgenommen wird.

Das Verstehen des Kommunikationspartners ist demnach keine einfache Informationsverarbeitung. Aufgrund des wahrgenommenen Verhaltens konstruiert jeder Kommunikationsteilnehmer seinen eigenen Sinn- und Bedeutungszusammenhang. Diese **Konstruktionsleistung** ist abhängig von Erfahrungen, den Ansprüchen, die an die konkrete Situation gestellt werden sowie den Erwartungen, die damit verknüpft sind. Dies sind Hinweise darauf, dass Interaktionsszenen hochgradig störanfällig sein können.

2. Durch die Wirklichkeitskonstruktion eines jeden Individuums in bestimmten Interaktionsszenen wird ein **Austausch mit anderen** erst möglich. Würde eine Information quasi 1:1 weitergereicht, wäre ein fruchtbarer Gedankenaustausch schwerlich möglich. Erst die Tatsache, dass jeder der angebotenen Information seine eigene Bedeutungszuschreibung gibt, gewährleistet, dass Gedanken weitergetrieben werden, neue Sichtweisen entstehen und Problemlösungen sichtbar werden können.

„Gerade die ‚Unwahrscheinlichkeit‘ von Kommunikation (Luhmann) macht sie erst möglich und erträglich; denn wäre Kommunikation (reiner) Informationsaustausch, dann wäre damit Kommunikation auch ein Kontrollinstrument par excellence und würde in kürzester Zeit zu einer völligen Nivellierung aller Mensch führen ... Kommunizieren heißt nicht nur, etwas mitteilen, sondern auch den Anspruch erheben, dass das Mitgeteilte mitteilenswert ist und man Anspruch auf die Aufmerksamkeit und Verstehenstätigkeit eines anderen erheben kann.“ (Schmidt, 1990)

(2) Selektive Wahrnehmung

Eng mit den eben dargelegten Wirklichkeitskonstruktionen in Interaktionsszenen hängt der **Prozess der selektiven Wahrnehmung** zusammen.

„Wir nehmen nämlich die Welt nicht wahr, wie sie ist, sondern wir nehmen sie nach Kriterien unseres kognitiven Apparates, des persönlichen Interesses, im besten Sinne subjektiv wahr. Dies ist möglich, weil der Mensch im Verlauf seiner biologischen Evolution eine Struktur **selektiven Verhaltens** entwickelt hat: Er wählt laufend aus einer Vielzahl von Möglichkeiten aus, die er für sein Verhalten zugrundelegt.“ (Merten, 1990; Hervorhebungen Wirtz)

Verschiedene Neurophysiologen haben immer wieder versucht, die Menge der ankommenden Informationen, die auf den Menschen einwirken, in Modellen abzubilden, um anschließend festzustellen, welche Informationsgröße zur weiteren Verarbeitung zugelassen wird. Die Zahlen, die dabei im Spiel sind, machen deutlich, dass selektive Wahrnehmung ein **Überlebensprogramm** des Menschen darstellt. Ansonsten würde die Flut an Reizen zum Informationskollaps führen.

So hat Keidel (1963) in seinen Untersuchungen zur menschlichen Wahrnehmung ein Szenario entworfen, das unterstellt, dass der Mensch über alle Sinnesorgane hinweg pro Sekunde (!) ca. 10^9 Bit aufnehmen kann (1 Bit ist die kleinste Informationseinheit zur Unterscheidung von zwei Zuständen – *b*inäry dig*it*). Die bewusste Verarbeitungsmöglichkeit des Menschen (nach Keidels Modell) liegt bei ca. 10^2 Bit pro Sekunde. Das heißt, nur ungefähr jedes 10-millionste Bit wird zur aktiven Verarbeitung ausgewählt.

Selektive Wahrnehmung (symbolisch dargestellt)

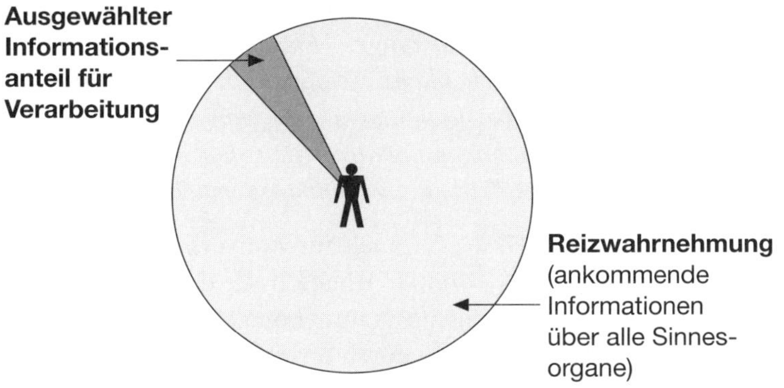

Abbildung 61

Der Prozess der Wahrnehmung ist in hohem Maß von der Kommunikation (verbaler wie nonverbaler Art) mit der Umwelt abhängig. Kommunikation ist konstitutiv für die Schaffung einer individuellen Wirklichkeit. Ein Beispiel soll dies verdeutlichen (entnommen aus Merten, 1990):

Ohne Kommunikation keine Wirklichkeit

Der Hohenstaufenkaiser Friedrich II. war ein wissbegieriger und gelehrter Mann, der annahm, dass sich alle Menschen durch eine gemeinsame Ursprache verständigen könnten. Um diese wiederzuentdecken, ließ er 90 Säuglinge durch Ammen aufziehen, wobei sorgfältig darauf geachtet wurde, dass es den Kindern an nichts mangelte. Allerdings war den Ammen eines streng verboten: mit den Kindern zu sprechen. Gerade dadurch, hoffte der Kaiser, würde sich zwischen den Kindern die Ursprache wieder entwickeln. Doch es ereignete sich etwas ganz anderes: Weil die Kinder wegen der fehlenden Kommunikation auch keine soziale Zuwendung erfuhren (soziale Deprivation), konnten sie sich nicht entwickeln: Sie starben alle, bevor sie das erste Lebensjahr erreicht hatten.

Neuere Experimente zeigen, dass Kommunikation die Errichtung einer individuellen Wirklichkeit in hohem Maße beeinflusst. **Die Wahrnehmung dessen, was andere wahrnehmen, hat deutliche Konsequenzen auf die eigene Wahrnehmung und den *Wirklichkeitsgehalt*, der ihr zugeschrieben wird.**

Eine Versuchsperson wird mit mehreren anderen, die in das Experiment eingeweiht sind, mit verschiedenen Strecken auf einem Bildschirm konfrontiert. Sie soll nun angeben, wie sie die Streckenlänge im Vergleich zu den anderen Strecken einschätzt. Jeder im Raum gibt laut seine Einschätzung bekannt. Nach einer gewissen Zeit äußern die eingeweihten Personen bewusst falsche Schätzungen. Ergebnis: Nach nur kurzer Zeit hatte die Versuchsperson erhebliche Zweifel an ihrer Einschätzung, die richtig war, weil die anderen bewusst falsche Äußerungen machten. Der Gruppendruck, vermittelt über kommunikative Akte, hat die eigene Wirklichkeitsauffassung deutlich gestört bzw. zweifelhaft gemacht. (Nach Asch, 1969)

Ähnliches lässt sich auch für **nonverbale Kommunikation** nachweisen. Durch Gestik, Mimik, Blicke usw., die Kommunikationspartner verwenden, wird die eigene Wahrnehmung ebenfalls gesteuert, selektiv gelenkt. Allerdings lässt sich durch Sprache eine wesentlich höhere Präzision erreichen:

„Man kann nicht nur fragen und verneinen, sondern dies auch noch durch ein ‚Mehr' oder ‚Weniger' abschwächen oder verstärken. Man kann (was nonverbal ebenfalls unmöglich ist) über Gegenwart und Vergangenheit sprechen, über Anwesende und Abwesende, über Gegenstände und Ideen und, nicht zuletzt, über die Sprache selbst. Sprache ist daher nicht zufällig, sondern zu Recht als die evolutionäre Errungenschaft angesehen worden, die den Beginn der Menschwerdung definiert: ‚Im Anfang war das Wort / und das Wort war bei Gott / und das Wort war Gott.' (Evangelium des Johannes,1,1)." (Merten, 1990)

Bleibt bei der **Körpersprache** die Bedeutung von Gesten und Körperhaltungen in einem Unschärfebereich, so steigert die **sprachliche Kommunikation** die Selektivität demnach erheblich. [Es sei an dieser Stelle nur kurz darauf hingewiesen, dass es nach neuesten Erkenntnissen keine eindeutigen Interpretationen für körpersprachliche Ausdrucksformen gibt. Entschlüsselungsexperten, die für jede nonverbale Ausdruckform mit einer eindeutigen Interpretation aufwarten (verschränkte Arme vor der Brust = Ablehnung, und Ähnliches) sind mit großer Vorsicht zu genießen (vgl. z. B. Motamedi, 1996).]

Die Verpflichtung der Interagierenden auf ein gemeinsames Thema zeigt schließlich eine weitere Fokussierung. Es macht deutlich, warum zum Beispiel eine Tagesordnung (ein Thema) bei einem Meeting so wichtig ist. Es verpflichtet die Anwesenden, ihre Kommunikation auszurichten, also eine „Ordnungsleistung" (Mertens, 1990) zu erbringen. Die Selektivität wird durch das übergreifende Thema nochmals gesteigert. Während der Diskussion stützt die nonverbale Kommunikation dabei in der Regel die verbale. Sie stellt damit Metakommunikation dar.

(3) Metaebene

Als Metaebene bezeichnet man die Ebene, die über der aktuellen Interaktionssituation liegt. Wird die verbale Kommunikation mit Anmerkungen, Hinweisen und körpersprachlichen Mitteln versehen, also eine Aussage über die Aussage gemacht, spricht man von **Metakommunikation**.

Im Rahmen des oben Dargelegten bedeutet dies, dass die nonverbale Kommunikation die verbalen Äußerungen in folgenden sieben Punkten „kommentieren" kann, also Metakommunikation darstellt (Ekman, 1965; zitiert nach Merten, 1990):

1. Bekräftigung der Aussagen des verbalen Kanals
2. Widerspruch (Negation)
3. Ersatz
4. Affektive Bewertung
5. Aussagen über die Beziehung der Kommunikanten
6. Hervorhebung bestimmter Teile der verbalen Aussage
7. Strukturierung des gesamten Kommunikationsprozesses

Hat man bei der nonverbalen Metakommunikation noch ein anderes Medium (den Körper, die so genannten paralinguistischen Phänomene – laute, leise Sprache, Schnelligkeit, Langsamkeit der Sprache, Lachen, Seufzen, und Ähnliches) zur Verfügung, so betritt man mit der Kommunikation über die Kommunikation (= Metakommunikation) ein problematischeres Terrain.

Wenn Sie zum Beispiel einem Kollegen im Rahmen des Portfolio-Managements eine mathematische Formel erklären wollen, so haben Sie zwei Medien zur Verfügung (die Symbole der Mathematik und Ihre Sprache), um die Symbole sowie deren Zusammenhang zu erläutern. Mit Ihrer Sprache betreiben Sie sozusagen Metamathematik. Sie reden über Mathematik. Das ist meistens unproblematisch, wenngleich die Zusammenhänge schwierig sein können. Ganz anders bei der Metakommunikation. Wollen Sie über eine aktuelle Kommunikationssituation metakommunizieren, so können Sie nicht aus dem Medium Sprache heraustreten und ein anderes Medium benutzen. Sie sind auf die Sprache angewiesen. Das kann zu Verwicklungen und Missverständnissen führen.

„Wenn wir Kommunikation nicht mehr ausschließlich zur Kommunikation verwenden, sondern um **über** Kommunikation selbst zu kommunizieren ..., so verwenden wir Begriffe, die nicht mehr **Teil** der Kommunikation sind, sondern (im Sinne des griechischen Präfix **meta**) **von** ihr handeln." (Watzlawick/et al., 1974)

Im Zuge einer kommunikationstheoretischen Durchdringung von Szenen ist die Metakommunikation jedoch unabdingbar. Erst sie ermöglicht es festzustellen, welche Größen während eines Interaktionsablaufes zum Beispiel für eine Störung verantwortlich sein könnten. Zwar sind in jeder Interaktion, wie noch gezeigt wird, metakommunikative Anteile enthalten, der explizite Zugriff auf die Metaebene bringt jedoch in der Regel einen Zugewinn an Erkenntnis, der ohne sie nicht möglich wäre.

„Es scheint kaum eine Verhaltensklasse zu geben, die die meisten Menschen so **ungewohnt** finden, so scheuen und doch so **befreiend** erleben können, wie ein Gespräch über die Beziehung, wie explizite Metakommunikation." (Mandel/et al., 1971)

Metakommunikation stellt eine Art überlagernde Ebene dar, die während eines Kommunikationsprozesses jederzeit genutzt werden kann. Sind Verwerfungen im Interaktionsablauf von einem oder mehreren Kommunikanten festzustellen, sollte auf diese Ebene explizit Bezug genommen werden. Hier kann zum Beispiel geklärt werden, welche Aspekte der Wahrnehmung und Bedeutungszuschreibung der beteiligten Personen (vgl. Wirklichkeitskonstruktionen) durch die Interaktion nicht oder nur unzulänglich Berücksichtigung gefunden bzw. zu Störgefühlen geführt haben. Die beteiligten Kommunikanten begeben sich quasi auf eine Beobachterposition und versuchen, ihre eigenen kommunikativen Verhaltensweisen zu erklären bzw. die ihrer Kommunikationspartner zu verstehen.

Metaebene als Klärungsebene

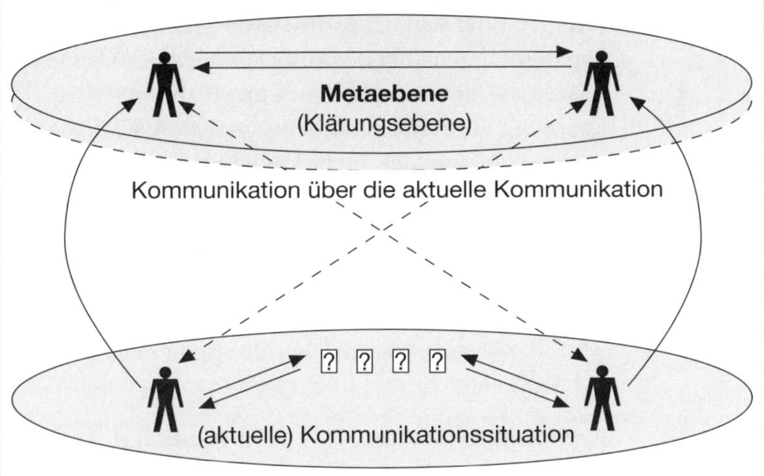

Abbildung 62

(4) Realität: „Szenen"

Szene *meint eine zeitlich und räumlich abgrenzbare Situation, in der vor einem Horizont von Mitgegebenheiten* (individuelle Bedürfnisse der Kommunikanten, Ort, an dem die Interaktion stattfindet, Rollenverhalten der Beteiligten, usw.) die Kommunikation abläuft (Wellendorf, 1974). Für den hier interessierenden Zusammenhang ist die jeweilige Szene der Untersuchungsgegenstand, auf den sich die Erklärungsansätze der verschiedenen Theorien und Modellbildungen richten. Läuft beispielsweise in der kommunikativen Alltagssituation etwas schief, so erweist sich unter diesem Blickwinkel, wie brauchbar eine Theorie zur Behebung dieser Störung ist.

Der exakten Analyse von Kommunikationsprozessen, Szenen, stehen jedoch Schwierigkeiten entgegen, die sich zum Teil aus den oben beschriebenen Feldern „Wirklichkeitskonstruktionen" und „selektive Wahrnehmung" ableiten lassen. In Anlehnung an Merten (1990) lassen sich folgende **Problembereiche** identifizieren:

- **Kommunikationsprozesse sind äußerst flüchtige Phänomene**. Die Analyse eines solchen Prozesses kann deshalb nicht in Muße und Ruhe erfolgen oder wie bei naturwissenschaftlichen Experimenten nach anerkannten Dimensionen vermessen werden. Auch eine Wiederholung des Prozesses, um zum Beispiel unter anderen Gesichtspunkten eine Betrachtung anzustellen, ist naturgemäß nicht möglich. Kommunikationsprozesse lassen sich nicht kopieren.

- **Kommunikationsforscher kommen im Grunde zur Analyse einer Interaktion „immer rechtzeitig zu spät“**. Sie können nicht, wie andere Forscher, **direkt** an oder bei ihrem Untersuchungsgegenstand bleiben. Wollten sie dies, müssten sie am Kommunikationsprozess teilnehmen, was eine Verzerrung und Verfälschung der zu analysierenden Situation zur Folge hätte.

- **Kommunikationsprozesse sind relational**. Dies bedeutet, dass Kommunikation weder am „Sender“ oder „Empfänger“ oder an einer Mitteilung (Aussage, Botschaft) festgemacht werden kann. Sie ergibt sich vielmehr als historisch einmalige, spezifische Szene zwischen den Beteiligten in dem erwähnten Datenkranz von Mitgegebenheiten. Kommunikation ist nur dynamisch und nicht statisch zu verstehen. Die Aufzählung von Einzelgrößen wie Kommunikant, Rezipient usw. ist ein beliebter Schleichpfad zur Umgehung dieses Problems. Man tut so, als könne der dynamische Prozess auf statische Größen reduziert werden.

- **Reflexivität (Rückkopplung, Selbstreferenz) kommunikativer Abläufe**: Unter Selbstreferenz versteht man die Zirkularität einer Struktur. Damit ist gemeint, dass bei Kommunikationsprozessen jeder Einflussfaktor Ausgangs- und Endpunkt von neuen Aktivitäten sein kann, ein eindeutiger Ursache-Wirkungs-Zusammenhang also nicht festgestellt werden kann. Dieses Phänomen ist in der Wissenschaft unter dem so genannten **kybernetischen Regelkreis** bekannt.

Kybernetischer Kreis (Beispiel)

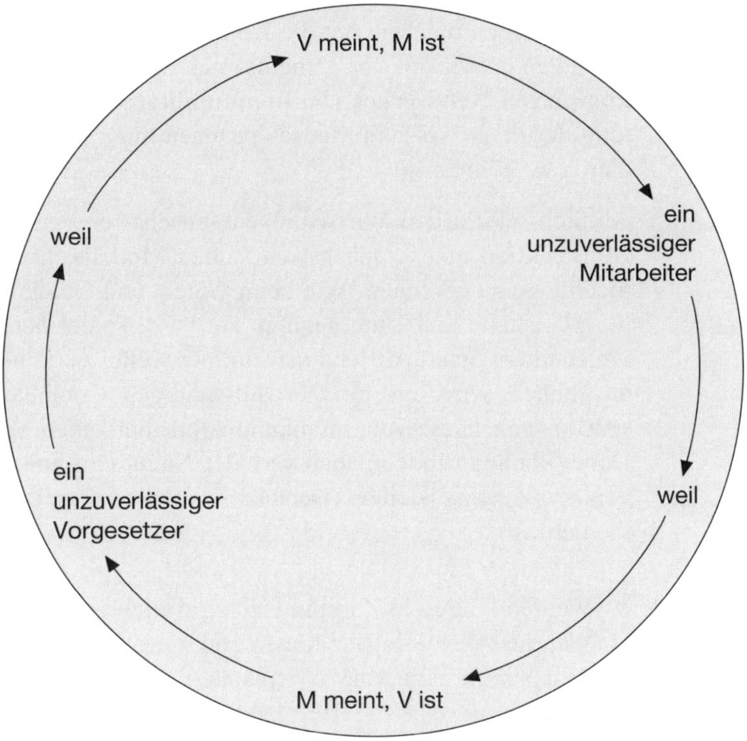

Abbildung 63 (Quelle: In Anlehnung an Laing, 1989)

Es fällt nun in der Tat schwer, bei dem Beispiel in Abbildung 63 festzulegen, welche Verhaltensweise Auslöser für die Verhaltensweise des anderen ist. Ein derartiger kommunikativer Ablauf kann auch nicht dadurch gelöst werden, indem man versucht festzustellen, wer „Henne" oder „Ei" ist. Die Zirkularität der Interaktionsstruktur kann durch solche Herangehensweisen nicht aufgebrochen werden. Hinzu kommt, dass Informationen in ihrer Verarbeitung beeinflusst werden von der Art und Weise, bzw. der Erfahrung, die man mit der Verarbeitung vorangegangener Informationen gemacht hat, und die „... Folgen von Kommunikation wie Konsens oder Sympathie ebensogut als Voraussetzungen von Kommunikation angesehen werden können..." (Merten, 1990).

(5) Modellbildungen

Um die eben beschriebene Realität von Interaktionsszenen einer Analyse zugänglich zu machen, hat die Kommunikationsforschung eine Fülle von Modellen entwickelt. Ihr gemeinsames Bestreben ist die **Entwirrung des komplexen Netzwerkes von kommunikativen Abläufen**, die Beantwortung der Frage, was ein Mensch besitzen muss, um erfolgreich kommunizieren zu können.

Ähnlich wie in den Wirtschaftswissenschaften versucht man, durch die Konstruktion eines zunächst einfachen Modells, grundsätzliche Zusammenhänge zu erkennen. Wie beim Güter- und Geldkreislauf, der anfangs nur Haushalte und Unternehmen aufweist, später durch die Erweiterung um Banken, Staat, Ausland usw. immer weiter verfeinert und der Realität angenähert wird, bis hin zur aufwändigen Computersimulation (Planspiele), gehen die Kommunikationsforscher einen vergleichbaren Weg. Dabei können Modelle auch verbaler Natur sein, indem sie eine Abfolge von Aussagen aufstellen. (Denken Sie an die Formeln und Regeln der Mathematik.)

> Werden in diesem Zusammenhang Annahmen aufgestellt, die ihren Wahrheitsgehalt in sich tragen und ohne weiteren Beweis einsichtig sind, spricht man von so genannten **Axiomen**.

Im Folgenden wird das „klassische Modell" der Kommunikation von Shannon und Weaver vorgestellt, das erstmals 1949 erschienen ist. Seine Überlegungen sind bis heute in vielen Disziplinen aktuell, wenngleich es nicht unumstritten ist. Es hat folgenden Aufbau:

Klassisches Modell von Shannon und Weaver

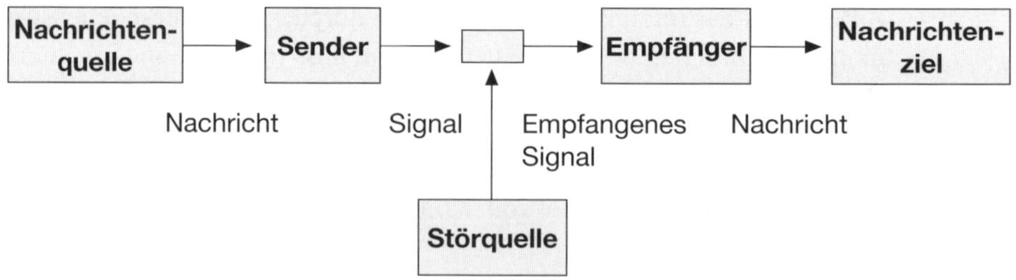

Abbildung 64 (Quelle: Shannon/Weaver, 1976)

Aus der Nachrichtenquelle gelangt eine bestimmte Information zum Sender, der sie durch ein entsprechendes Signal über einen **Nachrichtenkanal** an den Empfänger schickt. Diese Übermittlung kann durch Störeinflüsse behindert werden. Der Empfänger kann anschließend das empfangene Signal entsprechend des Nachrichtenziels verwerten.

Ein Verkehrsrechner (Nachrichtenquelle) gibt eine Information an eine Verkehrsampel (Sender), die durch ihren Zustand (rotes Licht – die Lichtwellen verschiedener Frequenz sind hier Übermittlungskanal) die Information an einen Autofahrer übermittelt. Der bringt aufgrund der Information seinen Wagen zum Stehen (Nachrichtenziel). Wird die Lichtwellenübermittlung zum Beispiel durch starkes Schneetreiben behindert (Störquelle), so kann es passieren, dass das empfangene Signal beim Empfänger, der das Rotlicht nicht sehen kann, nicht zum gewünschten Ziel führt. (Vgl. Herrlitz, 1985)

Die Problematik, die sich bei der Anwendung dieses Modells im Rahmen der menschlichen Kommunikation ergab und ergibt, liegt vor allem in der Tatsache, dass dieses Modell für den technisch-naturwissenschaftlichen Bereich konzipiert wurde. Die Autoren haben eine Kommunikationstheorie der **Signalübertragung** entworfen.

Es ging dabei nicht um „... ‚Bedeutung' im umgangssprachlichen Sinne, sondern (es) bezog sich auf physikalisch genau bestimmbare Signalmengen, die technisch handhabbar sind. Metaphorische Übernahmen (Übertragung der Elemente auf menschliche Kommunikation – zum Beispiel Sender = Sprecher, Empfänger = Zuhörer usw.; H. W.) der Begrifflichkeit dieses Kommunikationsmodells haben zu einer Reihe von Verwirrungen und Fehldeutungen geführt, die bis heute noch nicht ganz ausgeräumt sind." (Schmidt, 1990)

Die 1:1-Übertragung des klassischen Modells auf den Bereich der zwischenmenschlichen Kommunikation hat unter anderem dazu geführt, dass man die Vorstellung entwickelte, Information werde durch eine Art Kanal (Metapher!) vom Sender zum Empfänger übertragen. Wobei der Container (Metapher!) zum Beispiel die Sprache sein kann. Der Sender verpackt seine Information in Worte, die vom Empfänger entsprechend wieder ausgepackt wird. „Der Empfänger gleicht sein Bewusstsein durch die Entnahme des gleichen Inhalts dem Bewusstsein des Senders an; beide verfügen nach Abschluss der Kommunikation über dieselbe Information." (Schmidt, 1990) In diesem Zusammenhang sind die mittlerweile fast umgangssprachlichen Begriffe wie „codieren", „decodieren", „Sender",

„Empfänger" entstanden. Probleme wie unterschiedliche Bedeutungszuschreibungen zu bestimmten Worten oder Sätzen sind damit ausgeblendet. Es wird stillschweigend unterstellt, jeder Teilnehmer der Interaktion besäße eine Semantik, die sich auf eine allen verfügbare objektive Wirklichkeit bezöge.

Seine weite Verbreitung verdankt das Modell vor allem seiner relativ einfachen Bauart und einleuchtenden Struktur. Trotzdem erweist es sich im Alltagseinsatz, also zur Erklärung oder gar Behebung kommunikativer Störungen, als hilflos. So listet Schmidt (1990) unter anderen folgende **Kritikpunkte** an dem klassischen Modell auf:

- **„Sender" und „Empfänger" sind keine bloßen Instanzen**: Sie denken, fühlen, wünschen; sie haben unterschiedliche Bedürfnisse und Fähigkeiten; sie kommunizieren untereinander unter ganz konkreten politischen, sozialen, wirtschaftlichen und kulturellen Bedingungen in konkreten Situationen.
- **Natürliche Sprachen bestehen offenbar nicht aus Zeichen**, die bei konkretem Gebrauch eindeutig auf Bedeutungen, Gegenstände oder Vorstellungen verweisen. Korrekte Sprachverwendung ist noch keineswegs ein Garant für erfolgreiche Kommunikation.
- **Kommunikation ist eben kein gerichteter Prozess** („S" sendet Botschaft an „E"), sondern eine Interaktion, eine Wechselbeziehung zwischen gleichermaßen aktiven Kommunikationspartnern.
- **Jede Kommunikation hat neben dem Inhaltsaspekt auch Beziehungsaspekte**; das heißt, Kommunikation „überträgt" nicht nur Informationen, sondern sie drückt immer auch aus, wie der „Sender" die Beziehung zwischen sich und dem „Empfänger" sieht.

Sie haben nun einen Einblick in die Schwierigkeiten, die mit der (wissenschaftlichen) Modellbildung im Bereich der Kommunikationsforschung verbunden sind, erhalten. Um Ihre Sensibilität sowie die Zugriffsmöglichkeit auf Interaktionsszenen noch ein Stück weiter zu schärfen, werden nachfolgend zwei Modelle dargestellt, die eine hohe Alltagstauglichkeit besitzen. Sie sind terminologisch eindeutiger und deshalb leichter nachvollziehbar.

5.3.1 Axiomatik menschlicher Kommunikation

Schlüsselbegriffe

- Sender-Empfänger-Beziehung
- Axiome

Das **Modell von Watzlawick, Beavin und Jackson** (1974, zuerst erschienen unter dem Orginaltitel „Pragmatics of Human Communication. A Study of Interactional Patterns, Pathologies and Paradoxes, New York, 1967) hat bei seinem Erscheinen in der wissenschaftlichen Öffentlichkeit sehr starke Beachtung gefunden und ist Grundlage zahlreicher Weiterentwicklungen.

In ihrem Ansatz bemühen sich die Autoren, eine Zugriffsmöglichkeit auf menschliche Interaktion zu entwerfen, die es gestattet, ohne Anwendung komplizierter statistischer Techniken **verhaltensmäßige Auswirkungen (pragmatische Aspekte)** von Kommunikationsprozessen auszumachen.

Wie im letzten Kapitel dargestellt, werden **Kommunikationsprozesse** durch drei Faktoren etabliert:

- **Syntaktik**: Gebiet, das sich mit der **Nachrichtenübermittlung** beschäftigt. Hier finden sich die Arbeitsbereiche der Informationstheoretiker: Wie gut oder schlecht ist eine Verbindung? Welcher Code wird benutzt? Wie hoch ist die Übertragungskapazität, der formale Aufbau der Sprache usw.?
- **Semantik**: Gebiet, das sich mit der **Bedeutung von Zeichen** beschäftigt. „Während es durchaus möglich ist, Symbolserien mit syntaktischer Genauigkeit zu übermitteln, so würden sie doch sinnlos bleiben, wenn Sender und Empfänger sich nicht im Voraus über ihre Bedeutung geeinigt hätten. In diesem Sinn setzt jede Nachricht ein semantisches Übereinkommen voraus.“ (Watzlawick/et al., 1974)
- **Pragmatischer Aspekt**: Wie wird durch den Kommunikationsprozess das **Verhalten** der Beteiligten beeinflusst?

Eine Interaktion besitzt alle drei Faktoren. Die Überlegungen des vorliegenden Modells stellen jedoch den letzten Aspekt in den Vordergrund.

Es wird weniger Gewicht auf die traditionellen Sender-Zeichen- und Zeichen-Empfänger-Relationen gelegt. Vielmehr steht die **zwischenmenschliche Sender-Empfänger-Beziehung** im Mittelpunkt der Betrachtung.

Hierzu werden von Watzlawick/Beavin/Jackson (1974) fünf Axiome – genauer Metaaxiome (da sie ja Aussagen über Kommunikation darstellen) – zur Kommunikation aufgestellt. Zu diesen Axiomen bemerken die Verfasser selbst, dass sie zwar theoretische Schwächen aufweisen, die praktische Nützlichkeit bei der Anwendung dies jedoch kompensiere.

1. Axiom:
„Man kann nicht *nicht* kommunizieren."

Dieses Axiom sagt im Wesentlichen aus, dass es zum menschlichen Verhalten kein Gegenteil gibt. Geht man davon aus, dass jegliches Verhalten Mitteilungscharakter hat, **so kann sich niemand nicht verhalten**. Ob jemand schweigt oder redet, die Augen offen oder geschlossen hat, handelt oder passiv ist, immer kommuniziert er dadurch mit seiner Umwelt. (Denken Sie an eine typische „Fahrstuhlsituation": keiner redet, es wird sich aber „kräftig" verhalten.)

2. Axiom:
„Jede Kommunikation hat einen Inhalts- und einen Beziehungsaspekt der Art, dass Letzterer den Ersteren bestimmt und daher eine Metakommunikation ist."

Jede Mitteilung enthält zwei Informationen: die sachliche und die über den Beziehungsaspekt. Die Information, die innerhalb einer Mitteilung den Beziehungsaspekt betrifft, gibt an, wie der Mitteilungsgeber (Sender) seine sachliche Information verstanden haben will. (Umgangssprachlich: „Welchen Ton er anschlägt".) Krappmann (1973) spricht in diesem Zusammenhang von „Überschussinformation" bzw. von „Qualifikation des Inhalts". Durch den Beziehungsaspekt (die Überschussinformation) macht der Sender durch verbale und nicht-verbale Mittel deutlich, wie seine Einstellung zum Inhalt der Mitteilung aussieht. Da die Beziehungsebene eine Kommunikation über die Kommunikation darstellt, spricht man von **Metakommunikation**.

Wichtig ist jedoch die Tatsache, dass der Beziehungsaspekt selten in einer Mitteilung explizit formuliert wird. Werden beide Ebenen miteinander vermengt, kommt es zu konfliktreichen Beziehungen. Auch eine bewusst widersprüchliche Benutzung des Inhaltsaspekts, um eine Beziehungsdefinition auszudrücken, ist Anzeichen einer gestörten Beziehung bzw. Interaktion.

Ihre Vorgesetzte kommt zu Ihnen und äußert, indem sie eine Akte auf Ihren Schreibtisch wirft: „Das haben Sie ja toll gemacht!" Der Inhaltsaspekt dieses Satzes ist unproblematisch: Nach den Regeln der Syntax (Satzbaulehre) drückt er aus, dass Sie etwas gut gemacht haben. Je nach Tonfall, Mimik, Gestik usw. (also der Beziehungsebene) kann er sich jedoch ins Gegenteil verkehren. Die Chefin kann mithilfe des Beziehungsaspektes ausdrücken, dass sie mit Ihrer Arbeit absolut unzufrieden ist. Wird die Inhalts- oder Sachinformation ständig zum Transport von Beziehungsbotschaften missbraucht, entstehen konfliktgeladene Situationen.

Auch der Hinweis des Fahrlehrers „Lassen Sie das Kupplungspedal einfach ruhen, das tut dem Getriebe sehr gut" bewegt sich in diesem Bereich.

Je gesünder Beziehungen sind, um so mehr rückt die Definition der Beziehung in den Hintergrund. Je kranker Beziehungen sind, um so mehr sind sie vom gegenseitigen Kampf um die Beziehungsdefinition gekennzeichnet. Es kann sogar passieren, dass in derartigen Interaktionsszenen die Inhaltsebene völlig an Bedeutung verliert bzw. nur noch als Vehikel zum Transport von Beziehungsinformationen dient. Vielleicht fallen Ihnen einige Meetings ein, bei denen sich dies zwischen einzelnen Teilnehmern abgespielt hat.

3. Axiom:
„Die Natur einer Beziehung ist durch Interpunktion der Kommunikationsabläufe seitens der Partner bedingt."

Betrachtet man eine Interaktion, so präsentiert sie sich als ein kontinuierlicher Ablauf von Mitteilungen bzw. Verhalten. Dieser Mitteilungsablauf wird von den beteiligten Personen allerdings nur in wenigen Fällen gleich interpretiert. Vielmehr legt jeder Teilnehmer dieser Interaktion eine eigene Struktur zugrunde – **er interpunktiert sie**. Unterschiedlich ist die Interpretation häufig deswegen, weil jeder Interaktionsbeteiligte eine subjektive Vorstellung vom Ursache-Wirkungs-Zusammenhang seiner Verhaltensweisen hat.

Hat beispielsweise die Führungskraft F den Eindruck, der Mitarbeiter M brauche mehr Druck, damit seine Leistungsbereitschaft steigt, so hat F eine bestimmte Vorstellung vom Ursache-Wirkungs-Zusammenhang ihrer Verhaltensweisen (motivationspsychologische Überlegungen seien hier der Einfachheit halber ausgeklammert): „Da M nicht genug Leistung erbringt, muss ich die Kontrolle verschärfen.“ F ist also der Ansicht, seine Verhaltensweise ist Reaktion auf die Verhaltensweise von M.

Aufgrund des ständigen Drucks, den F ausübt, kommt M zu der Einstellung, nur noch das Notwendigste zu machen. Er schöpft seine Leistungsfähigkeit demnach (bewusst) nicht voll aus. M ist also der Ansicht, dass seine Verhaltensweise Reaktion auf die Verhaltensweise von F ist. (Es ist für die Betrachtung an dieser Stelle unerheblich, welche Verhaltensweise zuerst da war. Es mag einen historischen Anfang geben, der jedoch in konkreten Situationen meist soweit zurück liegt, dass man sich kaum noch erinnern kann.)

Grafisch sieht die Interpunktion der geschilderten Szene folgendermaßen aus:

Interpunktionskonflikte

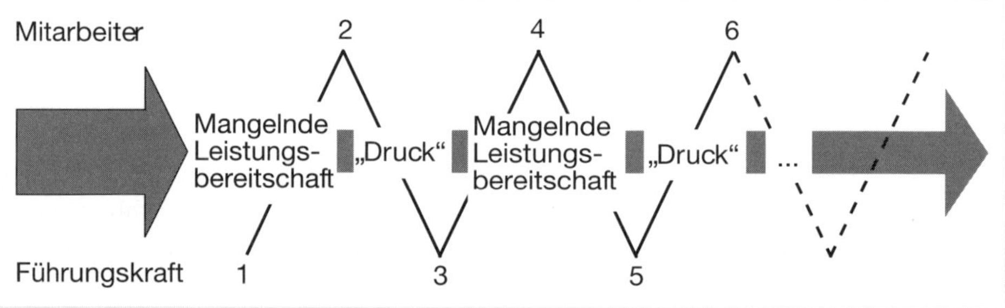

Abbildung 65

Während F die Interpunktionsfolge 1 – 2 – 3; 3 – 4 – 5; ... (so genannte Triaden) setzt, interpunktiert M die Situation durch die Triaden 2 – 3 – 4; 4 – 5 – 6; ...

„Wir können nur vermuten, dass Interpunktionskonflikte mit der tief im Innern verwurzelten und meist unerschütterlichen Überzeugung zu tun haben, dass es nur eine Wirklichkeit gibt, nämlich die Welt, wie ich sie sehe, und dass jede Wirklichkeitsauffassung, die von der meinen abweicht, ein Beweis für die Irrationalität des Betreffenden oder seine böswillige Verdrehung der Tatsachen sein muss.“ (Watzlawick/et al., 1974)

Aus diesem unproduktiven Kreislauf können sich die Beteiligten nur befreien, wenn ihnen klar wird, dass **Kommunikationsprozesse nicht linear interpretiert** werden dürfen. Nicht ein Verhalten ist Ursache eines anderen, vielmehr ist jedes Verhalten Ursache und Wirkung zugleich.

Die Ratte, die zu einer anderen sagt „Ich habe meinen Versuchsleiter so abgerichtet, dass er mir jedesmal, wenn ich eine bestimmte Taste drücke, Futter gibt" hat offensichtlich die gängige Interpunktionsabfolge infrage gestellt.

Der unter dem Stichwort „Realität: Szene" im vorangegangenen Kapitel dargestellte **kybernetische Regelkreis menschlicher Kommunikationsabläufe** findet hier seine axiomatische Entsprechung.

4. Axiom:
„Menschliche Kommunikation bedient sich digitaler und analoger Modalitäten. Digitale Kommunikationen haben eine komplexe und vielseitige logische Syntax, aber eine auf dem Gebiet der Beziehungen unzulängliche Semantik. Analoge Kommunikationen dagegen besitzen dieses semantische Potenzial, ermangeln aber der für eindeutige Kommunikation erforderlichen logischen Syntax."

Dieses etwas kompliziert klingende Axiom greift Überlegungen auf, die weiter oben in etwas anderer Form schon einmal angestellt wurden. **Die Übermittlung von Sachinformationen geschieht häufig in digitaler Form**. Die digitale Kommunikation greift auf Buchstaben, Worte und Schriftzeichen zurück. Geht es darum, Wissen von einer Person zu einer anderen weiterzugeben, wird häufig die digitale Informationsschiene benutzt. Diese Übermittlungsart ist jedoch störanfällig. Sie hat zu ihren benutzten Zeichen keine eindeutige Bedeutungszuweisung. „Es gibt letztlich keinen zwingenden Grund, weshalb die Buchstaben k, a, t, z und e in dieser Reihenfolge ein bestimmtes Tier benennen sollen – es besteht lediglich ein semantisches Übereinkommen für diese Beziehung zwischen Wort und Objekt (designatum)." (Watzlawick/et al., 1974)

Eine wesentlich exaktere Bedeutungszuweisung besitzt die **analoge Kommunikation**. Statt von einer Analogie spricht man gelegentlich ja auch von einem Gleichnis, also einer Situation, einem Bild, das die aktuelle Botschaft veranschaulichen soll. Nicht von ungefähr ist zum Beispiel das alte Testament voll von Gleichnissen und nicht von Definitionsversuchen.

Immer wenn es um **Beziehungskommunikation** geht, wird überwiegend auf die analoge Kommunikationsebene zurückgegriffen. Insbesondere in emotional aufgeladenen Szenen traut man offensichtlich der digitalen Übermittlung nicht so recht. So formuliert jemand nicht nur, dass er sich ärgert, man kann es ihm auch körperlich anmerken (laute Stimme, roter Kopf, hektisches Verhalten). Er kommuniziert analog. Auch positive Emotionen werden meist analog unterstützt, da die reine Digitalschiene als unzureichend eingeschätzt wird. Freundschaften werden nicht nur verbal beteuert, sondern man klopft sich auf die Schulter, nimmt sich in die Arme usw. So wirkt die Verweigerung eines Händedruckes in der Regel nachhaltiger, als eine kritisch formulierte Aussage. Der gesamte **nonverbale Ausdrucksbereich kann somit als analoge Kommunikation** angesehen werden. Allerdings fehlen ihm die Variabilität und Trennschärfe der digitalen Mitteilungen.

Findet beispielsweise ein Kollege einen anderen sympathisch, so ist es meist schwierig, dieses Gefühl (analoger Zustand) zu digitalisieren, in Worte zu fassen. Selbst die Auflistung verschiedener Eigenschaften des Kollegen bedeutet nicht unbedingt, dass ein anderer daraus den Schluss zieht, es handele sich um einen sympathischen Menschen. Um jemand einschätzen zu können, will man ihn sehen, also analog erleben.

Werfen Sie einen Blick auf eine Digitaluhr, so haben Sie sofort die exakte Uhrzeit vor Augen (zum Beispiel 16:15 Uhr). Sehen Sie dagegen auf eine Analoguhr (die mit Ziffernblatt), so sehen Sie mehr als die Uhrzeit. Die Uhr gibt Ihnen ein Gefühl für die Zeit. Sie können zum Beispiel sehen, wie viel Zeit noch bis 18 Uhr bleibt. Bei einer Digitaluhr erfordert dies einen kleinen Rechenprozess.

Grafisch lässt sich das vierte Axiom wie folgt darstellen:

Viertes Axiom

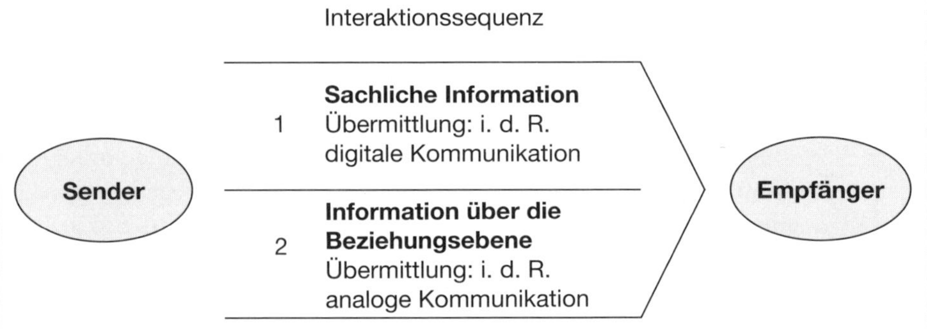

Abbildung 66

Jede **Mitteilung** ist also (mindestens) **zweispurig**:

- **Spur 1** ⇒ enthält sachliche Informationen – Übermittlung durch Worte
- **Spur 2** ⇒ enthält Beziehungsinformationen – Übermittlung in der Regel durch nonverbale Kommunikationsanteile

Verschieben sich beide Spuren (Beziehungsspur wird zur sachlichen Mitteilung benutzt, Informationsspur zur Beziehungsdefinition), spricht man von **gestörter Kommunikation**.

> **5. Axiom:**
> „Zwischenmenschliche Kommunikationsabläufe sind entweder symmetrisch oder komplementär, je nachdem, ob die Beziehung zwischen den Partnern auf Gleichheit oder Unterschiedlichkeit beruht."

Bei der Untersuchung von Interaktionen ist es von Interesse zu wissen, wie die Beteiligten zueinander stehen. Gründsätzlich lassen sich zwei Beziehungsformen unterscheiden: **komplementäre** und **symmetrische Beziehung**.

Im ersten Fall ist das typische Kennzeichen die Ergänzung des einen durch den anderen (Mutter – Kind, Chef – Mitarbeiter). **Symmetrische Beziehungen** dagegen sind quasi spiegelbildlich. Die Interagierenden sind sich ebenbürtig. Bei den **komplementären Beziehungen** gibt es immer eine superiore und eine inferiore Position (etwa mit primärer und sekundärer Position vergleichbar). Watzlawick et al. verweisen aber mehrmals darauf, dass die beiden Gegensätze nicht mit „gut" oder „schlecht", „stark" oder „schwach" verquickt werden dürfen. Das heißt, dieses Axiom wird (wie die anderen) logisch, nicht normativ ausgelegt.

Im beruflichen Bereich ist jedoch ein **normatives Moment** durchaus festzustellen. Hat in einer konkreten Interaktionsszene eine Teilgruppe oder eines ihrer Mitglieder die Macht, die Situation nach seinen Vorstellungen zu definieren, den Handlungsspielraum der anderen zu verkleinern, so ist eine komplementäre Kommunikation als kommunikatives Machtgefälle zu interpretieren. Inwiefern dies zutrifft oder vermieden werden kann, ist im Konkreten eine Frage des praktizierten Führungsstils. So können kommunikative Störungen (neben anderen Ursachen) auch darauf zurückgeführt werden, dass die Beteiligten keinen ausreichenden Spielraum besitzen, ihre Kommunikationsbedürfnisse frei einzubringen.

5.3.2 Das Modell „Kommunikationsquadrat“

Schlüsselbegriffe

- Kommunikationsprozess
- Verbale und nonverbale Botschaften
- Anatomie einer Nachricht
- Vier-Ohren-Prinzip

Ausgelöst wurden die Überlegungen zur Konstruktion des **Kommunikationsquadrates** (vgl. Abbildung 68) durch eine Anfrage eines großen Hamburger Industrieunternehmens im Jahre 1970 an die Gruppe um Reinhard Tausch an der Universität Hamburg. Das Unternehmen wollte einen psychologisch fundierten Beitrag zur Verbesserung der Kommunikationsfähigkeit seiner Mitarbeiter. (Tausch war Lehrer von Friedemann Schulz von Thun, der die Ausarbeitungen zu diesem Modell durch seine Veröffentlichungen einer breiten Leserschaft zugänglich machte.)

Aus den damaligen Theorieströmungen und Forschungsprojekten entwickelte sich mit der Zeit eine Konzeption, die darauf zielte, verschiedene Ansätze der Psychologie zum Beispiel von Carl Rogers (Persönlichkeitsentwicklung, Encounter-Gruppen), Alfred Adler (Menschenkenntnis), Ruth Cohn (Themenzentrierte Interaktion) und Paul Watzlawick (Menschliche Kommunikation) unter einen Hut zu bringen.

Zielsetzung: Kommunikationsprozesse und -probleme in einer Art Zusammenschau greif- und damit lösbar zu machen.

Für die Ausarbeitung des Modells sind auch biografische Momente des Autors Schulz von Thun wesentlich. Sie sollen hier kurz zitiert werden, da sie vielleicht auch Ihnen nicht ganz fremd sind:

„Als ich zum Abschluss meiner Schulzeit das ‚Zeugnis der Reife‘ erhielt, bestand meine Kommunikationsfähigkeit vor allem darin, in einer raffinierten, gelehrsamen Sprache über Sachverhalte zu reden, zu denen mir jede Erlebnisgrundlage fehlte. Statt das Erlebte zu verstehen und auszudrücken, lernten wir, das Nicht-Erlebte altklug zu kommentieren ... Das Reifezeugnis in der Hand, fühlte ich mich ‚ungebildet‘ in Fragen des zwischenmenschlichen Umgangs. Für das Thema ‚Wie gehe ich mit mir selbst und anderen um?‘ war kaum eine Schulstunde reserviert gewesen ... Auch ich habe die Erfahrung, dass Leute (wie ich), deren ‚Heimspiel‘ im intellektuellen Bereich liegt, sich eher durch kognitive Wegweiser auf ein emotionales Gelände verführen lassen.“ (Schulz von Thun, 1981)

Um Kommunikationsabläufe zwischen Menschen zu verbessern, setzte man auf verschiedenen Ebenen an:

(1) Ich fange bei mir selbst an

Das heißt, mit einem bestimmten Wissen über Interaktionen versuche ich, meine eigenen (kommunikativen) Verhaltensweisen zu verbessern. Dies kann Signalfunktion für andere haben, die sich unter Umständen an meinem Verhalten orientieren. Für Führungskräfte scheint dies ein wichtiger Aspekt zu sein. Wer bestimmte Werte im täglichen Umgang vorlebt, also erfahrbar macht, kann erwarten und verlangen, dass sich andere diese Formen zu Eigen machen. **Erlebbare Führungskultur** (als integraler Bestandteil einer umfassenden Unternehmenskultur) ist in ihren Auswirkungen auf Mitarbeiter nicht hoch genug einzuschätzen.

Dies verweist auf eine weitere Zugangsmöglichkeit:

(2) Verbesserung des Miteinanders

Da kommunikative Prozesse immer mit anderen zu tun haben, ist es wenig hilfreich, einen einzelnen Menschen als den Störenfried oder Verursacher gestörter Kommunikation zu brandmarken. Umgangsformen in Abteilungen und Gruppen sind meist ein komplexes Geflecht aus gewachsenen und vorgeprägten Beziehungen zwischen den Gruppenmitgliedern. Um hier Ansätze zur Kommunikationsoptimierung zu finden, ist eine so genannte systemische Sichtweise notwendig. Es ist zu prüfen, inwieweit zum Beispiel innerbetriebliche Strukturen bei einer freien Aushandlung persönlicher, kommunikativer Bedürfnisse hinderlich sind.

Dieser systemische Ansatz, der beispielsweise auch in der Paar- und Familientherapie die Grundlage bildet, führt zu einer weiteren Ebene:

(3) Veränderung institutioneller (gesellschaftlicher) Rahmenbedingungen

Es lässt sich für viele Institutionen unserer Gesellschaft (auch in Unternehmen) zeigen, dass sie das freie und effiziente Miteinander durch Zwänge und Vorgaben empfindlich stören können. Beobachtbare Kommunikationsstörungen müssen deshalb nicht ausschließlich individuell, sie können auch institutionsbedingt sein. Verbesserungen auf dieser Ebene sind schwierig und manchmal langwierig. So stellt jede **Veränderung der Organisati-**

onsstruktur in einem Unternehmen einen empfindlichen Eingriff in vorhandene Kommunikations- und Informationsbeziehungen dar. Wird eine derartige Umstellung aufgrund festgestellter ineffizienter Kommunikationswege initiiert, kann trotzdem Widerstand von Betroffenen nicht ausgeschlossen werden, da hier ein Eingriff in persönliche Beziehungsgeflechte bevorsteht, die man zunächst einmal abwehren möchte. Ein verstehendes und sinnvolles Nachvollziehen von Neukonzeptionen (zum Beispiel Lean Banking) setzt jedoch voraus, dass Kenntnisse und Erfahrungen aus den Ebenen (1) und (2) bei den Initiatoren vorhanden bzw. auch den Mitarbeitern verfügbar sind.

Insofern ist Schulz von Thun (zumindest modifiziert) zu folgen, wenn er die Frage formuliert: „Kann man glaubwürdig und vertrauenserweckend für eine Veränderung ... eintreten, ohne bei sich selbst und im kleinen Kreis der unmittelbaren Reichweite anzufangen?“ Die folgenden Ausführungen beziehen sich deshalb vornehmlich auf die ersten beiden Ebenen.

Für das Verständnis des Modells „Kommunikationsquadrat“ ist es notwendig, die Begriffe **Nachricht** und **Botschaft** voneinander zu trennen. Der übergreifende Begriff ist hierbei die Nachricht. Sie kann vielfältige Botschaften (verbaler wie nonverbaler Art) enthalten.

Nachricht und Botschaft

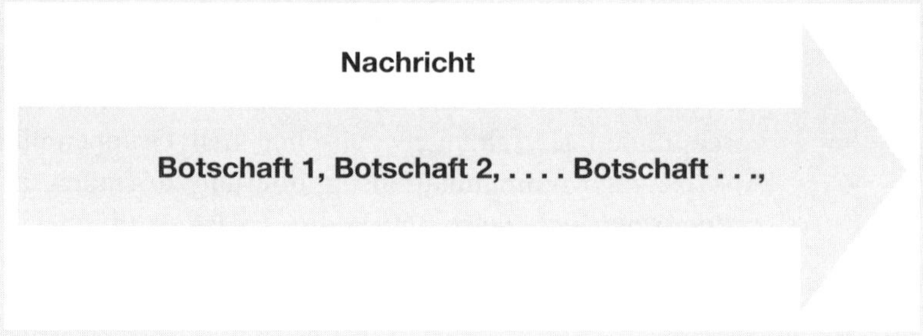

Abbildung 67

Dabei ist es nicht entscheidend, welche Länge eine Nachricht hat. Sie kann aus einem einzigen Wort bestehen (zum Beispel „Prima!“), eine Geste sein (zum Beispiel: Hände vor die Augen halten) oder eine ganze Sequenz umfassen (zum Beispiel ein Statement während eines Meetings). Was im konkreten Fall Gegenstand der Betrachtung (Analyse) sein soll, hängt von der gewählten Zielsetzung ab.

Zu unterscheiden sind weiterhin:

- **Explizite und implizite Botschaften**

Explizit meint, dass in einer Nachricht **ausdrücklich** eine Botschaft formuliert wird. („Ich halte Sie für einen fähigen Mitarbeiter.") **Implizit** meint, dass etwas **nicht ausdrücklich** gesagt wird, es jedoch hineininterpretiert werden kann, es irgendwie drinsteckt. Die Aussage „Der Kunde war mit Ihrer Beratung sehr zufrieden" enthält vermutlich ein implizites Lob. Aus irgendwelchen Gründen kann sich der Sender nicht entschließen, es explizit zu formulieren.

„Man könnte nun geneigt sein anzunehmen, dass die expliziten Botschaften die eigentlichen Hauptbotschaften sind, während die impliziten Botschaften etwas weniger wichtig am Rande mitlaufen. Dies ist keineswegs der Fall. Im Gegenteil – die **eigentliche** Hauptbotschaft wird oft implizit gesendet." (Schulz von Thun, 1981)

- **Nonverbale Botschaften**

Die so genannten **paralinguistischen Phänomene** (Betonung, Lautstärke, Aussprache usw.) sowie der körpersprachliche Ausdruck (Body-Language) sind häufig Träger der impliziten Botschaften, können jedoch auch eine eigenständige Botschaft darstellen. Sind sie Träger, qualifizieren sie die entsprechende Botschaft. Das heißt, der Sender gibt durch sie Hinweise darauf, wie er den verbalen Teil gemeint bzw. verstanden haben möchte. Die Bemerkung „Ihre Sorgfalt ist wirklich beeindruckend" kann durch entsprechende Qualifizierung auf der Trägerseite in ihr Gegenteil verkehrt werden.

- **Deckungsgleiche und deckungs*un*gleiche Nachrichten**

Die eben angesprochenen verbalen und nonverbalen Anteile können sich gegenseitig unterstützen und ergänzen, deckungsgleich sein, oder sich widersprechen, also deckungsungleich sein. Macht zum Beispiel die Führungskraft bei der im vorherigen Absatz beschriebenen Bemerkung ein freundliches Gesicht, klopft dem Mitarbeiter vielleicht dabei auf die Schulter, so unterstützt der nonverbale Anteil die verbale Größe. Blickt sie dagegen ärgerlich, hat einen dementsprechenden Tonfall, liegt eine deckungsungleiche Nachricht vor. Im Anschluss an die schon dargestellten Überlegungen zur Metakommunikation lässt sich sagen, dass **die nonverbalen Qualifizierungen eine Metaebene für die aktuelle Kommunikation** darstellen.

Haley (1978) gibt **vier „Qualifizierungsmöglichkeiten"** an:

- **Qualifizierung durch den Kontext**. Die Umgebung, die Gesamtsituation („Szene"), in der eine Nachricht gesendet wird, nimmt Einfluss auf die Interpretation des Formulierten. Angesichts eines lärmenden Presslufthammers vor dem Bürofenster wird die Aussage „Schön, dass wir hier in Ruhe arbeiten können" durch den Kontext deckungsungleich qualifiziert.

- **Qualifizierung durch die Art der Formulierung**. Je nachdem, „wie" ein Sachverhalt dargestellt wird, qualifiziert er das Gesagte. Nach fünf Stunden Meeting macht ein Teilnehmer die Aussage: „Ich halte es für wichtig, dass hier wirklich jeder ausführlich zu Wort kommen kann, auch wenn dadurch manches mehrfach gesagt wird." Die Zuhörer werden in der Bedeutungsinterpretation unsicher: Meint er das wirklich oder weist er (auf der Metaebene) auf eine unmögliche Diskussionsleitung hin? Überlagert wird dies auch noch durch den Kontext (fünf Stunden Sitzung), was die Bedeutungszuschreibung noch schwieriger macht. (Angesichts der Gesamtumstände ist wahrscheinlich eine deckungsungleiche Qualifizierung vorgenommen worden.)

- **Qualifizierung durch Körpersprache (Mimik und Gestik)**. Ein trauriger Gesichtsausdruck, gepaart mit der Aussage: „Mir geht's nicht gut" weist auf eine deckungsgleiche Qualifizierung hin.

- **Qualifizierung durch den Tonfall**. Diese Art der Metakommunikation ist bereits oben angesprochen worden. Je nachdem, mit welcher Betonung oder Lautstärke eine Nachricht versehen wird, kann sie dadurch unterstützt oder konterkariert werden.

Neben den eben beschriebenen Metainformationen, die eine Nachricht enthält, kommen noch weitere Seiten (Quadratseiten) hinzu. Grafisch lässt sich die **Anatomie von Nachrichten** folgendermaßen darstellen:

Anatomie von Nachrichten

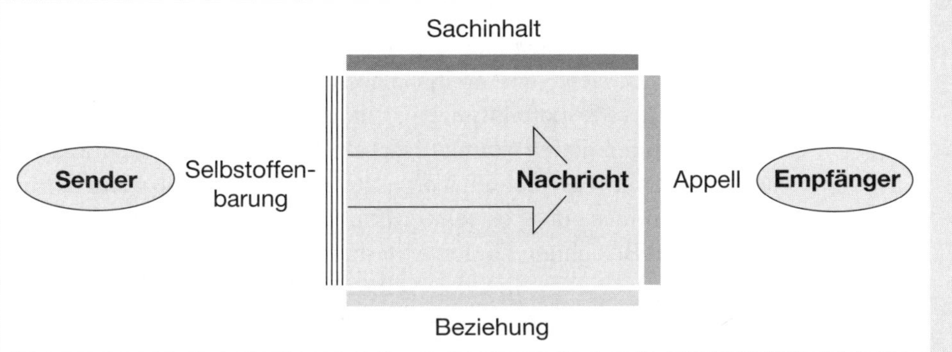

Abbildung 68 (Quelle: Schulz von Thun, 1981)

(1) Sachaspekt (oder: Worüber ich informiere)

Eine Seite der Nachricht ist der **Sach-Inhalt**, den der Sender dem Empfänger mitteilen möchte. Er wird in der Regel digital, also in Worten, Sätzen formuliert. Dabei bedient sich der Sender des Codes, von dem er weiß, dass ihn auch der Empfänger versteht (zum Beispiel die Syntax der deutschen Sprache). Die Nachricht „Das letzte Quartalsergebnis ist in Ordnung“ stellt unter dem Blickwinkel des Sachaspektes eine eindeutige Aussage dar. Wie Sie jedoch aus den vorangegangenen Abschnitten wissen, ist diese Eindeutigkeit selten vorhanden.

(2) Selbstoffenbarung (oder: Was ich von mir selbst mitteile)

Jeder Nachricht wohnt nicht nur eine Sachinformation inne, sondern sie gibt auch Hinweise auf die Person des Senders. Insofern ist die Redensart „Der hat wieder etwas von sich gegeben“ zutreffend formuliert. Bei jeder Nachricht gibt der Sender ein Stückchen *von sich* mit. Ganz trivial ist dem Beispiel der Selbst„auskunft“ zunächst zu entnehmen, dass der Sprecher der deutschen Sprache mächtig ist, zudem über Zahlenverständnis verfügt usw. Etwas tiefer gehend zeigt die Nachricht, dass die konkrete Zahl offenbar seinen (des Senders) Vorstellungen entspricht, er vielleicht damit zeigen möchte, als Erster an die Information gekommen zu sein, in der Lage ist, das Resultat beurteilen zu können usw. Der Begriff der Selbstoffenbarung umfasst dabei zwei Größen: die (beabsichtigte, gewollte) **Selbstdarstellung** durch die (scheinbar) neutrale Sachinformation und die (unbeabsichtigte, ungewollte) **Selbstenthüllung**.

(3) Beziehung (oder: Was ich von dir halte und wie wir zueinander stehen)

Einer Nachricht lässt sich auch entnehmen, wie der Sender seine Position zum Empfänger sieht, wie er ihn einschätzt, was er von ihm hält. Dies kommt häufig (wie bereits gezeigt) in unterstützender, nonverbaler Art (also metakommunikativ) zum Ausdruck. Hat die obige Nachricht (Quartalsergebnis) zum Beispiel ein Vorgesetzter formuliert, so kann darin zum Ausdruck kommen, dass er seine Mitarbeiter loben möchte. Er definiert dadurch seine Beziehung zu den Mitarbeitern. „Streng genommen ist dies natürlich ein spezieller Teil der Selbstoffenbarung." (Schulz von Thun, 1981) Es ist jedoch sinnvoll, dies von der Selbstoffenbarungsseite abzutrennen, da die (psychologische) Situation des Empfängers beim „Hören" der Selbstoffenbarung eine andere ist. Er ist ein „... nicht selbst betroffener Diagnostiker (‚Was sagt mir deine Äußerung über dich aus?'), beim Empfang der Beziehungsseite ist er (hingegen) selbst ‚betroffen' (oft im doppelten Sinn des Wortes)". (Schulz von Thun, 1981)

Eine weitere Größe der Beziehungsseite enthält die **Definition des Senders über die beiderseitige Beziehung** („so stehen wir zueinander"). Im Beispiel macht der Vorgesetzte deutlich, dass er jemand ist, der loben darf, dem es zukommt, das (gemeinsame) Ergebnis zu qualifizieren. In der alltäglichen Kommunikationspraxis kann, wenn der Empfänger mit der angetragenen Beziehungsdefinition nicht einverstanden ist, diese **Beziehungsaushandlung** manchmal ein Energie raubendes Ringen werden. So lässt sich in manchen Meetings beobachten, wie sich jemand durch entsprechende (Sach-!!)Beiträge beispielsweise als Experte darstellen möchte, also die Beziehungsdefinition vornehmen möchte: „Ich bin hier der Fachmann, ihr könnt von mir lernen". Lassen sich die anderen Teilnehmer auf diese Beziehungsdefinition nicht ein, werden sie ihrerseits durch entsprechende Argumentation diesen Definitionsantrag zurückweisen. (Es geht demnach nur scheinbar um die **Sache**, jedoch vielmehr um die Stellung der Teammitglieder untereinander.)

(4) Appellaspekt (oder: Wozu ich dich veranlassen möchte)

Praktisch keine Nachricht geschieht absichtslos. Der Sender möchte den Empfänger immer zu irgendetwas veranlassen. Dies kann offen oder verdeckt geschehen. Im Beispiel (Quartalsergebnis) könnte der verdeckte Appell lauten: „Macht weiter so!" oder „Gemeinsam schaffen wir es." Werden bewusst verdeckte Appelle eingesetzt, will der Sender manipulieren. „Der manipulierende Sender scheut sich nicht, auch die anderen Seiten der

Nachricht in den Dienst der Appellwirkung zu stellen. Die Berichterstattung auf der Sachseite ist dann einseitig und tendenziös, die Selbstdarstellung ist darauf ausgerichtet, beim Empfänger bestimmte Wirkung zu erzielen (zum Beispiel Gefühle der Bewunderung oder Hilfsbereitschaft); und auch die Botschaften auf der Beziehungsseite mögen von dem heimlichen Ziel bestimmt sein, den anderen ‚bei Laune zu halten' (etwa durch unterwürfiges Verhalten oder durch Komplimente)." (Schulz von Thun, 1981)

Auch an dem **Modell „Kommunikationsquadrat"** wird Ihnen sicher erneut deutlich, welch komplexes Geschehen kommunikative Abläufe darstellen. Dabei ist das beschriebene Modell bisher hauptsächlich aus der Sichtweise des Senders betrachtet worden. Aber auch der Empfänger hat einiges zu tun. Er muss bei jeder Nachricht entscheiden, welcher Seite er seine (besondere) Aufmerksamkeit widmen will. Für diesen Sachverhalt hat Schulz von Thun das Bild des *„vierohrigen Empfängers"* kreiert.

„Vierohriger Empfänger"

Abbildung 69 (Quelle: Modifiziert nach Schulz von Thun, 1981)

Da bei einer Interaktion jeder wechselseitig Sender und Empfänger ist, scheint es angebracht, auch aus Empfängersicht einige Überlegungen anzustellen. Sie sind zudem hilfreich, wenn es darum geht, Kommunikationsstörungen zu erkennen bzw. zu beheben.

Grundsätzlich hat der Empfänger einer Nachricht die „freie Auswahl", was er mit den angebotenen **vier Seiten** macht. Im Kommunikationsalltag ist jedoch häufig zu beobachten, dass Menschen aufgrund unterschiedlichster (Lebens-)Erfahrungen insbesondere ein ganz bestimmtes Ohr (von den notwendigen vier Ohren, um im Modell zu bleiben) ausgebildet haben. Sie hören (verarbeiten) Nachrichten vornehmlich entweder auf der Sach-, Beziehungs-, Selbstoffenbarungs- oder Appellseite. Die anderen Nachrichtenanteile gehen dadurch unter oder werden kaum wahrgenommen.

- **„Sach-Hörer"**

Insbesondere Menschen mit so genannter höherer Bildung neigen stark dazu, vornehmlich mit dem Sachohr Nachrichten zu decodieren. Ihre Heimat ist die intellektuelle Auseinandersetzung, und deswegen „stürzen" sie sich meist auf die Sachinformationsseite. Dies bringt eine Interaktion sofort zu Fall, wenn es dem Sender eigentlich um eine Beziehungsdefinition geht. Bezieht sich der Empfänger immer wieder auf die Sachinformation, können die eigenartigsten Prozesse ablaufen. Ein (überspitztes) Beispiel soll dies verdeutlichen:

Chef:	„Wo kommen Sie denn jetzt her?"
Mitarbeiter:	„Vom Friseur."
Chef:	„Wie kommen Sie dazu, während der Arbeitszeit zum Friseur zu gehen???"
Mitarbeiter:	„Na ja, die Haare wachsen ja auch während der Arbeit."
Chef:	„Das stimmt zwar (hämisch grinsend), aber nicht nur während der Arbeit!!!"
Mitarbeiter:	„Richtig, deshalb habe ich mir auch nicht alle abschneiden lassen."

Der Versuch, auf einer sachlichen Ebene ein Problem abzuhandeln, das auf eine ganz andere gehört, kann im Regelfall keinen befriedigenden Ausgang nehmen. „Trauen" sich die Kommunikanten nicht, die zutreffende Seite anzusprechen, kann ein solches Gespräch lange dauern und sehr kräftezehrend sein. Im schlechtesten Fall kommt es zu einer nachhaltigen „Klimabeeinträchtigung", die einen expliziten Bezug auf andere Ebenen nochmals schwieriger werden lässt.

- **„Beziehungs-Hörer"**

Es gibt Menschen, die eine hohe Empfindlichkeit auf der Beziehungsseite haben. Jede Nachricht wird auf diese Seite gezogen und dort interpretiert. „Sie beziehen alles auf sich, nehmen alles persönlich, fühlen sich leicht angegriffen und beleidigt. Wenn jemand wütend ist, fühlen sie sich beschuldigt, wenn jemand lacht, fühlen sie sich ausgelacht, wenn jemand guckt, fühlen sie sich kritisch gemustert, wenn jemand wegguckt, fühlen sie sich gemieden und abgelehnt." (Schulz von Thun, 1981)

Löst die Bemerkung „Sie haben den Kreditantrag sehr präzise bearbeitet" beim Angesprochenen die Interpretation aus „Ja, meist bin ich wenig sorgfältig“, hat man es mit einem Beziehungs-Hörer zu tun. Im Vergleich zum Sach-Hörer (der nichts von der Beziehung wissen will), lässt sich der Beziehungs-Hörer auf keine inhaltliche, sachliche Diskussion ein, sondern transformiert sofort jede Nachricht auf die Beziehungsebene.

- **„Selbstoffenbarungs-Hörer“**

Immer dann, wenn der Empfänger versucht zu ergründen, was ihm eine Nachricht über den Sender aussagt, setzt er sein „Selbstoffenbarungsohr“ ein. Wird diese Art zu hören zur dominanten Entschlüsselungsart für Nachrichten, möchte der Empfänger unter Umständen sich ebenfalls nicht auf die Beziehungsebene einlassen. Er interpretiert auch explizite Beziehungsnachrichten um. Formuliert der Sender beispielsweise (an einem Montagmorgen) „Mit Ihnen ist es nicht leicht, zusammenzuarbeiten“, so blockt der Selbstoffenbarungs-Hörer diese Beziehungsnachricht ab und macht daraus „Er hat wahrscheinlich ein schlechtes Wochenende gehabt, deswegen hat er wohl schlechte Laune“. Diese Haltung kann durchaus sinnvoll sein, wenn sie nicht zur stereotypen Verhaltensweise denaturiert.

„Es wäre viel gewonnen, wenn wir die gefühlsmäßigen Ausbrüche, die Anklagen und Vorwürfe unserer Mitmenschen mehr mit dem Selbstoffenbarungsohr zu empfangen in der Lage wären. Dann könnten wir dem anderen eher seine Gefühle zugestehen, könnten uns ruhig darauf einlassen, ohne gleich in große Sorge um unsere ‚weiße Weste‘ und um unser seelisches Heil zu geraten. Wir wären weniger mit unserer eigenen Rehabilitation beschäftigt und könnten stattdessen besser zuhören ...“ (Schulz von Thun, 1981)

Wird diese **„Umpolung“ von Nachrichten** allerdings zur ausschließlichen Interpretationsgrundlage, läuft der Empfänger Gefahr, keinerlei Beziehungsnachrichten, auch in Form eines (notwendigen) Feedbacks, mehr an sich heranzulassen. Der Sender wird zum zu diagnostizierenden Objekt, das es zu entlarven gilt. Auch die Tendenz, bei jeder Sachaussage zu überlegen, welche inneren Antriebe sich wohl im Sender dafür finden lassen (Schulz von Thun nennt dies „Psychologisieren von Nachrichten“), ist von der Haltung des Empfängers geprägt, keine Kritik an sich heranzulassen. („Der sagt das ja nur, weil er seine Machtposition ausspielen will.“)

- **„Appell-Hörer“**

Wie bei den oben beschriebenen „Einseitigkeits-Hörern“ liegen Appell-Hörer immer auf der Lauer nach der (versteckten) Aufforderung, die in einer Nachricht liegt oder liegen könnte. Ohne große Rücksicht auf eigene

Bedürfnisse und Ansprüche an eine Situation sind sie schnell bereit, ihren Mitmenschen einen Gefallen zu tun. Kramt jemand auf dem Schreibtisch nach einem Stift, haben Sie schon den Kugelschreiber in der Hand. Stöhnt ein Kollege über eine hohe Arbeitsbelastung, bieten sie sofort Hilfe an. Dass derartiges Verhalten der eigenen Situation (gar den eigenen Zielsetzungen – vgl. Work-Management) nicht förderlich ist, braucht nicht näher ausgeführt zu werden.

Es ist jedoch durchaus wichtig, ein funktionierendes Ohr für Appelle von Sendern zu haben. Dies in dem Sinne, dass bestimmte Verhaltensweisen (Nachrichten) versteckte Appelle transportieren wollen. Beklagt sich zum Beispiel jemand häufig über Kopfschmerzen während der Arbeit, kann diese **scheinbare Selbstoffenbarung** den **versteckten Appell** enthalten: „Hilf mir!“ Ein solches final (auf den letztlichen Zweck einer Nachricht) ausgerichtetes Appellohr kann vor Manipulationsabsichten eines Senders schützen, die diesem unter Umständen nicht einmal (voll) bewusst sind. Wird die letzte Hörvariante allerdings übertrieben, unterstellt der Empfänger jeder Nachricht einen irgendwie gearteten Appell, eine geheime Manipulationsabsicht. Dieser „Funktionalitätsverdacht“ (Schulz von Thun, 1981) äußert sich in Interpretationen wie: „Jetzt moralisiert er, um mir ein schlechtes Gewissen zu machen.“ „Der lobt jetzt, weil wir bestimmt demnächst Überstunden machen müssen.“ (usw.)

Nachdem Sie nun einige Möglichkeiten der Aufnahme von Nachrichten auf der Empfängerseite kennen gelernt haben, ist Ihnen der weiter oben zitierte Satz des Soziologen Luhmann von der „Unwahrscheinlichkeit gelingender Kommunikation“ vermutlich nicht mehr so unverständlich.

> Jede Nachricht besteht demnach aus einem komplizierten Paket, gefüllt vom Sender mit vierdimensionalen Botschaften, expliziter und impliziter Art, die teils bewusst, teils unbewusst eingepackt wurden.

Nachrichten-„Paket“

Abbildung 70

Dass ein derart komplexes „Paket" (Quadrat) zu Irritationen bzw. Missverständnissen sowohl beim Sender als auch beim Empfänger führen kann, liegt auf der Hand. Ansätze, die daraus resultierenden Kommunikationsstörungen zu beheben, zeigt das nächste Kapitel auf.

5.4 Analyse von Kommunikationsstörungen

Schlüsselbegriffe

- „Uninteressante" Sache
- Verhaltenskreuz
- Beziehungsbotschaften
- Selbstdarstellung
- Sterilität
- Verkleinerungstechnik

Wie im vorherigen Kapitel deutlich geworden, können Störungen von aktuellen Kommunikationsprozessen auf allen vier Seiten einer Nachricht entstehen. Die in der Praxis feststellbaren Verwerfungen bei Interaktionen lassen sich dabei häufig auf mehreren, wenn nicht allen Nachrichtenanteilen nachweisen. Sei es, dass ein Appell zur versteckten Selbstoffenbarung missbraucht wird, eine Sachinformation eine Beziehungsdefinition tragen soll usw. Die dadurch entstehenden gegenseitigen **Verflechtungen und Komplexitäten** lassen sich nicht alle auf einmal klären. Sie sind deshalb im Folgenden analytisch getrennt, um einen besseren Zugriff auf die Störgrößen bzw. ein tieferes Verständnis von Kommunikationsstörungen zu ermöglichen. Gleichwohl ist es notwendig, auf die Verschränktheiten mit den anderen Anteilen einer Nachricht, die unter Umständen zur Störung auf der gerade betrachteten Seite beitragen, mit in das Blickfeld zu rücken.

Erschwerend kommt hinzu, dass Interaktionsszenen immer neu und historisch einmalig sind. Deshalb können Störungen nur nach ihren grundsätzlichen (vermutlichen) Ursachen beschrieben werden. Ob und wie in einer konkreten Kommunikationssituation eine Intervention möglich und sinnvoll erscheint, lässt sich demzufolge nicht vorwegnehmen, sondern ist eine Frage des (Ihres) persönlichen Kommunikationsverhaltens, der Zielsetzung des Kommunikationsprozesses sowie des entsprechenden Feelings der beteiligten Kommunikationspartner.

Bei den folgenden Überlegungen geht es darum, Ihnen exemplarisches Handwerkszeug anzubieten, über dessen Einsatz Sie selbst entscheiden müssen. Dabei kann es auch sinnvoll sein, darüber nachzudenken, warum (Ihrer Einschätzung nach) positiv verlaufende Kommunikationsprozesse zufrieden stellend erlebt wurden, welche Größen reibungslos funktioniert haben und welchen Anteil Ihr eigenes Verhalten daran hatte.

5.4.1 Störgrößen auf der Sachseite

Wenn auf der Sachseite Störungen auftreten, lassen sie sich meist auf zwei Ursachen zurückführen, die auch kombiniert auftreten können:

(1) Die Kommunikationspartner sind nicht bei der Sache.

(2) Die Verständlichkeit der Sachinformation ist nicht gegeben.

(1) Die Kommunikationspartner sind nicht bei der Sache

Wenn zum Beispiel in einem Meeting ein Sachverhalt kontrovers diskutiert wird, kommt es immer wieder vor, dass einzelne Teilnehmer Beiträge formulieren, die (scheinbar) nicht zur Sache gehören. „Sachlichkeit ist dann erreicht, wenn die Verständigung auf der Sachebene weiterkommt, ohne dass die Begleitbotschaften auf den anderen drei Seiten der Nachricht störend die Oberhand gewinnen." (Schulz von Thun, 1981)

Zwar mögen Hinweise des Diskussionsleiters wie „Schweifen Sie bitte nicht ab", „Werden Sie nicht unsachlich", „Das ist nicht unser Thema" und Ähnliches vorübergehend Erleichterung verschaffen, eine wirksame Beseitigung dieser Verhaltensweisen ist damit jedoch nicht erreicht. Klärender kann folgende, **grundsätzliche Fragestellung** sein:

> Weshalb macht ein Teilnehmer „weitschweifige" Ausführungen, die wenig zur Sache gehören, verhält sich unter Umständen destruktiv, stört dadurch den Fortgang des Meetings?

Detailliertere Fragen können weiteren Aufschluss über das **Motiv**, das hinter den jeweiligen Verhaltensweisen des Teilnehmers liegt, geben:

– **Fühlt er sich in seiner Fachkompetenz nicht richtig eingeschätzt** und möchte deshalb beweisen, dass er umfangreiches Hintergrundwissen hat? (Selbstoffenbarungsaspekt: „Ich weiß Bescheid!")

– **Will er die Diskussion „beherrschen"** und auf ein Gebiet lenken, auf dem er gut informiert ist? (Beziehungsaspekt: „Ich will Anführer sein.")

– **Fühlt er sich angegriffen**, in seiner Person herabgesetzt oder verletzt? (Beziehungsaspekt: „So könnt ihr nicht mit mir umgehen!" – Appellaspekt: „Nehmt mich ernst, achtet meine Persönlichkeit!")

– **Will er sich anderen Teilnehmern gegenüber profilieren?** (Appellaspekt: „Erkennt, dass ich ein Fachmann bin, der auch für weiterführende Aufgaben kompetent ist." – Beziehungsaspekt: „Ich bin euch überlegen.")

– **Fühlt er sich gelangweilt?** (Selbstoffenbarungsaspekt: „Ihr könnt meinen [weitschweifigen] Ausführungen entnehmen, dass mir die Diskussion nichts Neues bieten kann. Ich kenne alle Facetten des Themas.")

Dass dieser Teilnehmer auch Sie selbst sein können, liegt auf der Hand. Wenn Sie also bei einem Gespräch nicht die Verhaltensweisen zeigen (können), die für einen (auch von Ihnen gewünschten) konstruktiven Verlauf wünschenswert wären, überlegen Sie zunächst, ob vielleicht eine oder mehrere der oben exemplarisch genannten Botschaften für Sie zutreffend sind.

Um einen befriedigenden Dialog mit allen Beteiligten zu ermöglichen, müsste eine **Metakommunikation** stattfinden. Dies insbesondere in Gremien, die sich regelmäßig treffen, um zum Beispiel ein Projekt zu bearbeiten oder Ähnliches. Die ständige (verdeckte) **Belastung der Sachebene** mit Größen, die dort nicht hingehören, kostet viel (Konferenz-)Zeit und noch mehr Energie der Teilnehmer. Es kann deshalb durchaus sinnvoll sein, sich für die Störgefühle, die Teilnehmer empfinden, Zeit zu nehmen. Sie wird an anderer Stelle bei weitem ausgeglichen, da anschließend wesentlich effektiver und effizienter gearbeitet werden kann. Dem steht entgegen, dass Teilnehmer von Meetings in aller Regel Kopfarbeiter sind, ihre „sichere Bank" der intellektuelle Schlagabtausch ist. Sich auf emotionales Gelände zu begeben, auf ein Gebiet, das weit gehend unbekanntes Terrain darstellt, ruft eine Sperre hervor. Zudem blockieren (jahrelang) eingeübte und ritualisierte Verhaltensmechanismen einen solchen Schritt. Dies bedeutet, behutsam vorzugehen (natürlich auch mit sich); keineswegs Gesprächspartner zu emotionalen Statements zu zwingen, etwa im Sinne eines Seelenstriptease.

Aber wenn ein Gesprächsteilnehmer (im Idealfall die Führungskraft) einen ersten, vorsichtigen Schritt in diese Richtung unternimmt, kann dies anderen Mut machen, Ähnliches zu versuchen. Um Missverständnissen vorzubeugen: Es wird hier nicht der Standpunkt vertreten, jede Besprechung sollte zur gruppendynamischen Sitzung mutieren. Haben aber Sie selbst oder andere Teilnehmer eines Meetings oder einer Projektgruppe das Gefühl (!), dass die Sachdebatte nur einen Stellvertreterkrieg darstellt, kann ein Versuch in die oben skizzierte Richtung sinnvoll sein. Dabei ist darauf zu achten, dass stets das Sachthema im Blick bleibt, auch wenn es vorübergehend in den Hintergrund treten mag. Anzustreben ist eine ausgewogene Beziehung zwischen Thema – einzelnem Teilnehmer – Plenum:

Beziehung
Teilnehmer – Thema – Plenum

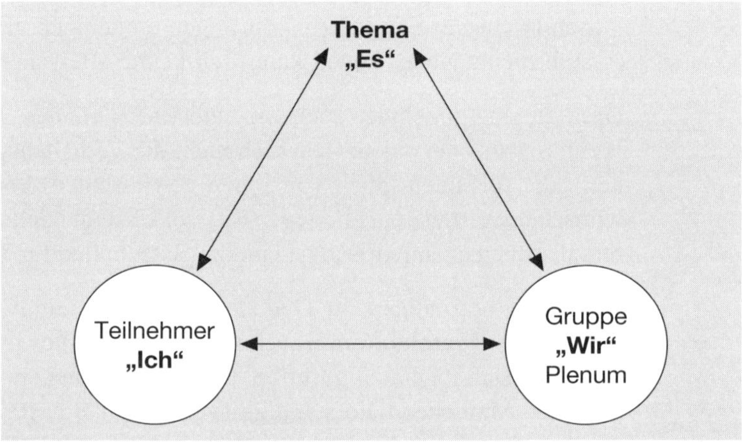

Abbildung 71

(2) Die Verständlichkeit der Sachinformation ist nicht gegeben

Die Verbesserung der Verständlichkeit von Sachinformationen ist ein weiterer Schritt, Komplikationen auf der Sachseite zu reduzieren. Langer/et al. (1981) haben in einem Forschungsprojekt ein so genanntes Verständlichkeitskonzept entwickelt, dessen Erkenntnisse helfen können, schriftliche wie mündliche Sachinformationen verständlicher zu gestalten. Solche Informationen reduzieren die Gefahr, dass der Empfänger schon allein wegen der Art, wie die Information sprachlich (oder schriftlich) verpackt ist, abschaltet. Im hier interessierenden Zusammenhang soll aus dem Konzept nur der Teil herausgegriffen werden, der sich mit der verbalen Verständlichkeit beschäftigt. Die definitorischen Überlegungen „Was ist Verständlichkeit?" sowie das Problem der Messbarkeit von Verständlichkeit und die Übertragbarkeit der Ergebnisse auf schriftliche Informationen bleiben hier weit gehend unberücksichtigt.

In dem Kapitel über Leseeffektivität und Mitschriftengestaltung wurden Sie mit Möglichkeiten vertraut gemacht, wie man sich selbst einen Themenkomplex aufbereiten sollte. Die Forderung, in einem Kommunikationsprozess verständlich zu formulieren, stellt gewissermaßen die Kehrseite dazu dar, das heißt, die dort angeführten Überlegungen auf eigene Formulierungen anzuwenden.

Langer benennt vier Faktoren, die für verständliche Aussagen unerlässlich sind (Langer/et al., 1981):

- **Einfachheit**
  In möglichst kurzen Sätzen formulieren, kein Fachchinesisch verwenden und nach Möglichkeit den konkreten, nicht den abstrakten Ausdruck benutzen.

- **Ordnung, Gliederung**
  Diese Forderung betrifft den Aufbau einer Information: Folgerichtig argumentieren, Zusammenhänge deutlich machen; durch sprachliche Mittel wie lautes oder leises Sprechen, Mimik, Gestik usw. Wichtiges von weniger Wichtigem abheben; Querverbindungen herstellen; redundant sprechen; ab und an schon Gesagtes mit anderen Worten wiederholen und Pausen machen.

- **Kürze, Prägnanz**
  Wenn man zu weitschweifig spricht, verliert sich der Kern dessen, was eigentlich ausgesagt werden soll. Diese Forderung nach Kürze und Prägnanz hängt eng mit dem Punkt Einfachheit zusammen. Schachtelsätze, mit ausholenden Erklärungen und Anekdoten ausgeschmückt, überfordern leicht den Empfänger – auch in seiner Konzentration.

- **Zusätzliche Stimulanz**
  Das Gebiet, das mit diesem Verständlichmacher umrissen wird, haben Sie in dem Kapitel Präsentationstechnik unter dem Stichwort Visualisierung kennen gelernt: Dem Empfänger (sprachliche) Bilder geben, die das Gesagte verbildlichen; nach Parallelen, die der Sachverhalt im Leben des Empfängers oder dem eigenen haben könnte, suchen. Im Grunde ist hiermit gemeint: Mit einer Sachinformation, die ja hauptsächlich digital übermittelt wird, nicht nur vorwiegend die linke Gehirnhälfte ansprechen; Beispiele und Bilder, die auch die rechte Gehirnhälfte des Empfängers aktivieren, verwenden. Auf das Gedächtnis bezogen: Dem Empfänger Aufhänger und Assoziationshilfen bieten.

Die Hinweise zu Punkt (2) [Die Verständlichkeit der Sachinformation ist nicht gegeben] scheinen Ihnen vielleicht leichter umsetzbar, als die unter Punkt (1) [Die Kommunikationspartner sind nicht bei der Sache] aufgeführten. Es bleibt jedoch zu bedenken, dass die Umstellung des eigenen Kommunikationsstils für Sachinformationen auch auf die restlichen (Quadrat-)Seiten der jeweiligen Nachricht wirkt. Bemühe ich mich beispielsweise um eine einfache, klare Darstellung, könnte meine Selbstoffenbarungsseite geschädigt werden: „Denken die anderen, ich könnte nicht anders?" „Wirke ich jetzt vielleicht weniger wissenschaftlich/gebildet oder Ähnliches?" „Imponiere ich jetzt auch noch?" Auch hier gilt, dass ein behutsames Umstellen der eigenen Verhaltensweisen Anregungscharakter für die Kommunikationspartner haben kann. Wer klar formuliert, erhöht die Wahrscheinlichkeit, dass ihm gegenüber klar formuliert wird.

5.4.2 Störgrößen auf der Beziehungsseite

In den allgemeinen Ausführungen zum Kommunikationsquadrat wurde schon hervorgehoben, dass auf der Beziehungsseite eine Definition des Verhältnisses vom Sender zum Empfänger stattfindet. Dies in zweifacher Hinsicht. Erstens macht der Sender deutlich, wie er sein Gegenüber einschätzt („so bist du!"). Zweitens wird vermittelt, wie er die beiderseitige Stellung zueinander einordnet („so stehen wir zueinander!"). Beide Größen können sich in einer Kommunikation zwar vermischen, sind aber aus kommunikationspsychologischer Sicht sinnvollerweise getrennt zu betrachten.

Die erste Beziehungsdefinition wird auch mit **Du-Botschaft**, die zweite mit **Wir-Botschaft** umschrieben. Schulz von Thun stellt mit Bezug auf Tausch/Tausch (1977) ein Erfassungsinstrument vor (das so genannte **Verhaltenskreuz**), mit dessen Hilfe man Beziehungsbotschaften besser identifizieren kann.

Verhaltenskreuz

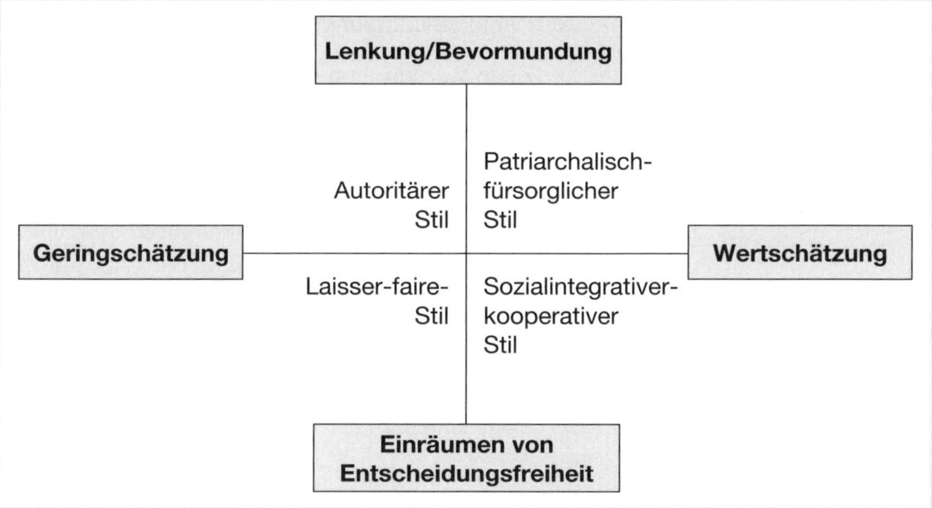

Abbildung 72 (Quelle: Schulz von Thun, 1981)

Die Begriffe decken dabei (kurz skizziert) folgende Bedeutungsinhalte ab (in Anlehnung an Schulz von Thun, 1981):

Wertschätzung:	• achtenswerte Persönlichkeit • geichberechtigter Partner • Reversibilität des Verhaltens (der Empfänger könnte sich dem Sender gegenüber genau so verhalten) • Einsatz von „Kommunikationsenergie“ lohnt
Gering-schätzung:	• abweisendes Verhalten • demütigend, emotional kalt • lächerlich machen, nicht ernst nehmen • Ablehnung deutlich machen • Irreversibilität des Verhaltens
Lenkung/ Bevormundung:	• Versuch, den Empfänger unter den eigenen Einfluss zu bringen • Vorschriften, Verbote, ständige Fragen, Anweisungen

Einräumen von Entscheidungs-freiheit	• Zugestehen eigener Handlungsentwürfe • Rahmenbedingungen werden ausgehandelt • Ziele werden gemeinsam erarbeitet • Zweck von Fragen wird offen gelegt • Vertrauen in die Entscheidungskompetenz des Empfängers

Ein Beispiel soll den Einsatz des dargestellten „Werkzeuges" verdeutlichen: Der Teilnehmer einer morgendlichen Besprechung macht eine Ausführung, die zeigt, dass er offenbar die letzten Minuten nicht so recht zugehört hat. Die Führungskraft möge folgende Antwort(en) geben (die in die entsprechenden Felder eingetragen sind):

Verhaltenskreuz mit Antworten des „Chefs"

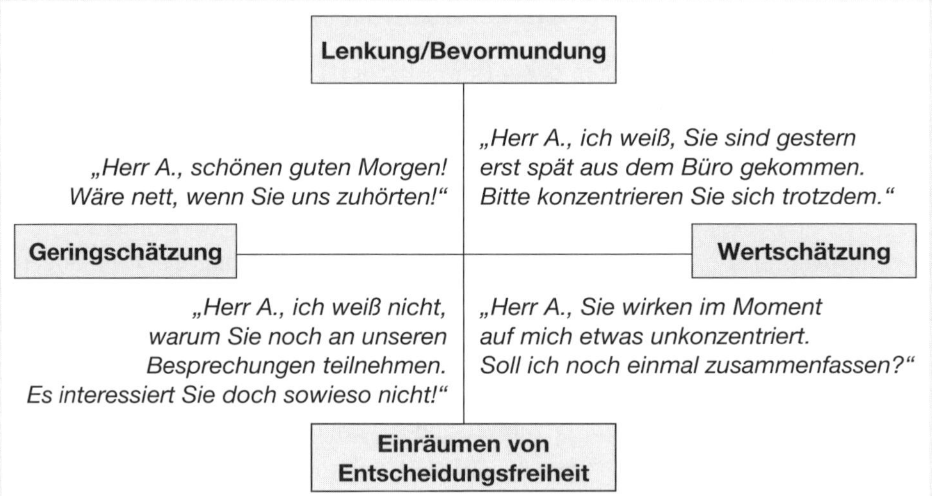

Abbildung 73 (Quelle: Modifiziert nach Schulz von Thun, 1981)

Obwohl die vier Äußerungen mehr oder minder denselben ***Sachinhalt*** *transportieren (A hat nicht zugehört), formulieren sie auf der Beziehungsseite völlig unterschiedliche Botschaften. Je nachdem, wie ausgeprägt das „Beziehungsohr" von A ist, wird dieser entsprechend reagieren. An diesem Beispiel wird nochmals klar, dass auch der* ***situative Kontext prägend auf die Art einer Nachricht*** *wirken kann. Ob Herr A die Beziehungsdefinition* *überhaupt anspricht, sich entschuldigt oder andere Äußerungen formuliert, wird von seinem Verhältnis (eben seiner Beziehung) zum Chef bestimmt.*

Je weiter weg eine (scheinbar ausschließliche) Sachnachricht, die eigentlich eine Beziehungsbotschaft transportieren soll, von der Beziehungsebene ist, um so schwerer fällt es in der Regel, sie auf diese Ebene zurückzuholen. Wenn Sie in einer Kommunikationssituation stehen, in der Sie feststellen, dass ein permanenter Missbrauch der Sachinformationsseite geschieht, fragen Sie sich, ob ein **explizites Benennen der Beziehungsebene** nicht sinnvoller sein könnte. Wie oben angesprochen, können so unter Umständen langwierige „Expertengefechte" abgekürzt und die Sachinformationen anschließend wieder produktiver bearbeitet werden.

Haley (1978) unterscheidet vier mögliche **Reaktionsweisen des Empfängers auf Beziehungsbotschaften** (in Anlehnung an Schulz von Thun, 1981):

- **Akzeptieren**: Der Empfänger problematisiert die Beziehungsdefinition des Senders nicht, sondern erklärt sich mit ihr einverstanden. Dies kann auch beinhalten, dass zwar ein Appell „Nun mach' mal hin!" abgelehnt wird, die Art der Nachricht jedoch nicht beanstandet wird.

- **Durchgehen lassen**: Der Empfänger teilt zwar nicht die Beziehungsdefinition, widerspricht ihr aber auch nicht ausdrücklich. Mitarbeiter zur Führungskraft: „Sie haben bei unserer letzten Besprechung abwesend gewirkt. Ärger zu Hause?" Die Führungskraft problematisiert die Beziehungsebene nicht (Mitarbeiter dringt in die Intimsphäre vor), sondern setzt sich vielleicht sachlich mit der Thematik der Besprechung auseinander.

- **Zurückweisen**: Die angetragene Beziehung wird vom Empfänger zurückgewiesen. Im letzten Beispiel könnte die Führungskraft etwa antworten: „Was geht Sie das an?" Dem Sender wird damit klargemacht, dass sein Verständnis von der gegenseitigen Beziehung vom Empfänger nicht geteilt wird.

- **Ignorieren (= entwerten)**: Auf den Beziehungsantrag des Senders ist beim Empfänger keine erkennbare Reaktion festzustellen. Hierzu zählen zum Beispiel das Überhören eines Grußes, die Nichtbeantwortung einer Frage, Verweigerung eines Händedrucks usw.

Grundsätzlich besteht für jeden Interaktionsteilnehmer **die Freiheit, mitzureden**, wenn es in Kommunikationsprozessen um Beziehungen von ihm zu anderen geht. Lassen Sie sich also nicht in eine bestimmte Beziehungsdefinition hineinmanipulieren, die Sie gar nicht wollen. Dies ist, insbesondere in hierarchisch strukturierten Kommunikationssituationen, sicher leichter gesagt als getan. Bedenken Sie jedoch, dass ein ständiges Akzeptieren der Beziehungssichtweisen anderer letztlich Ihnen die Möglichkeit nimmt, Beziehungen mitzustrukturieren. Und: je länger Sie nichts sagen, um so schwerer wird die Korrektur Ihnen missliebiger Beziehungsausgestaltungen. Wenn andere Sie durch eine Du-Botschaft („So einer bist du!") definieren wollen, dies aber mit Ihrem Selbstbild nicht zusammengeht, können Sie zumindest fragen, wie die Kommunikationspartner zu dieser Einschätzung gelangt sind (Bitte um Feedback). Nicht zuletzt deswegen, weil das Selbstbild eines Menschen (oder stärker: sein Selbstbewusstsein) auch durch die Du-Botschaften seiner Umwelt festgelegt wird. Dies ist ein Prozess, den schon ein Kind von seinen Bezugspersonen erfährt. („Du bist faul." „Du bist ein Junge, der spielt nicht mit Puppen.")

Die Vorgehensweise zur Platzierung von Beziehungsbotschaften, die der Sender nicht explizit benennen möchte (kann?!), lässt sich grafisch folgendermaßen darstellen:

Platzierung von Beziehungsbotschaften

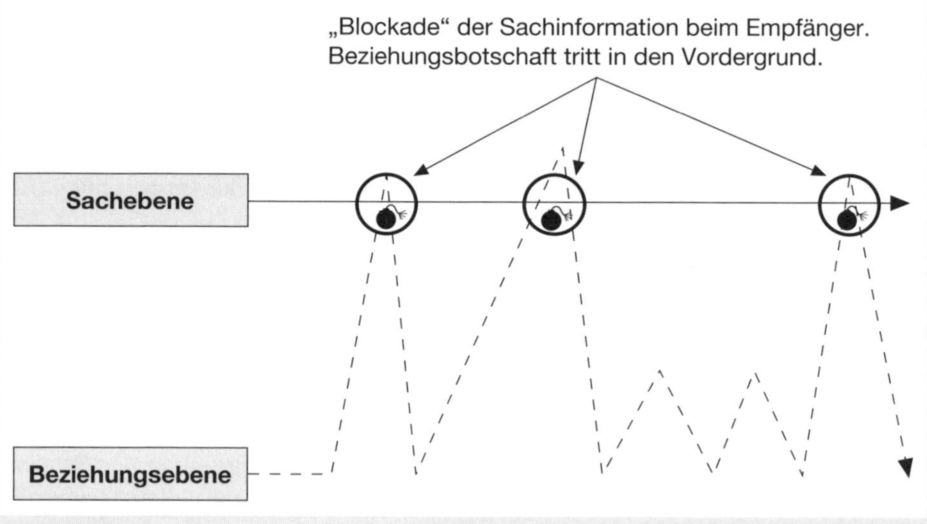

Abbildung 74 (Quelle: In Anlehnung an Schulz von Thun, 1981)

Die Informationen der Sachebene werden immer wieder durch mehr oder minder heftige Botschaften auf der Beziehungsebene gestört.

Wenn Sie versuchen, Ihr Beziehungsohr zunächst für die an Sie herangetragenen Beziehungsbotschaften zu schulen, wird es Ihnen in anderen Interaktionsszenen leichter fallen, Störungen auf dieser Ebene zu lokalisieren, vielleicht sogar zu ihrer Klärung beizutragen. Dies gilt um so mehr, wenn Sie die **Leitung eines Meetings** übernommen haben.

An den mit Kreisen gekennzeichneten Stellen in Abbildung 74 wird die Sachinformation quasi unterbrochen, ein produktiver Diskurs behindert. Der Kommunikationspartner reagiert nicht mehr ausschließlich auf die Sachinformation, sondern braucht einen Teil seiner Konzentration und Energie, um die Botschaften der Beziehungsebene zu hören bzw. zu ihnen (innerlich) Stellung zu beziehen. Formuliert er daraufhin ebenfalls Sachinformationen, die er mit Beziehungsbotschaften spickt, wird der Prozess potenziert. Letztlich ist eine fruchtbare Zusammenarbeit nicht mehr möglich.

5.4.3 Störgrößen auf der Selbstoffenbarungs- und Appellseite

Beide Störgrößen werden zusammen dargestellt, da zwischen ihnen ein enger Zusammenhang bestehen kann. Zudem haben Sie vermutlich durch die bisherigen Ausführungen ein Sensibilitätsniveau für kommunikative Abläufe erreicht, das es Ihnen ermöglicht, etwas komprimiertere Hinweise als mögliche Analysewerkzeuge nutzen zu können.

- **Selbstoffenbarungsangst**: Situationen, in denen die Selbstoffenbarung des Senders im Mittelpunkt des kommunikativen Geschehens steht, machen die emotionale Belastung des Senders bei Botschaften auf dieser Seite deutlich. Hierzu zählen Prüfungsszenarien jeglicher Art, Präsentationen, Reden und ähnliche Kommunikationssituationen. Dem Sender ist klar, dass der/die Empfänger das Schwergewicht ihres Hörens auf seine Selbstoffenbarungsseite legen. („Was hat der Sender für eine Qualifikation?“ „Wie verhält er sich?“) Diese Ernstfallsituationen für die Selbstoffenbarung werden dem Sender auch durch typische Stressreaktionen klar: erhöhter Herzschlag, trockener Mund, unsichere Stimme, Formulierungsschwierigkeiten usw.

Im Rahmen dieses Buches kann nicht im Detail auf die Entstehung dieser Selbstoffenbarungsangst eingegangen werden. Nur so viel: Es hängt offenbar mit dem **„Zusammenstoß von kindlicher Unzulänglichkeit mit den Leistungsmaßstäben der Umwelt“** (Schulz von Thun, 1981) und der Konfrontation kindlicher Verhaltensweisen mit den Normen und Werten der Gesellschaft zusammen. „Fasst man die Kleinheit und Unbeholfenheit des Kindes ins Auge, die so lange anhält und ihm den Eindruck vermittelt, dem Leben nur schwer gewachsen zu sein, dann muss man annehmen, dass am Beginn jedes seelischen Lebens ein mehr oder minder tiefes **Minderwertigkeitsgefühl** steht." (Adler, 1966)

Da das Eingestehen eigener Unzulänglichkeit (insbesondere im Berufsleben) sich als wenig sinnvoll oder förderlich in unserer Gesellschaft erweist, haben die meisten Menschen Mechanismen entworfen, diese **Selbstoffenbarungsbedenken** zu kaschieren. Sie lassen sich in drei Kategorien aufteilen:

(1) Selbstdarstellungstechnik

Um gar nicht erst Zweifel an ihrer Kompetenz und Verhaltenssicherheit aufkommen zu lassen, suchen manche nach Möglichkeiten, dem Empfänger klarzumachen, welches Kompetenzpaket er vor sich hat. Das Problem ist dabei allerdings, dass es in unserem Kulturkreis als unschicklich gilt, sich selbst zu loben, Selbstbeweihräucherung zu betreiben und Ähnliches. Also schaltet der Selbstdarsteller (schärfer formuliert: derjenige, der einen Angriff auf die eigene Persönlichkeit fürchtet) ein Vehikel dazwischen: die Sachinformation.

- Er bedient sich zum Beispiel einer **schwer verständlichen, mit Fremdworten durchsetzten Sprache**, formuliert äußerst kritisch und akzeptiert kaum eine Aussage, ohne Korrigierendes anzumerken. (Denken Sie an Buch-, Film-, Theaterkritiker; wie bereits im Kapitel „Leseeffektivität" bemerkt, „publizieren" manche Autoren, andere schreiben für ihre Leserschaft.) Die dahinter stehende Selbstoffenbarung: „Seht her, ich bin ein ausgewiesener Fachmann, dem kaum jemand das Wasser reichen kann." Die Appellbotschaft (vielleicht ist hier die Bezeichnung „Schutzbotschaft" treffender) lautet sinngemäß: „Kritisiert mich nicht, ich weiß es eh' besser." (Schärfer ausgedrückt: „Lasst mich ja in Ruhe!")
- Eine weitere Möglichkeit besteht darin, **wichtige Mitteilungen über die eigene Person „am Rande" zu erwähnen**. Während einer Besprechung teilt der Selbstdarsteller (beiläufig) mit: „Ihr Argument ist nicht neu, so verfährt auch die Bank A, wenn ich Herrn X vom Vorstand dieser Bank bei einem unserer Treffen richtig verstanden habe." Oder: „Sicher mag Auslandserfahrung nicht schlecht sein, aber trotz meiner fünf Jahre USA muss ich sagen..." **Selbstoffenbarung:** „Merkt ihr, was ich für tolle Verbindungen habe, welcher Hintergrund mir zur Verfügung steht." Auf der **Appellseite** – siehe oben.

„Solche Imponierbotschaften beherrschen nicht nur Partygespräche; auch in Sach- und Arbeitsgesprächen wird vieles gesagt, um die eigene Hochwertigkeit und Kompetenz herauszustellen. Eine gängige Technik ist dabei auch die Suche nach dem ‚Heimspielvorteil'. Damit ist gemeint: Das Gespräch auf solche Aspekte zu lenken, zu denen man viel Gescheites sagen kann, wo man sich sozusagen zu Hause fühlt." (Schulz von Thun, 1981)

(2) Sterilität

Um die eigene Persönlichkeit zu schützen, baut der „Sterile" einen Schutzwall um sich herum auf. Sein Motto: **Keine Emotionen nach außen!** Treffen ihn Angriffe auf seine Persönlichkeit noch so schwer, er lässt sich nichts anmerken. Trotz innerer Angespanntheit ist er die Ruhe selbst, trotz Kränkungen seiner Person macht er ein unbewegtes Gesicht (Pokerface) usw. Von **Selbstoffenbarung** lässt sich hier schwer sprechen, da ja gerade das Gegenteil stattfindet. Auf der körpersprachlichen Ebene (Gestik, Mimik) lässt sich dennoch die intendierte Selbstoffenbarung ablesen: „Ihr könnt mich nicht treffen." Die **Appellbotschaft**: „Unterlasst die Angriffe, sie fruchten nicht." Die sprachlichen Hilfsmittel zur Aufrechterhaltung der Sterilität, der Selbstverbergung, sind unter anderem an folgenden Formulierungen zu erkennen:

- **Häufige Verwendung von „Man-Formulierungen"**. Wer in dieser Form spricht, entpersönlicht seine Aussagen: „Man kann das auch anders sehen" statt: „Ich bin der Meinung..." Eine vergleichbare Funktion übernehmen die so genannten **„Wir-Sätze"**: „Wir sollten einmal überlegen" statt: „Ich halte folgenden Aspekt für wichtig..."
- **Häufiger Einsatz von Fragen**. Fragen sind ein gern benutztes Mittel, seinen eigenen Standpunkt nicht offen legen zu müssen. Fragen können als „Meinungsversteck" dienen, schützen also die eigene Persönlichkeit. Ob eine Frage dem Ziel der Informationsgewinnung dient oder im hier umrissenen Feld eingesetzt wird, lässt sich natürlich nur in der konkreten Interaktionssituation feststellen. So kann die Frage: „Haben wir das nicht schon einmal geklärt?" im Klartext vielleicht heißen: „Sie haben ein schlechtes Gedächtnis."
- **Häufige Verwendung von „es"**. Eine Aussage mit dem Wörtchen „es" neutralisiert meistens: „Es war unproduktiv." Was oder wer denn? Der Sender derartiger Nachrichten mogelt sich an der Benennung von Ursachen vorbei. Er möchte keinen Standpunkt beziehen, um nicht angreifbar zu werden.

(3) Verkleinerungstechnik

Hierunter fallen keine Fotokopiertechniken, aber das Bild scheint brauchbar: **Jemand macht sich (in seinem Verhalten) kleiner, als er tatsächlich ist.** Durch eine (scheinbar reine) Sachinformation: „Ich habe nicht die neuesten Zahlen" will sich der Sender vor Angriffen schützen. Auf der Selbstoffenbarungsseite: „Was ich sage, könnte überholt sein." Der Appell könnte lauten: „Weiß jemand mehr, hat jemand neuere Zahlen? Bitte Hilfe." Auch hier wird deutlich, dass sich der Sender schützen will.

Wenn Kommunikationsprozesse durch die oben genannten „Techniken" bzw. Verhaltensweisen gestört werden, scheint es ratsam zu versuchen, die **entsprechenden Nachrichten auf die „richtige" Quadratseite zu bringen**. Dies kann zum Beispiel bedeuten, Selbstdarstellern zu verdeutlichen, dass ihre Verhaltensweise wenig zur Sache beiträgt; bei sterilen Beiträgen zu überlegen, weshalb dieser Teilnehmer so wenig Kontakt zu sich selbst hat, ihn vielleicht zu ermutigen, zu seiner Aussage zu stehen und Ähnliches. Wenn Sie sich selbst entsprechend verhalten, könnten Sie darüber nachdenken, welche Befürchtungen Sie in den jeweiligen Kommunikationssituationen haben und welche Ursachen dafür infrage kommen.

Wer die Absicht hat, mögliche Kommunikationsstörungen mit dem Ziel ihrer Beseitigung oder Minimierung anzugehen, muss behutsam vorgehen – nicht das Kind mit dem Bade ausschütten. Das Heil liegt sicher nicht darin, zum Beispiel nur noch Ich-Sätze (so genannte Ich-Botschaften) zu verwenden, vielleicht gar keine Fragen mehr zu stellen oder Schlagabtäusche auf der Sachebene als Beziehungskrieg zu enttarnen.

Kommunikationsverbesserungen lassen sich nur gemeinsam erzielen. Die Psychologisierung einzelner Beiträge macht keinen Sinn und kann sogar kontraproduktiv wirken (vorhandene Selbstoffenbarungsangst wird unter Umständen noch verstärkt). Erst wenn (alle) Beteiligten spüren, dass in ihrem gemeinsamen Interaktionsprozess etwas nicht stimmt, fällt eine klärende Intervention auf fruchtbaren Boden. Diese Klärung braucht Zeit und somit Geduld. Rückfälle sind dabei normal. Verhaltensweisen, die über Jahre entwickelt wurden (und unter Umständen teilweise sogar Erfolg zeigten), lassen sich nicht von heute auf morgen verändern.

Unbenommen bleibt es Ihrem persönlichen Kommunikationsverhalten, etwas als sinnvoll Erkanntes auch umzusetzen. Dabei kann es vorkommen, dass Ihre veränderte Interaktionsstrategie zunächst bei Ihren Kommunikationspartnern auf Irritationen stößt („Wie verhält der sich denn neuerdings?"). Dies ist aber ein Effekt, der bei den meisten persönlichen Veränderungen auftritt.

Eine weitere (ergänzende) Möglichkeit, die insbesondere verdeutlicht, was sich auf der Beziehungsseite zwischen Kommunikanten abspielt, stellt die **Transaktionsanalyse** dar. Sie wird im nächsten Kapitel als besonderes Thema behandelt.

5.5 Zusammenfassung und Arbeitsaufgaben

Zusammenfassung

Wer Kommunikationsprozesse begreifen möchte, steht vor einem sehr komplexen Phänomen, das durch vielfältige Implikationen und Wechselwirkungen gekennzeichnet ist. Da wir an der Kommunikation Anteil haben, ist das „Heraustreten" aus kommunikativen Abläufen mit dem Ziel, eine Analyse derselben vorzunehmen, ein schwieriges Unterfangen.

Hierbei erweisen sich Kommunikationstheorien als hilfreich, die die Interaktionen einer nachvollziehbaren Systematik unterwerfen. Watzlawick, Beavin und Jackson haben die grundsätzlichen Gesetzmäßigkeiten, denen Kommunikation folgt, durch die Entwicklung von fünf Kommunikationsaxiomen aufgezeigt. Im deutschsprachigen Raum hat insbesondere Schulz von Thun in Fortführung dieser Erkenntnisse und unter Einschluss weiterer kommunikationspsychologischer Forschungsergebnisse und Hypothesen durch den Entwurf seines so genannten „Kommunikationsquadrates" einen weiteren großen Schritt hin zu einem besseren Verständnis von Kommunikation ermöglicht. Sein Modell verdeutlicht, dass jede Nachricht, die ein Sender an einen Empfänger schickt, vier Botschaften mit unterschiedlichen Aspekten übermittelt: Sachaspekt, Appellaspekt, Beziehungsaspekt und Selbstkundgabeaspekt. Wenn Kommunikation konflikthaltig wird, so liegt nach Schulz von Thun immer eine Störung auf einer oder auf mehreren der vier „Quadratseiten" vor. Beispielhaft ausgedrückt: Erst wenn eine Nachricht auf *die* Seite platziert wird, wo sie hingehört (eine Beziehungsnachricht wird also nicht auf der Sachseite übermittelt), wird eine Klärung der Kommunikationsbeziehung möglich. Auch der ungleichgewichtete Einsatz der „Empfängerohren" (ein Mensch hört aus Nachrichten zum Beispiel vornehmlich Appelle heraus), kann eine Kommunikationssituation belasten oder stören.

Arbeitsaufgaben

1. Welche Probleme können sich ergeben, wenn man einen Kommunikationsprozess genau analysieren möchte?
2. Formulieren Sie Aussagen, die das Phänomen „Kommunikation" abbilden.
3. Welche Aufgabe soll die „Metaebene" in Kommunikationsprozessen erfüllen?
4. Erläutern Sie die Kommunikationsaxiome und beschreiben Sie, welche Phänomene des kommunikativen Ablaufs damit erklärt werden sollen. Versuchen Sie, für jedes Axiom ein Beispiel aus ihrem Erfahrungsbereich zu finden.
5. Skizzieren Sie das Modell von Schulz von Thun und verdeutlichen Sie, welche Erweiterungen er im Vergleich zu Watzlawick vornimmt.
6. Was versteht man unter einem „vierohrigen" Empfänger? Welche Probleme können auftreten, wenn ein Mensch vorwiegend auf „einem" Ohr Nachrichten empfängt?
7. Erläutern Sie die verschiedenen Störungen, die auf der jeweiligen „Quadratseite" auftreten können. Welche Abhilfemöglichkeiten lassen sich für die jeweilige Störung entwickeln?
8. Abschließend ein kurzer Fall, bei dessen Betrachtung Sie insbesondere auf Ihre Kenntnisse über Metakommunikation zurückgreifen sollen (entnommen aus Schulz von Thun):

   In einem Team hat es sich eingebürgert, dass unangenehme Aufgaben durch „Ausgucken" verteilt werden. In einer Mischung aus Ernst und Witz wird der „Dumme" mit viel Lob über seine „besonderen Fähigkeiten für gerade diese Aufgabe" entschädigt:

   Kollege A: „Ich weiß nicht recht, ob ich mich über Ihr Lob freuen kann. Ich habe den Verdacht, dass wir jemanden immer dann hochloben, wenn wir einen Dummen gefunden haben."

B (lacht): „Ob Sie da wohl von sich auf andere schließen?"

A: „Erleben Sie das anders?"

B: „Ach, ich sehe das alles nicht so verbissen. Klar, wenn wir zu jemandem sagen: ‚Sie sind für diese Aufgabe doch besonders gut geeignet', dann weiß jeder, dass das vor allem gesagt wird, um ihn zu motivieren. Das Auge zwinkert sozusagen dabei – das ist so 'ne Art Spiel, finde ich."

A: „Vielleicht nehme ich das zu ernst – aber irgendetwas ärgert mich doch daran."

C (zu A): „ Ich bin froh, dass Sie das mal angesprochen haben. Ich finde, wir haben oft so eine Art zu witzeln, wenn es heikel wird. Ich mache da dann oft mit, obwohl ich ein ungutes Gefühl habe. Zum Beispiel neulich ..."

a) Wo sehen Sie in dem Gesprächsausschnitt Ansätze zu Metakommunikation im Team? Versetzen Sie sich in die Rolle des A. Was könnten Sie außerdem zur Klärung formulieren?

b) Welche „Quadratseiten" werden von den Gesprächsteilnehmern angesprochen – sehen Sie Schwerpunkte"? Begründen Sie Ihre Aussagen.

5.6 Grundlagen der Transaktionsanalyse

Schlüsselbegriffe

- Veränderungsstrategien
- Grundtypen der Ich-Zustände
- Parallele Transaktion
- Gekreuzte Transaktion
- Verdeckte Transaktion

Die Transaktionsanalyse ist ein *Modell der Persönlichkeit*, das menschliches Verhalten leicht und nachvollziehbar zu erklären versucht. Trotz des

Begriffes Analyse dringt die Transaktionsanalyse bei ihren Erklärungsansätzen nicht in psychoanalytische Bereiche des menschlichen Verhaltens vor. Sie ist vielmehr eine *Methode, die von wahrnehmbaren (kommunikativen) Verhaltensweisen des Menschen ausgeht* und fragt, welche Hintergründe dieses Verhalten hat. Sie ist damit der humanistischen Psychologie zuzuordnen.

Der geistige Vater der Transaktionsanalyse ist der Arzt, Psychiater und Psychotherapeut **Eric Berne** (1910–1970). Wenngleich der Einfluss Sigmund Freuds (des Begründers der klassischen Psychoanalyse) auf die Transaktionsanalyse unverkennbar ist, stellt die zu Beginn der Sechzigerjahre von Berne entwickelte Transaktionsanalyse ein eigenständiges, weit gehend geschlossenes Gedankengebäude dar. Der Vorteil dieses gedanklichen Systems liegt vor allem darin, dass es ohne besondere psychologische Vorkenntnisse versteh- und anwendbar ist.

Dies liegt auch in ihrer Entwicklungsgeschichte begründet: Berne (ausgebildeter Psychoanalytiker) wollte in die psychoanalytische Vereinigung von San Francisco aufgenommen werden, was ihm jedoch versagt blieb. Daraufhin begann Berne, auch angesichts der damals verbreiteten Unzufriedenheit mit der klassischen Psychoanalyse (lange Behandlungsdauer, ungewisser Erfolg, Eigenständigkeit des Patienten wurde kaum gefördert usw.), ein Zugriffsinstrument auf menschliche Verhaltensweisen zu konzipieren, das diese Mängel nicht aufweist. Die Hauptbestrebungen liegen dabei auf folgenden Feldern:

- den Anwender relativ **autonom** zu machen,
- ihm durchschaubare **Erklärungsmuster** für sein Verhalten anzubieten,
- Veränderungen in einem **überschaubaren Zeitraum** bewirken zu können (auch dramatische Soforterkenntnisse sind erwünscht).

Diese Punkte haben die Transaktionsanalyse auch für Unternehmen im Bereich der Personal- und Organisationsentwicklung interessant gemacht. Hauptsächlich die kognitive Struktur des Modells ist mit dafür verantwortlich, dass es von Führungskräften gut angenommen wird, da der Aufbau ihren Denk- und Aneignungsgewohnheiten weit gehend entspricht. Die wichtigsten Einsatzgebiete sind dabei: Kommunikationsverhalten (Verhandlungen, Mitarbeitergespräche, Beschwerdenmanagement, Moderation), Motivation, Selbsterkenntnis (Selbsterfahrung), Entwicklung von Organisationen.

Mittlerweile sind allein im deutschsprachigen Raum Hunderttausende mit der Transaktionsanalyse vertraut gemacht worden. Das Buch von Harris (1978) „Ich bin o. k. – Du bist o. k." ist wohl der Bestseller der Transaktionsanalyse.

5.6.1 Zielsetzungen

Was sind nun die engeren Zielsetzungen der Transaktionsanalyse? Ganz allgemein ausgedrückt lässt sich sagen:

> Die Transaktionsanalyse verfolgt das Ziel zu erkennen, wann ich mich selbst sabotiere und mir selbst im Wege stehe.

Dem Anwender sollen auf seine Person bezogen folgende Größen deutlich werden:

- Welche sich permanent wiederholenden Verhaltensmuster machen mich aus?
- Was möchte ich mit meinen Verhaltensweisen erreichen?
- Warum bin ich so, wie ich bin?
- Welche Größen treiben mich an, welche behindern mich?
- Wie beeinflussen eigene Einstellungen und Gefühle mein bewusstes Erleben konkreter Situationen? (Welche inneren Dialoge gehen Verhaltensweisen voraus, mit denen ich keinen Erfolg habe?)
- Welche Verhaltensalternativen habe ich in kritischen Situationen?

Im Rahmen der angestrebten **Veränderungsstrategie**:

- Welche Verhaltensalternativen kann ich entwickeln?
- Welche Möglichkeiten habe ich, produktive (zielorientierte) Beziehungen zu anderen aufzubauen?
- Welche Möglichkeiten gibt es, unproduktive Verhaltensweisen abzubauen?
- Wie kann ich autonomer agieren und mich weniger manipulieren lassen?

5.6.2 Ich-Zustände

Schon Alfred Adler (1966) hat in seiner Individualpsychologie herausgearbeitet, dass der Mensch aus unterschiedlichen Schichten besteht, aus verschiedenen Persönlichkeitsstrukturen. Auch die so genannte **Strukturanalyse** der Transaktionsanalyse geht davon aus, dass jeder Mensch aus drei verschiedenen Ich-Zuständen heraus agiert. (Hieran wird der in der Einleitung angesprochene Bezug zur Psychoanalyse von Freud deutlich, der ja auch mit drei unterschiedlichen psychischen Instanzen im Menschen argumentiert: Über-Ich, Ich, Es.)

Die **Ich-Zustände** umfassen dabei nach Rüttinger (1989):

„... Bewusstseinszustände und die damit verbundenen Verhaltensmuster, die durch
– Wertvorstellungen und Normen,
– wertfrei verarbeitete Erfahrungen und Informationen sowie
– Gefühle
ausgelöst werden."

Die drei Grundtypen von Ich-Zuständen lauten:

(1) Eltern-Ich
(2) Erwachsenen-Ich
(3) Kind-Ich

Sie lassen sich folgendermaßen unterscheiden:

(1) Eltern-Ich (EL)

Der Eltern-Ich-Zustand leitet sich von Eltern oder anderen Bezugspersonen wie Großeltern, älteren Geschwistern, Lehrern und anderen so genannten Autoritätspersonen her. Die Normen, Gebote, Verbote, Handlungsmaximen und Verhaltensweisen, die von diesen Menschen auf mich übertragen worden sind, wurden im Gehirn quasi wie auf einem Tonband gespeichert. Wenn dieser Ich-Zustand in eine Handlung (eine Transaktion) einfließt, dann verhalte ich mich so, wie es meinem Empfinden nach die Eltern getan hätten. Ich spiele (im übertragenen Sinne) das entsprechende Tonband mit den entsprechenden Verhaltensgrößen, Bewertungsmaßstäben usw. ab.

In der Praxis der Transaktionsanalyse hat es sich bewährt, diesen Ich-Zustand nochmals zu differenzieren. Man teilt den Eltern-Ich-Zustand seiner Wirkung und Funktion nach in ein **kritisch-kontrollierendes EL** (kEL) und ein **unterstützend-fürsorgliches EL** (uEL).

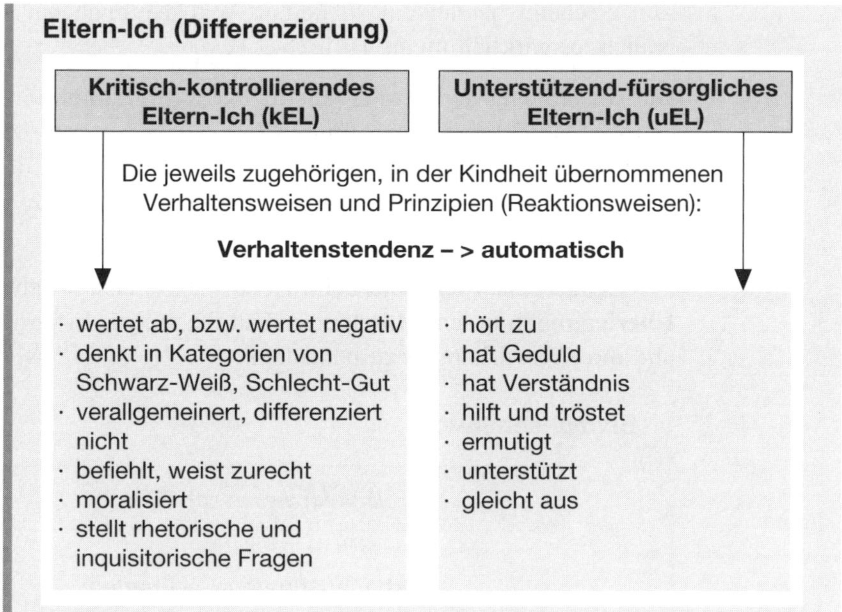

Abbildung 75

(2) Erwachsenen-Ich (ER)

Aus dem Zustand des Erwachsenen-Ichs heraus beziehe ich mich mit meinen Handlungen auf die **gegenwärtige Realität** (Hier und Jetzt). Mit ihm beobachte ich die Situation und wäge aufgrund früherer Erfahrungen ab, schätze Wahrscheinlichkeiten von Daten und Fakten ab und treffe sachliche Entscheidungen.

„Das ER stellt unseren leidenschaftslosen, fantasielosen und nüchternen Persönlichkeitsanteil dar, der mit den fünf Sinnen Tatsachen und Informationen aus unserer Umgebung und aus uns selbst sammelt, sie nach einem logisch ablaufenden Programm verarbeitet und schließlich daraus Konsequenzen zieht.“ (Rogoll, 1990)

Zudem tritt das Erwachsenen-Ich als **Vermittlungsinstanz** gegenüber den anderen Ich-Zuständen auf. Es prüft zum Beispiel, ob die dort gespeicherten Normen und Werte in der aktuellen Situation einen Sinn ergeben. Habe ich beispielsweise die Setzung des Eltern-Ichs „Sei pünktlich“, so fragt das Erwachsenen-Ich, ob es in der aktuellen Situation lohnt, tatsächlich pünktlich zu sein. Der Zusammenhang zwischen dem Erwachsenen-Ich (ER) und dem unterstützend-fürsorglichen Eltern-Ich (uEL) kann sich zum Beispiel in der Form darstellen, dass das Erwachsenen-Ich (ER) abwägt, ob es ratsam erscheint, jemandem zu helfen. Will der mich nur ausnutzen oder braucht er wirklich meine Hilfe?

Die Ausprägung des Erwachsenen-Ichs ist **altersunabhängig**. Das heißt, es formt sich etwa ab dem fünften Lebensjahr bis zum Lebensende. Das sich vorher entwickelnde Eltern-Ich ebenso wie das Kind-Ich (siehe unten) ist allerdings oft wesentlich stärker in seinen Einflussnahmen auf aktuelle Handlungen.

Das Erwachsenen-Ich stellt beim Heranwachsenden zunehmend **rationale Überlegungen** in den Mittelpunkt, hält ihn an, aus Erfahrungen zu lernen und ihre Auswirkungen zu bedenken.

Erwachsenen-Ich

Erwachsenen-Ich (ER)

Verhaltenstendenz –> überlegt

- sammelt und gibt Informationen
  - hört zu
  - beobachtet
  - stellt sachliche Fragen
  - sammelt Daten und Fakten, analysiert
  - konzentriert sich auf das Hier und Jetzt
  - formuliert wertfrei
- schätzt Wahrscheinlichkeiten ab
  - wägt ab
  - überlegt
  - denkt in Alternativen
  - überprüft eigene Werte, Gefühle und Zielsetzungen
  - differenziert
- entscheidet
  - zieht Konsequenzen
  - versucht Problemlagen konstruktiv zu bearbeiten

Angelerntes Lebenskonzept

Abbildung 76

(3) **Kind-Ich** (K)

Im Kind-Ich sind alle **Impulse** zu finden, die ein Kind von Natur aus hat. Hier finden sich alle Verhaltensausprägungen, die man aus seiner Kindheit beibehalten hat („das Kind im Manne“). Im Kind-Ich sind die Tonbandaufzeichnungen frühester Erfahrungen enthalten. Wenn ich aus dem Kind-Ich heraus agiere, dann spiele, jauchze, lache und weine ich, empfinde Trauer, Schmerz, Wut, Eifersucht, Enttäuschung, Hass und Liebe.

Ein gutes Beispiel dafür, was dem Kind-Ich eigen ist, gibt die Beobachtung von Teilnehmern eines Fußballspieles auf wie neben dem Spielfeld: überschäumende Wut, wüstes Beschimpfen, freudiges Gestikulieren, jauchzende Umarmungen usw.

Auch beim Kind-Ich ist es sinnvoll, eine Differenzierung nach Wirkung und Funktion vorzunehmen:

Kind-Ich (Differenzierung)

Angepasstes Kind-Ich (aK)	**Freies (natürliches) Kind-Ich (fK)**

Die bereits im Kleinstkind entstehenden gefühlmäßigen Reaktionen auf äußere Ereignisse:

Verhaltenstendenz
–> impulsiv/gedrückt/intuitiv

Angepasstes Kind-Ich (aK)	Freies (natürliches) Kind-Ich (fK)
• hilflos • tut sich Leid • orientiert sich eng an Werten und Normen • wartet, bis etwas von allein besser wird • verzichtet • traut sich nichts zu • gibt nach, hat Angst • ohne Eigeninitiative • unterwürfig • manipuliert	• spontan, impulsiv • egozentrisch • authentisch • sucht Spaß und Abwechslung • rebellisch • aggressiv • aufsässig, „knatschig“ • neugierig • erfindet, forscht • schamlos • kreativ, einfallsreich Die Eigenschaften der intuitiv-schöpferischen Größen werden auch mit der Bezeichnung **„kleiner Professor“** belegt.

Gefühltes Lebenskonzept

Abbildung 77

Ein geistig-seelisch gesunder Mensch ist in der Lage, in einer bestimmten Situation selbst zu bestimmen, welchen Ich-Zustand er besetzen möchte. Jedoch sind die drei Ich-Zustände nicht gleich mächtig. Untersuchungen haben gezeigt, dass das **Kind-Ich den stärksten Zustand repräsentiert**. Alle Wünsche und Sehnsüchte, Neidgefühle und Ähnliches sind im Kind-Ich präsent. So lebt die ganze Werbeindustrie vom Kind-Ich des Menschen: „Sie (Werbefachleute) benutzen aber auch die geheimsten, oft utopischen Wünsche der Menschen, ... zum Beispiel wird modische Bekleidung durch Mannequins vorgestellt, deren Maße nur selten auf einen Durchschnittsmenschen zu übertragen sind.“ (Rogoll, 1990)

In einer **konkreten Interaktion** verhält man sich vorrangig aus einem der drei Ich-Zustände. Dabei kann jedes dieser Ichs für eine bestimmte Situation wichtig und nützlich sein. Insofern gibt es keine guten oder schlechten Ich-Zustände. Allerdings ist es ein Anliegen der Strukturanalyse, auf der einen Seite das Erwachsenen-Ich und das natürliche Kind-Ich zu stärken, und auf der anderen Seite ein stark dominierendes, kritisches Eltern-Ich und ein angepasstes Kind-Ich abzubauen. Dies gilt insbesondere für den beruflichen Bereich. Hier entsteht zum Beispiel die Frage, aus welchem Ich-Zustand werden Führungsaufgaben am effizientesten wahrgenommen? Welche Ich-Zustände behindern einen angemessenen Führungsstil?

Zur besseren Übersichtlichkeit und Erfassung der Zusammenhänge wird in der einschlägigen Literatur für die drei Ich-Zustände folgendes Bild verwendet:

Die drei Ich-Zustände

Abbildung 78

Um den Ausprägungsgrad der verschiedenen Zustände in einem Menschen feststellen zu können, benutzt die Transaktionsanalyse ein so genanntes **Egogramm**. Die gesamte Energiemenge im Egogramm bleibt konstant. Das bedeutet, dass nur Energie von einem auf den anderen Ich-Bereich gezogen werden kann. Stärke ich einen Bereich, mache ich den anderen automatisch schwächer. Eine Untersuchung bei etwa 1000 Führungskräften ergab bei der Frage, aus welchem Ich-Zustand am häufigsten reagiert wird, folgendes Egogramm:

Ich-Zustände, aus denen Führungskräfte reagieren

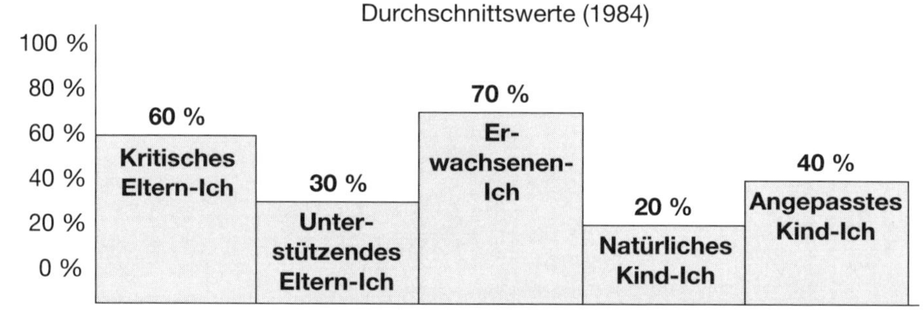

Abbildung 79 (Quelle: Trainee-Programm, 1984)

Die stark ausgeprägten Ich-Zustände sind identisch mit denen, die zur Ansprache von Mitarbeitern eingesetzt werden: das kritische Eltern-Ich, das Erwachsenen-Ich und das angepasste Kind-Ich. Entwickelt werden müssten demnach das natürliche Kind-Ich und das unterstützende Eltern-Ich. Folgerung: Es gibt kaum unterstützende Normen, die es Führungskräften erlauben würden, echt und natürlich zu agieren. (Trainee-Programm, 1984)

Um zu beleuchten, welche konkreten Normen hinter bestimmten Verhaltensweisen stehen, sei hier exemplarisch das **kritische Eltern-Ich** herausgegriffen. Werden die Elternbotschaften als unreflektierte Verhaltensausrichtung genommen bzw. wird nicht überprüft, ob sie in der konkreten Situation überhaupt zum gewünschten Ziel führen können, nennt die Transaktionsanalyse diese Normen **Antreiber** und **Stopper**. Diese können beispielsweise lauten: „Beeil dich! – Streng dich an! – Sei perfekt! – Sei gefällig! – Sei stark!“

Nicht selten erreicht man durch solches Antreiben genau das Gegenteil dessen, was man möchte.

5.6.3 Transaktionstypen

Unter dem Begriff **Transaktion** versteht die Transaktionsanalyse *jeden beliebigen Austausch (verbal oder nonverbal) zwischen mindestens zwei Personen*. „Diese Transaktion stellt die Grundeinheit aller zwischenmenschlichen Beziehungen dar und kann sich in freundlichen Worten, bösen Blicken, Geschenken oder fliegenden Tassen äußern.“ (Rogoll, 1990)

Wie bereits erläutert, benutzt jeder Mensch in verschiedenen Situationen unterschiedliche Ich-Zustände. Welcher gerade aktiv ist, lässt sich mit einiger Übung an der Art der Formulierung sowie der (begleitenden) nonverbalen Äußerung entnehmen. Wenn z. B. zwei Personen (A und B) miteinander in Kontakt treten, schaltet A sein Tonband des entsprechenden Ich-Zustandes ein. Antwortet B mit dem von A erwarteten Tonband (Ich-Zustand), läuft die Kommunikation harmonisch, wenn auch nicht immer der Sache angemessen. Das heißt nicht, dass die Ich-Zustände identisch sein müssen, etwa ER – ER. Erforderlich ist lediglich, dass B aus dem Ich-Zustand agiert, den A angesprochen hat. Man spricht dann von **komplementärer oder paralleler Transaktion**.

Reagiert B mit einem anderen Tonband (aus einem anderen, von A nicht erwarteten Ich-Zustand), entsteht ein sprachlicher Wirrwarr und die Kommunikation ist gestört. Die Transaktionsanalyse spricht dann von **gekreuzten Transaktionen**.

Schließlich gibt es noch den Fall der **verdeckten Transaktionen**. „In diesem Fall spielt eine Person vor aller Augen ein Tonband ab, lässt aber durchblicken, dass etwas anderes dahinter steckt." (Rüttinger, 1989)

Die ausgewählten Beispiele ermöglichen es, ein Gefühl dafür zu entwickeln, welche Zugriffsmöglichkeiten die Transaktionsanalyse als Instrument zur Behebung von Kommunikationsstörungen bietet. Zudem können die Erkenntnisse Aufschlüsse über eigene Verhaltensweisen geben, die unter Umständen schon im Vorfeld Kommunikationsprozesse effizienter machen können.

Beispiele für parallele Transaktionen (der angesprochene Kommunikationspartner reagiert aus dem angesprochenen Ich-Zustand) sind in den folgenden Abbildungen dargestellt:

Bei den folgenden Beispielen ist darauf verzichtet worden, die Ich-Zustände Eltern-Ich und Kind-Ich noch weiter in unterstützendes EL, kritisches EL, angepasstes K, natürliches K zu unterscheiden.

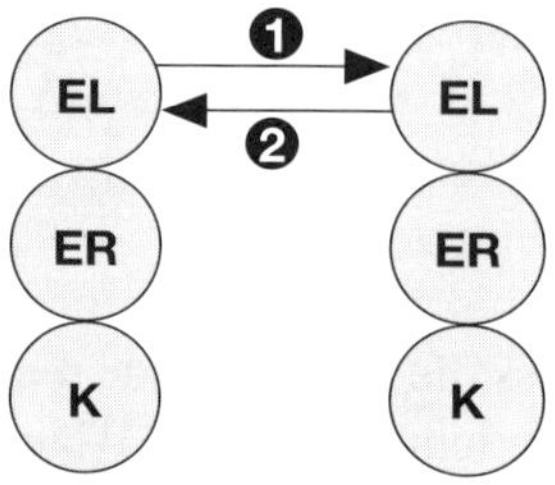

❶ „Haben Sie gesehen, wie der zu der Besprechung erschienen ist?"

❷ „Ja, unmöglich! Dass der Chef nichts sagt."

Abbildung 80

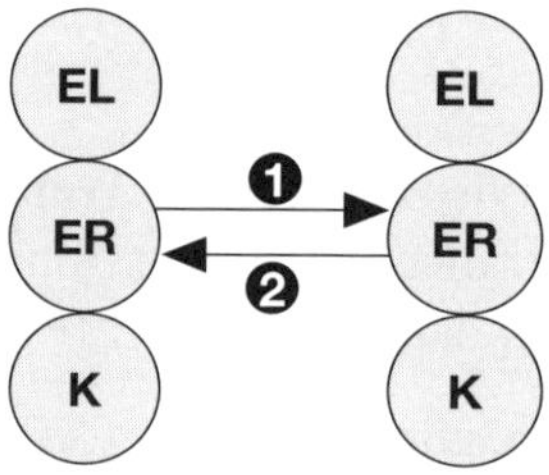

❶ „Wissen Sie, wo die Akte Klein ist?"

❷ „Ich glaube, sie liegt noch bei Frau Sauer."

Abbildung 81

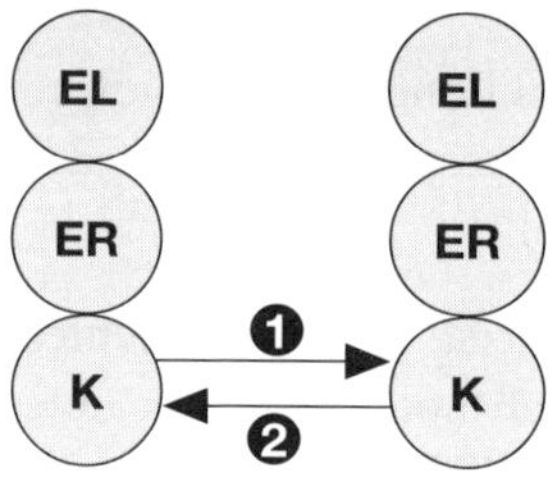

❶ „Nach dem Meeting brauch ich erst mal frische Luft!"

❷ „Da hilft eigentlich nur ein Sauerstoffzelt."

Abbildung 82

In den drei Transaktionsbeispielen sind keine Kommunikationsstörungen zu befürchten, da der Empfänger so reagiert, wie es der Sender erwartet hat. Die Transaktionen verlaufen parallel. Außer der Transaktion ER – ER sind allerdings aus derartigen Abläufen auch keine Aufgabenlösungen zu erwarten. Dies gilt auch für das folgende Beispiel:

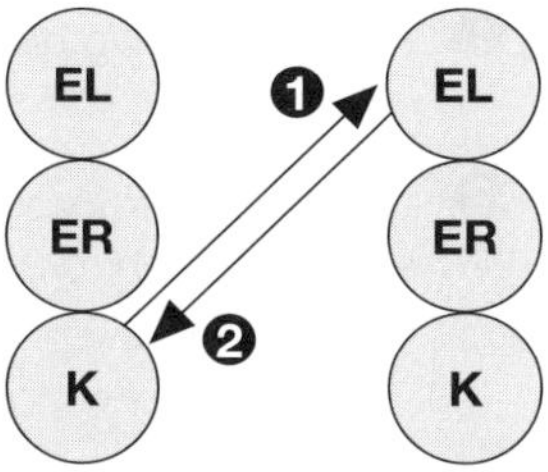

❶ *„Frau Sorge, könnten Sie mir eine Kopfschmerztablette besorgen?"*

❷ *„Sicher, Sie sind ja wirklich nur noch im Stress."*

Abbildung 83

Trotz unterschiedlicher Ich-Zustände funktioniert die Kommunikation, da die Transaktionen auch hier parallel verlaufen. Es gibt keine Konflikte oder Blockierungen. Gleiches gilt für die folgende Sequenz:

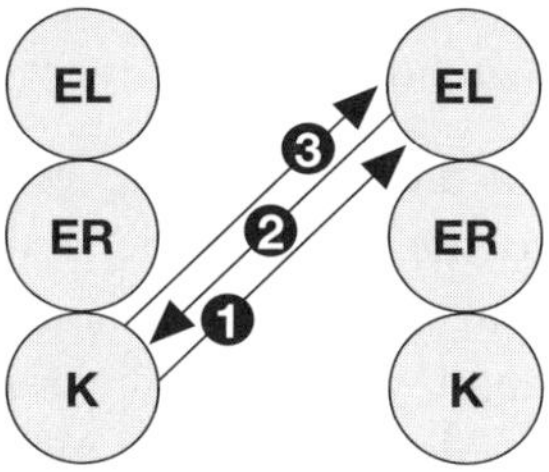

❶ *„Es tut mir sehr Leid, aber ich muss noch mal stören."*

❷ *„Können Sie nicht Ihre Gedanken zusammenhalten und alles auf einmal nehmen!?"*

❸ *„Sie haben ja Recht, entschuldigen Sie bitte."*

Abbildung 84

Beispiele für gekreuzte Transaktionen (der Partner reagiert nicht aus dem angesprochenen Ich-Zustand):

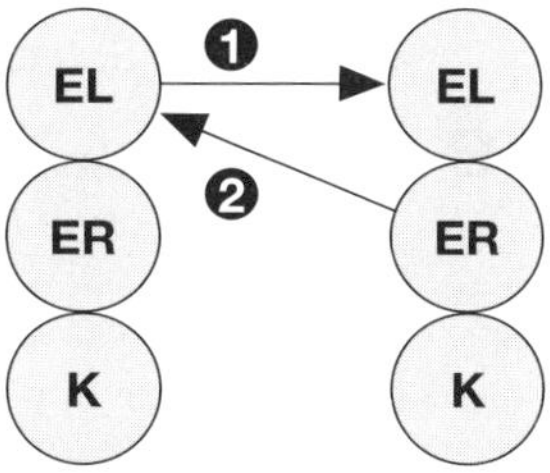

❶ *„Haben Sie gesehen, wie der zu der Besprechung erschienen ist?"*

❷ *„Ich denke, es kommt auf die Qualität der Beiträge an, nicht auf die Kleidung."*

Abbildung 85

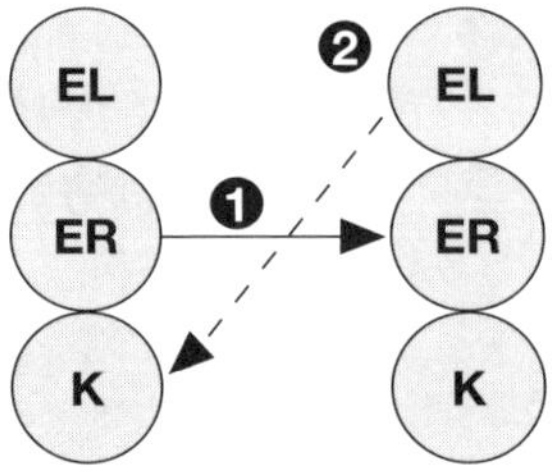

❶ *„Wissen Sie wo die Akte Klein ist?"*

❷ *„Wenn Sie ein besseres Ablagesystem hätten, brauchten Sie nicht zu suchen."*

Abbildung 86

Wenn Transaktionen gekreuzt verlaufen, führt das in der Regel (manchmal auch nur kurz) zum Zusammenbruch der bisherigen Beziehungsart. Im letzten Beispiel kann nach der Äußerung (2) nicht weiter über die verschwundene Akte geredet werden, sondern es folgt irgendetwas anderes. (In der Psychotherapie nennt man derartiges Verhalten „Übertragung".) In dem Konzept des Kommunikationsquadrates ließe sich sagen, dass hier die Sachseite zum Transport von Beziehungsbotschaften missbraucht wird.

Als letzter Transaktionstypus soll die so genannte verdeckte Transaktion (auch Duplexe genannt) angesprochen werden. Sie ist die komplexeste Art von Transaktionen, da hier mehr als zwei Ich-Zustände gleichzeitig beteiligt sind. Die eigentliche Botschaft wird (sozial verträglich, normengerecht) verpackt, in der Hoffnung, der Empfänger möge den wahren (gemeinten) Inhalt heraushören. Die vielleicht bekannteste verdeckte Transaktion bildet der Satz: „Darf ich Ihnen meine Briefmarkensammlung zeigen?" An der Oberfläche ist dies eine ER-ER-Botschaft, auf der verdeckten Seite eine K-K-Nachricht („Ich will mit dir allein sein").

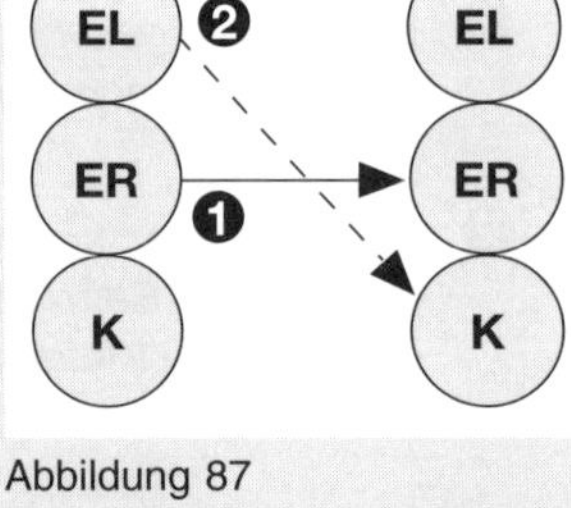

❶ *„Ist die Unterschriftenmappe schon auf meinem Schreibtisch?"*

❷ *(verdeckt): „Klappt das endlich mal ohne Nachfrage?"*

Abbildung 87

Verdeckte Botschaften werden oft in langen Abfolgen fortgesetzt; sie sind (wie Berne es einmal ausgedrückt hat) die „Spiele der Erwachsenen“ (Berne, 1975). Sie dienen weniger der Informationsübertragung als vielmehr der Darstellung von Macht, Anerkennung, Zuneigung und ähnlichen Gefühlen. Sie benutzen häufig auch die nonverbale Ebene, um über Blicke, Kleidung, Tonfall und ähnliches Verdecktes zu vermitteln. Auch hier wird die Parallele zum Erklärungsansatz des Kommunikationsquadrates wieder deutlich: Die Sachseite wird zum Transport von Beziehungsbotschaften benutzt.

Zum Abschluss noch einige Hinweise (entnommen aus Harris, 1978), anhand welcher verbalen wie nonverbalen Indizien man Rückschlüsse auf das gerade „aktive“ Ich des Senders ziehen kann. Sie sind jedoch ausdrücklich nicht als Wenn-dann-Regeln aufzufassen.

- **Eltern-Ich**
  - **Nonverbale Hinweise:** Gerunzelte Brauen – Stirnfalten – gespitzte Lippen – ausgestreckter Zeigefinger – entsetzter Augenaufschlag – Händeringen – einem anderen den Kopf tätscheln – die Arme in die Seiten stemmen – Arme vor der Brust verschränken – ...
  - **Verbale Hinweise:** „Ich werde dafür sorgen ...“ – „Du musst immer daran denken ...“ – „Du darfst nie vergessen ...“ – „Wie oft habe ich schon gesagt ...“ – „Wenn ich du wäre ...“
- **Kind-Ich**
  - **Nonverbale Hinweise:** Tränen – Schmollen – zitternde Lippen – Wutanfälle – hohe, weinerliche Stimme – rollende Augen – Achselzucken – niedergeschlagene Augen – Entzücken – Lachen – Grimassenschneiden – Kichern und Glucksen – Nägelkauen – ...
  - **Verbale Hinweise:** „Ich will ...“ – „Ich wünsche mir ...“ – „Ich denke mir ...“ – „Weiß ich doch nicht“ – „Ich tue jetzt ...“ – „Ist mir doch egal“ – ...
- **Erwachsenen-Ich**
  - **Nonverbale Hinweise:** Das Gesicht des Erwachsenen-Ichs trägt keine ausdruckslose Miene zur Schau. Wenn jemand mit seinem Erwachsenen-Ich zuhört, kann man beobachten, wie er dabei unablässig Bewegungen macht – mit dem Gesicht, mit den Augen und mit dem ganzen Körper. Das Gesicht des Erwachsenen-Ichs ist offen und direkt dem Partner zugekehrt. Das Erwachsenen-Ich gestattet auch dem neugierigen, erregten Kind-Ich, sein Gesicht zu zeigen.

- **Verbale Hinweise:** „Warum?" – „Was?" – „Ich meine ..." – „Auf welche Weise?" – „Ich finde ..." – ... (Kennzeichnend sind auch Worte wie:) richtig – verkehrt – unbekannt – wahrscheinlich – wahr – verhältnismäßig – ...

5.7 Zusammenfassung und Arbeitsaufgaben

Zusammenfassung

Die Transaktionsanalyse stellt ein Persönlichkeitsmodell vor, das menschliche Verhaltensweisen leicht und nachvollziehbar erklären will. Ziele hierbei sind unter anderen: zu erkennen, durch welche Verhaltensweisen eine Person sich selbst behindert, welche Größen das Verhalten einer Person bestimmen (Antreiber/Stopper) und wie eine Person autonomer und selbstbewusster agieren kann.

Im Mittelpunkt stehen die so genannten „Ich-Zustände", aus denen heraus jeder Mensch seine Kommunikation und sein Verhalten steuert. Es lassen sich das „Eltern-Ich" (was haben mir die Eltern bzw. frühere Bezugspersonen an Verhaltensmaßregeln „mitgegeben", die unter Umständen heute noch wirken?), das „Kind-Ich" (was bestimmt mich von „Natur aus"?, welche gefühlsmäßigen Reaktionen haben mich als Kind vorwiegend bestimmt und werden heute noch in mir ausgelöst?) sowie das „Erwachsenen-Ich" (Vermittlungsinstanz gegenüber den anderen Ich-Zuständen: Es wägt rational Situationen ab und sammelt und bewertet vorliegende Informationen) unterscheiden. Beim Austausch von Verhalten (verbal wie nonverbal) lassen sich verschiedene Transaktionstypen ausmachen: parallele Transaktionen (Sender und Empfänger agieren aus demselben Ich-Zustand), gekreuzte Transaktionen (Ich-Zustände von Sender und Empfänger sind unterschiedlich) und verdeckte Transaktionen (mehr als zwei Ich-Zustände sind beteiligt, deshalb die komplizierteste Transaktionsform).

Arbeitsaufgaben

1. Erläutern Sie die Zielsetzungen der Transaktionsanalyse.
2. Beschreiben Sie die Ich-Zustände sowie die Inhalte, die bei der Transaktionsanalyse unterschieden werden.
3. Rufen Sie sich unterschiedliche (private wie berufliche) Kommunikationssituationen ins Gedächtnis. Aus welchen Ich-Zuständen heraus haben die Beteiligten vermutlich agiert? Unterscheiden Sie nach Möglichkeit zwischen Situationen, die Sie positiv in Erinnerung haben, und solchen, die für Sie eher konfliktbelastet waren. Versuchen Sie nun mithilfe der Transaktionsanalyse zu erklären, weshalb Sie mit der jeweiligen Situation positive oder negative Gefühle verbinden.

6 Anwendungsfelder persönlicher und sozialer Kompetenzen

6.1 Gespräche und Besprechungen

Schlüsselbegriffe

- Partnerzentrierte Kommunikation
- Rivalität in Kommunikationssituationen
- Gesprächsaufbau
- Kundenkommunikation

In den vorangegangenen Abschnitten wurden einige theoretische Ansätze dargestellt, die alle mehr oder minder die Ziele anstreben, Kommunikation zu verbessern, Störungen zu beheben oder gar nicht erst auftreten zu lassen. Die dort genannten Beispiele sollen hier noch einmal deutlich auf eine konkrete Gesprächssituation hin konturiert werden.

Ähnlich wie man nicht durch Lesen eines Buches das Schwimmen erlernen kann, so kann **Kommunikationskompetenz** nicht rein kognitiv vermittelt werden. Die Kenntnis verschiedener Möglichkeiten, an (gestörte) Kommunikationssituationen heranzugehen, ist sicher wichtig und nützlich. Aber erst, wenn Sie sich ins Wasser begeben, können Sie feststellen, inwieweit Sie etwas als richtig Erkanntes auch umsetzen können. Hierfür sollen Ihnen die folgenden Hinweise eine Hilfestellung geben.

⇒ **Seien Sie offen für die Wirklichkeitskonstruktion Ihres Kommunikationspartners.** Bedenken Sie, dass es in den wenigsten Fällen **die** richtige Sichtweise der Dinge gibt. Vielleicht steckt in den Aussagen Ihres Partners ein Aspekt, der Ihnen bisher völlig entgangen ist. Dies gilt in verstärktem Maße bei Gesprächen, die eine Problemlösung anstreben oder einen Konflikt entschärfen wollen.

⇒ **Wahr ist nicht, was Sie formulieren, sondern was das Gegenüber wahrnimmt.**

⇒ **Versuchen Sie, alle „vier Ohren" einzusetzen**: Was will der Partner transportieren? Welche Botschaften stecken in seiner Nachricht? Benutzt er die Sachebene, um einen (verdeckten) Appell loszuwerden? Will er die Beziehung zu Ihnen (neu) definieren? Möchte er von sich etwas preisgeben, getraut sich aber an eine explizite Botschaft nicht heran?

⇒ In Bezug auf die **Transaktionsanalyse** könnten Sie sich fragen: Aus welchem Ich-Zustand spricht mein Gegenüber? Warum? Welchen Ich-Zustand spricht er (unbewusst) bei mir an? Liegen parallele oder gekreuzte Transaktionen vor?

⇒ **Wenn Sie selbst reden, treiben Sie keinen Missbrauch mit den Quadratseiten.** Formulieren Sie die Nachricht nach Möglichkeit auf der Seite, auf die sie gehört. Haben Sie Mut zur Selbstoffenbarung. Sie fördern durch so genannte Ich-Botschaften deren Verwendung bei Ihrem Gesprächspartner. Dies kommt der Atmosphäre und der Offenheit eines Gespräches zugute. Sie werden dadurch für Ihre Gesprächspartner kenntlicher und greifbarer. Übertriebener Einsatz von Man- und Wir-Sätzen lässt Ihre Person, Ihren Standpunkt nicht klar zutage treten.

⇒ **Reagieren Sie nicht sofort auf (vermeintliche) Angriffe des Partners mit Abwehr.** Die Formulierung von Du-Botschaften („Sie sind unsachlich") fördert in aller Regel nicht einen produktiven Gesprächsverlauf. Sie zwingen den anderen in eine Igelhaltung, aus der heraus er wahrscheinlich seinerseits mit Angriffen reagieren wird. („Bestimmen Sie alleine hier, was zur Sache gehört?!")

⇒ **Versuchen Sie, in einem Gespräch das zu formulieren, was Sie zu sagen haben**, nicht, was jetzt (vielleicht) günstig und passend zu sagen wäre.

⇒ **Benutzen Sie nach Möglichkeit Ihre Körpersprache zur Unterstützung Ihrer Nachrichten.** Setzen Sie die Modulation Ihrer Stimme (laut, leise, betonend, zurückhaltend, usw.) ein, um Nachrichten in ihrer Wirksamkeit zu unterstützen.

> Generell gilt: Kommunikatives Verhalten lässt sich am ehesten durch *eigenes* kommunikatives Verhalten vormachen, verändern oder beeinflussen.

Ein weiteres Instrument, um in Interaktionsszenen konkret intervenieren zu können, stellt der so genannte systemische Blickwinkel dar. Er setzt die unter dem Theorieaspekt Interpunktion von Kommunikationsabläufen dargestellten Überlegungen konkret um.

Einige berufliche (wie private) Kommunikationssituationen sind von unterschwelliger Rivalität und Konkurrenz bestimmt. „Ein symmetrischer Teufelskreis entsteht, wenn in einer Gruppe Leute sind, die ebenfalls hohe Ansprüche an den eigenen Kompetenzerweis stellen und durch hochgescheite und ‚Maßstäbe setzende' Beiträge ein Klima von Konkurrenz und Beweisnot schaffen." (Schulz von Thun, 1990)

Rivalität und Konkurrenz in Kommunikationssituationen

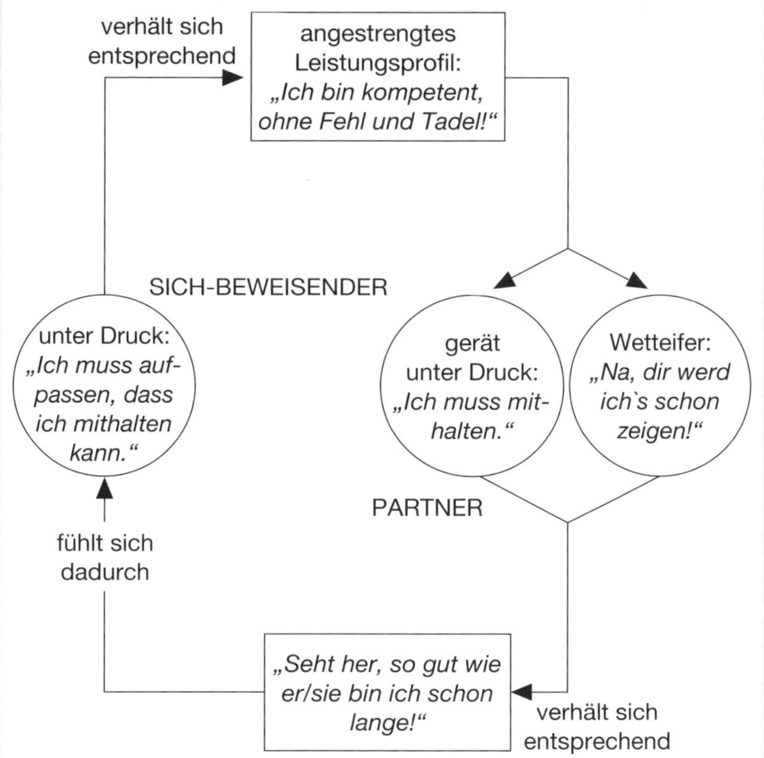

Abbildung 88 (Quelle: Schulz von Thun, 1990)

Derartige Gesprächssituationen sind meist von Verkrampfungen und Hektik gekennzeichnet. Jeder wartet auf eine Gesprächspause des anderen, um seinen **Profilierungsmonolog** loszuwerden. Sind Sie als Diskussionsleiter mit einer solchen Situation konfrontiert, hat es sich bewährt, zunächst exakt zu formulieren, was Sie wahrnehmen! Auch der Hinweis, dass in manchen beruflichen Bereichen das eigenartige Dilemma besteht, dass Kooperation und Konkurrenz nebeneinander existieren müssen, kann Schärfe aus der Atmosphäre herausnehmen. (Schulz von Thun, 1990)

Dies macht zunächst einmal deutlich, dass zumindest Sie erkannt haben, dass hier Scheingefechte über Sachinformationen stattfinden. Dies kann ernüchternd auf die Beteiligten wirken. Der schöne Schein ist nicht mehr gewahrt. Der Adressat (vielleicht die Führungskraft) hat die Manöver durchschaut.

Auch besteht die Möglichkeit, einen Teufelskreis am Flipchart optisch zu verdeutlichen und damit die Chance des Durchbrechens zu eröffnen. Bei einiger Übung lassen sich für viele festgefahrene Kommunikationssituationen relativ leicht solche Kreisläufe aufstellen. Die Erfahrung zeigt, dass die Metakommunikation über derartiges Kommunikationsverhalten durchaus fruchtbar in Teams genutzt werden kann.

6.1.1 Mitarbeitergespräche

In den vorangegangenen Kapiteln wurden prozessorientierte Erkenntnisse angesprochen, die in den unterschiedlichsten Gesprächsphasen eine Hilfestellung bieten können. Im Folgenden geht es darum, grundsätzliche Strukturen zu verdeutlichen, die bei jedem Gespräch eingehalten werden sollten. Dabei steht das Mitarbeitergespräch im Vordergrund. Wegen ihrer Besonderheiten werden Lob- und Kritikgespräch in gesonderten Kapiteln (vgl. unten) dargestellt.

Die **Struktur eines Gespräches** lässt sich in folgende Phasen unterteilen:

(1) Gesprächsvorbereitung
(2) Gesprächsdurchführung
(3) Gesprächsauswertung

(1) Gesprächsvorbereitung

- Um welche **Art von Gespräch** handelt es sich?
  Hier muss geklärt werden, ob es sich um ein Routinegespräch handelt (Informationen zum Betriebsablauf, Weitergabe von Daten und Fakten, Kontrollzahlen, Beurteilungsgespräch usw.) oder ob ein besonderer Anlass für das Gespräch vorliegt (Problemerörterung, Lob, Kritik, Delegation, usw.). Daraus ableiten lässt sich die:

- **Zielsetzung des Gespräches**
  Grobziel: Was will ich mit dem Gespräch erreichen?
  Feinziel: Was sollen die Beteiligten anschließend wissen? (Sind die Informationen nur für bestimmte Mitarbeiter gedacht? Sollen die Informationen die Basis zukünftiger Funktionsausübung sein?) – Welche Informationen möchte ich vom Mitarbeiter bekommen? (Wichtig bei Problemlösungsgesprächen) – Wozu möchte ich den Mitarbeiter veranlassen? (Was soll er konkret anschließend tun? In welcher Zeit? Welches Wissen soll er sich gegebenenfalls aneignen? Soll er eine Verhaltensänderung durchführen?)

- **Unterlagen für das Gespräch bereitstellen**
  Bei diesem Aspekt ist genau zu überlegen, welche Unterlagen für das Gespräch bereitliegen müssen. Neben dem Effekt, dass der Gesprächspartner merkt, dass Sie sich auf das Gespräch vorbereitet haben, hilft die Zusammenstellung von Materialien auch, die eigene Sicherheit für das Gespräch zu erhöhen. Durch das Sichten der Unterlagen wird eine mentale Disposition erreicht, die sich förderlich auf den Gesprächsverlauf auswirkt.

- **Adressateninformationen einholen**
  Was macht die Person aus, mit der ich sprechen möchte? Welche Kenntnisse können vorausgesetzt werden, wo kann zum Beispiel eine Information ansetzen? Gegebenenfalls können aus Personalakten Daten über die Länge der Unternehmenszugehörigkeit, Werdegang, Arbeitsverhalten usw. herangezogen werden. (Wenn Sie beispielsweise mit einem weit entfernten oder in der Abteilung neuen Mitarbeiter zum ersten Mal ein Gespräch führen, fördert es sicher die Atmosphäre, wenn er erkennt, dass Sie sich über seine Person informiert haben, also zum Beispiel wissen, in welchen Bereichen er bisher tätig war.)

- **Förderliche Rahmenbedingungen schaffen**
  Die Wahl des richtigen Zeitpunktes für ein Gespräch kann mit über Erfolg oder Misserfolg entscheiden. Nach Möglichkeit sollte der Gesprächstermin (mit Nennung des Themas) abgestimmt und nicht angeordnet sein. So hat auch der Gesprächspartner Gelegenheit, sich auf das Gespräch vorzubereiten. Der vereinbarte Termin soll nach Möglichkeit pünktlich eingehalten werden.
  Ferner ist zu klären, ob es sich um ein Gespräch unter vier Augen handelt oder mehrere Personen teilnehmen (sollen oder müssen).
  Auch die räumlichen Gegebenheiten spielen eine Rolle. Störungen während des Gespräches sind möglichst zu vermeiden (Telefon, Störungen

durch andere Besucher). Auch die Frage der Sitzordnung ist unter diesem Punkt zu klären. Bei Gesprächen unter vier Augen hat sich die Ecksitzordnung bewährt.

- **Gesprächsfahrplan**
  Bei komplexen Gesprächsinhalten hat es sich bewährt, die wichtigsten Punkte vorher festzuhalten. Hierzu zählen insbesondere die Ziele des Gespräches, die Informationen, die auf jeden Fall weitergegeben werden sollen, Erinnerungsstützen für die Fakten, die ich vom Gesprächspartner erhalten möchte. Dabei ist der Gesprächsablauf so zu konzipieren, dass er Flexibilität zulässt. Bei weniger komplexen Gesprächen reicht es, wenn der Ablauf nur gedanklich durchgespielt wird.

- **Protokollführung**
  Bei bestimmten Gesprächen (Problemlösungsgespräche, Organisationsänderungen und Ähnliches) ist es sinnvoll, einen Protokollanten zu benennen, damit allen Teilnehmern das Ergebnis der Unterredung zur Verfügung gestellt werden kann.

> Grundsätzlich gilt: Die Vorbereitung des Gesprächs soll dem Gesprächsanlass angepasst sein.

(2) Gesprächsdurchführung

Die Basis der Gesprächsdurchführung orientiert sich an den Überlegungen, die im Punkt (1) dieses Kapitels bereits angesprochen wurden.

Als **grobe Gliederung** lassen sich folgende **Phasen** nennen (Mantel/Fischer, 1990):

a) Einführungsphase
b) Motivationsphase
c) Argumentationsphase
d) Abschlussphase

a) **Einführungsphase:** Begrüßung, Schaffung der Gesprächsatmosphäre, gegebenenfalls Nennung des Zeithorizontes für das Gespräch, Anlass (Thema).

b) **Motivationsphase:** Anknüpfungspunkte „Thema – Teilnehmer“ suchen, Bedeutung des Gesprächsgegenstandes für die Arbeitsbereiche des Gesprächspartners, eigene Interessenlage (Grund des Gespräches aus eigener Sicht), gegebenenfalls Abriss über geplanten Verlauf der

Unterredung, eventuell Anbindung an übergeordnete Gesichtspunkte (Organisation) der Thematik.

c) **Argumentationsphase:** Darlegung eigener Argumente (Argumentationsaufbau), Standpunkte der Teilnehmer erfragen, gegebenenfalls stille Teilnehmer ermutigen, eventuell Visualisierungen nutzen, auf Diskussionsdisziplin achten.

d) **Abschlussphase:** Zusammenfassung (wichtiger Argumentationsstränge), gemeinsames Ergebnis formulieren, gegebenenfalls Entscheidung herbeiführen, Verantwortlich- und Zuständigkeiten klar benennen, eventuell nächsten Termin vereinbaren, Feedback-Runde, Dank für das Kommen.

(3) Gesprächsauswertung

Bei der Nachbereitung oder Auswertung des Gesprächs ist zu prüfen, inwieweit die beabsichtigten Gesprächsziele erreicht wurden. Im Rahmen einer Selbstreflexion ist das **eigene Gesprächsverhalten kritisch zu überprüfen.** Insbesondere folgende Fragen sind zu beantworten: Wie war die Gesprächsatmosphäre? Habe ich mich so verhalten (können), wie ich es vorhatte? Wo liegt Verbesserungsbedarf? Kamen alle Beteiligten ausreichend zu Wort bzw. sind deren Bedürfnisse berücksichtigt worden? Ist bei Störungen entsprechend interveniert worden? Haben die Teilnehmer ein Gesprächsergebnis mitnehmen können? Sind bei Beschlüssen klare Verantwortlichkeiten geklärt worden? Ist gegebenenfalls ein Fortsetzungsgespräch terminiert?

6.1.2 Lobgespräche

Manche Führungskräfte unterliegen auch heute noch dem Missverständnis, dass die Abwesenheit von Kritik mit Lob gleichzusetzen wäre. Sie wissen nicht um das Potenzial, das sinnvoll eingesetzte Lobgespräche entfalten können. **Was kann Anerkennung bewirken?** Sie beeinflusst unter anderem folgende Verhaltensaspekte des Mitarbeiters:

- Steigerung der Motivation,
- gewünschtes, erfolgreiches Verhalten wird wiederholt (Konditionierungseffekt),
- Steigerung der Arbeitszufriedenheit,
- Verbesserung der Identifikation mit dem Unternehmen,

- Steigerung des Selbstwertgefühls,
- Erhöhung der Verantwortungsbereitschaft.

Eine verbalisierte Anerkennung (wie auch die Kritik) stellt ein Feedback für den Mitarbeiter dar, das für seine Persönlichkeitsentwicklung wichtig ist. Eine Stellungnahme zur Leistung des Mitarbeiters beseitigt bei diesem eventuell vorhandene Unsicherheiten hinsichtlich seiner eigenen Leistungseinschätzung. Zudem erfährt er, dass die Führungskraft ihn und seine Funktionsausübung tatsächlich wahrnimmt, er nicht nur das „Rädchen im Getriebe“ darstellt. Dies fördert ganz allgemein die **Leistungsbereitschaft**.

Als Anhaltspunkte für das Aussprechen von Anerkennung bzw. Lob lassen sich folgende Punkte nennen:

- **Lob sollte echt sein**, keinen Zweckcharakter haben (etwa geplante Überstunden leichter durchsetzen zu können).
- **Lob muss begründet werden**, also auf beobachtbare Größen zurückführbar sein (kein übertriebenes Loben).
- Lob soll nicht nur dann ausgesprochen werden, wenn ein Highlight vorliegt. **Auch gleichmäßig gute Leistung kann gelobt werden**.
- **Lob soll dem Lobanlass angemessen sein** (keine Übertreibungen, keine Untertreibungen).
- **Lob soll individualisiert formuliert werden** (kein Standardlob „Hat er zu dir auch ... gesagt?“)
- **Lob soll sich primär auf die erbrachte Leistung und danach erst auf den Mitarbeiter beziehen.**
- **Lob soll** (ähnlich den Feedback-Regeln) **zeitnah erfolgen** (kein Aufschieben bis zum turnusmäßigen Beurteilungsgespräch).
- **Lob**, das von anderer Seite ausgesprochen wird, **soll unverzüglich weitergeleitet werden**.

Zum **konkreten Gesprächsablauf**:

1. Begrüßung; Anlass des Gesprächs nennen.
2. Anerkennung nach obigen Kriterien formulieren.
3. Dank für die erbrachte Leistung; Sichtweise des Mitarbeiters hinsichtlich des Anerkennungsanlasses sowie gegebenenfalls Entwicklungs-

möglichkeiten ansprechen; der Hoffnung auf weitere gute Leistungen Ausdruck verleihen.

4. Verabschiedung; Dank für den Termin.

Grundsätzlich sollten **Anerkennungsgespräche unter vier Augen** geführt werden. Zwar ruft berechtigtes, nachvollziehbares Lob selten Neidgefühle bei anderen hervor, es kann jedoch für den Betroffenen unangenehm sein, vor anderen gelobt zu werden (Belastung des so genannten Horizontalkontaktes).

6.1.3 Kritikgespräche

Wie unter obigem Punkt 6.1.2 angesprochen, stellt auch die Kritik, die an der Leistung eines Mitarbeiters geübt wird, für diesen ein Feedback dar. Sie soll ihm ein realistischeres Einschätzen der eigenen Leistungsergebnisse ermöglichen. Der Anlass für Kritik lässt sich auf zwei Ursachen reduzieren:

1. Der Mitarbeiter stört durch seine Leistungsmängel den Betriebsablauf.
2. Der Mitarbeiter zeigt unerwünschte Verhaltensweisen.

Beide Größen können natürlich auch miteinander kombiniert auftreten. In jedem Fall ist eine umgehende Intervention erforderlich.

> Ziel jeder Kritik sollte eine positive, anhaltende Verhaltensänderung des Mitarbeiters sein.

Kritik soll konstruktiv, also aufbauend formuliert werden und sich an folgenden Punkten orientieren:

- **Kritik soll sachlich sein**.
- **Kritik soll dem Kritikanlass angemessen sein** (keine Dramatisierungen).
- **Kritik soll auf den Einzelfall bezogen sein** (kein Ansammeln von Kritikanlässen und dann eine Art Generalabrechnung).
- **Kritik soll berechtigt sein**, was zur Voraussetzung hat, dass der zu kritisierende Sachverhalt einwandfrei vorher geklärt werden muss.
- **Kritik soll relativ zeitnah erfolgen.**

- **Kritik soll die zu kritisierende Leistung in den Mittelpunkt stellen, nicht die Person.**
- **Kritik soll nicht mit Sanktionen verbunden werden.**
- **Kritik soll nicht einschüchtern, sondern Einsicht erzielen.**
- **Kritik soll nicht delegiert werden.**

Wie beim Lobgespräch macht ein Kritikgespräch (hier jedoch im negativen Sinne) dem Mitarbeiter deutlich, dass er mit seiner Leistung wahrgenommen wird. Dieser Umstand kann in einem entsprechenden Gespräch positiv eingesetzt werden.

Die **Phasen eines Kritikgespräches** lassen sich wie folgt skizzieren:

1. Begrüßung; Anlass des Gespräches unverzüglich nennen.
2. Kritikwürdigen Sachverhalt schildern, dabei möglichst kurz fassen, keine ausschweifenden Darlegungen. Wenn Vermutungen formuliert werden, diese als Vermutungen kenntlich machen.
3. Mitarbeiter zur Stellungnahme auffordern. Welche Sichtweise hat er vom Sachverhalt? Welche Ursachen sieht er für die Abweichung? Welche Folgen/Auswirkungen hat der Sachverhalt aus seiner Sicht?
4. Gemeinsame Fehleranalyse/Fehlerbeseitigung erörtern. Einsicht in die Kritikwürdigkeit der Abweichung vermitteln ⇒ Folgen für das Unternehmen, andere Mitarbeiter, ihn selbst.
5. Kritik (Rüge) klar und unmissverständlich formulieren.
6. Leistungsverbesserung erörtern. Welche Vorstellungen hat der Mitarbeiter von seinem künftigen Verhalten, insbesondere im Hinblick auf den kritisierten Sachverhalt? Eigene Vorstellungen ansprechen (eventuell Fortbildungsmaßnahmen?). Klare Vereinbarung treffen, wie das künftige Verhalten aussehen soll. Mögliche Kontrollmaßnahmen vereinbaren.
7. Ergebnisse zusammenfassen; Vereinbarungen nochmals formulieren. Hoffnung auf gute Zusammenarbeit und gute Leistungen ausdrücken. Darlegen, dass weiterhin Vertrauen in den Mitarbeiter gesetzt wird.
8. Nochmaliger Hinweis auf die zukünftigen Leistungen (vgl. 7.); Mitarbeiter anspornen.
9. Verabschiedung.

Das gesamte Gespräch, insbesondere die Eröffnung, sollte in einem ruhigen, sachlichen und beherrschten Ton geführt werden. Der Mitarbeiter darf nicht verbal überrannt, seine Ausführungen sollten ruhig und interessiert verfolgt werden. Unterbrechungen („Das stimmt so nicht!" und Ähnliches) sollten vermieden und die „Quadratseiten" beachtet werden. Welche Botschaften werden hier vermittelt? Gehen Sie gegebenenfalls auf die Selbstoffenbarungsseite ein („Ich kann nachvollziehen, dass Ihnen die Situation unangenehm ist."). Formulieren Sie öfter Ich-Botschaften und verstecken sich nicht hinter Ihrer Funktion.

Im Rahmen der **Transaktionsanalyse:** Auf der Erwachsenen-Ich-Ebene kommunizieren; nicht vom Eltern-Ich ins Kind-Ich des Mitarbeiters wechseln, was bei Kritik leicht passiert!

Gerade beim Kritikgespräch ist es geboten, sich vorher darüber klar zu werden, welches Ziel mit dem Gespräch erreicht werden soll. Leiten Sie nach dem Gespräch die vereinbarten Maßnahmen und gegebenenfalls Kontrollen ein.

6.1.4 Kundengespräche

An dieser Stelle ist eine umfassende Abhandlung über die Kommunikation mit dem Kunden zwar nicht möglich. Einige ausgewählte Spezifika der Kundenkommunikation werden jedoch erläutert und es wird auf weiter führende Literatur hingewiesen, die zum Eigenstudium ermuntern soll.

Grundsätzlich folgen Kundengespräche dem gleichen Gesprächsaufbau wie die vorgenannten Gesprächsarten (Einführungsphase, Motivationsphase, Argumentationsphase, Abschlussphase).

Im Rahmen eines Beratungsgesprächs lässt sich dieser Aufbau wie folgt konkretisieren (Semkowsky/Simmerl, 2001):

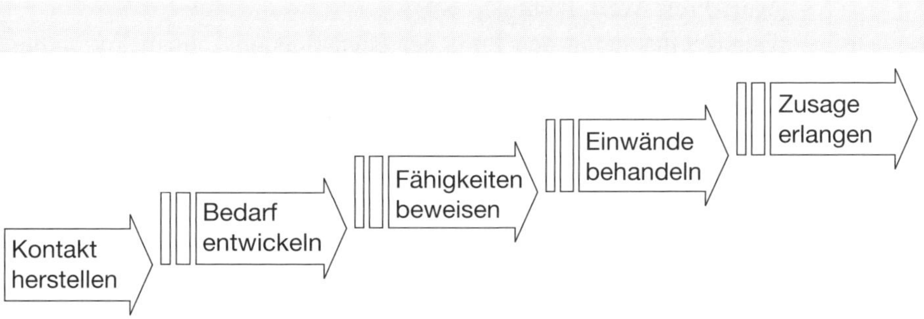

Abbildung 89

Es ist unschwer zu erkennen, dass die **Kontaktphase** der Einführungsphase entspricht. Hier wird häufig der weitere Verlauf der Beratung festgelegt. Gelingt es dem Berater, sich in die Welt des Kunden hineinzuversetzen (Empathiefähigkeit!) und dessen Sicht der Dinge zu erkennen (erfühlen), wird eine positive Gesprächsatmosphäre geschaffen, die den weiteren Gesprächsverlauf nachhaltig beeinflusst. Im Vokabular der Kommunikationstheorie heißt das: Hier wird die Beziehungsebene gestaltet.

Das **Entwickeln von Bedarf** bedeutet: den Kunden für das Produkt interessieren, seine Motivlage erkunden, und das Interesse des Kunden für eine vom Berater konzipierte Lösung (zum Beispiel für eine Vermögensanlage) durch Einsatz der richtigen Fragestellungen aufbauen. Hierbei ist der Berater gefordert, sich mit seinen verschiedenen Empfängerohren auf den Kunden einzustellen: Welche (verdeckten) Appelle – ausdrücklicher Bedarf, geäußert zum Beispiel durch den Wunsch nach einem konkreten Produkt – und welche Selbstoffenbarungen – angedeuteter Bedarf, ableitbar zum Beispiel aus der Unzufriedenheit mit der derzeitigen Vermögensschichtung – lassen sich aus den Formulierungen des Kunden identifizieren?

Die Argumentationsphase im Kundengespräch besteht aus folgenden beiden Schritten: **Fähigkeiten beweisen und Einwände behandeln.** Der Berater hat die Aufgabe, den Kunden von seiner persönlichen Kompetenz zu überzeugen und ihm zu verdeutlichen, welche Vorteile und welchen Nutzen er aus der Beratung ziehen kann. Es gilt, klare Argumentationsmuster aufzubauen (vgl. hierzu Abb. 22–24) und dem Kunden bei Einwänden zunächst zuzuhören und ihn ausreden zu lassen. Außerdem ist es wichtig, kundenangemessene Begrifflichkeiten zu wählen und ihn nicht mit Fachchinesisch zu verwirren. Im Rahmen der Einwandbehandlung unterscheiden zum Beispiel Semkowsky/Simmerl (2001) folgende Methoden und Techniken:

- Wert-Preis-Wert-Technik:
  Der Berater nennt den Preis der Dienstleistung nur in Verbindung mit einem Wert, der für den Kunden von Bedeutung ist. Dabei wird der Preis zwischen zwei Wertargumenten verpackt.
- Relativierungsmethode:
  Der Berater setzt den Preis der Dienstleistung in Relation zum Nutzen, zum Service, zur Dienstleistung usw.
- Differenzmethode:
  Der Berater spricht nicht vom absoluten Preis, sondern lediglich von der Preisdifferenz.

- Puffermethode:
  Dem Einwand des Kunden wird bedingt zugestimmt. Anschließend wird dieser Kritikpunkt nochmals aus einem anderen Blickwinkel diskutiert.

- Kompensationsmethode:
  Dem Einwand des Kunden wird in gemäßigter Form zugestimmt. Gleichzeitig wird ein klarer Vorteil herausgestellt.

- Unterscheidungsmethode:
  Der Berater greift ein wesentliches Detail des Angebots heraus, das nicht mit dem seiner Wettbewerber vergleichbar ist, und dramatisiert es.

- Kontroll- und Isolationsmethode:
  Der Kunde wird dazu veranlasst, allen Details des Angebots jeweils einzeln zuzustimmen. Erhält man seine Zustimmung nicht für alle Punkte, werden sie zurückgestellt und später erneut thematisiert. Dann wird ein Wertevergleich vorgenommen.

Die Abschlussphase – **Zusage erlangen** – hat die Aufgabe, die vorhergehenden Phasen zu konsolidieren und in einen konkreten Abschluss zu überführen. Hier ist es wichtig, den Kunden ein weiteres Mal in entsprechender (zusammenfassender) Form auf den Nutzen des Engagements hinzuweisen und ihn mit geeigneten Aussagen in das Gespräch hineinzuziehen. Mögliche Fragen sind zum Beispiel: „Welchen Punkten können Sie zustimmen?“, „Was kann ich noch weiter für Sie tun?“, „Was könnte Sie dazu veranlassen, meinem Angebot zuzustimmen?“, „Gibt es noch offene Punkte, die Sie gerne geklärt hätten?“ usw.

Wichtig in der letzten Phase des Gesprächs ist, dass der Kunde durch Körpersprache (Gestik, Mimik, Blickkontakt) und klare Botschaften auf den entsprechenden „Quadratseiten“ von der Kompetenz und Vertrauenswürdigkeit des Beraters überzeugt wird. Griffin (2000) gibt im Hinblick auf den Einsatz von Körpersprache folgende Tipps:

⇒ Verwenden Sie offene Gesten – die Hände leicht ausgebreitet, die Handflächen nach oben, wie wenn Sie etwas anbieten möchten.

⇒ Wenn Sie stehen, achten Sie darauf, dass Ihre Beine leicht gegrätscht sind und Sie fest auf dem Boden stehen.

⇒ Lächeln Sie.

⇒ Geben Sie häufig nonverbales Feedback. Nicken Sie leicht, um zu zeigen, dass Sie zuhören und aufnehmen, was Ihnen der potenzielle Kunde sagt.

Exkurs: Neuro-Linguistisches-Programmieren

Gelegentlich wird im Zusammenhang mit der (Kunden-)Gesprächsführung auch das **N**euro-**L**inguistische-**P**rogrammieren (NLP) genannt. Die Begründer, Richard Bandler und John Grinder, haben das NLP als so genanntes Master-Modelling konzipiert. Verkürzt dargestellt gingen sie wie folgt vor: Sie extrahierten aus den unterschiedlichsten therapeutischen Vorgehensweisen (zum Beispiel von Satir, Perls, Erikson) die ihrer Meinung nach wirksamsten Techniken, und nahmen diese Kombination als Grundlage für den Entwurf eines neuen Therapiekonzeptes, das Neuro-Linguistische-Programmieren. Das NLP blieb nicht auf den therapeutischen Bereich beschränkt, sondern wurde frühzeitig auch in anderen Verhaltensbereichen wie zum Beispiel in der Gesprächsführung eingesetzt. Überzeugte Anhänger des NLP vermitteln bisweilen beinahe den Eindruck der Zugehörigkeit zu einer Sekte. Der interessierte Leser sei dazu aufgefordert, sich durch das Studium entsprechender Literatur ein eigenes Urteil über die Methode des NLP zu bilden. Hier soll in kurzer Form das Modul „Rapport" des NLP dargestellt werden, da es eine erfolgreiche Verhaltensweise in Gesprächssituationen verspricht.

Rapport will dem Gesprächsteilnehmer in dessen Welt begegnen. Dazu gehört eine exakte Beobachtung des Gesprächspartners, um sich in den Dimensionen verbal und nonverbal auf ihn einstellen zu können. (Vgl. zum Beispiel Stahl, 1992)

„Verbal" wird gefordert, die eigene Stimme in Tonlage, Lautstärke und Rhythmus der Stimme des Gegenüber anzupassen. Zusätzlich soll das eigene Sprachsystem in visueller, auditiver und kinästhetischer Dimension angeglichen werden.

„Nonverbal" soll eine Angleichung der Körperhaltung (aufrecht, zurückgelehnt usw.), eine Angleichung der Bewegung (Geschwindigkeit von Gesten, Rhythmisierung) und eine Angleichung des Atems (Tiefe, Geschwindigkeit, Rhythmus) erfolgen.

Diese Spiegelung des Gesprächspartners soll zur Folge haben, dass er sich (unbewusst) wohl fühlt, seine Welt im Anderen wieder erkennt und so eine positive Atmosphäre für den Gesprächsverlauf geschaffen ist.

6.2 Zusammenfassung und Arbeitsaufgaben

Zusammenfassung

Um in konkreten Situationen „neue“ kommunikative Erkenntnisse umzusetzen, ist der Beginn „bei sich selbst“ am erfolgversprechendsten. Bei Gesprächen ist eine klare Struktur anzustreben: Gesprächsvorbereitung, Gesprächsdurchführung und Gesprächsauswertung. Innerhalb der Gesprächsdurchführung können vier Phasen unterschieden werden: Einführungsphase (Schaffung einer positiven Gesprächsatmosphäre), Motivationsphase (Bezug der Gesprächsteilnehmer zum Thema, Darlegung der Interessen und Zielstellungen), Argumentationsphase (Darstellung des eigenen Standpunktes mithilfe klarer Argumentationsmuster) und Abschlussphase (Zusammenfassung, gemeinsame Ergebnisse, notwendige Aktionen). Dieses Grundschema wird bei den konkreten Gesprächsanlässen wie Kritik-, Lob- und Kundengesprächen nur unwesentlich modifiziert. Im Rahmen der Gesprächsauswertung sollte ein kritisches Nachbereiten des Gesprächs stattfinden: „Sind die eigenen Ziele erreicht worden?“, „War das eigene Gesprächsverhalten wie geplant möglich?“, „Wo liegen gegebenenfalls Gründe für Abweichungen?“

Arbeitsaufgaben

1. Welchen Stellenwert geben Sie Ihrem eigenen Kommunikationsverhalten im Sinne von „vormachen“?
2. Erläutern Sie, welche Gesichtspunkte bei folgenden Gesprächsphasen Beachtung finden sollten:
   a) Gesprächsvorbereitung,
   b) Gesprächsdurchführung,
   c) Gesprächsauswertung.
3. Nennen Sie Wirkungen, die von Anerkennungsgesprächen ausgehen können.
4. Notieren Sie sich eigene „Schwächen“ vor dem Hintergrund Ihrer beruflichen Tätigkeit der letzten drei Monate, und skizzieren Sie ein Kritikgespräch, das Sie mit sich selbst führen würden.

Verfahren Sie ebenso für Ihre „Stärken" im Hinblick auf ein Lobgespräch.

5. Welche Phasen eines Kundengesprächs lassen sich unterscheiden, und was sollte in den verschiedenen Phasen beachtet werden?
6. Welche kommunikativen Verhaltensweisen erscheinen Ihnen bei Kundengesprächen besonders wichtig? Begründen Sie Ihre Aussage.

6.3 Teamorientiertes Handeln

Alexander P., aufstrebende Nachwuchskraft der Anlagebank, hat die Funktion des Niederlassungsleiters übertragen bekommen. Die sieben Mitarbeiter seiner Niederlassung sind zwar, jeder für sich, kompetent und umgänglich, aber von Teamarbeit sind sie nicht begeistert. Alexander steht nun vor der Aufgabe, aus den „Einzelkämpfern" ein schlagkräftiges Team zu formen. Dabei überlegt er sich, welche Qualifikationen wohl notwendig sind, um ein effizientes Team zu entwickeln.

Schlüsselbegriffe

- Teamerqualifikation
- Selbstreflexion des Teamleiters

6.3.1 Teamarbeit: Aufgabenstellungen für die Führungskraft

Die Bildung von (neuen) Gruppen bzw. Teams ist heute unter anderem integrativer Bestandteil von Reorganisationsmaßnahmen wie zum Beispiel dem Lean-Management.

Ziel ist dabei „... *die Verbesserung der Beziehungen zwischen zwei oder mehreren Personen ... zu einer Steigerung der Effektivität der Zusammenarbeit ...*". (Grote, 1995)

Terminologisch sei angemerkt, dass gelegentlich zwischen Gruppe und Team unterschieden wird. So definiert Geyer (1991, Hervorhebungen Wirtz): „Als **Gruppenleistung** bezeichnet die Kreativitätstheorie die

Summe der Einzelleistungen. Die **Leistung des Teams** ist jedoch viel größer als die Summe dieser Einzelleistungen. In Theorie und Praxis spricht man dann vom so genannten ‚Synergie-Effekt', der sich besonders im Team auswirkt, wenn alle Mitarbeiter zielorientiert an einem Strang ziehen." Unbeschadet dieser Differenzierung werden im Folgenden die Begriffe **Team und Gruppe synonym** gebraucht.

Neue Organisationsformen (Geschäftsfeldorientierung), daraus abgeleitete veränderte Führungskonzepte (Prozessorientierung) sowie der immer stärkere Einsatz von Informations- und Kommunikationstechnologien machen einen zunehmenden Einsatz von Teamarbeit unerlässlich. Erst **Teamarbeit bzw. Teamentwicklungsmaßnahmen** ermöglichen, ehemalige Spezialfunktionen, die meist von Einzelkämpfern erfüllt wurden, zu reorganisieren und zu effizienten Arbeitsformen im Rahmen eines Teams zusammenzuführen. Die Führungskraft sollte beim Aufbau eines Teams folgende Teamerqualifikationen aufweisen:

(1) **Identifikationspotenzial bereitstellen**
Im Rahmen der persönlichen und sozialen Kompetenz bedeutet dies: Belastbarkeit, Entscheidungsfähigkeit, Fähigkeit, soziale Nähe aufzubauen, Selbstwusstsein, Kritikfähigkeit, Delegationsbereitschaft, Wissen um Gruppenprozesse, Kooperationsfähigkeit.
Im Rahmen der Fachkompetenz heißt dies: Beherrschung der Fachmaterie, Sicherheit in fächerübergreifenden Diskussionen („über den Tellerrand hinausschauen").

(2) **Persönlichkeitsmerkmale der Teammitglieder zusammenführen**
Teams sind in aller Regel nicht homogen. Daraus ergibt sich, dass die Führungskraft im Gruppenprozess die jeweiligen Stärken und Schwächen der einzelnen Mitglieder nutzen bzw. ausgleichen muss. Die unterschiedlichen Erwartungen, Befürchtungen, Rollenverständnisse, Engagementbereitschaften sind zielgerichtet zu koordinieren.

(3) **Das Team als Ganzes steuern**
Je nach Leistungsfähigkeit eines Teams muss die entsprechende Aufgabenstellung vermittelt werden. Hier ist permanente Unterforderung oder Überforderung zu vermeiden. Zu bedenken ist weiterhin, wie sich die Positionierung des Teams in der Gesamtorganisation darstellt. Das Team ist durch sachliche Überzeugung und Begründung zu steuern. Die Mitarbeiter sind in die Entscheidungsfindung und Aufgabenverteilung einzubeziehen.

Die oben genannten Faktoren weisen daraufhin, dass ein Teamleiter seine eigenen Verhaltensweisen wie die seiner Teammitglieder kennen muss. Um diese Verhaltensweisen handhabbar zu machen, schlägt Rahn (1987) folgende Fragestellungen vor:

Fragestellungen eines Teamleiters

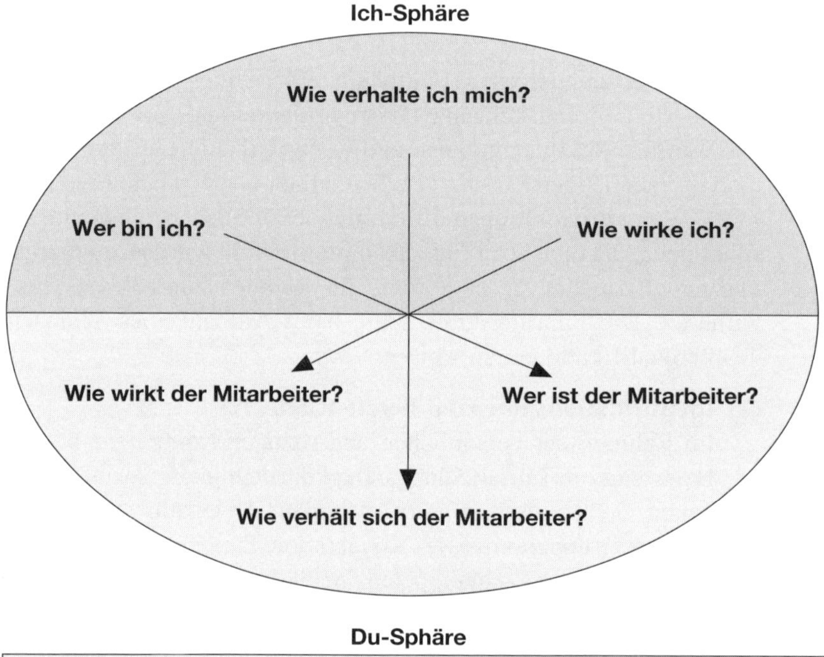

Fragestellung:	*Erkenntnisweg:*
1. Wie bin ich?	Feststellung durch *testpsychologische* Untersuchungen in Stufen (Selbstanalyse, Fremdanalyse, Testanalyse).
2. Wie verhalte ich mich?	Antworten ergeben sich aus *Videoaufnahmen* (Aufzeichnungen geben Gelegenheit zur Verhaltensanalyse).
3. Wie wirke ich?	Feststellung durch *Befragung* der Gruppenmitglieder oder Aufschlüsse im Rahmen *gruppendynamischer Seminarbesuche*.
4. Welche Rolle spielen die einzelnen Gruppenmitglieder in der Gruppe?	Erstellung und Analyse von *Soziogrammen*, um die Stellung des einzelnen Gruppenmitglieds in der Gruppe zu erfahren *(Besuch gruppendynamischer Seminare)*.

Abbildung 90 (Quelle: In Anlehnung an Rahn, 1987)

Die Auflistung zeigt, dass vom Teamleiter Qualifikationen gefordert werden, die weit über das bisher übliche Maß an so genannten Führungseigenschaften hinausgehen. Welche Faktoren für ein effizientes Team-Management in Betracht zu ziehen sind, wird in den folgenden Kapiteln umrissen.

6.3.2 Besonderheiten der Arbeit in Teams

6.3.2.1 Begriff der Gruppendynamik

Schlüsselbegriffe

- Teamentwicklungsebenen
- Teamentwicklungsphasen

Um Abläufe in Teams (Gruppenprozesse) besser verstehen und gegebenenfalls beeinflussen zu können, ist die Kenntnis einiger grundlegender Gedanken zur Gruppendynamik hilfreich. Manche der Erkenntnisse sind zwar in so genannten „freien Gruppen" (Gruppen, die sich ohne organisatorische Eingebundenheit auf der Grundlage der Freiwilligkeit gebildet haben) gewonnen worden, die wesentlichsten Aussagen lassen sich aber auch auf Teams übertragen, die sich im betrieblichen Bereich konstituieren.

Die folgenden Darlegungen gehen dabei zunächst von neu zusammengesetzten Teams aus. (Als gedanklichen Hintergrund können Sie sich vorstellen, dass Sie aufgrund einer Reorganisation in ein neues [Projekt-]Team kommen, dessen Mitglieder untereinander nicht näher bekannt sind, aber zukünftig in regelmäßigen Meetings an einer speziellen Aufgabenstellung zusammenarbeiten werden.)

Die **Entwicklung eines Teams** lässt sich auf zwei Ebenen verfolgen:

1. Bearbeitung der konkreten Aufgabenstellung
2. Entfaltung der sozialen Teamstruktur

Die Erarbeitung der **ersten Ebene** bereitet vergleichsweise geringe Schwierigkeiten. Hier findet sich etwas, woran man sich halten kann. Eine bestimmte Problemstellung, klare Fakten und Zahlen, eine definierte Zielgröße und Ähnliches. Sie lässt sich als das Heimspiel der intellektuellen Herangehensweise bezeichnen.

Wird von einem Team jedoch mehr als routinemäßiges „Abhaken" von Aufgaben verlangt, tritt die **zweite Ebene** in den Vordergrund und wird zum eigentlichen Betätigungsfeld für die Teamsteuerung: **Innovatives Denken, Entwicklung von Problemlösungen, kreatives Entwerfen neuer Perspektiven** in den unterschiedlichsten Bereichen erfordert mehr als pure Ratio.

„Die Kreativitäts- und Verhaltensforschung gibt auf der Basis neuer Erkenntnisse aus der Gehirnforschung Hinweise dafür, dass über kreatives Verhalten von Team und Management hohe Kreativitätsreserven und Innovationspotenziale zu erwarten sind. Das bedeutet für die Zukunft, dass für kooperatives Teamverhalten die **‚Emotio' bzw. die ‚Phantasie' im Training höher einzuordnen ist als die ‚Ratio' bzw. ‚Logik'** im Sinne von System, Methode und Organisation." (Geyer, 1991; Hervorhebungen Wirtz)

Im Folgenden wird deshalb schwerpunktmäßig die Teamentwicklung auf der zweiten Ebene (idealtypisch) dargestellt, wobei auf Verbindungen zur ersten Ebene an entsprechenden Stellen hingewiesen wird.

Im übertragenen Sinne lassen sich die **Entwicklungsphasen** eines Teams mit der Entwicklung eines Menschen vom Kleinkind bis zum Erwachsenen vergleichen. Vopel (1984) unterscheidet vier Phasen der Gruppenentwicklung:

1. Phase: Suche nach Anhaltspunkten

Jeder Teilnehmer hat bei seinem Eintritt in die Gruppe **unterschiedliche Erwartungen und Vorstellungen** darüber, was ablaufen soll. Seine Sichtweise ist unter anderem geprägt von früheren Erfahrungen, Vorurteilen, Enttäuschungen und Erfolgen in anderen Gruppen (Familie, Schule, Unternehmen). Es laufen eine Fülle von inneren Dialogen im Einzelnen ab. Beispielsweise:

- Wer bin ich innerhalb dieser Gruppe?
- Wer sind die anderen?
- Kann ich hier frei agieren, ohne dass meine Persönlichkeit Schaden nimmt?
- Welchen Eindruck haben die anderen von mir?
- Welche Spielregeln gelten hier?
- Was erwartet der Teamleiter und was erwarten die anderen von mir?

Die dabei anfänglich beobachtbaren Verhaltensweisen sind meist von der Spannung getragen, dass man äußerlich sicher wirken möchte, sich aber innerlich nicht so sicher fühlt. Manche Teilnehmer suchen nach Haltepunkten (Teamleiter, sicher auftretende Kollegen).

Die Werte und Normen, die in dieser Phase als verbindlich angesehen werden, können vom Gruppenleiter entscheidend mitgeprägt werden. Sein Auftreten (verbal wie nonverbal) kann den Teilnehmern Orientierung und Sicherheit geben. Macht er deutlich, dass er jeden in seinem „So-Sein" zunächst einmal akzeptiert, kann dadurch diese Phase abgekürzt und produktiv genutzt werden. Die hier gegebene Unterstützung und Anleitung kann unter Umständen für die gesamte Zeit der Zusammenarbeit fruchtbar bleiben. Eine falsche Entscheidung des Gruppenleiters in diesem Stadium kann bewirken, dass die Gruppe in ihrer infantilen Form mehr oder weniger verharrt (Brocher, 1982).

Dies ist auch die Stufe, auf der die Gruppe mit der Zielsetzung der Arbeit konfrontiert wird und erste Methoden zur Sprache kommen, mit denen die Aufgabe bewältigt werden könnte.

2. Phase: Konflikte in der Gruppe

Nachdem während der ersten Phase die Normen und Werte in der Gruppe geklärt wurden und vorläufige Einschätzungen der Gruppenmitglieder untereinander stattgefunden haben, stellt sich die Frage der Einflussnahme. Verdeckte oder offene Aggressionen, auch dem Gruppenleiter gegenüber, können stattfinden. Seine Art zu leiten, Themen zu strukturieren und Entscheidungen herbeizuführen, werden kritisch betrachtet. Kontroverse Sichtweisen bestimmter Inhalte werden in dieser Phase meist nicht sachbezogen, sondern personenorientiert behandelt. Allianzen werden gesucht und Subgruppen (informeller Art) lassen sich feststellen. Dabei wird von Teilnehmern Ausschau nach Verbündeten gehalten, die bereit sind, die eigenen Ansichten zu unterstützen. Die Suche nach Mehrheiten wird zum Testfall für eigene Einflussmöglichkeiten und das eigene Ansehen in der Gruppe.

Bezogen auf die **soziale Struktur** kommt es zu einem **gruppeninternen Konflikt**. Auseinandersetzungen um Einflusssphären und individuelle Gestaltungsräume innerhalb der Gruppe sind hier anzutreffen. Die gestellten Aufgaben werden noch weit gehend als Vehikel zur Darstellung (und Befriedigung) persönlicher Bedürfnisse benutzt. Dem Geschick des Leiters bleibt es überlassen, wie lange diese Phase dauert. Keinesfalls sollte er durch rigide Eingriffe diese möglichen Konflikte gänzlich unterbinden. Ein aufmerksames Verfolgen der Interaktionsstrategien von einzelnen Teilnehmern kann vielmehr wichtige Hinweise auf deren Potenzial und Engagement geben.

3. Phase: Das Wir-Gefühl

Nach der stürmischen zweiten Phase stellt sich jetzt ein auf **Kooperation und Kompromiss** ausgerichtetes Verhalten der Gruppenmitglieder ein. Die Teilnehmer erleben die Gruppe als sinnvolle Einrichtung, die auch eigene Bedürfnisse befriedigen kann. Hierarchie- und Statuskämpfe sind weit gehend abgeschlossen. Jeder Teilnehmer wird in seiner Persönlichkeit weit gehend akzeptiert. Der Spielraum des Einzelnen ist größer geworden. Es bilden sich akzeptierte Spielregeln und Methoden für die gemeinsame Arbeit heraus.

Die Gruppe weist in dieser Phase eine hohe Kohäsion auf. Die Bereitschaft zur Zusammenarbeit ist weit vorangeschritten. Aufgabenbezogen werden Informationen verarbeitet, Ideen und Problemlösungsansätze diskutiert und vorangetrieben. Der Leiter hat jetzt die Möglichkeit, Inputs zu geben, Ziele zu vereinbaren und produktives Verhalten (mit) zu initiieren.

4. Phase: Arbeitsorientierung

Dem Gruppenleiter obliegt es, den Übergang von der dritten zur vierten Phase zu gestalten. Es besteht nämlich unter Umständen die Gefahr, dass die in der vorherigen Phase erlebten Harmoniegefühle innerhalb der Gruppe zur Erstarrung und Ineffizienz führen. Hat der Leiter ein ausgeprägtes Gefühl für die Gruppe und seine Rolle in ihr, können jetzt klare Arbeitsaufträge angegangen, Arbeitsteilungen vorgenommen und Einzelaktivitäten sinnvoll koordiniert werden. **Ziel- und Ergebnisorientierung** dominieren in dieser letzten Phase.

Zum Abschluss sei nochmals betont, dass die oben beschriebenen Phasen Grundmuster widerspiegeln. Je nach Teamerfahrung der Teilnehmer werden verschiedene Phasen kürzer oder länger ausfallen bzw. auch ganz ausgelassen.

Zusammenfassend lassen sich die beschriebenen Entwicklungsstufen eines Teams wie folgt darstellen:

Entwicklungsphasen eines Teams

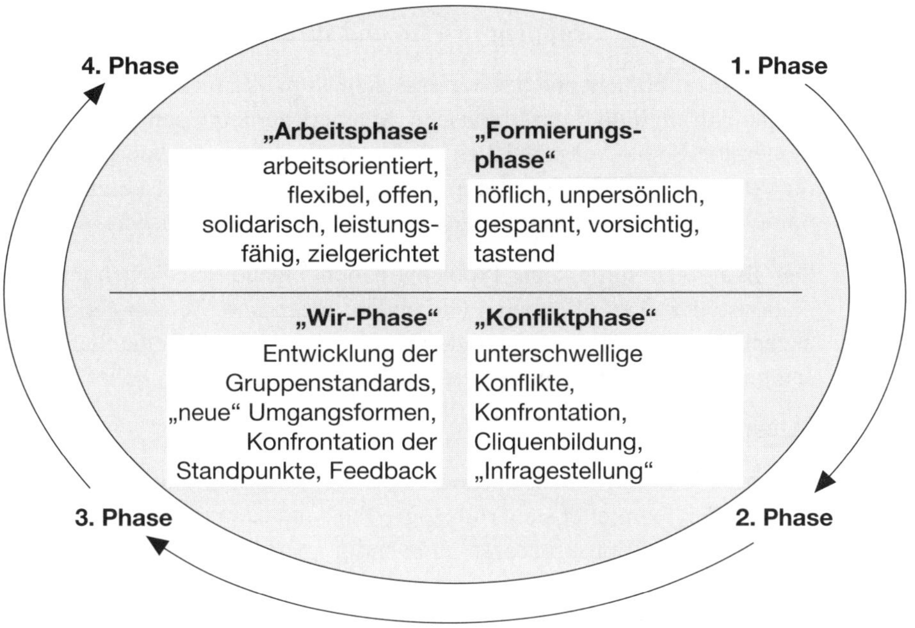

Abbildung 91 (Quelle: In Anlehnung an v. Haug, 1994)

6.3.2.2 Kompetenzen zur Teamsteuerung

Schlüsselbegriffe

- Selbstkompetenz
- Interaktionskompetenz
- Rollenkompetenz
- Konfliktkompetenz
- Sozialkompetenz

Im Laufe der verschiedenen Entwicklungsphasen zu einem leistungsfähigen Team ist die Rolle des Teamleiters dabei eine wesentliche Komponente. Je nach ihrer Ausgestaltung kann sie einzelne Phasen abkürzen oder unnötig verlängern. Im negativsten Fall findet das Team nicht zu einer funktionierenden Zusammenarbeit. Unerlässlich scheint deshalb als wesentliche **Kompetenz des Teamleiters**:

Kenntnisse über Gruppenprozesse und ihre Erscheinungsformen

„Jedes Team braucht einen schöpferischen Kopf. Damit ist jedoch nicht der Firmenpatriarch oder der klassische ‚Macher' gemeint, sondern der Teammoderator. Seine Aufgabe ist es, die Einzelaktivitäten zu koordinieren und die Aufgaben entsprechend den unterschiedlichen Arbeitsneigungen und Fähigkeiten der Teammitglieder zu verteilen." (Zerban, 1991)

Der Teamleiter sollte keine Probleme haben, eigene Schwächen und Informationsdefizite zu offenbaren und andere Ideen und Wertvorstellungen zu akzeptieren. Er sollte auf der anderen Seite aber auch um seine Stärken wissen und diese zielgerichtet einsetzen. Er braucht somit ein hohes Maß an:

Selbstkompetenz

In Teams läuft der überwiegende Teil des Informationsaustausches verbal ab. Will der Teamleiter steuernd eingreifen, sind Kenntnisse über die Struktur von Interaktionsprozessen notwendig. Nur wenn analysiert werden kann, welche Botschaften durch bestimmte Äußerungen transportiert werden und auf welchen Ich-Ebenen kommuniziert wird, kann eine sinnvolle Intervention erfolgen. Hierzu zählt auch die Fähigkeit, verschiedene Typen (Gruppenstars, Drückeberger, Lebhafte, Ruhige usw.) in einem Team zu identifizieren und sie nach Möglichkeit in den Teamprozess zu integrieren. Dabei ist die grundsätzliche Einsicht in die Tatsache notwendig, dass Mitglieder eines Teams am besten in einer Atmosphäre arbeiten, die genügend Spielraum gibt für: Kontakt, Transparenz, Akzeptanz und Handlungsorientierung (Höller, 1991). Die **Verwirklichung dieses Handlungsspielraums** bedarf des Zugriffs **auf drei unterschiedlichen Ebenen** (in Anlehnung an Wimmer, 1990; zitiert nach Höller, 1991):

(1) **Persönlichkeitsebene der Teilnehmer**
- Bemühen um Aufnahme der Wirklichkeitskonstruktionen der Teammitglieder
- Offenheit für Handlungsentwürfe der Teammitglieder zur Aufgabenbewältigung
- Beförderung eines realistischen Selbstbildes
- Zusammenführung von Denken, Wollen und Fühlen
- Akzeptanz der Person

(2) **Verhaltens- und Beziehungsebene**
- Bereitschaft und Fähigkeit zur Rollenübernahme

- Berücksichtigung der Metaebene des Verhaltens
- Wertschätzung ausdrücken
- Vermeidung von Killerphrasen im Diskussionsverlauf
- Bemühen, keine verdeckten Botschaften zu senden

(3) **Strukturelle Ebene**
- Gemeinsames Erarbeiten von Methoden, Regeln und Verfahrensweisen; Bereitschaft zur Veränderung
- Eindeutige Zieldefinitonen (operational)
- Verdeutlichung der Eingebundenheit des Teams im übergeordneten Gesamtablauf

Die obigen Fähigkeiten lassen sich zusammenfassen in dem Begriff:

Interaktionskompetenz

Ein weiterer Baustein zur (Team- bzw. Gruppen-)Steuerung besteht in der Kenntnis der unterschiedlichen **Rollen**, die Teilnehmer in einem Team einnehmen können. Vereinfacht lassen sich dabei folgende Rollenmodelle unterscheiden:

Rollenmodelle zur Gruppensteuerung

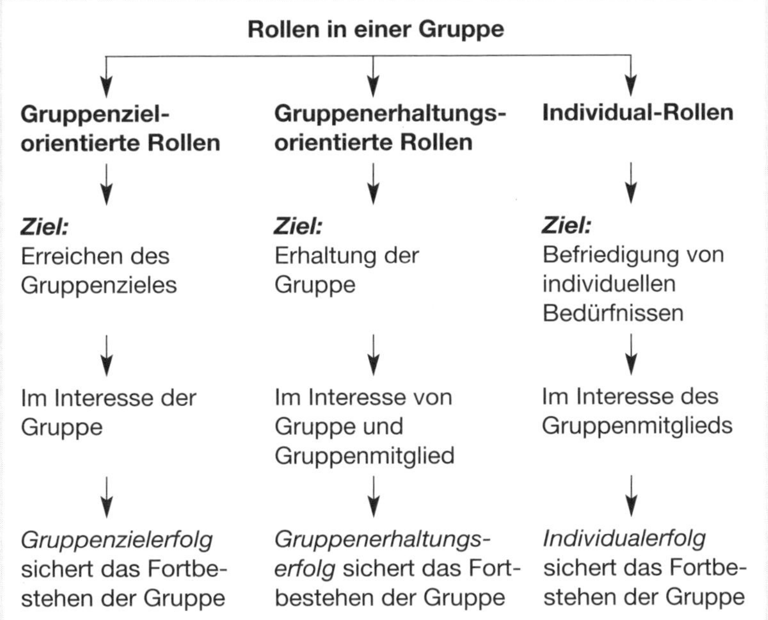

Abbildung 92 (Quelle: Rahn, 1987)

Das Wissen um die Rollenwahrnehmung der verschiedenen Teammitglieder ist für den Erfolg des Teams wesentlich. Der Teamleiter sollte sich deshalb frühzeitig darüber Gedanken machen, um gegebenenfalls steuernd eingreifen zu können.

„Werden beispielsweise **nur gruppenzielorientierte** Rollen gespielt, dann verstärkt sich die Gefahr der Frustration für die ‚individuelle Seite‘ der Gruppenmitglieder, weil ihre persönlichen Interessen nicht berücksichtigt werden.“ (Rahn, 1987) Mangel an Motivation, die Teamaufgabe zu bewältigen, kann die Folge sein.

Werden hingegen hauptsächlich **gruppenerhaltungsorientierte und individuelle Rollen** übernommen, so gerät die Zielerreichung in Gefahr. Auch hier hat der Teamleiter rechtzeitig die erkannte Problematik zu thematisieren und die von ihm gesehene Entwicklung zu verdeutlichen. Denn: „Ob eine Gruppe gut oder schlecht beurteilt wird, hängt davon ab, ob und wie die obigen drei Rollen in der Gruppe übernommen wurden.“ (Rahn, 1987)

Diese Fähigkeit lässt sich bezeichnen als:

Rollenkompetenz

Um auftretende Spannungen im Team bewältigen zu können, braucht ein Teamleiter weiterhin:

Konfliktstabilität

Hierunter versteht man die Fähigkeit, auftretende Konflikte zunächst einmal aushalten zu können und sie nicht vorschnell mit Rückgriffen auf Hierarchie und Status beenden zu wollen. Aufgrund der gruppendynamischen Erkenntnisse ist mittlerweile gesichert, dass Konflikte integraler Bestandteil eines Teams sind. „Die Freiheit in unserer Zusammenarbeit liegt nicht darin, ob wir Konflikte wollen oder nicht, sondern darin, wie wir sie bewältigen ... Wer als Gewinner eines Konfliktes einen Verlierer zurücklässt, ist früher oder später selber Verlierer.“ (Gordon, 1989)

Wenn folgende Gesichtspunkte berücksichtigt werden, ist die **konstruktive Bewältigung von Konflikten** möglich (Schulz von Thun, 1990; zitiert nach Höller, 1991):

1. Die Anerkennung der Tatsache, dass Konflikte unvermeidlich sind und oft eine positive Aufgabe zu erfüllen haben;
2. die Einsicht, dass Konflikte leichter zu lösen sind, wenn wenigstens einer der Beteiligten bereit ist, einen Schritt zurückzugehen;

3. die Erkenntnis, dass die Widerstände unserer Konfliktpartner dann geringer werden, wenn wir deutlich zu erkennen geben, dass wir ihre Standpunkte und deren Hintergründe verstehen wollen;
4. schließlich die Einsicht, dass viele Konflikte nicht durch unüberbrückbare Interessengegensätze entstehen, sondern deshalb, weil wir in der westlichen Zivilisation gelernt haben, dass es eine Wahrheit gibt, einen Sieger, einen Schuldigen usw., und daher schon in unserem Kommunikationsstil unseren Opponenten herabsetzen und angreifen.

Um **Teamziele** stringent und ohne sachliche Umwege angehen zu können, hat der Teamleiter (zumindest am Anfang) für den entsprechenden Sachinput zu sorgen. Dies schließt ein, dass er sich auch persönlich für die anstehenden Sachinhalte qualifizieren muss. Seine Kenntnisse über Informationsbeschaffungsstrategien, entsprechende Datenmaterialien usw. hilft dem Team, die notwendige Klarheit der Aufgabenstellung zu erarbeiten. Er braucht:

Sachkompetenz

Sachkompetenz heißt nicht, über alle möglichen Verzweigungen einer Thematik orientiert zu sein. Jedoch sollte sie soweit ausgebildet sein, dass erkannt werden kann, ob bestimmte Größen zur Aufgabenbewältigung notwendig sind oder nicht. Dies wird sich im Laufe des Gruppenprozesses, der Teamarbeit, relativieren. Wäre dies nicht der Fall, brauchte kein Team etabliert zu werden. Jedoch sind zu Beginn **klare, sachliche Vorstellungen** als Orientierungshilfe für die Teilnehmer unerlässlich. (Insofern widerspricht diese Position der Haltung mancher Moderationsschulen, die eine Sachfremdheit des Teammoderators geradezu verlangen.)

Team-Management ist nicht zuletzt eine Frage des sozialen Verhaltens, wie die obigen Punkte schon implizit erkennen lassen. Der überragenden Bedeutung wegen soll an dieser Stelle noch einmal explizit eingegangen werden auf die notwendige:

Sozialkompetenz

Die wesentlichsten Größen einer teamorientierten Sozialkompetenz macht eine Definition von Lay (1990) deutlich:

„Eine Person ist genau dann teamfähig, wenn sie nicht gegen Menschen, sondern zusammen mit ihnen gegen ein Problem kämpft. Eine Gruppe ist genau dann teamfähig, wenn sie gemeinsam eine optimale Problemlösung anstrebt und kein Mitglied gegen ein anderes kämpft. **Es kommt darauf an, zu gewinnen – nicht zu siegen.**"

Eine so verstandene soziale Teamleitung verbietet also, sich selbst in den Mittelpunkt der Arbeit zu rücken. Gerade der Teamleiter sollte sich immer wieder bemühen, seine Person zugunsten der Sache zurückzunehmen. Das heißt nicht, dass ein Team zu einem Harmoniechor denaturieren soll. Im Gegenteil: Produktive Teams brauchen Querdenker und Unbequeme.

Wichtig ist dabei aber, dass die Teilnehmer sich **alterozentriert** verhalten. (Alterozentrik ist der komplementäre Begriff zu Egozentrik, der Ich-Orientierung.) Beiträge in einer Teamdiskussion sind egozentrisch, wenn sie (vielleicht unbewusst) der eigenen Selbstdarstellung dienen. Kennzeichnend hierfür sind zum Beispiel häufige Wiederholungen, pathetische Ausschmückungen aufgrund spontaner Einfälle. „Vor allem Menschen in Alphapositionen (Führungspositionen, H.W.) machen von der Möglichkeit Gebrauch, lange ungestraft (wenn auch unter Sympathieverlust) zu schwätzen. Solches Sprechen endet meist asozial, selbst wenn es zu Beginn eine ernsthafte Mitteilungsfunktion gehabt haben sollte.“ (Lay, 1990)

Bedeutsam für den Teamleiter erscheint deshalb, neben seiner Vorbildfunktion im eigenen Verhalten, die Teilnehmer immer wieder auf die **gemeinsame Zielerreichung** zu zentrieren, Handlungsräume zu öffnen, die gemeinsame Erkenntnisgewinnung zu ermöglichen sowie auftretende Lern- und Verhaltensfragen klären zu können. Darüber hinaus gilt es, einen Rahmen für die Teamarbeit zu schaffen, der individuelle Besonderheiten respektiert, aber auch die Eingebundenheit des Teams im Gesamtgefüge der entsprechenden Firmenkultur berücksichtigt.

6.3.2.3 Grundlagen für kreative und effiziente Teams

Schlüsselbegriffe

- Basisfragen
- „Heiße Visionen“

Ein Spitzenteam zu führen, eine schlagkräftige Mannschaft zu haben ist wohl der Wunsch vieler Führungskräfte. Die in den vorangegangenen Kapiteln formulierten Gedanken haben hierfür Richtungen aufgezeigt. Um die Größen Kreativität und Effizienz noch gezielter entwickeln zu können, werden noch einige zusätzliche Komponenten betrachtet.

Ausgehen lässt sich dabei von den so genannten **Basisfragen** für jedes effektive Team (Höller, 1991):

- Was ist unsere Aufgabe?
- Wie sollen wir uns organisieren?
- Wer hat die Verantwortung?
- Wie gehen wir miteinander um?
- Wie lösen wir Probleme?
- Wie passen wir zu den anderen (Teams)?

Teams, die über die Normalleistung hinaus wollen, brauchen einen Energielevel, der sich spürbar auf alle Teammitglieder auswirkt. „Die Engerie ist spürbar als eine gelöste, heitere Atmosphäre, als Gelassenheit und Freiheit von Angst. Und zugleich ist da eine positive Spannung, ein starker Sog, der von den gemeinsamen großen Zielen ausgeht." (Bonsen/Jung, 1991)

Die Teilnehmer fühlen sich dem Team zugehörig, sie nehmen eben nicht nur teil. Sie sind getragen von Teamgeist und einem Gefühl der Zusammengehörigkeit. Sie stehen gewissermaßen unter Strom und können es kaum abwarten loszulegen. Eine solche Atmosphäre fördert gegenseitige Hilfe, Offenheit, Achtung und Respekt, der nicht auf Hierarchiestufen gründet.

Die Entwicklung des umrissenen Energielevels ist natürlich nicht die primäre Zielsetzung der Teamentwicklung. Aber ein derartiger echter **Teamgeist** stellt eine optimierte Basis zu Verfügung, um die anstehenden Aufgaben und Probleme kreativ und effizient bearbeiten zu können.

Wie erzeugt man nun einen solchen Energielevel? Er entsteht vor „...allem durch eine **gemeinsame Vision**. Oder genauer: (Er) ensteht durch die Spannung zwischen der erwünschten Vision und der erlebten Wirklichkeit". (Bonsen/Jung 1991; Hervorhebungen Wirtz) Die Entwicklung dieser gemeinsamen Vision stellt den wesentlichsten Baustein einer kreativen und effizienten Teamarbeit dar. Dabei ist mit einer Vision keine herkömmliche Zielvereinbarung gemeint. Auch entsprechende Formulierungen auf Hochglanzbroschüren fallen nicht hierunter. Die aus dem Team geborene Vision muss vielmehr emotional in den Teammitgliedern leben. Sie muss ihnen bildhaft vor Augen stehen. Aufgesetzte Ziele können dies in aller Regel nicht leisten (Bonsen und Jung sprechen in diesem Zusammenhang von „kalten" und „heißen" Visionen).

„‚Heiße' Visionen reflektieren ...die tiefsten Hoffnungen und höchsten Ideale ihrer Träger. Sie enthalten also nicht nur Profanes, sondern auch Erhabenes. Sie kommen tief aus dem Inneren und sind eine Kristallisation des Lebenszwecks der Beteiligten. Die Vision ist nicht der Sinn selbst, der wohl letztlich unnennbar ist und über jede Vision noch hinausgeht, doch in ihr spiegelt sich dieser Sinn." (Bonsen/Jung, 1991)

Auch wenn Bonsen und Jung hier etwas sehr abgehoben formulieren, so wird doch deutlich, welche Größen anzustreben sind: Das Hauptaugenmerk im Team muss demnach (zunächst) auf die **gemeinsam zu erreichende Zielsetzung** gelenkt werden. Die dadurch entstehende produktive Unzufriedenheit mit dem derzeitigen Status quo sollte sich allen Mitgliedern fühlbar vermitteln. Hierdurch wird eine emotionale Beteiligung der Teammitglieder möglich, die Potenziale freisetzt, die gemeinhin mit kreativem Agieren beschrieben werden. Die Festlegung **gemeinsamer Methoden und Strategien** ist dabei ein integraler Bestandteil der Teamentwicklung.

Nach Francis/Young (1989) lassen sich, neben der eben dargestellten wichtigen Funktion der Ziel- oder Visionsdefinition, **vier Kriterien** angeben (in Anlehnung an Höller, 1991), die **für ein effektives Team** kennzeichnend sind:

- **Leistung**
  Ein erfolgreiches Team erzielt Leistungen, die weit über mögliche Einzelleistungen der Teammitglieder hinausgehen. Die Verbindung der Stärken aller Teilnehmer stellt eine neue Ebene dar, die als Teamleistung charakterisiert werden kann.

- **Dynamik**
  Die Teammitglieder spüren, dass in ihrem Team etwas geschieht, das nur in ihrem Team passiert. Dieses Gefühl hilft, Motivationstiefs Einzelner aufzufangen und Freude und Energie aus dem gemeinsamen Tun zu ziehen. Diese Gemeinsamkeit führt zu dem bekannten Synergieeffekt in allen Bereichen der Teamarbeit.

- **Struktur**
  Erfolgreiche Teams kennen ihre inneren Verhältnisse. Führungsansprüche, Rollenerwartungen und -verteilungen, Kontrolle und Methodik sind geregelt. Die Arbeitsverteilung richtet sich zielorientiert nach den individuellen Stärken der Teammitglieder. Respekt, Rücksichtnahme, aggressionsfreier Umgang miteinander und fehlendes Konkurrenzdenken sind zur Selbstverständlichkeit geworden. Freie Äußerung, auch von un-

orthodoxen Ansichten, ist ohne Risiko für die eigene Persönlichkeit möglich. Hierarchiedenken ist somit weitgehend ausgeschaltet.

- **Klima**
  Jedes erfolgreiche Team hat sein eigenes Binnenklima. Dies ermöglicht freie Meinungsäußerung und dokumentiert sich in gegenseitigem Vertrauen und der Bereitschaft, Verantwortung für die gemeinsame Leistung zu übernehmen. Erfolge wie Misserfolge schlagen auf die Stimmung des gesamten Teams durch und werden nicht an Verursacher weitergereicht. Prosaisch lässt sich sagen, das gemeinsam erzeugte Klima ist von dem Motto: „Alle für einen – einer für alle“ gekennzeichnet.

Abschließend sei noch darauf hingewiesen, dass natürlich nicht jedes Team zu einem Spitzenteam entwickelt werden kann, insbesondere dann nicht, wenn die Zusammensetzung Gesichtspunkten folgt oder folgen muss, die einer solchen Entwicklung hinderlich ist. Auch eine steile Hierarchie, kaum oder nicht gelebte Führungskultur, Ansätze von Selbstherrlichkeit in den oberen Leitungsetagen, behindern im Regelfall effiziente und kreative Teamarbeit.

„Gerade dann, wenn im Team die Phase der Konzept-Euphorie in die Phase der Umsetzungsfrustration wechselt, ist die Kultur des Hauses gefragt und muss sich bewahrheiten. Tödlich deshalb:

- Einsame Entschlüsse der Führung treten an die Stelle geduldiger Konsensprozesse.
- Die Leitung macht Tempodruck; um Entscheidungen zu beschleunigen, senkt sie das Anspruchsniveau.
- Die Einbeziehung von Betroffenen des Umfeldes erscheint nur als Luxus und Aufwand.“ (Höller, 1991)

6.4 Zusammenfassung und Arbeitsaufgaben

Zusammenfassung

Die Arbeit in Teams genießt heute in Unternehmen einen hohen Stellenwert. Eine veränderte Geschäftsprozessorganisation und neue Führungskonzepte sehen Teamarbeit als integralen Bestandteil einer erfolgreichen Unternehmensführung. Insbesondere an die Teamsteuerung sind deshalb hohe Anforderungen zu stellen. Ein Teamer sollte dabei im Idealfall folgende Qualifikationsmerkmale aufweisen:

Kenntnisse über Gruppenentfaltungsprozesse und ihre Erscheinungsformen,

Selbstkompetenz (Wissen um eigene Schwächen und Stärken),

Interaktionskompetenz (sowohl auf der Ebene der Teilnehmer sowie auf der Verhaltens- und Beziehungsebene als auch auf der strukturellen Ebene),

Rollenkompetenz (Wissen um Rollenübernahme durch verschiedene Teammitglieder und deren sinnvolle Vernetzung),

Konfliktstabilität (Wissen um Konfliktnotwendigkeit, Konfliktformen und ihre Bewältigungsmöglichkeiten),

Sachkompetenz (Überblickwissen hinsichtlich der Aufgabenstellung, fachübergreifendes Wissen, Wissensmanagement).

Arbeitsaufgaben

1. Erläutern Sie die unterschiedlichen Aufgabenstellungen für den Teamleiter bei der Entwicklung eines Teams.
2. Beschreiben Sie, auf welchen Ebenen sich die Entwicklung eines Teams darstellen lässt.
3. Erläutern Sie, welche Qualifikationen ein erfolgreicher Teamleiter aufweisen sollte.
4. Nennen Sie Basisfragen für ein Team, das effektiv arbeiten will.
5. Diskutieren Sie Kriterien, die für ein effektives Team kennzeichnend sind.

6.5 Moderation

6.5.1 Begriffsabgrenzungen

Schlüsselbegriffe

- Elemente der Moderationsmethode
- Einsatzfelder

Unter dem Stichwort Moderation steht im Fremdwörterbuch (veraltet) Mäßigung. Moderation soll also mäßigen?! **Moderation will in der Tat mäßigend auf Teams einwirken**; nicht in dem Sinne, dass Aktivitäten unterdrückt oder unmöglich gemacht werden. Im Gegenteil, sie sollen ja gerade durch die Moderation gefördert werden. Sie will und muss aber einen Rahmen setzen, der einen Maßstab für eine zielgerichtete und effiziente Arbeit abgibt.

Moderation (wie sie hier verstanden wird) stellt eine Methode dar, mit deren Hilfe einem Team (einer Gruppe) zielorientierte Gesprächsführung ermöglicht werden soll und die die vorhandenen Fach-, Energie- und Kreativitätspotenziale aktivieren und nutzen will.

Ziel ist dabei, Themen und/oder Problemstellungen aufzuarbeiten, um am Ende einen klaren Maßnahmenkatalog zu haben, dem sich alle Beteiligten verpflichtet fühlen.

Den Hintergrund gibt dabei die schon im vorhergehenden Kapitel angesprochene Einsicht ab, dass ein Team oder eine Projektgruppe mehr zur Lösung anstehender Aufgaben oder Probleme beitragen kann als einzelne Personen oder der Projektleiter allein. Nebenbei wird durch die **Einbindung der Teilnehmer in den Lösungsprozess** eine stärkere Identifikation mit der Aufgabe erreicht. Ebenso sind die anschließenden Aktivitäten von wesentlich ausgeprägterer Einsicht in ihre Notwendigkeit getragen. Nicht zuletzt entspricht dies der Forderung nach **kooperativer Führungs- und Arbeitsform**. Richtig verstanden und angewendet erbringt die Moderation praxisnahe und realistische Ergebnisse.

Zur **Moderationsmethode** gehören folgende Elemente:

- Eine ziel- und lösungsorientierte Einstellung des Moderators, die mit einer offenen Haltung gegenüber Äußerungen aus dem Team verbunden sein muss.
- Ein eindeutiges Vorgehen.
- Anwendung bestimmter Materialien und Medien.

Die oben umrissene Zielstellung einer Moderation legt folgende **Einsatzfelder** nahe:

- Durchführung von Konferenzen
- Durchführung von Tagungen
- Arbeit in Projektgruppen (zum Beispiel Quality Circle)
- (Allgemein:) Arbeit in Teams, die kreativ, ergebnisorientiert und zügig Ergebnisse erreichen wollen.

Die **Methode der Moderation** bietet sich an, wenn Mitarbeiter/Kollegen in einem Team kreativ ergebnisorientiert und zügig Ergebnisse erzielen wollen. Darüber hinaus für Teams, die:

- Ideen oder Erfahrungen austauschen,
- Problemlösungen erarbeiten,
- Lösungsansätze suchen,
- Ziele formulieren,
- Maßnahmen festlegen und
- Zuständigkeiten bzw. Verantwortlichkeiten verteilen wollen.

6.5.2 Rolle des Moderators

Schlüsselbegriffe

- Moderatorenrolle
- Moderationsorganisation
- Moderationsmethodik

Der Moderator leitet eine Veranstaltung. Er hilft den Beteiligten aufgrund seiner Methoden- und Fachkompetenz, Themen abzuarbeiten und Handlungsschritte einzuleiten. Insofern unterscheidet sich das hier vertretende Moderationskonzept von Schulen, die eine möglichst große Themenferne vom Moderator verlangen. Der Moderator hat, bildlich gesprochen, eine Art Geburtshelferfunktion. Er muss im Rahmen seiner Moderatorentätigkeit unter anderem dafür Sorge tragen, dass Gewohntes infrage gestellt wird und Routineabläufe auf ihre Selbstverständlichkeit hin kritisch betrachtet werden. Vor allem muss er tatkräftige Unterstützung für die Entstehung von Neuem leisten. Die dafür erforderlichen **Schritte und Qualifikationen** lassen sich wie folgt zusammenfassen:

- Gründliche Vorbereitung der Sitzung:
  - Eigene fachliche Vorbereitung,
  - rechtzeitige Einladung und gegebenenfalls Versendung von Informationsmaterial zur Vorbereitung der Teilnehmer,
  - Bereitstellung entsprechender Räumlichkeiten und Medien,
  - Benennung eines Protokollführers.

- Entwurf von Zielen und Verfahrensweisen (Spielregeln) für die Sitzung: Ist die Führungskraft Moderator, sollte sie beachten, dass die eigenen Vorstellungen, Ideen und Lösungsvorschläge nicht vorschnell in die Sitzung eingebracht werden. Dies würde den Sinn der Moderation in ihr Gegenteil verkehren. Um dies zu verhindern, wird manchmal auf die Hilfe von externen (in das zu behandelnde Thema nicht involvierte) Moderatoren zurückgegriffen. Diese können zum Beispiel aus einer anderen Abteilung oder unternehmensfremd sein. Je brisanter die Themenstellung ist, um so wichtiger scheint es, auch diese Möglichkeit in Erwägung zu ziehen.

- Schaffung einer Atmosphäre, die eine offene und freie Äußerung von Vorstellungen, Kritik, Bedenken und Erfahrungen der Teilnehmer ermöglicht.

- Einhaltung der Spielregeln überwachen:
  - Ausreden lassen, nicht gleichzeitig sprechen usw.,
  - bei Dauerrednern eingreifen,
  - Ideen fixieren,
  - Probleme auf den Punkt bringen,
  - Abschweifungen vom Thema verhindern.

- Souveräne Handhabung der Medien

- Herbeiführen von Entscheidungen und Klärung von Verantwortlichkeiten

6.5.3 Vorbereitung einer Moderation

Der Vorbereitungsumfang einer Moderation hängt im Wesentlichen von folgenden Faktoren ab:

- Wie viele Teilnehmer gibt es? Sind sie dem Moderator bekannt?
- Welches Thema?
- Welche Räumlichkeiten stehen zur Verfügung?
- Welche Intensität soll die Moderation haben?
- Sind die Teilnehmer moderationserfahren?
- Welche Akzeptanz wird der Moderator vermutlich haben?

(1) Organisatorisches

Stellen Sie sicher, dass die Teilnehmer rechtzeitig über den Termin und die Thematik bzw. die Zielsetzung der Moderationsveranstaltung unterrichtet sind. Je eher dies geschieht, um so größer ist die Chance, vorbereitete, eingestimmte Teilnehmer zu erleben.

Wenn einem Teil die Methode der Moderation nicht bekannt ist, sollten Sie spätestens zu Beginn der Moderation auf die Verfahrensweisen und die Spezifika einer Moderation hinweisen. Besser geschieht dies bereits in der Einladung.

Sind die Themen der Sitzung schon im Vorfeld als sehr kontrovers einzuschätzen und/oder ist eine längere Moderation zu erwarten, kann es sinnvoll sein, die Umgebung zu wechseln. Eine andere Arbeitsumgebung kann helfen, eine Haltung bei den Teilnehmern zu befördern, die es leichter macht, von eingefahrenen Verhaltensweisen abzurücken. Sorgen Sie für eine **produktive Atmosphäre**. Dazu gehört, dass telefonische Störungen nach Möglichkeit ausgeschlossen werden. Auch eine entsprechende Herrichtung des Raumes gehört hierzu. Für vorwiegend auf kreative Momente zielende Moderationen hat sich eine Bestuhlung im Halbkreis bewährt, die auf Tische als Versteckvehikel verzichtet. Sollte die Sitzung in einem Büro durchgeführt werden, ist als Minimum Platz für die entsprechenden Medien einzuplanen sowie eine vernünftige Sitzgelegenheit für jeden Teilnehmer.

Sind Sie als Außenstehender zum Beispiel von einer anderen Abteilung um eine Moderation gebeten worden, ist es unerlässlich, ein **Vorgespräch** zu führen. Dabei ist es sinnvoll, mit Ihrem Auftraggeber zu klären, welche Themen angesprochen werden sollen und welche Informationen über die

Inhalte vorliegen. Eine Einarbeitung in die Thematik ist wesentlich, da Ihre Akzeptanz massiv leidet, wenn Sie während der Moderation schon über die ersten Fachbegriffe stolpern. Auch Hinweise über Besonderheiten der zu erwartenden Teilnehmer (zwischenmenschliche Probleme, spezifische Interessenlagen hinsichtlich des Themas usw.) sind wichtig. Bei einer schriftlichen Einladung kann dabei Ihr Auftraggeber Sie kurz vorstellen und Ihre Funktion erläutern. Dies kann auch zu Beginn der Moderation geschehen.

(2) Inhaltliches und Methodisches

Die wichtigste Frage im Rahmen der Vorbereitung lautet:

Welche Zielsetzung hat die Moderation?

Solange dies nicht völlig geklärt ist, greifen die schönsten methodischen Kunstgriffe ins Leere. Wie oben umrissen, ist ein grundsätzliches Verständnis für die Thematik anzustreben. Die inhaltliche Komponente ist kein Problem, wenn Sie als Führungskraft die Moderation übernehmen.

Für Ihr **methodisches Vorgehen** kann die Beantwortung folgender Fragen bedeutsam sein:

- Welcher **Adressatenkreis** nimmt an der Veranstaltung teil?
- Welche **Kenntnis** haben die Teilnehmer **voneinander**?
- Welche **zwischenmenschlichen Probleme** (Beziehungsebene!) sind von der Adressatengruppe bekannt?
- Welche **Homogenität/Heterogenität** herrscht hinsichtlich Fachkompetenz, Funktion, Alter, Hierarchiestufe?
- Welchen **(Zeit-)Aufwand** sind die Teilnehmer bereit, für die Thematik einzubringen?
- Welche Kenntnisse über die **Moderationsmethode** können vorausgesetzt werden? Besteht Übersättigungsgefahr?
- Welche **Rahmengrößen** sind bei der Moderation zu beachten? (Was darf zum Beispiel nicht passieren?)
- Welche **Entscheidungsbefugnisse** sind im Team (überhaupt) vorhanden?

Wenn Sie sich diese Fragen mit entsprechendem Vorlauf stellen, können Sie unter Umständen nicht vorhandene Informationen noch rechtzeitig einholen.

Zwar läuft jede Moderation nach einem gewissen Grundschema ab, genaueres Wissen um (einige) der mit obigen Fragen angesprochenen Hintergründe kann jedoch bewirken, dass Sie während der Moderation zügiger oder langsamer vorgehen müssen/können. Die Planung eines Moderationsablaufes ist dabei eigentlich ein widersprüchliches Unterfangen. Eine Moderation soll sich ja gerade dadurch auszeichnen, dass sie für Entwicklungen offen ist, also keinem starren Plan folgt. Bei entsprechender gruppendynamischer Entwicklung kann dies in der Tat dazu führen, dass Sie während der Moderation Ihre geplanten Schritte vollständig umstellen oder inhaltlich verändern müssen. Dies klingt jedoch dramatischer, als es nach einiger Übung tatsächlich ist. Wichtig bleibt dabei nur, dass die **Teilnehmer in den Fortgang der Moderation einbezogen bleiben**. Auch das offene Eingeständnis, dass Sie von der Entwicklung überrascht sind und nun mit den Teilnehmern die weitere Verfahrensweise festlegen wollen, kann dabei hilfreich sein.

Die Moderationsmethode ist vorwiegend **visuell orientiert**. Sie steht und fällt deshalb mit der Verfügbarkeit entsprechender Medien!

6.5.4 Medien zur Visualisierung

Schlüsselbegriffe

- Moderationsschritte
- Zielsetzungen
- Problemorientierung
- Speicher

Für die Moderation werden folgende Medien (Arbeitsmittel) benötigt:
- mehrere Stellwände (Pinnwände)
- Papier zum Bespannen der Stellwände
- Flipchart
- genügende Menge an Flipchart-Papier
- Pinnkarten in unterschiedlicher Größe, Form und Farbe
- Pinnnadeln (Haftspray)
- Klebestifte
- Filzstifte in verschiedenen Strichstärken und Farben
- Klebepunkte
- Scheren

Für alle Materialien gilt, dass sie in ausreichender Menge vorhanden sein müssen. Wird die Arbeit während der Moderation teilweise in Kleingruppen geleistet, erhöht sich die benötigte Menge erheblich!

6.5.5 Anmerkungen zum Moderationsablauf

Der Ablauf einer Moderation folgt dem nachfolgenden Schema:

Moderationsablauf

Moderationsschritte	***Zielsetzung der entsprechenden Phase***	***Vorgehensweise***	***Medieneinsatz***
1. Phase: Begrüßung/Vorstellung	Atmosphäre schaffen	Ansprache	Vorbereitetes Flipchart, Pinnwand-Plakat
2. Phase: Zielsetzung verdeutlichen	Teilnehmer „einstimmen“, klare Orientierung schaffen	Darstellung verbal und visuell	Vorbereitetes Flipchart
3. Phase: Regeln für Moderation bekannt geben/festlegen	Absicherung der zielorientierten Vorgehensweise	Darstellung verbal und visuell	Vorbereitetes Flipchart
4. Phase: Hinführung der Teilnehmer zum Thema/Problemstellung	Einstieg in die Thematik, das Problem	Ein-Punkt-Frage	Vorbereitetes Pinnwand-Plakat, Klebepunkte
5. Phase: Themen-/Problemorientierung	Sämtliche Aspekte zum Thema/Problem der Teilnehmer aufnehmen	Zuruffrage/Kartenabfrage	Vorbereitetes Pinnwand-Plakat
6. Phase: Prioritätenfestlegung der Themen/Probleme	Schwerpunkte/Interessenlage der Teilnehmer festlegen	Mehr-Punkt-Abfrage	Vorbereitetes Pinnwand-Plakat („Themen/Problemspeicher“), Klebepunkte
7. Phase: Themen-/Problembearbeitung	Themenanalyse/Problemanalyse, Lösungsstrategien für einzelne Themen/Probleme	Arbeit in Kleingruppen/im Plenum	(Mehrere) Pinnwand-Plakate entwickeln („Ideenspeicher“)
8. Phase: Aktivitätenkatalog erstellen	Klare Umsetzungsschritte und Verantwortlichkeiten festlegen	Zuruffrage	Pinnwand-Plakat erstellen („Aktivitätenspeicher“)
9. Phase: Moderationsende einleiten	Teilnehmereinschätzung erfragen (Feedback)	Ein-Punkt-Abfrage	Vorbereitetes Pinnwand-Plakat, Klebepunkte

Abbildung 93

1. Phase: Begrüßung/Vorstellung

Eröffnungsposter

Herzlich willkommen!
Das Thema unserer heutigen Moderation lautet:

„Möglichkeiten einer effektiveren Zusammenarbeit im Bereich A"

Zeit: 9.00 – 16.00 Uhr

Abbildung 94

Je nach Zielgruppe können Sie ein so genanntes Eröffnungsposter im Moderationsraum gut sichtbar aufstellen. Bei Moderationen, die häufiger stattfinden, erübrigt sich dieser Schritt. Wichtig ist hierbei, dass der zeitliche Rahmen nochmals aufgeführt wird. Um keinen Gewohnheitseffekt aufkommen zu lassen, sollten Sie die Form des Posters öfter variieren. Dies gilt sinngemäß auch für alle folgenden Poster.

Sie können zusätzlich ein Poster aufstellen, auf dem sich die Teilnehmer bei ihrer Ankunft eintragen sollten (noch vor der offiziellen Eröffnung). Auch weitere Informationsabfragen können hier platziert werden. Je nach Zeitrahmen können nach der Eröffnung die Teilnehmer ihre Eintragungen erläutern bzw. ergänzen. Sie als Moderator stellen sich dann ebenfalls vor.

Poster mit Informationsabfragen

Name	Abt.	Meine Erwartungen an diese Veranstaltung ...	Was nicht geschehen sollte ...	Am Thema interessiert mich besonders ...

Abbildung 95

Schritte:

- Eröffnung
- Regularien (Pausen, Zeitrahmen, ...)
- evtl. Vorstellung/Erläuterung der Teilnehmereinträge auf Plakat

Bei längeren Moderationen (zum Beispiel über mehrere Tage) ist ein ausführlicheres **Kennenlernen der Teilnehmer** nützlich. Auch können Sie zu Beginn die Erwartungshaltungen mit Klebepunkten gestalten oder über eine Kartenabfrage durchführen. Bei einer so genannten **Ein-Punkt-Abfrage** erhält jeder Teilnehmer einen Klebepunkt, den er auf das Plakat an die für ihn zutreffende Stelle klebt. Anschließend können Sie die Teilnehmer zur Erläuterung der Einordnung anregen. Dies sollte jedoch unbedingt auf **freiwilliger Basis** geschehen. Die Erläuterungen können Sie auf einer separaten Pinnwand mitschreiben. Bei der Kartenabfrage sammeln Sie die Karten **anonymisiert** ein und ordnen sie auf einer Pinnwand nach gleichen Themenschwerpunkten. Auch hier kann eine freiwillige Erläuterung der Teilnehmer erfolgen.

Abfrage-Poster

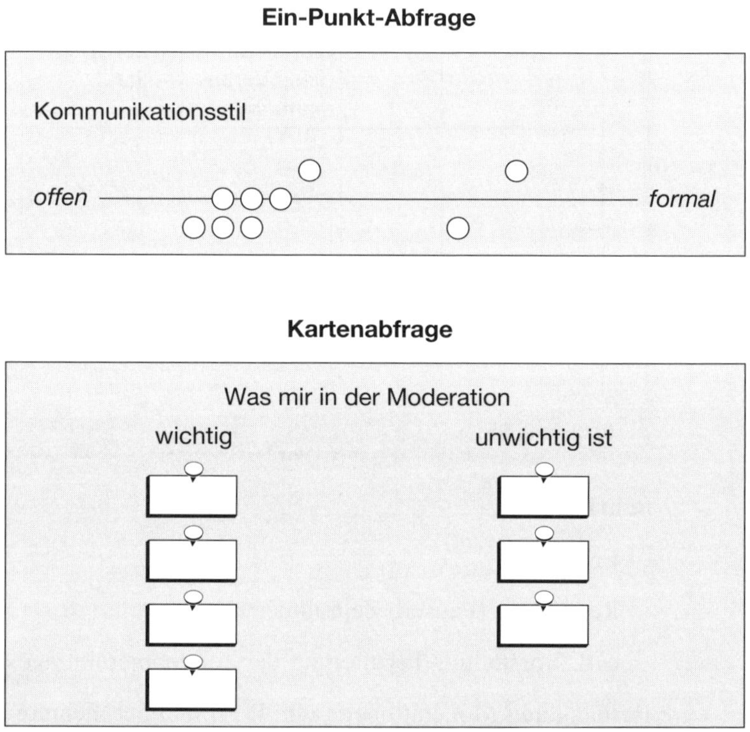

Abbildung 96

2. Phase: Zielsetzung verdeutlichen

Auf einem vorbereiteten Flipchart geben Sie die wichtigsten **Zielsetzungen der Moderation** bekannt. Auftretende Unklarheiten sollen hier geklärt werden. Gegebenenfalls können in Abstimmung mit den Teilnehmern Ergänzungen vorgenommen und von Ihnen übergeordnete Bezüge deutlich gemacht werden.

Poster für Zielsetzungen

Ziel unserer Arbeit ist:

1. ....
2. ....
3. ....

Abbildung 97

3. Phase: Moderationsregeln bekannt geben

In dieser Phase weisen Sie (im Überblick) auf den grundsätzlichen **Ablauf einer Moderation** hin. Die in Anwendung kommenden Medien und der damit verfolgte Zweck werden kurz erläutert. Besonders sollte auf die Verantwortung des Teams für die Zielerreichung hingewiesen werden.

Je nach thematischer Ausrichtung und Gruppenzusammensetzung können die Regeln weiter (kreative Lösungen bzw. Gedanken stehen im Vordergrund) oder enger (bei mehr sachlich ausgerichteten Themen) von Ihnen gefasst werden. Insbesondere sind **Redezeiten** festzulegen (pro Beitrag maximal x Minuten). Zu einem **kontroversen Standpunkt** können Sie auch mithilfe der Kartenabfrage schriftlich diskutieren lassen: Jeder Teilnehmer schreibt seine Argumentation in Stichworten auf eine Karte, die anschließend von Ihnen auf einer Pinnwand entsprechend dargestellt werden:

Poster für kontroverse Standpunkte

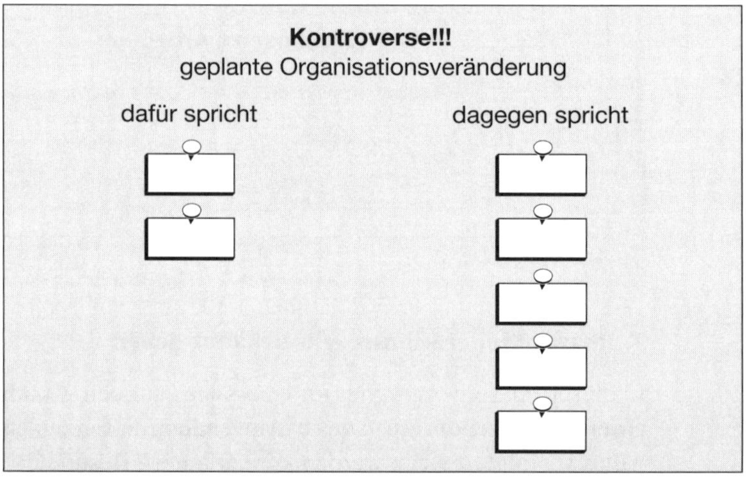

Abbildung 98

Hierdurch sind die Teilnehmer gehalten, ihre Argumentation zu straffen. Zudem wird optisch ersichtlich, wie Mehrheiten verteilt sind, welche Argumente häufig genannt werden usw.

4. Phase: Hinführung zum Thema

Dieses Warming-up für die Moderationsthematik soll die Teilnehmer auf das Thema einstimmen. Ziel ist hier, den Status quo zum Thema/Problem festzustellen (Ist-Aufnahme). Bewährt hat sich dabei die Ein-Punkt-Abfrage. Jeder Teilnehmer überlegt an seinem Platz, wo er punkten möchte. Wenn Sie als Führungskraft oder Teamleiter moderieren und entsprechend in die Thematik involviert sind, vermeiden Sie, die Teilnehmer beim Punkten an der Pinnwand zu beobachten. Anschließend ist eine Diskussion über die verschiedenen Sichtweisen (Rubriken des Plakates) sinnvoll. Auch hier sollten keine Stellungnahmen angefordert werden. Die Kommentare schreiben Sie direkt auf das Poster oder auf Pinnkarten, die Sie anschließend anpinnen.

Poster: Status quo

Derzeitige Qualität der Zusammenarbeit in unserer Abteilung:

schlecht — befriedigend — sehr gut

Abbildung 99

5. Phase: Problemorientierung

Diese Phase stellt einen der Kernpunkte des Moderationsablaufes dar. Es gilt hier, möglichst alle Facetten einer Thematik auszuleuchten. Die **inhaltliche Arbeit beginnt**. Die Fragen, die Sie jetzt stellen, können den weiteren Verlauf der Veranstaltung entscheidend beeinflussen. Eine vorherige klare Vorstellung von dem, was Sie fragen wollen, erscheint deshalb sinnvoll und nützlich. Die Fragen sollten so gehalten sein, dass sie nach Möglichkeit alle Ansichten der Gruppe zu einem Thema/Problem einfangen und auf das anvisierte Ziel ausrichten können. Dies kann naturgemäß nur eine **offene Fragestellung**. Andere Frageformen (zum Beispiel geschlossene oder gar suggestiv formulierte Fragen) scheiden deshalb aus.

Offene Fragestellungen

Welche Veränderungen sind in der Zusammenarbeit anzustreben?

Was kann für die Optimierung der Zusammenarbeit geleistet werden?

Abbildung 100

Methodisch können Sie zwei Varianten wählen:

- **Zuruffrage**

Sie präsentieren auf einem Plakat die vorformulierte(n) Frage(n) und bitten die Teilnehmer, Ihnen Ideen zuzurufen. Sie schreiben die Antworten dann entweder direkt unter die Frage oder zunächst auf Pinnkarten und heften diese anschließend an. Letztere Vorgehensweise hat den Vorteil, dass Sie die Ideen schon einer ersten Ordnung unterwerfen können. Zuruffragen erzeugen meist eine größere Kreativität und Spontaneität als die Kartenabfrage.

- **Kartenabfrage**

Hier erhält nach Präsentation der Frage(n) jeder Teilnehmer Zeit, sich seine Gedanken zu machen und auf einer Karte zu notieren. Das anschließende Einsammeln der notierten Ideen und Anregungen macht optisch deutlich, welche Ideen bevorzugt werden. Der Vorteil der Kartenabfrage liegt in dem Umstand begründet, dass die Teilnehmer sich zunächst einzeln Gedanken machen können, bevor sie ihre Idee veröffentlichen. Zudem sind die Ideen anonymisiert. Bei dieser Variante ist zu überlegen, ob es um eine maximale Ideensammlung geht oder ob (auch aus Zeitgründen) nur die jeweils wichtigsten Gedanken eines jeden Teilnehmers berücksichtigt werden sollen. Je nachdem können Sie die Anzahl der Karten pro Teilnehmer beschränken. Weisen Sie darauf hin, dass deutlich und groß genug geschrieben wird, damit die Beiträge auch aus einiger Entfernung noch gut zu lesen sind.

Wie bei der Notierung der Zuruffrage auf Pinnkarten lässt es die Methode der Kartenabfrage zu, Strukturen und Zuordnungsbereiche durch entsprechendes Anpinnen kenntlich zu machen. Wenn Sie die Pinnkarten nach Sachzusammenhängen darstellen, vergewissern Sie sich, ob die Teilnehmer diese auch so sehen. Die von Ihnen gebildeten Klumpen sollen anschließend von der Gruppe mit Oberbegriffen versehen werden. Die so gefundenen Subthemen können zum Beispiel in Kleingruppenarbeit weiter verfolgt werden.

Poster mit Zuordnungsbereichen

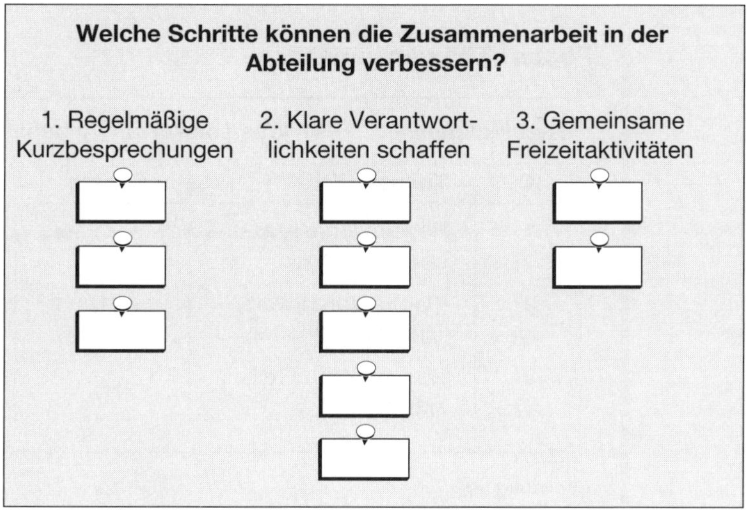

Abbildung 101

6. Phase: Prioritätenfestlegung

Diese Phase kann sich erübrigen, wenn die Anzahl der Subthemen mit der Anzahl einer möglichen Kleingruppenbildung vereinbar ist (vgl. Anmerkung bei Phase 7).

Die unter Phase 5 festgelegten Oberbegriffe sind offenbar die Ideen der Gruppe, die einer vertieften Erörterung bedürfen. Diese Subthemen übernehmen Sie jetzt auf einen so genannten Themenspeicher, um das bisher Bearbeitete zu verdeutlichen. Außerdem können Sie nunmehr eine **Rangfolge der Themen** durch die Teilnehmer vornehmen lassen. Diese Gewichtung erfolgt mittels Punkten. Die Anzahl der Klebepunkte je Teilnehmer ermitteln Sie dabei nach folgender Formel:

$$\frac{\text{Anzahl der Subthemen}}{2}$$

Wenn die Anzahl der Subthemen größer ist, können Sie den Divisor entsprechend variieren.

Der **Themenspeicher** könnte dann beispielsweise folgendes Aussehen haben:

Poster: Themenspeicher

Themenspeicher ——▶ Was soll vorrangig behandelt werden?

Nr.	Thema	Punkte	Rangplatz
1	Regelmäßige Kurzbesprechungen	○○○ ○○○	❷
2	Klarere Verantwortlichkeiten schaffen	○○○○ ○○○○○	❶
3	Gemeinsame Freizeitaktivitäten	○○○	❸

Abbildung 102

7. Phase: Themen- bzw. Problembearbeitung

Die jetzt vorgenommene Rangfolge der Themen führt nun zur **konkreten Bearbeitungsphase**. Die Abarbeitung im Plenum richtet sich nach den festgelegten Prioritäten.

Gibt es die Möglichkeit der Teilgruppenarbeit, so kann jede Gruppe ein entsprechendes Thema übernehmen. Die in Phase 6 durchgeführte Rangordnungsfeststellung erübrigt sich dann, wenn Sie so viele Untergruppen bilden können, wie Subthemen gefunden wurden (vgl. Phase 5).

Wenn Sie in Kleingruppen weiterarbeiten, benötigen Sie jetzt eine Pause, um die Gruppen mit den entsprechenden Materialien zu versorgen.

Um die **Aufteilung des Plenums in Gruppen** zu beschleunigen, bitten Sie jeden Teilnehmer, seinen Namen auf eine Pinnkarte zu schreiben und neben das entsprechende Thema seiner Wahl zu heften. Sollten sich starke Unterschiede in der Gruppenbesetzung ergeben, bitten Sie die Teilnehmer, ihre Entscheidung nochmals zu überdenken. Eine rigide Zuweisung von Teilnehmern zu bestimmten Gruppen ist dabei nicht sinnvoll. Im Gegenteil: da ja produktive Lösungen zu bestimmten Sachverhalten gewünscht sind, ist eine Zwangsmitarbeit unter Umständen sogar kontraproduktiv.

Bei der weiteren Bearbeitung kommt der gewählten Fragestellung erneut eine zentrale Rolle zu. Sollen zunächst in einem Brainstorming alle denkbaren Größen zu einem Unterthema erörtert werden oder ist ein eher analytisch ausgerichteter Ansatz sinnvoll? In Fortführung des oben gewählten Beispiels „Welche Schritte können die Zusammenarbeit in der Abteilung verbessern?“ bereiten Sie in der Pause für die Kleingruppe zur Bearbeitung des Unterthemas „Klare Verantwortlichkeiten schaffen“ ein Plakat vor, das eine vertiefende Behandlung mithilfe eines so genannten **Kleingruppen-szenarios** ermöglicht. Hierbei werden in immer ähnlicher Fragestellung Soll-Ist-Vergleiche angestellt und mögliche Konsequenzen festgehalten:

Poster: Ideenspeicher

Ideenspeicher: Klarere Verantwortlichkeiten schaffen

Wie stellt sich die derzeitige Verantwortlichkeit dar?	Wie sollte sie sich darstellen?
Welche Hemmnisse sind zu überwinden?	Welche Schritte sind einzuleiten? *Die hier gefundenen Maßnahmen gehen anschließend in den „Aktivitätenspeicher“ ein.*

Abbildung 103

Für alle Untergruppen sind entsprechende Poster anzufertigen.

In der jeweiligen Kleingruppe ist zu Beginn nochmals die **Akzeptanz der formulierten Fragen** sicherzustellen. Gegebenenfalls sind die Akzente gemäß der Gruppenauffassung zu verschieben. Bei komplexen Themen/Problemstellungen kann ein weiteres Poster erforderlich werden, da die Gruppe ihre Diskussionsergebnisse direkt auf das Poster schreiben soll, um diese anschließend im Plenum präsentieren zu können. Auch hier ist ein nochmaliger Hinweis auf Deutlichkeit und Schriftgröße angebracht.

Neben dem oben gewählten Beispiel können auf dem Poster auch offene Fragen gestellt, Zuruffragen eingeplant oder Pro-Kontra-Positionen festgehalten werden. Auch eine Ursache-Wirkungs-Frage ist bei entsprechenden Analyseabsichten möglich.

Die für die Kleingruppenarbeit anzusetzende Zeit hängt eng mit der Komplexität der zu bearbeitenden Fragestellungen zusammen und kann deshalb nicht allgemeinverbindlich angegeben werden.

Die Phase der **Präsentation der Gruppenergebnisse im Plenum** kann sehr zeitaufwändig sein und zäh ablaufen. Hier sind Sie in Ihrer Rolle als Moderator gefordert. Achten Sie auf die Einhaltung der vereinbarten Diskussionsregeln, bringen Sie die Möglichkeiten des schriftlichen Diskutierens zur Wirkung usw. Sollte die Plenumsdiskussion ganz neue Themen ansprechen, die zur Erreichung des Moderationszieles unbedingt geklärt werden müssen, so sind die Phasen 5 bis 7 erneut zu durchlaufen.

8. Phase: Aktivitätenkatalog erstellen

Am Ende der zeitaufwändigsten Phase der Themen-/Problembearbeitung werden jetzt die **Ergebnisse der Gruppen** (Lösungsansätze, Zwischenschritte, notwendige Aktivitäten) mit Ihrer Hilfe auf einer Pinnwand sichtbar gemacht. Diese Veröffentlichung zeigt allen Beteiligten, welcher Fortschritt bei der Problemlösung erzielt wurde. Es wird aber auch deutlich, wo noch offene Fragen sind. Diese Sammlung stellt eine Art Protokoll der bisherigen Arbeit dar. Wenn die gefundenen Maßnahmen bzw. Aktivitäten zur Zielerreichung dokumentiert sind, stellt sich quasi automatisch die Frage, welche Verantwortlichkeiten für die Umsetzung der entsprechenden Schritte festgelegt werden sollen. Die **Zuweisung von Zuständigkeiten** ist ein wesentlicher Schritt, um die Arbeitsresultate tatsächlich umzusetzen. Sie sollten deshalb hierfür eine klare Struktur mit den Teilnehmern erarbeiten. Dieser **Verantwortlichkeitskatalog** könnte zum Beispiel folgendes Aussehen haben:

Verantwortlichkeitskatalog

Aktivitäten- und Verantwortlichkeitskatalog				
Nr.	**Thema/Aktivität**	**Verantwortlich**	**bis wann zu erledigen?**	**Rückmeldung an**
1	Umfrage über geeigneten wöchentlichen Besprechungstermin in Abtl. A	Herr Klein	12/20..	Abt.-leiter
2	Neuaufteilung der Sachbearbeitung der Kindergruppe C	Frau Cykas Herr Janus	02/20..	Abt.-leiter, alle Mitarbeiter
3	Präsentation der Ergebnisse von 1 + 2	Frau Cykas Herr Klein	03.03.20..	Abt.-leiter, alle Mitarbeiter

Abbildung 104

9. Phase: Moderationsende einleiten

Bevor sich die Moderationsgruppe auflöst, ist es wichtig, dass Sie der Gruppe für die Zusammenarbeit danken und ein Stimmungsbild (Feedback) den Teilnehmern mitgeben: Wie ist die Moderation verlaufen bzw. wie wurde sie erlebt? Auch der letzte Schritt kann und sollte visuell unterstützt werden. Bei diesem Feedback sollten alle Teilnehmer gemeinsam punkten. Die Aussage der Gruppe wird noch erhöht, wenn sich nach der Anbringung der Punkte die einzelnen Teilnehmer noch einmal zu ihrer gewählten Punktposition äußern; dass dies auf freiwilliger Basis geschehen sollte, versteht sich von selbst. Diese Äußerungen geben nicht zuletzt Ihnen als Moderator wertvolle Hinweise darauf, was bei der nächsten Moderation vielleicht besser oder anders gemacht werden kann.

Diese Abschlussatmosphäre lässt sich zum Beispiel durch folgendes Plakat abbilden (pro Teilnehmer zwei Klebepunkte):

Poster: Stimmungsbild

Wie schätzen Sie den Verlauf der Moderation und die erzielten Ergebnisse ein?

Verlauf (Arbeitsatmosphäre):

Arbeitsergebnisse:

Abbildung 105

6.6 Zusammenfassung und Arbeitsaufgaben

Zusammenfassung

Die Moderationstechnik stellt eine Methode dar, mit der die Mitglieder eines Teams befähigt und ermutigt werden sollen, eigene Vorstellungen zu artikulieren und eigene Interessen und Entscheidungen im Moderationsverlauf einzubringen. Kurz formuliert: Die Teammitglieder sollen einen eigenen, begründeten Standpunkt vertreten lernen.

Ziel dabei ist es, Problemstellungen abzuarbeiten und am Ende der Sitzung einen klaren Maßnahmenkatalog mit entsprechenden Verantwortlichkeiten erstellt zu haben, dem sich alle Beteiligten verpflichtet fühlen.

Die Rolle des Moderators beinhaltet dabei die gründliche Vorbereitung der Sitzung, den Entwurf von klaren Zielen und Verfahrensweisen sowie die Schaffung einer offenen und kollegialen Atmosphäre, in der die Sitzungsmitglieder repressionsfrei ihre Vorstellungen, Wünsche und Befürchtungen einbringen können (wohl die schwierigste Anforderung). Die Moderation benutzt Metaplan-Wände,

Flipcharts und freie Plakatarbeit. Hierbei gehört es zu den Aufgaben des Moderators, für ausreichendes Equipment zu sorgen.

Der Ablauf einer Moderation lässt sich in verschiedene Phasen unterteilen. Eine der wichtigsten Phasen stellt dabei die so genannte Problemorientierungsphase dar. Hier sind alle Aspekte des Themas zu sammeln und übersichtlich zu visualisieren, um sie nach einer Priorisierungsphase gegebenenfalls in Kleingruppen zu bearbeiten.

Arbeitsaufgaben

1. Welche Aufgaben muss ein Moderator übernehmen?
2. Nennen Sie wichtige Kompetenzen, über die ein Moderator verfügen muss.
3. Erläutern Sie kurz die Phasen, die eine Moderation in der Regel durchläuft.
4. Erläutern Sie die Bedeutung der folgenden Begriffe für eine zielgerichtete Moderation:
   a) Eröffnungsposter,
   b) Karten- bzw. Punktabfrage,
   c) Argumentationsvisualisierung,
   d) Themen- bzw. Ideenspeicher,
   e) Aktivitätenkatalog.

7 Literaturverzeichnis

Adler, **A**.: Menschenkenntnis, Frankfurt, **1966**

Akademie für Führungskräfte der Wirtschaft e.V.: Time Management, Arbeitsunterlagen als Manuskript vervielfältigt, Bad Harzburg, o.J.

Arbeitsgruppe Bielefelder Soziologen (Hrsg.): Alltagswissen. Interaktion und gesellschaftliche Wirklichkeit, Bd. 1+2, Opladen **1981**

Asch, **S.E**.: Änderung und Verzerrung von Urteilen durch Gruppen-Druck, in: Irle, M. (Hrsg.): Texte aus der experimentellen Sozialpsychologie, Neuwied/Berlin **1969**

Ashauer, **G**.: Wandlungen im Vertriebssystem der deutschen Kreditinstitute: Auswirkungen auf die Personalstruktur und Personalentwicklung, in: Hummel, Bühler, Schuster (Hrsg.): Banken in globalen und regionalen Umbruchsituationen, Stuttgart **1997**

Ausubel, **D**.: Psychologie des Unterrichts, 2 Bde., Weinheim **1974**

Ausubel, **D.P. et al**.: Psychologie des Unterrichts, Weinheim **1980/81**

Bandura, **A**.: Lernen am Modell: Ansätze zu einer sozialkognitiven Lerntheorie, Stuttgart **1976**

Bandura, **A**./**Walters**, **R**.: Social learning and personality development, New York **1963**

Becker, **F.G**. / **Fallgatter**, **M**. / **Seitz**, **S**.: Zielorientierte Leistungsbeurteilung, in: Die Bank, Nr. 5, **1995**

Bergius, **R**.: Psychologie des Lernens, Stuttgart **1971**

Berne, **E**.: Spiele der Erwachsenen, München **1975**

Betz, **D**.: Teufelskreis Lernstörung – Theoretische Grundlegung und Standardprogramm, München/Weinheim **1987**

Beyer, **M**. u. **G**.: Optimales Zeitmanagement. Ohne Streß Aufgaben bewältigen, Düsseldorf **1995**

Birkenbihl, **V.F**.: Erfolgstraining, München/Landsberg am Lech **1992**a

Birkenbihl, **V.F**.: Kommunikationstraining, München/Landsberg am Lech **1992**b

Birkenbihl, **V.F.**: Stroh im Kopf?, München/Landsberg am Lech **1995**

Bliersbach, G.: Die Therapie im Kinosessel, in: Psychologie Heute, Februar **2002**

Blumenthal, **P.J.**: Jede Menschenseele steckt voller Bilder, in: Peter Moosleitners interessantes Magazin, Nr.5, **1990**

Bonsen, **M.** / **Jung**, **W.**: Mehr Elan im Team, in: Gablers Magazin, Nr.8, **1991**

Bower, **G.H.** / **Hilgard**, **E.R.**: Theorien des Lernens, Stuttgart **1983/84**

Brandstädter / **Fischer** / **et al.**: Zur Entwicklung eines Curriculums für das Hauptfachstudium der Psychologie mit der Spezialisierungsrichtung ‚Pädagogische Psychologie', in: Psychologische Rundschau, Nr. 27, **1976**

Breuer, **R.**: Frankfurter Allgemeine Sonntagszeitung, 06.01.**2002**

Brim, **G.**: Wer sich zu viel vornimmt..., in: Psychologie heute, Nr.1, **1989**

Brocher, **T.**: Gruppendynamik und Erwachsenenbildung, Braunschweig **1982**

Brommer, **U.**: Streßmanagement: Modeerscheinung oder Notwendigkeit?, in: Gablers Magazin, Nr.5, **1993**

Bruner, **J.**: Die Akte der Entdeckung, in: Neber (Hrsg.): Entdeckendes Lernen, Weinheim **1973**

Bruner, **J.**: Der Prozeß des Erziehung, Düsseldorf **1970**

Claßen, **F.** / **Grohnes**, **K.H.** / **et al.**: Überlegungen zum Gegenstand Lernen in der FSP, in: Beiträge zum Psychologieunterricht, Lehrerfortbildung: Tagungsberichte 75, Neuss **1979**

Cohn, **R.C.**: Von der Psychoanalyse zur Themenzentrierten Interaktion, Stuttgart **1990**

Cramer, **J.**: Motivation – nicht Mythos, sondern Managementaufgabe, in: Die Bank, Nr.8, **1995**

Crisand, **E.** / **Lyon**, **U.**: Anti-Streß-Training, Arbeitshefte zur Führungspsychologie, Heft 13, Heidelberg **1981**

Csikszentmihalyi, **M.**: Flow – Das Geheimnis des Glücks, Stuttgart **1992**

Decker, **F.**: Die neuen Methoden des Lernens und der Veränderung, München **1996**

Degen, R. / Huber A.: Gedächtnis: Unser Kino im Kopf?, in: Psychologie Heute, Nr. 7, **1982**

Dörner, D.: Die Logik des Mißlingens, Reinbek bei Hamburg **1989**

Dörner, D.: Problemlösen als Informationsverarbeitung, Stuttgart **1979**

Eccles, J.: Das Gehirn des Menschen, Heidelberg **1979**

Edelmann, W.: Lernpsychologie, Weinheim **2000**

Eigendorf, J.: Vorschusslorbeeren sollte die Deutsche Bank nicht bekommen, in: DIE WELT, 22.09.**2001**

Ekman, P., Communication through nonverbal behavior: A source of information about an interpersonal relationship, in: Tomkins, S./Izard, C.E., (Hrsg.): Affect, Cognition, and Personality. Empirical Studies, New York **1965**

Ernst, H.: Das Stressparadox, in: Psychologie Heute, Juli **2000**

Ferrucci, P.: Werde was du bist – Selbstverwirklichung durch Psychosynthese, Reinbek bei Hamburg **1989**

Francis, D. / Young, D.: Mehr Erfolg im Team, Hamburg **1989**

Gagné, R.M.: Die Bedingungen menschlichen Lernens, Hannover **1969**

Geissler, K.A.: Haben Sie Zeit!, in: Psychologie Heute, Nr.11, **1992**

Gerke, G.: Arbeit 2000: Elektronifizierung plus Menschlichkeit, in: Psychologie Heute, Nr.9, **1991**

Geyer, E.: Teamfähigkeit ist erlernbar, Interview in: Gablers Magazin, Nr.8, **1991**

Giehrl, H.E.: Der junge Leser, Donauwörth **1968**

v. Glasersfeld, E.: Konstruktion der Wirklichkeit und des Begriffs der Objektivität, in: Gumin, H./Mohler, A. (Hrsg.): Einführung in den Konstruktivismus, München **1985**

Gordon, Th.: Managerkonferenz, München **1989**

Griffin, J.: Richtig kommunizieren im Beruf, Landsberg/Lech, **2000**

Grote, M.: Organisationsentwicklung in Banken. Strategie und Realisation, Frankfurt am Main **1995**

Haley, J.: Gemeinsamer Nenner Interaktion, München **1978**

Harris, **T.G.**: Interview mit H. Ernst, in: Psychologie Heute, Nr.6, **1995**

Harris, **T.A.**: Ich bin o. k. Du bist o. k., Reinbek bei Hamburg **1978**

Haseloff, **O.W.** / **Jorswieck**, **E.**: Psychologie des Lernens, Berlin **1970**

v. Haug, **C.**: Erfolgreich im Team, München **1994**

Heckhausen, **H.**: in: Funkkolleg Pädagogische Psychologie, Hefte 1–12, Weinheim **1972**

Heckhausen, **H.**: Motive und ihre Entwicklung, in: Pädagogische Psychologie, Reinbek bei Hamburg **1975**

Herrlitz, **W.**: Einführung in die allgemeinen Grundlagen der Kommunikation, in: Funkkolleg Sprache, Bd.1, Frankfurt am Main **1985**

Herrmann, **D.J.**: Gedächtnis-Training, Niedernhausen **1995**

Hierhold, **E.**: Sicher präsentieren – wirksamer vortragen, Wien **1990**

Hilgard, **E.R.** / **Bower**, **G.H.**: Theorien des Lernens, Bd. I u. II, Stuttgart **1970**

Höller, **A.**: Auch ein Team muss laufen lernen, in: Gablers Magazin, Nr.8, **1991**

Huber, **A.**: Schwing Dich gesund, in: Psychologie Heute, Nr.11, **1992**

Huber, **A.**: Streßmanagement, in: Psychologie Heute, Nr.10, **1995**

Huber, **A.**: Sind Sie noch bei der Sache?, in: Psychologie Heute, Nr.11, **1993**

Huber, **A.**: Was treibt uns an?, in: Psychologie Heute, März **2001**

Iacocca, L.: Eine amerikanische Karriere, Düsseldorf/Wien **1986**

IFAM, Institut für Führungs- und Arbeits-Methodik, Hirschberg b. Heidelberg, o.J.

Jaehrling, **D.**: Was sind Schlüsselqualifikationen?, Literatur- und Forschungsreport Weiterbildung, Münster **1988**

Joerger, **K.**: Einführung in die Lernpsychologie, Freiburg im Breisgau **1976**

Keidel, **W.-D.**: Kybernetische Systeme des menschlichen Organismus, Köln/Opladen **1963**

Kepner, C.H. / Tregoe, B.B.: Entscheidungen vorbereiten und richtig treffen, Landsberg am Lech **1982**

Kitzmann, A.: Persönliche Arbeitstechniken und Zeitmanagement, Renningen-Malmsheim **1994**

König, S.: Wie lassen sich „Streßlawinen" aufhalten?, in: Psychologie Heute, Nr.1, **1992**

Krappmann, L.: Soziologische Dimensionen der Identität, Stuttgart **1973**

Kühne / Gewicke / et al.: Psychologie für Fachschulen und Fachoberschulen, Köln **1993**

Laing, R.D.: Knoten, Reinbek bei Hamburg **1989**

Langer, I. / Schulz v. Thun, F. / Tausch, R.: Sich verständlich ausdrücken, München **1981**

Lay, R.: Kommunikation für Manager, Düsseldorf/Wien/New York **1990**

Lefrançois, G.R.: Psychologie des Lernens, Berlin **1976**

Lexikon der Psychologie, Bd. II/2, Freiburg im Breisgau **1977**

Luft, J.: Einführung in die Gruppendynamik, Stuttgart **1971**

Luhmann, N.: Die Unwahrscheinlichkeit der Kommunikation, in: Soziologische Aufklärung, Bd. 3, Opladen **1981**

Mandel, A. / et al.: Einübung in die Partnerschaft durch Kommunikationstherapie und Verhaltenstherapie, München **1971**

Mantel / Fischer: Reden – Mitsprechen – Verhandeln, Bad Homburg **1990**

Marstedt, G.: Management by Streß – Unternehmensphilosophie in der Krise, in: Psychologie Heute, Nr. 7, **1994**

Merten, K.: Inszenierung von Alltag, Kommunikation, Massenkommunikation, Medien, in: Funkkolleg Medien und Kommunikation, Studienbrief 1, Weinheim/Basel **1990**

Merten, K.: Kommunikation. Eine Begriffs- und Prozeßanalyse, Opladen **1977**

Mertens, D.: Schlüsselqualifikationen. Thesen zur Schulung für eine moderne Gesellschaft, in: Mitteilungen aus der Arbeitsmarkt- und Berufsforschung, Nr. 7, **1974**

Metzig, W. / Schuster, M.: Lernen zu lernen: Lernstrategien wirkungsvoll einsetzen, Berlin **1996**

Meutsch, D.: Ein Bild sagt mehr als tausend Worte? Befunde zum Bilderverstehen, in: Funkkolleg Medien und Kommunikation, Studienbrief 4, Weinheim/Basel **1990**

Meyer, W.U.: Leistungsmotiv und Ursachenerklärung von Erfolg und Mißerfolg, Stuttgart **1973**

Michel, Chr., / Novak, F.: Kleines Psychologisches Wörterbuch, Freiburg im Breisgau **1982**

Miltner, F. / Simm, M., Fit im Kopf, Focus-Magazin, Nr. 31, **1996**

Mintzberg, A.: The Rise and Fall of Strategic Management, New York **1994**

Motamedi, S.: Körpersprache – schwere Sprache, in: Psychologie Heute, Nr.10, **1996**

Nowotny, H.: Eigenzeit, Entstehung und Strukturierung eines Zeitgefühls, Frankfurt am Main **1989**

O'Connor, J. / Seymour, J.: Neurolinguistisches Programmieren – Gelungene Kommunikation und persönliche Entfaltung, Freiburg im Breisgau **1995**

o.V.: Ein Leben für den Streß – Zum Tode von Hans Seyle, in: Frankfurter Allgemeine Zeitung, 20.10. **1982**

Popper, K.R.: Auf der Suche nach einer besseren Welt, München **1984**

Posner, M.I.: Kognitive Psychologie, München **1976**

Prognos (Hrsg.): Zukunftsmarkt Multimedia: Chancen und Risiken, Basel **1995**

Rahn, H.J.: Führung von Gruppen, Arbeitshefte zur Führungspsychologie, Bd.16, Heidelberg **1987**

Reinmann-Rothmeir, G. / Mandel, H.: Man lernt nie aus, in: Psychologie Heute, Nr. 1, **1995**

Reiss, S.: Who am I? The 16 Basic Desires that Motivate our Behavior and Define our Personality, New York **2000**

Richards, R.: Unser Kino im Kopf, in: Psychologie Heute, Nr.12, **1992**

Robinson, F.: Effective Study, New York **1961**

Rogoll, **R**.: Nimm dich, wie du bist. Wie man mit sich einig werden kann. Eine Einführung in die Transaktionsanalyse, Freiburg/Basel/ Wien **1990**

Roßbach, **P**.: Wissensmanagement, in: Kompendium Management in Banking & Finance, Frankfurt **2002**

Roth, **G**.: Selbstorganisation – Selbsterhaltung – Selbstreferenzialtität: Prinzipien der Organisation der Lebewesen und ihre Folgen für die Beziehung zwischen Organismus und Umwelt, in: Dress, A. (Hrsg.): Selbstorganisation: Die Entstehung von Ordnung in Natur und Gesellschaft, München/Zürich **1986**

Rüttinger, **R**.: Transaktions-Analyse, Heidelberg **1989**

Sandroff, **R**.: Wenn der Beruf verrückt macht, in : Psychologie Heute, Nr. 1, **1990**

Saum-Aldehoff, **T**.: „...gleich morgen fang ich an!" Trödeln oder die Kunst, die eigne Arbeit zu sabotieren, in: Psychologie Heute, Nr.3, **1993**

Scheffer, **B**.: Die soziale Konstruktion von Wirklichkeit im Individuum, in: Funkkolleg Medien und Kommunikation, Studienbrief 2, Weinheim/Basel **1990**

Schlag, **B**.: Lern- und Leistungsmotivation, Opladen **1995**

Schmidbauer / **Weinkamm**: Management und Führung im Bankbetrieb, Grafenau **1981**

Schmidt, **S.J**.: Wir verstehen uns doch? Von der Unwahrscheinlichkeit gelingender Kommunikation, in: Funkkolleg Medien und Kommunikation, Studienbrief 1, Weinheim/Basel **1990**

Schulz von Thun, **F**.: Miteinander reden: Störungen und Klärungen. Psychologie der zwischenmenschlichen Kommunikation, Reinbek bei Hamburg **1981**

Schulz von Thun, **F**.: Miteinander reden, Band 2: Differentielle Psychologie der Kommunikation, Reinbek bei Hamburg **1990**

Schürer-Necker, **E**.: Gedächtnis und Emotion. Zum Einfluss von Emotionen auf das Behalten von Texten. Fortschritte der psychologischen Forschung, Weinheim **1994**

Schütte, U.: High Networth Individuals (HNI) – eine zukunftsorientierte Potenzialanalyse, in: International Bankers Forum (Hrsg.): Die Banken auf dem Weg ins 21. Jahrhundert, Wiesbaden **1996**

Schwäbisch, L. / **Siems, M.**: Anleitung zum sozialen lernen für paare, gruppen und erzieher, Reinbek bei Hamburg **1985**

Seifert, J.: Visualisieren – Präsentieren – Moderieren, Offenbach **1998**

Seiwert, L. J.: Das neue 1x1 des Zeitmanagement, Bremen **1995**

Semkowsky, R./Simmerl, Th.: Kommunikation mit dem Kunden, Studienbrief 14 (Financial Planner), Hochschule für Bankwirtschaft, Bankakademie Frankfurt/Main, **2001**

Shannon, C.E. / **Weaver, W.**: Mathematische Grundlagen der Informationstheorie, München **1976**

Sperry, R.W.: Hemisphere Disconnection and Unity in Conscious Awareness, in: American Psychologist 23, **1968**

Spinola, R.: Kreative sind autonom aber unbequem, in: Gablers Magazin, Nr. 7, **1989**

Sprenger, R.K.: Mythos Motivation, Frankfurt am Main **1996**

Stahl, Th.: Neurolinguistisches Programmieren, Mannheim **1992**

Stroebe, R.W.: Arbeitsmethodik, Arbeitshefte zur Führungspsychologie, Heft 8, Heidelberg **1982**

Svantesson, J.: Mind Mapping und Gedächtnistraining, Offenbach **2001**

Tausch, R. / **Tausch, A.-M.**: Erziehungspsychologie, Göttingen **1977**

Tiedke, J.R.: Schlüsselqualifikationen – ein alter Hut?, in: Winklers Flügelstift, Nr. 2, **1991**

Trainee-Programm, Hertie-Gruppe, o.T., **1984**

Ungeheuer, G.: Kommunikation und Gesellschaft. Nachrichten für Dokumentation, Nr. 6, **1969**

Vester, F.: Phänomen Streß, München **1983**

Vester, F.: Denken, Lernen, Vergessen, München **1986**

Vollmer, G. / **Hoberg, G.**: Lernwege. Teilnehmerunterlagen, Stuttgart **1985**

Vopel, **K.W.**: Handbuch für Gruppenleiter, Zur Theorie und Praxis der Interaktionsspiele, Hamburg **1984**

Watzlawick, **P.** / **Beavin**, **J.H.** / **Jackson**, **D.D.**: Menschliche Kommunikation, Bern/Stuttgart/Wien **1974**

Wegner, **D.M.**: Die Gedanken sind frei – und wie!, in: Psychologie Heute, Nr. 9, **1992**

Weiner, **B.**: Theories of Motivation: From Mechanism to Cognition, Chicago **1972**

Weinert, **F.**: Kreativität – Fakten und Mythen, in: Psychologie Heute, September **1991**

Wellendorf, **F.**: Schulische Sozialisation und Identität, Weinheim/ Basel, **1974**

Werneck, **T.** / **Ullmann**, **F.**: Dynamisches Lesen, München **1972**

Wertheimer, **M.**: Produktives Denken, Frankfurt/Main **1964**

Wippich, **W.**: Die duale Kode-Theorie und die Konzeption der Analysestufen, in: Zeitschrift für Semiotik, Nr. 4, **1981**

Wörterbuch der Pädagogik, Freiburg im Breisgau **1977**

Wohlfahrt, **M.**: Gesundes Selbstmanagement durch aktive Streßbewältigung, Berlin/Bonn/Regensburg **1995**

Wujec, **T.**: Schneller schalten als andere, Genf **1991**

Zerban, **B.**: Leistungsfähig Teams aufbauen und führen, in: Gablers Magazin, Nr. 8, **1991**

Zielke, **W.**: Konzentrieren – keine Kunst, Hamburg **1993**

Zielke, **W.**: Mach Dich effektiver, Landsberg am Lech **1988**

Zuboff, **S.**: In the Age of the Smart Machine, New York **1993**

8 Stichwortverzeichnis

N

O

P

Q

R

S

9 Kurzbiografie des Autors

Dr. phil. Heribert Wirtz studierte nach einer Banklehre Wirtschaftswissenschaften, Wirtschaftspädagogik und Psychologie an der Universität Frankfurt am Main. Anschließend war er langjähriger wissenschaftlicher Mitarbeiter am Institut für Wissenschafts- und Berufspädagogik sowie der Gesellschaft für arbeitsorientierte Forschung und Bildung in Frankfurt am Main. Hier beschäftigte er sich vorwiegend mit Fragen der Evaluierung von Führungs- und Personalentwicklungskonzepten sowie Fragen des Managementtrainings. Wissenschaftlicher Gutachter in der Enquete-Kommission des Deutschen Bundestages (zukünftige Bildungspolitik – Bildung 2000). Seit 1990 ist er Dozent, Trainer und Autor der Bankakademie.